Lebensführung und Gesellschaft

Mit Dank für eine herausragende Seminarleistung für Masterstudiengang Soziologie Sommersemester 2012

[Signature] 5/12/12

Werner Kudera
G. Günter Voß (Hrsg.)

Lebensführung und Gesellschaft

Beiträge zu Konzept und Empirie
alltäglicher Lebensführung

Mit einem Vorwort
von Karl Martin Bolte

Leske + Budrich, Opladen 2000

Gedruckt auf säurefreiem und alterungsbeständigem Papier.

Die Deutsche Bibliothek – CIP-Einheitsaufnahme
Ein Titeldatensatz für diese Publikation ist bei Der Deutschen Bibliothek erhältlich

© 2000 Leske + Budrich, Opladen

Das Werk einschließlich aller seiner Teile ist urheberrechtlich geschützt. Jede Verwertung außerhalb der engen Grenzen des Urheberrechtsgesetzes ist ohne Zustimmung des Verlages unzulässig und strafbar. Das gilt insbesondere für Vervielfältigungen, Übersetzungen, Mikroverfilmungen und die Einspeicherung und Verarbeitung in elektronischen Systemen.

Druck: Druck Partner Rübelmann, Hemsbach
Printed in Germany

Inhalt

Karl Martin Bolte
Vorwort   5

Werner Kudera, G. Günter Voß
Alltägliche Lebensführung: Bilanz und Ausblick   11

1. Zum Konzept „Alltägliche Lebensführung"

Erhard Treutner, G. Günter Voß
Arbeitsmuster – Ein theoretisches Konzept zum Zusammenhang
von gesellschaftlicher Arbeitsteilung und der Verteilung von
Arbeiten auf Ebene der Subjekte   29

Karin Jurczyk, Erhard Treutner, G. Günter Voß, Ortrud Zettel
Die Zeiten ändern sich – Arbeitszeitpolitische Strategien und
die Arbeitsteilung der Personen   39

G. Günter Voß
Zur sozialen Differenzierung von „Arbeit und Leben". Überlegungen
aus der Perspektive des Konzepts „Alltägliche Lebensführung"   63

Werner Kudera
Lebensführung als individuelle Aufgabe   77

G. Günter Voß
Beruf und alltägliche Lebensführung. Zwei subjektnahe Instanzen der
Vermittlung von Individuum und Gesellschaft   91

Werner Kudera
Lebenslauf, Biographie und Lebensführung   109

2. Soziale Ungleichheit und gesellschaftlicher Wandel

Karl Martin Bolte
Typen alltäglicher Lebensführung   133

Maria S. Rerrich, G. Günter Voß
Vexierbild soziale Ungleichheit. Die Bedeutung alltäglicher
Lebensführung für die Sozialstrukturanalyse — 147

Werner Kudera
Wie Geschichte in den Alltag eindringt — 165

Margit Weihrich
Wenn der Betrieb schließt. Über alltägliche Lebensführung von
Industriearbeitern im ostdeutschen Transformationsprozeß — 199

3. Geschlecht und Lebensform

Karin Jurczyk
Zwischen Selbstbestimmung und Bedrängnis. Zeit im Alltag
von Frauen — 219

Maria S. Rerrich
Zusammenfügen, was auseinanderstrebt: zur familialen
Lebensführung von Berufstätigen — 247

4. Arbeit und Betrieb

G. Günter Voß
Alltägliche Lebensführung im Umbruch. Eine Herausforderung
für die betriebliche Personalführung — 267

Werner Kudera
Grenzen der Flexibilisierung – Zum Verhältnis von individueller
und betrieblicher Zeitökonomie — 291

G. Günter Voß
Das Ende der Teilung von „Arbeit und Leben"? An der Schwelle
zu einem neuen gesellschaftlichen Verhältnis von Betriebs-
und Lebensführung — 309

Quellennachweise — 343
Autorinnen und Autoren — 345

Karl Martin Bolte

Vorwort

Die vorliegende Veröffentlichung ist eine Art „Nachlese" zu zahlreichen Veröffentlichungen, die aus dem Forschungsprojekt A 1 „Flexibilisierte Arbeitsverhältnisse und Organisation der individuellen Lebensführung" des Sonderforschungsbereichs 333 „Entwicklungsperspektiven von Arbeit" der Universität München hervorgegangen sind. Sie enthält zum einen bisher unveröffentlichte Beiträge, die noch nach dem ursprünglich als Schlußveröffentlichung gedachten Band „Alltägliche Lebensführung. Arrangements zwischen Traditionalität und Modernisierung" (Projektgruppe „Alltägliche Lebensführung" 1995) entstanden. Sie bringt zum anderen Wiederabdrucke von Artikeln, die ursprünglich an Stellen erschienen sind, wo man sie eigentlich nur zufällig finden kann, und deren Zusammenführung daher sinnvoll erschien.

In der Veröffentlichung „Alltägliche Lebensführung" wurden ausführlich die forschungshistorischen Hintergründe, die zur Konzipierung des Projekts A 1 führten, sowie die Struktur des Sonderforschungsbereichs 333, in die das Projekt eingebettet war (Bolte 1995), dargestellt. Aus der dortigen Darstellung sollen im folgenden einige Informationen noch einmal in knapper Form ins Blickfeld gerückt und durch weitere ergänzt werden.

1964 wurde im Rahmen des Instituts für Soziologie der Ludwig-Maximilians-Universität München eine zweite Professur für Soziologie geschaffen, die sich insbesondere mit empirischer Sozialforschung und dabei schwergewichtig mit der Sozialstruktur der BRD befassen sollte. Innerhalb dieses Arbeitsbereichs entwickelten sich drei Forschungsstränge, die thematisch auf Bevölkerungsentwicklung, soziale Schichtung und Ungleichheit sowie Arbeit und Beruf konzentriert waren.

Die Arbeiten des Forschungsstrangs Arbeit und Beruf waren ab 1972 eingeordnet in den Sonderforschungsbereich 101 „Theoretische Grundlagen sozialwissenschaftlicher Berufs- und Arbeitskräfteforschung" der Universität München, an dem neben Angehörigen des Instituts für Soziologie Mitarbeiter des Deutschen Jugendinstituts e.V. (DJI), München, sowie des Instituts für Sozialforschung e.V., München (ISF), beteiligt waren. Die Arbeiten des SFB 101 wurden 1986 beendet. Über die Forschungsthemen sowie die Forschungsergebnisse ist im Überblick berichtet worden in: „Mensch, Arbeit und Betrieb. Beiträge zur Berufs- und Arbeitskräfteforschung". Reihe Sonderforschungsbereiche der DFG. Weinheim (Bolte 1988).

Anknüpfend an Forschungserfahrungen und Forschungsergebnisse des SFB 101 entstand an der Universität München 1984 der Sonderforschungsbereich 333 „Entwicklungsperspektiven von Arbeit", dessen Forschungen bis 1996 liefen. Neben Mitarbeitern des Instituts für Soziologie nahmen Angehörige des Geschwister Scholl-Instituts (für Politikwissenschaft), des Instituts für Psychologie der Universität München sowie Mitglieder des Instituts für Sozialforschung e.V. (ISF) München daran teil.

Im Rahmen der Forschungen des SFB 101 war immer wieder ins Blickfeld geraten, daß sich seit einiger Zeit in der Arbeits- und Berufswelt unter anderem zwei charakteristische Prozesse abzeichnen und miteinander verflechten. Einerseits nimmt der Anteil der am Erwerbsleben beteiligten Frauen an den Frauen im Alter von 15 bis 65 Jahren deutlich zu. Andererseits löst sich für erwerbstätige Männer und Frauen die sog. Normalarbeitszeitregelung mit Siebeneinhalb- bzw. Acht-Stundentagen und gleichbleibendem Anfang und Ende der Arbeitszeit mehr und mehr auf. Teilzeitarbeit, Gleitarbeitszeiten, neuartige Varianten von Schichtarbeit und andere Flexibilisierungen von Arbeitszeit dehnen sich aus.

Außerdem war im Rahmen der Arbeiten des SFB 101 deutlich geworden, daß mit dem zunehmenden Zusammentreffen männlicher und weiblicher Berufsarbeit in Partnerschaften oder Familien und unterschiedlichen Arbeitszeiten von Männern und Frauen eine Fülle von Problemen entsteht und erhebliche Arrangements erforderlich werden, um ein befriedigendes gemeinsames Zusammenleben zu ermöglichen.

Im Hinblick auf solche Entwicklungen und Erkenntnisse wurde in den SFB 333 „Entwicklungsperspektiven von Arbeit" seitens des Instituts für Soziologie der Plan für das Projekt A 1 eingebracht, das von der Frage ausging, wie das Leben der Menschen durch zunehmende Flexibilisierungen der Arbeitszeit und steigende Erwerbsquoten von Frauen beeinflußt wird, und welche Rückwirkungen sich daraus für Arbeitsstätten (Industriebetriebe, Verwaltungen usw.) ergeben. Die Fragestellung hat sich dann im Lauf der Zeit erweitert auf Wechselwirkungen auch anderer Art zwischen Strukturen der Arbeitswelt und der Lebensführung von Menschen.

Auf der Suche nach einem Forschungsansatz, der es erlaubt, die oben umrissenen, uns interessierenden Fragestellungen angemessen zu bearbeiten, wurden im Vorfeld und zu Beginn des Projekts solche soziologischen Forschungsperspektiven systematisch gesichtet, die menschliches Leben von verschiedenen Blickpunkten her analysieren wie z.B. die Milieu- und Lebensstilforschung, die Lebensverlaufs- oder Biographieforschung, die Zeitbudgetforschung, die Zeitsoziologie, die Rollentheorie, aber auch die sozialgeographische Forschungsperspektive (Hägerstrand 1975), die menschliches Leben als raum-zeitliches Aktionsmuster darstellt (Voß 1991a).

Trotz der Bedeutung, die diese Forschungsperspektiven für die Erkenntnis bestimmter Aspekte menschlichen Lebens haben, schien keine von ihnen letztlich geeignet, um das zentrale Anliegen unseres Forschungsprojekts befriedigend in den Griff zu bekommen, nämlich die Auswirkungen von Veränderungen in der Arbeitswelt auf das Leben von Menschen und von daher auf die Arbeitswelt ausgehende Rückwirkungen.

In vielen Diskussionen entstand schließlich der Gedanke, eine Betrachtungsweise, die sich andeutungsweise in den religionssoziologischen Schriften Max Webers (1986: 113ff) findet, zu einer theoretisch fundierten Forschungsperspektive auszubauen. Weber weist dort darauf hin, daß sich unter dem Einfluß calvinistischen Gedankenguts das Leben bestimmter Menschengruppen insofern änderte, als sich anstelle rein traditional geleiteten Verhaltens eine auf gesetzte Ziele ausgerichtete methodische (zweckrationale) Lebensführung ausbreitete.

Hieran anknüpfend wurde eine Forschungsperspektive konzipiert, die die alltägliche Lebensführung von Menschen in den Blick nimmt (Behringer u.a. 1989; Bolte/Voß 1988, Kudera/Voß 1988; Voß 1991a, 1991b, 1995).

Lebensführung erscheint unter dieser Perspektive als ein alltäglicher Prozeß, in dem sich ein Mensch mit den ihm begegnenden Verhaltenszumutungen (als Berufstätiger, als Ehefrau, als Mutter usw.) im Rahmen bestimmter Gegebenheiten (Wohnverhältnisse, Haushaltseinkommen usw.) auseinandersetzt, sie in Einklang miteinander sowie mit seinen eigenen Interessen zu bringen sucht und dabei in spezifischer Weise auf sein soziales und räumliches Umfeld wie Familienangehörige, Arbeitsstätte, Nachbarn, Nutzung von Verkehrsmitteln usw. einwirkt.

Die Forschungsperspektive „Alltägliche Lebensführung" nimmt also in den Blick, wie sich der Mensch im Alltag mit den verschiedenen Zumutungen und Gegebenheiten arrangiert, die ihm begegnen als Mensch eines bestimmten Geschlechts und Alters, als Berufstätiger, als Familienmitglied, als Zugehöriger privater Kontaktkreise, als Mitglied von Vereinigungen, als Staatsbürger usw., aber auch mit seinen eigenen Interessen und Möglichkeiten, und wie er diese Teilarrangements miteinander in Einklang bringt. „Alltägliche Lebensführung" stellt sich damit dar als ein „Arrangement von Arrangements" (Voß 1991b: 76), als ein Handlungssystem täglicher praktischer Daseinsbewältigung. Soweit sich das Leben in „Partnerschaften" wie Ehen, nicht ehelichem Zusammenleben und Familien abspielt, können diese als mehr oder weniger arbeitsteilige Formen kooperativer alltäglicher Lebensführung verstanden werden.

Im Vergleich zur erwähnten Lebensverlaufsforschung, die auf die Gestalt menschlichen Lebens in seiner ganzen Länge sieht, wird mit der Forschungsperspektive „Alltägliche Lebensführung" die Breite des täglichen Lebens anvisiert.

Im Vergleich zur Zeitbudgetforschung, die sich mit der Frage befaßt, welche Teile ihrer täglichen Zeit Menschen womit verbringen, wird hier auf die Lebensarrangements gesehen, aus denen solche Zeitaufteilungen resultieren.

Im Vergleich zu den Perspektiven, die sich mit menschlichem Leben beschäftigen, aufgeteilt nach Lebensbereichen wie Familie, Erwerbsarbeit, Freizeit, politisches Verhalten usw., wird hier auf die Zusammenführung dieser Bereiche im täglichen Leben geblickt. „Alltägliche Lebensführung ist die Form, wie man diese verschiedenen Tätigkeitsfelder aktiv miteinander vermittelt, wie man sie pragmatisch integriert" (Voß 1991b: 80).

In der alltäglichen Lebensführung zeichnet sich ein „Fahrplan" des Verhaltens einer Person ab, der erkennen läßt, wie diese Person die Aktivitäten verteilt, die erforderlich erscheinen, um von außen kommenden Verpflichtungen und eigenen Interessen zu genügen. Dieses Schema der täglichen Arbeitsteilung einer Person ist bedeutsam für die Integration der vielfältigen, im Lauf des Tages als notwendig erachteten Aktivitäten. „Alltägliche Lebensführung" – so wie sie hier verstanden wird – ist damit nicht einfach ein alltägliches Geschehen, sondern wirkt – und das ist ihre erste Funktion – als ein wichtiges Instrument personaler Lebensbewältigung (Voß 1995).

Im Rahmen des Handlungssystems „Alltägliche Lebensführung" kommt es außerdem zu einer spezifischen Integration von Individuum und Gesellschaft. „Alltägliche Lebensführung" steuert zum einen die Partizipation des Menschen an Gesellschaft, also die Art und Weise, wie er in gesellschaftlichen Sphären tätig wird und auf diese Einfluß nimmt. Sie steuert zum anderen aber auch, wie die Menschen von Gesellschaft geprägt werden. Es sind nicht einfach die einem in einzelnen Sozialsphären begegnenden Zumutungen sowie die dort gemachten Erfahrungen, die eine – sozusagen – passive Vergesellschaftung der Menschen bewirken. Wie Menschen von Gesellschaft geprägt werden, hängt auch davon ab, wie sie die dortigen Zumutungen und Erfahrungen im Rahmen ihrer alltäglichen Lebensführung verarbeiten. Die Art, wie ein Betrieb das Denken und Tun eines Beschäftigten prägt, ist z.B. nicht ausreichend zu verstehen, wenn man nicht dessen familialen Hintergrund berücksichtigt.

Beide Vergesellschaftsprozesse sind also über das Handlungssystem alltägliche Lebensführung reguliert, und jedes Muster alltäglicher Lebensführung erscheint sozusagen als ein spezifisches „Kupplungssystem", über das sich Mensch und Gesellschaft verzahnen. Dies ist eine zweite wichtige Funktion alltäglicher Lebensführung. Mit dem Nachweis dieser Kupplungsfunktion wurde u.E. für die soziologische Theorie ein „missing link" für das Verständnis der Verbindung zwischen Individuum und Gesellschaft aufgedeckt und geschlossen (Voß 1991b: 84ff).

In der soziologischen Literatur wird an vielen Stellen darauf hingewiesen, daß mit dem Konstrukt „Rolle" die Verbindung zwischen Individuum und Gesellschaft „begriffen" wird. Während aber im Rollenbegriff nur jeweils einzelne Verbindungen eines Menschen zu anderen Menschen nebeneinander erfaßt und im Begriff „Rollenkonflikt" allenfalls Teilaspekte des Eingebundenseins eines Menschen in verschiedene gesellschaftliche Verpflichtungen in den Blick geraten, erfaßt das Konstrukt „Alltägliche Lebensführung" das dynamische Verwobensein zwischen Individuum und allen Gesellschaftsbereichen, an denen das Individuum beteiligt ist.

Schließlich wirkt das Handlungssystem „Alltägliche Lebensführung" als Integrationsinstanz zwischen verschiedenen Gesellschaftsbereichen, womit eine dritte wichtige Funktion sichtbar wird. In der alltäglichen Lebensführung treffen unterschiedliche Sphären – wie z.B. Betriebe und Familien – zusammen. „Es ist die Person, die in und mit ihrer Lebensführung sozial nur partiell vermittelte und zum Teil sogar hochgradig konkurrierende Sphären, wie etwa berufliche und familiale Anforderungen, praktisch „unter einen Hut bringen" muß. Genau dadurch aber bildet sie leistungsfähige Brücken zwischen diesen Sphären und sorgt dafür, daß deren potentiell konfliktträchtige Beziehung pragmatisch bewältigbar bleibt" (Voß 1991b: 86ff; Voß 1995).

Die Konzipierung des Konstrukts „Alltägliche Lebensführung" erscheint als ein wesentlicher theoretischer Ertrag des Forschungsprojekts A 1/SFB 333, dessen Bedeutung weit über seine Verwendung im Projekt hinausgeht.

Dadurch, daß im Projekt A 1 nicht nur Auswirkungen betrieblicher Organisationsstrukturen auf menschliches Verhalten außerhalb des Betriebs in die verschiedenen Lebensbereiche hinein untersucht werden, sondern auch die Aus- und Rückwirkungen bestimmter Formen von Lebensführung auf Strukturen der Arbeitswelt, ordnen sich die Arbeiten des Projekts A 1 voll ein in die Forschungsperspektive „Subjektorientierte Soziologie", die bereits in den Forschungen des Instituts für Soziologie im Rahmen des SFB 101 herausgearbeitet und angewandt wurde. Anliegen dieser Forschungsperspektive ist es, nicht nur jeweils isoliert gesellschaftliche Strukturen einerseits und menschliches Verhalten andererseits zu analysieren, sondern die Wechselwirkungen zu erfassen, die zwischen Gesellschaftsstrukturen und menschlichem Verhalten bestehen. Im Blickpunkt steht der Mensch als Geprägter und Prägender von gesellschaftlichen Strukturen (Bolte 1983, 1995, 1997).

Literatur

Behringer, L./Bolte, K M. u. a. (1989): Auf dem Weg zu einer neuen Lebensführung. Mitteilungen des SFB 333, Heft 1. München

Bolte, K.M. (1983): Subjektorientierte Soziologie. Plädoyer für eine Forschungsperspektive. In: Bolte, K.M./Treutner, E.(Hg.): Subjektorientierte Arbeits- und Berufssoziologie. Frankfurt a.M., S. 12-37

Bolte, K.M.: (1988) (Hg.): Mensch, Arbeit und Betrieb. Beiträge zur Berufs- und Arbeitskräfteforschung. Reihe Sonderforschungsbereiche der DFG. Weinheim

Bolte, K.M. (1995): Zur Entstehungsgeschichte des Projekts im Rahmen einer „subjektorientierten" Forschungsperspektive. In: Projektgruppe „Alltägliche Lebensführung" (Hg.): Alltägliche Lebensführung. Arrangements zwischen Traditionalität und Modernität. Opladen, S. 15-22

Bolte, K.M. (1997): Subjektorientierte Soziologie – Versuch der Verortung einer Forschungsperspektive. In: Voß, G.G./Pongratz, H. (Hg.): Subjektorientierte Soziologie. Opladen, S.31-40

Bolte, K.M./Voß, G.G. (1988): Veränderungen im Verhältnis von Arbeit und Leben. In: Reyher, L./Kühl, J. (Hg.): Resonanzen (Festschrift für D. Mertens). Nürnberg, S. 72-93

Hägerstrand, T. (1975): Space, Time and Human Conditions. In: Karlsqvist, A./Lundqvist, L./Snickars, F. (Hg.): Dynamic Allocation of Urban Space. Westwerd

Kudera, W./Voß, G.G. (1988): Veränderungen in der Arbeitsteilung von Personen. In: Schmiede, R. (Hg.): Arbeit und Subjektivität. Bonn, S. 176-196

Projektgruppe „Alltägliche Lebensführung" (Hg.) (1995): Alltägliche Lebensführung. Arrangements zwischen Traditionalität und Modernisierung. Opladen

Voß, G.G. (1991a): Lebensführung als Arbeit. Über die Autonomie der Person im Alltag der Gesellschaft. Stuttgart

Voß, G.G. (1991b): Lebensführung: ein integratives Konzept zur Analyse alltäglichen Lebens. In: Voß, G.G. (Hg.): Die Zeiten ändern sich – Alltägliche Lebensführung im Umbruch. Sonderheft II der Mitteilungen des SFB 333. München, S. 69-88

Voß, G.G. (1995): Entwicklung und Eckpunkte des theoretischen Konzepts. In: Projektgruppe „Alltägliche Lebensführung" (Hg.): Alltägliche Lebensführung. Arrangements zwischen Traditionalität und Modernisierung. Opladen

Weber, M. (1986): Gesammelte Aufsätze zur Religionssoziologie I. Tübingen

Werner Kudera, G. Günter Voß

Alltägliche Lebensführung – Bilanz und Ausblick

1. Zur Entwicklung des Konzepts

Alltägliche Lebensführung ist – jenseits der alltagssprachlichen Verwendung – als soziologisches Konzept neu und anspruchsvoll. Deshalb ist es sinnvoll und für das Verständnis der Beiträge dieses Bandes hilfreich, im Rahmen dieser Einleitung als Einführung die Grundzüge des Konzepts zu skizzieren.

Am Anfang der Entwicklung des Konzepts „Alltägliche Lebensführung" war ein doppeltes Unbehagen. Zum einen das Unbehagen darüber, daß ein elementarer Gegenstand soziologischer Forschung, nämlich die Lebenspraxis von Menschen in ihrer Mikrototalität und ihrer strukturbildenden Funktion kein angemessenes szientifisches Konzept gefunden hatte. Damit blieben die Analysen der entsprechenden Phänomene und ihrer Veränderungen thematisch und konzeptuell fragmentiert. Zum anderen das Unbehagen darüber, wie die als integraler Zusammenhang zu rekonstruierende Lebenspraxis überall dort, wo sie im Rahmen sowohl von handlungstheoretisch angeleiteten als auch von strukturtheoretisch orientierten Analysen im Bereich der Arbeits-, Berufs- und Industriesoziologie als Gegenstand auftauchte, methodisch fragmentiert wurde.

Anlaß dafür, die menschliche Lebenspraxis als eigenständigen soziologischen Zusammenhang überhaupt in den Blick zu nehmen, war eine ganze Reihe von akkumulativ wirkenden, sozialstrukturellen und soziokulturellen Entwicklungen. Diese Entwicklungen deuteten nicht nur auf Veränderungen in den normativen Voraussetzungen und faktischen Bedingungen des gegenwärtigen Lebens hin. Sie ließen auch komplementäre Veränderungen in der Regulierung des Alltags der Menschen erwarten. Gemeint sind insbesondere Prozesse der Individualisierung von Lebenslagen und der Pluralisierung von Lebensformen, die die Grundlagen der institutionalisierten Konstruktionen von Lebenslauf und Zusammenleben verändert haben. Aber auch ein längerfristig sich vollziehender Wertewandel im Bereich von zentralen Arbeits- und Lebensorientierungen sowie Veränderungen in den Bedingungen von Erwerbsarbeit als wesentlicher Existenzgrundlage.

So lösten Prozesse der Freisetzung aus traditionellen Bindungen und Zugehörigkeiten zu gesellschaftlichen Gruppen, Ständen und Klassen in immer stärkerem Maße kulturelle Selbstverständlichkeiten auf, die bisher Lebenslauf und Alltagsleben reguliert hatten. Ein steigendes Bildungsniveau, die zunehmende Beteiligung von Frauen am Erwerbsleben, sinkende bzw. auf niedrigem Niveau stagnierende Kinderzahlen pro Familie und der Rückgang des Typus der „Normalfamilie" verwiesen auf veränderte Lebenskalküle und Lebensorientierungen. Das Vordringen von Selbstverwirklichung und gleichberechtigter Partnerschaft als biographisches Programm und Ordnungsprinzip des Alltagslebens begünstigte die Aufkündigung traditioneller Muster geschlechtsspezifischer Arbeitsteilung insbesondere durch Frauen. Die zunehmende Differenzierung und Deregulierung von Arbeitsverhältnissen, die Flexibilisierung von Arbeitszeiten und die Einführung neuer Betriebskonzepte schließlich erzeugte einen Schwund von bisher stabilen Richtgrößen sowohl für berufliche Planung und Berufsbiographie als auch für die Organisation des alltäglichen Lebens.

Alles zusammen betrachtet wurde als Tendenz ein Verlust an Eindeutigkeit und Verhaltenssicherheit im Bereich biographischer Konstruktion und privater Lebensführung erkennbar. Dieser Verlust von berechenbaren Rahmenbedingungen und kulturellen Selbstverständlichkeiten ließ erhebliche und folgenreiche Orientierungs- und Entscheidungsprobleme entstehen. Zugleich lassen strukturelle Unsicherheit, neuartige Anforderungen und vermehrte Entscheidungsnotwendigkeiten tradierte und bewährte Lebenskalküle und Problemlösungsstrategien veralten und ins Leere laufen. Nun können aus der Deregulierung von Arbeits- und Lebensbedingungen und der Verflüchtigung normativer Vorgaben neue Optionen und Chancen entstehen, eigenständig bestimmen und gestalten zu können, was früher durch die Verpflichtung auf bestimmte Konventionen und Leitbilder vorgegeben war. Es können aber auch neue Zwänge und Verantwortlichkeiten wirksam werden, die in die Organisation der alltäglichen Lebenspraxis aufgenommen und verarbeitet werden müssen.

Eine Ausdünnung geltender Traditionen und ein Schwund normativer Regime, die bisher als Zwangskorsett und Auffangnetz zugleich fungierten, auf der einen Seite – die Herausbildung eines unübersichtlichen Gestrüpps von erweiterten Optionen, selbst zu verantwortenden Ligaturen und ungewohnten Zwängen auf der anderen Seite: Zu erwarten war, daß bisher vorgegebene und funktionierende Orientierungs- und Handlungsschemata – in welchem Umfang auch immer – nunmehr durch individuelle Konstruktionen und durch individuelle Leistungen substituiert werden müßten. Zu vermuten war ferner, daß die Verlagerung von gesellschaftlichen Regulierungen auf die Regulierungskraft der Individuen im Bereich der Organisation des alltäglichen Zusammenlebens die Notwendigkeit einschließt, neue und möglicherweise flexiblere und offenere Arrangements der Lebensführung auf der Grundlage veränderter Lebenskalküle zu finden und auszugestalten. Darüberhinaus war anzunehmen, daß die Zunahme von Orientierungs- und Handlungsalternativen und eine komplementär wachsende Selbstverantwortlichkeit die Notwendigkeit einer Selbstthematisierung und Selbstkontrolle und damit der Reflexivität von Lebensplanung und Lebenspraxis steigern. Damit schien sich eine neue historische Qualität der Fundierung von Lebensführung anzudeuten. Denn Selbstthematisierung und Reflexivität sind zentrale Indikatoren einer Moderne, wie sie gegenwärtig in einem anderen Kontext als reflexive Modernisierung, Modernisierung der Moderne oder zweite Moderne postuliert und diskutiert wird. Bezogen auf diesen Zusammenhang wurde von uns die neue Qualität einer individualisierten und reflexiv gesteuerten Lebensführung – auf den Schultern von Max Weber – als ein Element sich durchsetzender Modernisierung auf der Ebene des Subjekts interpretiert.

Diese frühzeitig formulierten Annahmen blieben keine Vermutungen, sondern bestätigten sich im Verlauf der weiteren Forschung. Insofern darf es sich die durch das Konzept „Alltägliche Lebensführung" geleitete Forschung als Verdienst zurechnen, die Kategorien der Selbstthematisierung und Reflexivität als Steuerungselemente auf der Ebene des Subjekts und seiner Lebensführung konzeptuell entfaltet und empirisch rekonstruiert zu haben. Zunächst freilich konnten die hier angedeuteten, aber auch weitere strukturelle und kulturelle Veränderungen wegen eines fehlenden integrierenden Konzepts weder in ihrer Tragweite angemessen abgeschätzt noch in ihrem Zusammenwirken in der konkreten Lebenspraxis sichtbar und verständlich gemacht werden. Hinzu kam, daß der szientifische Umgang mit Phänomenen der Lebenspraxis durchgängig durch Reduktionismen bestimmt war. So wurde die Lebenspraxis als *Zusammenhang von Tätigkeiten* handlungstheoretisch aufgelöst in vereinzelte Entscheidungssituationen. Und die Lebenspraxis als *Zusammenhang von Tätigkeitsbereichen* wurde zurechtgestutzt auf Dichotomisierungen wie Arbeit und Leben, Arbeit und Freizeit, Arbeit und Reproduktion, Beruf und Familie. Darüberhinaus standen wegen bestimmter theoriestrategischer Prämissen in der Regel die Sphären von Erwerbsarbeit und Beruf im Vordergrund des Interesses, alle anderen Lebenssphären hingegen wurden auf den Status eines Anhängsels, einer quantité négligeable, zurückgeschnitten.

2. Von der „Arbeitsteilung der Person" zum Konzept „Alltägliche Lebensführung"

Ein erster Ansatz, dieser thematischen, konzeptuellen und methodischen Fragmentierung mit einem integrierenden Konzept zu begegnen, wurde mit der Idee einer *Arbeitsteilung der Person* formuliert (vgl. Treutner/Voß in diesem Band).

Diese wurde in Analogie zum klassischen Konzept der gesellschaftlichen Arbeitsteilung – gewissermaßen als deren individuelles Korrelat – entworfen. Kernvorstellung dieses Ansatzes war, daß die Kategorie der Arbeitsteilung als Ausdifferenzierung von Tätigkeiten und Tätigkeitsbereichen stets zugleich deren Integration einschließt. Die Kategorie der Arbeitsteilung sollte es daher ermöglichen, Tätigkeiten sowie Tätigkeitsbereiche personenzentriert als integrierenden Wirkungszusammenhang konzeptuell zu erfassen und zu analysieren. Dabei ist für die Konstruktion des Konzepts der „Arbeitsteilung der Person", wie es die Formulierung nahelegt, zum einen die Vorstellung konstitutiv, daß die Person als logische und praktische Einheit eines Zusammenhanges von Tätigkeiten und Tätigkeitsbereichen fungiert, der die Lebenspraxis ausmacht. Zum anderen ist dafür die Vorstellung entscheidend, daß die jeweilige Form der Arbeitsteilung und Integration als genuine Hervorbringung der Person zu gelten habe. Damit schien ein subjekttheoretisch orientierter Ansatz gefunden, der versprach, die Lebenspraxis von Personen als einen von ihnen selbst permanent hergestellten und praktizierten Zusammenhang von Tätigkeiten und Tätigkeitsbereichen analytisch zu erschließen.

Die Konstruktion „Arbeitsteilung der Person" enthielt freilich selbst per definitionem wiederum Begrenzungen eigener Art: Das Spektrum möglicher Tätigkeiten wurde unter der Hand kategorial auf Arbeit reduziert (was zu Abgrenzungsproblemen zu anderen Typen von Aktivitäten führte), der Zusammenhang von Tätigkeiten und Tätigkeitsbereichen methodisch als Folge intentionaler Akte statuiert (was die Frage der Strukturbildung und die nach transpersonalen Mechanismen der Integration offen ließ). Als Ergänzung und Antwort wurde diesen Begrenzungen eine strukturtheoretische Perspektive gegenübergestellt, die folgende Annahmen enthält:

– Arbeit repräsentiert als Spezialfall lediglich eine Klasse von Aktivitäten unter anderen, die im Rahmen der Lebenspraxis gleichermaßen relevant sind.
– Arbeitsteilung ist nicht das einzige Medium der Ausdifferenzierung und Integration. Vielmehr kommen gleichgewichtig hinzu die Medien Macht und Herrschaft, Interaktion und Kommunikation, Deutung und Sinn, Nähe und Distanz.
– Die von Personen selbst hervorgebrachten Formen der Lebenspraxis verkörpern durch ihre Institutionalisierung im Lebenszusammenhang eine Strukturbildung eigener Art.
– Der Zusammenhang der Lebenspraxis insgesamt ist als System sui generis mit eigener Struktur und Logik, Zeithorizont und Dynamik zu betrachten.
– Die Kategorie der Lebensführung selbst ist als zentrales Medium der Steuerung, Regulierung, Integration und Stabilisierung der Lebenspraxis zu begreifen und repräsentiert einen eigenen Modus der Vergesellschaftung.

Die im Zusammenhang mit diesen Annahmen systematisch eingeführte Kategorie der Lebensführung wurde in der Folge zum Konzept „Alltägliche Lebensführung" ausgebaut. Dabei bestimmten beide Wurzeln, die subjekttheoretische, die Lebenspraxis als menschliche Hervorbringung und die strukturtheoretische, die Lebenspraxis als System von Handlungen betrachtet, die weitere Entwicklung des Konzepts. So ist in der Retrospektive deutlicher als im Verlauf der Entwicklung selbst auszumachen, daß sich innerhalb des Konzepts „Alltägliche Lebensführung" das Nebeneinander von subjekttheoretischem Ansatz (Lebensführung als Selbstkonstitutionsprozess der Person, Mechanismus der personalen Integration und Prozess der Identitätsbildung) und strukturtheoretischem Ansatz (Lebensführung als System sui generis, Medium der sozialen Integration und Prozess der Kontinuitäts- und Kohärenzsicherung) reproduziert. Dieser doppelte Ursprung ist ein Vorzug und ein Problem zugleich. Ein Vorzug insofern, als sich der Versuch, zwei eigentlich inkompatible Ansätze miteinander zu verbinden und damit einen eigenständigen Beitrag zur Subjekt-Struktur-Debatte zu leisten, als theoretisch inspirierend und als empirisch fruchtbar erwies. Ein Problem insofern, als sich in der Rezeption Mißverständnisse einstellen konnten je nachdem, ob das Konzept schwergewichtig als anthropologisches (und damit als ahistorisches und nicht-soziologisches) oder aber als strukturalistisches (und damit den konstitutiven Anteil des Subjekts unterschlagendes) wahrgenommen wurde.

2.1 Der subjekttheoretische Ansatz

Ausgangspunkt der subjekttheoretischen Überlegungen ist das banal erscheinende, aber unhintergehbare Faktum, daß jeder Mensch sein eigenes Leben lebt und leben muß. Leben und Lebensführung sind also – unabhängig von einer historischen Gesellschaftsformation – stets an das körperliche Substrat eines animal rationale, einer Person oder eines Subjekts gebunden. Das ist ein anthropologischer Ausgangspunkt, aber eben nur ein Ausgangspunkt. Die Frage, in welchem Ausmaß und auf welchem Regulierungsniveau der praktische Vollzug des Lebens gesellschaftliche Normierungen unter Zwang lediglich ratifiziert oder eigenständig gestaltet werden kann, ermöglicht den Absprung von der Ebene der Anthropologie und eröffnet den Eintritt in Geschichte und Gesellschaft. Der wesentliche Modus für diesen Schritt ist der einer Aneignung der Welt durch die Person. Aneignung wird dabei als eigenständige, produktive Leistung postuliert. Mit der Kategorie der Aneignung soll in diesem Zusammenhang hervorgehoben werden, daß Lebensführung nicht als bloße abhängige Variable von sozialen Bedingungen gesehen wird. Vielmehr gilt Lebensführung als genuiner Gestaltungsprozess, mittels dessen Optionen ergriffen, Spielräume

geschaffen, Chancen genutzt, Widerstand geleistet und Zwänge aufgefangen oder vermieden werden.
Freilich ist Lebensführung mehr als nur Aneignung von Welt. Sie repräsentiert zugleich als Prozess der Selbstkonstitution die Entfaltung der Person als konkretes Individuum und die Herausbildung einer eigenen Identität. Hiermit wird der Gesichtspunkt zur Geltung gebracht, daß die Person sich erst im praktischen Lebensvollzug durch ihre Handlungen, Entscheidungen und Unterlassungen herausbildet und Kontur gewinnt. Dieser Prozess der Selbstkonstitution hat indessen noch seine zweite Seite. In ihm bildet sich nicht nur die Person heraus, in ihm bildet sich zugleich das System ihrer Lebensführung als System von Bedeutungen und Gewohnheiten. Dieses System wiederum erlangt durch sich verfestigende Prioritäten, Zuständigkeiten, Verfahren und Praktiken der Person gegenüber Selbständigkeit und wirkt regulierend auf die Person und ihre Umwelt zurück. Mit diesem Gedanken einer Vergegenständlichung von Lebensführung als System wird unter subjekttheoretischer Perspektive die Ebene der Strukturbildung erreicht und damit die systematische Schnittstelle mit den strukturtheoretisch orientierten Überlegungen zum Konzept „Alltägliche Lebensführung", wie sie im nächsten Abschnitt skizziert werden.

2.2 Der strukturtheoretische Ansatz

Unter strukturtheoretischer Perspektive wird die grundlegende Konstruktion von „Alltäglicher Lebensführung" ebenfalls als eine Hervorbringung der Person betrachtet. Ins Zentrum des Interesses rückt aber hier der Gedanke, daß es sich bei dieser Hervorbringung um eine von Personen hergestellte und sich ihnen gegenüber verselbständigende Ordnung sui generis handelt. Diese Ordnung drückt sich in bestimmten Regelmäßigkeiten des Alltagshandelns aus, sie verleiht ihm im Fluß der täglichen Anforderungen und Ereignisse Beständigkeit und Verläßlichkeit und sie macht es für andere Personen und Institutionen berechenbar. Dadurch dient sie zugleich als Kupplung mit der Gesellschaft und als Puffer gegenüber der Gesellschaft.

Eine solche Ordnung entsteht dadurch, daß sich je nach Lebensprogramm, Lebensphase, Lebensform und verfügbaren Ressourcen bestimmte Arrangements des Umgangs mit all jenen Bedingungen entwickeln, die im Alltagsleben von Personen zusammentreffen. Die Kategorien der Ordnung und des Arrangements werden hier ganz bewußt gewählt. Mit „Ordnung" soll der strukturelle und regulative Charakter betont werden. Mit „Arrangement" wird dem dynamischen Charakter, dem permanenten Prozeß von Produktion, Reproduktion und Transformation Rechnung getragen. Denn Arrangements alltäglicher Lebensführung als dynamische Ordnung sind weder auf einmal da noch bleiben sie immer, was sie sind. Sie entstehen und verändern sich vielmehr durch das Zusammenspiel der beteiligten Personen und in Abhängigkeit von den jeweiligen Lebensumständen. Dieses Zusammenspiel wiederum kann harmonisch oder konflikthaft verlaufen und vollzieht sich in einem Gemisch aus reflexiver Planung und Übernahme bewährter Muster, aus experimenteller Erprobung und Gewohnheitsbildung.

Soziologisch entscheidend dabei ist der Gesichtspunkt der Strukturbildung. Sie geschieht dadurch, daß solche Arrangements sich im Lauf der Zeit verfestigen und der Lebensführung dadurch gewissermaßen Züge einer Institution mit gesicherten Grundlagen und Verfahrensweisen, eigenen Regeln, Prioritäten und Routinen verleihen. So steuern die einmal eingespielten Arrangements als gemeinsam produzierte Ordnung eigener Art ihrerseits das Alltagsleben auf relativ stabile und dauerhafte Weise. Sie entlasten dadurch nicht nur von dem Zwang, ständig neu entscheiden zu müssen. Sie begründen auch insofern Verhaltenssicherheit, als das Alltagsleben weitgehend nach eingeübten Regeln und in vorhersehbaren Mustern abläuft und dadurch für alle Beteiligten – ceteris paribus – kalkulierbar wird. Dies bedeutet freilich nicht, daß derartige Arrangements, wenn sie einmal etabliert sind, starr und irreversibel wären. Von ihrem jeweiligen Elastizitätspotential hängt es ab, wieweit Arrangements der Lebensführung angesichts kritischer Lebensereignisse oder sich verändernder innerer und äußerer Bedingungen transformiert werden können oder auseinanderbrechen.

Arrangements der alltäglichen Lebensführung sind der Ort, wo alles, was für das Leben von Bedeutung ist, zusammentrifft. In ihnen fließen nicht nur Werte, Leitbilder und Orientierungen, Bedürfnisse, Ansprüche und Lebenskalküle zusammen, die darüber bestimmen, was Menschen vom Leben *erwarten*. In sie gehen auch die tagtäglichen Anforderungen und individuell verfügbaren materiellen und kulturellen, personalen und sozialen Ressourcen ein, die darüber bestimmen, was sie vom Leben *erwarten können*. Weiterhin werden in der alltäglichen Lebensführung nicht nur gesellschaftliche Konventionen, Gesetze und vertragliche Regelungen wirksam, sondern auch Institutionen mit ihren eigenen Anforderungen und Verhaltenszumutungen, die darüber bestimmen, in welchem Rahmen und in welchen Handlungsbereichen die Menschen ihr Leben *gestalten müssen*. Arrangements alltäglicher Lebensführung verkörpern also eine eigene, intermediäre Ebene sozialen Handelns sowie eine mehr oder weniger dauerhafte und kohärente Ordnung der Regulierung von Beziehungen und Alltagspraktiken. Sie haben die Funktion, die vielfältigen, widersprüchlichen und nicht selten konflikthaften Anforderungen des Alltagslebens in mehr oder weniger geregelter Weise auszubalancieren, Kohärenz sowie Kontinuität herzustellen und Verhaltenssicherheit zu stiften. Sie repräsentieren damit einen Bereich von individuell erzeugter und reproduzierter Stabilität und Kontinuität, der selbst gesellschaftsstabilisierend wirkt.

Für das bisher umrissene Konzept sind folgende analytischen Unterscheidungen zentral, die hier abschließend referiert werden. Nicht nur, weil auf sie in den meisten Beiträgen explizit oder implizit rekurriert wird, sondern vor allem auch deshalb, weil mit ihrer Hilfe Verbindungen zu jeweils spezifischen theoretischen Kontexten hergestellt werden. So unterscheiden wir unter *modernisierungstheoretischer Perspektive* eine *traditionale* (auf fraglos geltenden Traditionen, Sitten und Gebräuchen beruhende) von einer *reflexiven* (auf individueller Selbstthematisierung und Selbststeuerung basierende) Lebensführung. Unter *handlungstheoretischer Perspektive* unterscheiden wir eine *strategische* (planmäßige Durchsetzung von Lebenskalkülen und Schaffung entsprechender Voraussetzungen) von einer *situativen* (reaktive Anpassung an prinzipiell offene und wechselnde Situationen) Lebensführung. Darüberhinaus unterscheiden wir unter der *Perspektive der Institutionalisierung von sozialen Prozessen* eine *routinisierte* (zyklische und habitualisierte Abläufe) von einer *improvisativen* (Offenheit und Flexibilität als Handlungsregulativ) Lebensführung. Schließlich unterscheiden wir unter *herrschaftstheoretischer Perspektive* von Macht und Gleichberechtigung eine *hierarchisch* organisierte (Beziehung als Über- und Unterordnungsverhältnis auf der Basis einer Machtasymmetrie) von einer *egalitär* fundierten (gleiche Rechte, gleiche Pflichten, diskursive Regulierung) Lebensführung.

2.3 Alltägliche Lebensführung als Konzept der Moderne

Auch wenn das Konzept „Alltägliche Lebensführung" subjekt- und strukturtheoretisch unterlegt ist, ist es gleichwohl kein ahistorisches Konzept. Einsatzpunkt der entsprechenden Überlegungen ist eine historische Zäsur. Diese Zäsur bezeichnet den Übergang von einer traditionalen zu einer modernen Gesellschaft und die entsprechenden Veränderungen dessen, was als anständiges, richtiges oder gutes Leben gesellschaftlich normiert und individuell akzeptiert und umgesetzt wird. Bereits zu Beginn dieses Jahrhunderts hatte Max Weber diesen Übergang im Rahmen seiner Studien zur Protestantischen Ethik ins Auge gefaßt. Er vertrat die These, daß seit dem 16. Jahrhundert in der okzidentalen Welt unter dem Einfluß calvinistischer Ideen das bis dahin vorherrschende, durch Zwänge und Traditionen beherrschte Verhalten von einer auf bestimmte, selbstgesetzte Ziele hin ausgerichteten, „methodischen" Lebenführung abgelöst würde. Die Methodik dieser Lebensführung entsteht – kurz gefaßt – durch die regulative Idee, daß sowohl jeder Augenblick des Lebens als auch die individuelle Lebensspanne insgesamt effektiv zu nutzen seien, das Leben selbst also ein knappes Gut darstelle, mit dem bedachtsam und haushälterisch umgegangen werden müsse. Auf der Grundlage dieser dem Individuum auferlegten generellen Verantwortlichkeit für das eigene Leben setzen sich anstelle göttlicher Lenkung oder traditionaler Steuerung Rationalität (im Sinne eines Zweck-Mittel-Kalküls), Selbstregulierung (im Sinne von individuellem Selbstentwurf und individueller Selbstkontrolle) und Askese (im Sinne von Konsumaufschub und investiver Verwendung verfügbarer Ressourcen) als Steuerungselemente des Lebens durch. Damit wird aus einem weitgehend fremdbestimmten Dahinleben nunmehr das Leben zur individuellen Gestaltungsaufgabe.[1] Die Formen, in denen sich dieser Gestaltungsprozess vollzieht, sind die der Biographie und die der alltäglichen Lebensführung. Biographie und Lebensführung als neue historische Kategorien verweisen auf einen neuen Stand der Entwicklung des Subjekts. Sie verkörpern zwei Seiten ein und derselben Sache, nämlich das Leben als individuelle Konstruktion.[2]

Die Biographie repräsentiert dabei den lebenszeitlichen Aspekt einer reflexiv gesteuerten Selbstverwirklichung als Entwicklungs- und Bildungsprozess. Lebensführung dagegen repräsentiert den alltagszeitlichen Aspekt einer reflexiven Regulierung der Lebenspraxis als sinnhaften, permanenten Reproduktionsprozess. Beides, Biographie wie alltägliche Lebensführung, konstituieren sich insofern wechselseitig, als die individuelle Biographiekonstruktion sich im Medium alltäglichen Handelns und alltäglicher Erfahrung umsetzt und entfaltet, während alltägliche Lebensführung durch den biographischen Horizont Sinn und lebenszeitliche Perspektivität gewinnt.

Der hier skizzierte Idealtypus der eigenständigen Konstruktion eines auf Rationalität und Effektivität gegründeten Lebens war auf die Figur des autonomen Bürgers zugeschnitten, der politisch in der Öffentlichkeit und wirtschaftlich auf dem Markt vernünftig und selbständig agiert. Er war zugleich fundiert in dem Modell der bürgerlichen Familie und einer entsprechenden familialen Arbeitsteilung, in der der Mann als Berufsmensch und väterliche Autorität fungiert, die Frau als Organisatorin von Haushalt, Kindererziehung und Harmonie des privaten Zusammenlebens. Hieraus speisen sich die klassischen Leitbilder sowohl des freien Unternehmers als auch die des Vaters als „Patriarch" und der Mutter als Hüterin der Privatsphäre sowie eine entsprechende Zuordnung von Zuständigkeiten und Kompetenzen, Dispositionen und Verhaltensmustern, deren Wirksamkeit sich bis in die Gegenwart erstreckt. Unabhängig von seiner nur sehr allmählichen empirischen Durchsetzung im historischen Prozess der Modernisierung ist das Modell von Lebensführung im Weberschen Sinne als autonome Gestaltung von Biographie und Lebenspraxis eine genuine Geburt der

---

1 Damit hat Max Weber bereits in den Gründerzeiten der Soziologie die Kategorie der Individualisierung als einen wichtigen Aspekt der Moderne angemeldet.
2 Eine frühe Form eines nach selbstgewählten Kriterien gestalteten Lebens ist in dem antiken Konzept der ars vivendi repräsentiert. Auch hier ging es darum, das gesamte Leben als individuelle Konstruktion zu formen, allerdings nicht unter einem moralischen, sondern unter einem ästhetischen Regulativ.

Moderne, sie repräsentiert idealtypisch einen *historisch neuen Modus der Vergesellschaftung und Integration im Code von Individualität.* Diesen neuen Modus der Selbstvergesellschaftung und gesellschaftlichen Integration durch individuelle Strukturierung des Alltags theoretisch postuliert und empirisch eingeholt zu haben, kann als ein weiteres Verdienst der um das Konzept der alltäglichen Lebensführung zentrierten Forschung gelten.

Im Rahmen von Veränderungen der Arbeits- und Lebensbedingungen und Wertvorstellungen, wie sie eingangs angedeutet wurden, haben sich die Grundlagen verschoben, auf denen alltägliche Lebensführung als Ordnung des Alltagslebens konstruiert wird, hat sich deren Regulierungsniveau im Sinne von mehr Reflexivität und Selbstkontrolle verändert, hat sich schließlich der Charakter von Lebensführung selbst gewandelt. Dies drückt sich in einem historisch veränderten Verhältnis von Arbeit und Leben aus. Gehörte es früher zur sozialen Erfahrung bestimmter gesellschaftlicher Gruppen, daß man lebt, um zu arbeiten, hat sich dies im Rahmen wohlfahrtsstaatlicher Entwicklung zunächst einmal tendenziell umgekehrt. Bis vor kurzem jedenfalls war die Überzeugung durchaus verbreitet, daß man arbeitet, um zu leben. Gegenwärtig wird indessen eine Entwicklung erkennbar, die das Verhältnis von Arbeit und Leben diffus werden läßt. Denn je variabler sich die Rhythmen von Arbeitszeit und frei verfügbarer Zeit gestalten, je mehr die Zyklen von Ausbildung und Erwerbsarbeit, Arbeitslosigkeit und Ruhestand durcheinander geraten, je mehr schließlich erwerbstätige Personen sich zu Unternehmern ihrer eigenen Arbeitskraft machen müssen (vgl. Pongratz/Voß 1998), desto mehr gehen Leben und Arbeit ineinander über, desto mehr wird Lebensführung der Logik der Kapitalverwertung unterworfen. Dadurch nimmt in einer eigentümlichen Dialektik die alltägliche Lebensführung nicht nur selbst den Charakter von Arbeit an, sondern wird selber zum Kapital.

3. Alltägliche Lebensführung als Gegenstand empirischer Forschung

Die Entwicklung des Konzepts „Alltägliche Lebensführung" war von Anfang an darauf ausgerichtet, historisch relevante und empirisch gehaltvolle Forschung zu ermöglichen. Dabei umriß und erschloß das Konzept kategorial einen neuen Gegenstandsbereich. Die empirische Forschung half, ihn dimensional auszudifferenzieren, typische Zusammenhänge, ihre Voraussetzungen und Funktionsweisen zu rekonstruieren und Erklärungen zumindest anzudeuten. Die Deutsche Forschungsgemeinschaft und die Ludwig-Maximilians-Universität München schließlich stellten über den Sonderforschungsbereich 333 „Entwicklungsperspektiven von Arbeit" die Ressourcen bereit, um diese Arbeiten durchzuführen.

Alltägliche Lebensführung – Bilanz und Ausblick

Die empirischen Arbeiten (vgl. Bolte im Vorwort und ausführlich: Projektgruppe „Alltägliche Lebensführung" 1995, 45ff) verliefen in drei Phasen, der sich eine vierte Auslaufphase anschloß. In einer ersten, explorativen Phase (1987/88) wurde das Konzept entwickelt, ausformuliert und in ein Erhebungsinstrument umgesetzt. Dabei wurden 40 nach sozialstatistischen Merkmalen hoch kontrastierende Personen in ausführlichen, erzählungsgenerierenden Interviews befragt. Methodisch war ein Mix aus freien und leitfaden-gesteuerten Sequenzen angestrebt. Thema war nach einer biographisch zentrierten Eingangsphase das aktuelle alltägliche Leben, wie es sich in Tages- und Wochenabläufen, jahreszeitlichen Rhythmen, zwischen Normalität und besonderen Ereignissen, zwischen Routinen und Krisen dokumentiert. Basierend auf dem Ertrag dieser Phase schloß sich eine zweite Phase (1989 – 1991) an, die einer systematisch kontrollierten Verbreiterung der empirischen Basis mit Hilfe eines nunmehr elaborierten Erhebungsverfahrens diente. Diese Verbreiterung erfolgte durch 100 Interviews mit Personengruppen, die nach Alter, Geschlecht, rigiden oder offenen Arbeitsbedingungen sowie zusätzlich nach der Zugehörigkeit zu Stadt oder Land variierten. Es handelte sich dabei um Schichtarbeiter und Verkäuferinnen, Journalistinnen und Journalisten, Altenpflegekräfte und Operatoren, schließlich als Kontrast Facharbeiter, Facharbeiterinnen und Angestellte eines Großbetriebes. Durchgängiges Kriterium war, daß die Befragten verheiratet waren bzw. in partnerschaftlicher Bindung lebten und Kinder hatten, um damit eine typische und besonders virulente biographische Phase des Zusammenlebens zu repräsentieren. Auf den entsprechenden Materialien und deren Auswertungen beruht ein wesentlicher Teil der Publikationen, die im Rahmen der Projektarbeit entstanden.

Der gegen Ende der zweiten Forschungsphase einsetzende Bankrott der DDR und die sich anschließende Wiedervereinigung boten die Chance, die unter relativ stabilen Rahmenbedingungen erprobte Leistungsfähigkeit des Konzepts nunmehr unter Bedingungen des Zusammenbruchs und der Neuformierung von basalen gesellschaftlichen Strukturen zu prüfen. Dies geschah durch eine Ausweitung der Untersuchungen auf Stadt und Region Leipzig. Dabei wurden ab 1990 unter Mitwirkung neu hinzugewonnener ostdeutscher Kolleginnen und Kollegen 60 Interviews in Analogie zu den in Westdeutschland gemachten Befragungen durchgeführt und bis zum Ende der dritten Phase 1994 ausgewertet (vgl. u.a. die Beiträge in diesem Band von Kudera und Weihrich, aber auch Dietzsch/Hofmann 1993, Hofmann/Dietzsch 1995, Kudera 1997, 1998, 1999, Weihrich 1998). Eine Auslaufphase (1995/96) schließlich ermöglichte die weitere Ausschöpfung des umfangreichen empirischen Materials und eine gewisse thematische Abrundung (vgl. u.a. Voß/Pongratz 1998, Lutz 1999).

Umfang und thematische Ausdifferenzierung der Publikationen, die zentriert um das Konzept „Alltägliche Lebensführung" entstanden sind, sprechen zunächst einmal für sich selbst (vgl. Verzeichnis der Projektliteratur in Lutz 1999). Wissenschaftliche Produktivität ist freilich nur die eine Seite. Die andere ist die der Rezeption. Diese verlief bisher eher zurückhaltend. Das mag damit zusammenhängen, daß empirische Studien – und aus solchen besteht der größte Teil unserer Arbeiten – kaum spektakulär sind und nur selten über die Attraktion von rasch handhabbaren und leicht merkbaren „bedeutenden" Sätze verfügen. Das mag auch damit zusammenhängen, daß – mit wenigen Ausnahmen – systematische Verbindungen zu etablierten Theorien, Schulen oder Bindestrich-Soziologien nur in Ansätzen gesucht worden sind und die entsprechenden Kontexte dadurch bisher weitgehend verschlossen geblieben sind. So mag das Konzept „Alltägliche Lebensführung" zwar konzeptuell als „missing link" eine Lücke schließen, muß aber als Brücke erst noch ausgebaut werden.

Nicht von ungefähr kommt es freilich, wenn inzwischen Giddens von „life politics" handelt oder Beck von „reflexiver Lebensführung" spricht. Daran ist zumindest abzulesen, daß mit dem Konzept „Alltägliche Lebensführung" eine Perspektive eröffnet worden ist, in der verschieden gelagerte soziologische Interessen konvergieren. Fokus dieser Interessen ist wohl die neue Funktion, die – angesichts des Schwundes von institutionell verbürgter Planungssicherheit und der Übertragung von bisher institutionell gesicherten Leistungen auf die Personen – dem Individuum und seiner alltäglichen Lebensführung zuläuft. Darüberhinaus kann für diejenigen, die angesichts vermuteter Tendenzen einer gesellschaftlichen Desintegration auf der Suche nach neuen Medien gesellschaftlicher Integration sind, ein Konzept nur willkommen sein, das alltägliche Lebensführung als neuen Modus der Selbstvergesellschaftung eingeführt hat. Für die Aktualität des Konzepts spricht auch, daß z.B. Holzkamp (1995) in seinen fragmentarisch gebliebenen Überlegungen zu einer neuen Grundlegung der Psychologie den von der etablierten Psychologie konzeptuell verdrängten Alltag als wichtige Dimension neu entdeckt hat und zum Auffüllen dieses Vakuums das Konzept „Alltägliche Lebensführung" für unhintergehbar hält.

Mindestens ebenso wichtig wie die Referenz in meinungsbildenden Diskursen ist jedoch die Tatsache, daß das Konzept „Alltägliche Lebensführung" in unterschiedlichsten Kontexten für empirische Arbeiten aufgegriffen und nutzbar gemacht worden ist. So untersuchten beispielsweise im Bereich der Kindheits- und Jugendforschung Zeiher/Zeiher (1994) unter explizitem Bezug auf das Lebensführungskonzept die Alltagsorganisation in der mittleren Kindheit, Kirchhöfer (1998) die alltägliche Lebensführung von Kindern in Ostdeutschland. Im Bereich der Sozialisationsforschung entfaltete Lange (1997) in Anknüpfung an das Konzept „Alltägliche Lebensführung" als Korrelat zur Perspektive der „Selbstvergesellschaftung" die Idee einer „Selbstsozialisation". Im Bereich der Gerontologie erarbeitete Barkholdt (1998), gestützt auf Erkenntnisse der Lebensführungs-Forschung, Leitlinien für eine Gestaltung des Alltags von alten

Menschen. Im Bereich der Arbeitssoziologie legten Jürgens/Reineke (1998) eine empirische Studie über die Auswirkungen der 28,8-Stunden-Woche auf die Lebensführung von betroffenen Arbeiterfamilien vor, während Luedtke (1998) mit Hilfe von clusteranalytischen Verfahren typische Bewältigungsformen von leerer Zeit in Folge von Arbeitslosigkeit im Zusammenhang von alltäglicher Lebensführung modellierte. Kleemann/Voß (1999) schließlich machten Teleheimarbeit zum Gegenstand einer Untersuchung und fanden als ein wichtiges Ergebnis heraus, daß sich die Bedingungen von Teleheimarbeit in Abhängigkeit von der jeweiligen Form der Lebensführung ganz unterschiedlich gestalten. All diese Arbeiten dokumentieren nicht nur die Fertilität eines Konzepts, sie markieren auch eine Kontinuität, die sich von der „Gründergeneration" und ihrer immanenten Orthodoxie emanzipiert hat. Und gerade hierin liegen die Chancen einer weiteren produktiven Arbeit zum Thema „Alltägliche Lebensführung".

4. Ziel und Aufbau des Buchs

Im Rahmen des Projekts „Alltägliche Lebensführung" ist eine große Zahl von Veröffentlichungen entstanden. Neben Buchpublikationen (Behringer 1998, Dunkel 1994, Jurczyk/Rerrich 1993, Projektgruppe „Alltägliche Lebensführung" 1995, Voß 1991, Weihrich 1998) umfaßt der Bestand an veröffentlichten Texten inzwischen weit über 100 Arbeiten. Diese Arbeiten sind wegen der verschiedenartigen Anlässe ihrer Entstehung und wegen ihrer thematischen Vielfalt auf ganz unterschiedliche Bücher und Zeitschriften verstreut, ihre Zugänglichkeit und Zuordenbarkeit damit erheblich erschwert. Um die Fruchtbarkeit des Konzepts für unterschiedliche Fragestellungen und Thematiken zu belegen und entsprechende Beiträge als Beispiele leichter zugänglich zu machen, haben wir uns dazu entschlossen, eine Auswahl von Texten in einem Band zu versammeln und thematisch zu bündeln.

Die Auswahl fiel angesichts der Zahl und Vielfalt der Arbeiten nicht leicht. Wir haben schließlich solche Texte zusammengestellt, die einerseits als Beiträge zur Entwicklung des Konzepts „Alltägliche Lebensführung" wichtige konzeptuelle Wegscheiden markieren, die andererseits als Beiträge der Lebensführungsforschung zur Analyse gesellschaftlicher Problemfelder neue Perspektiven für klassische Felder der soziologischen Forschung eröffnen. Mit Ausnahme des stark überarbeiteten und ergänzten Beitrages von Bolte zu „Typen alltäglicher Lebensführung" blieben die Arbeiten im wesentlichen unverändert. Sie wurden lediglich, wo angebracht, um unnötige Redundanzen erleichtert.

Den Beginn bildet ein Vortrag von Treutner/Voß aus dem Jahr 1982, den wir als Initialtext für das Projekt ansehen, da hier erstmals der Gegenstandsbereich und eine erste eigene Begrifflichkeit („Arbeitsteilung der Person") für die Frage nach der Verteilung von Tätigkeiten auf verschiedene Lebensbereiche einer Person formuliert wurden. Der Aufsatz von Jurczyk/Treutner/Voß/Zettel ist die erste reguläre Veröffentlichung des Projekts, die als Ergebnis des Forschungsantrags aus dem Jahr 1985 entstand und bereits viele der später ausgearbeiteten Themen und Thesen (u.a. die Idee des „Arbeitskraftunternehmers") anreißt. Die Texte von Voß und Kudera nehmen spezifische theoretische Fokussierungen des Konzepts vor. So konturiert Voß das Konzept „Alltägliche Lebensführung" zum einen im Vergleich mit klassischen Ansätzen der Soziologie zur Thematisierung sozialer Differenzierung und kontrastiert es zum anderen mit der Kategorie „Beruf". Kudera postuliert dagegen „Alltägliche Lebensführung" als individuell gestaltete Ordnung des Alltagslebens und als Medium der Vergesellschaftung und entwickelt in einem weiteren Beitrag die systematische Komplementarität der Konzepte „Alltägliche Lebensführung" und „Biographie".

Die darauf folgenden Arbeiten der Lebensführungsforschung zur Analyse gesellschaftlicher Problemfelder beziehen sich auf drei Bereiche soziologischer Forschung: Auf den Bereich „Soziale Ungleichheit und sozialer Wandel", auf die Themen „Geschlecht und Lebensform" sowie auf das Segment „Arbeit und Betrieb".

Der Abschnitt „Soziale Ungleichheit und gesellschaftlicher Wandel" wird eröffnet mit einem Beitrag von Bolte. Er entwickelt darin eine Typologie von Mustern alltäglicher Lebensführung, die nach den Polaritäten: selbstbestimmt/außengeleitet, gleichförmig/variabel, dauerhaft/kurzfristig dimensioniert ist. Rerrich/Voß demonstrieren dann den Nutzen des Konzepts „Alltägliche Lebensführung" für die Sozialstrukturanalyse. Weihrich und Kudera schließlich analysieren die Auswirkungen der deutschen Vereinigung auf den Alltag Betroffener und dokumentieren einerseits typische Bewältigungsstrategien, andererseits die kontinuitätssichernde Funktion von eingespielten Arrangements alltäglicher Lebensführung angesichts anomischer Lebensumstände.

Im Abschnitt „Geschlecht und Lebensform" finden sich zwei Beispiele aus einer großen Zahl von Beiträgen, die im Rahmen des Projekts zum Thema „Familie" und „Doing Gender" entstanden sind. Jurczyk beschreibt vor dem Hintergrund ihrer zeitsoziologischen Arbeiten, wie Frauen durch die doppelte Einbindung in Familie und Beruf an verschiedenen Zeitordnungen partizipieren, was zwar von Vorteil sein kann, jedoch meist zu konfligierenden Anforderungen führt, die bewältigt werden müssen. Rerrich stellt in Verbindung mit einer familiensoziologischen Perspektive heraus, daß der Prozeß der gesellschaftlichen Individualisierung die Anforderungen des Alltags wachsen und immer stärker auseinanderdriften läßt, wodurch die Herstellung einer kohärenten Lebensführung immer anspruchsvoller wird.

Der Abschnitt „Arbeit und Betrieb" enthält ausgewählte Beiträge zu einem thematischen Bereich, der im Rahmen des Projekts am intensivsten bearbeitet wurde. Voß rekurriert auf die Wertewandeldebatte und zeigt, daß hinter dem Wandel von Arbeitsorientierungen oft ein Wandel der Anforderungen an die Gestaltung der Lebensführung steht. Kudera umreißt Grenzen von betrieblichen Flexibilisierungsstrategien, die auf eine Arbeitsmoral und eine Lebensführung verwiesen sind, deren Grundlagen durch Flexibilisierung selber immer mehr ausgehöhlt werden. Voß endlich postuliert im Zusammenhang mit der Diskussion um „posttayloristische" Arbeits- und Betriebsformen, daß bestimmte betriebliche Rationalisierungsmaßnahmen eine entsprechende Rationalisierung der alltäglichen Lebensführung in Form einer „Verbetrieblichung" erforderlich machen.

Last not least möchten wir uns bedanken: Bei Susanne Kappler für die technische Erstellung der Druckvorlage, bei den Verlagen und Herausgebern, die uns einen Wiederabdruck von Texten gestattet haben und schließlich bei den Autorinnen und Autoren für ihr Mitwirken beim Zustandekommen dieses Buches. Darüber hinaus danken wir dem Institut für sozialwissenschaftliche Information und Forschung e.V. (ISIFO) für seine Unterstützung bei der Erstellung der Druckvorlage.

München, im Herbst 1999

Literatur

Behringer, L. (1998): Lebensführung als Identitätsarbeit. Der Mensch im Chaos des modernen Alltags. Frankfurt a.M./New York
Barkholdt, C. (1998): Destandardisierung der Lebensarbeitszeit. Eine Chance für die alternde Gesellschaft. Opladen
Dietzsch, I./Hofmann, M. (1993): Einfach so leben...oder? Ostdeutsche Muster alltäglicher Lebensführung zwischen Kontinuität und Wandel. In: Mitteilungen des SFB 333, Heft 6
Dunkel, W. (1994): Pflegearbeit – Alltagsarbeit. Eine Untersuchung der Lebensführung von AltenpflegerInnen. Freiburg
Hofmann, M./Dietzsch, I. (1995): Zwischen Lähmung und Karriere. Alltägliche Lebensführung bei Industriearbeitern und Berufsumsteigern in Ostdeutschland. In: Lutz, B./Schröder, H. (Hg.): Entwicklungsperspektiven von Arbeit im Transformationsprozeß. München/Mering

Holzkamp, K. (1995): Alltägliche Lebensführung als subjektwissenschaftliches Grundkonzept. In: Das Argument, Heft 212, 817-846

Jurczyk, K./Rerrich, M.S. (Hg.) (1993): Die Arbeit des Alltags. Beiträge zu einer Soziologie der alltäglichen Lebensführung. Freiburg

Jürgens, K./Reinecke, C. (1998): Zwischen Volks- und Kinderwagen. Auswirkungen der 28,8-Stunden-Woche auf Alltagsarrangements von Schichtarbeiterfamilien. Berlin

Kirchhöfer, D. (1998): Aufwachsen in Ostdeutschland. Langzeitstudie über Tagesabläufe 10- bis 14jähriger Kinder. München

Kleemann, F./Voß, G.G. (1999): Telearbeit und alltägliche Lebensführung. In: Büssing, A./Seifert, H. (Hg.), Die Stechuhr hat ausgedient. Flexible Arbeitszeiten durch technische Entwicklungen. Berlin

Kudera, W. (1997): Die Lebensführung von Arbeitern – ein gesamtdeutsches Phänomen? In: Voß, G./Pongratz, H.J. (Hg.): Subjektorientierte Soziologie. Opladen

Kudera, W. (1998): Das Stabilitätspotential von Arrangements alltäglicher Lebensführung. In: Lutz, B. (Hg.): Subjekt im Transformationsprozeß – Spielball oder Akteur? München und Mering

Kudera, W. (1999): Anpassung, Rückzug oder Restrukturierung – Zur Dynamik alltäglicher Lebensführungin Ostdeutschland. In: Lutz, B. (Hg.): Entwicklungsperspektiven von Arbeit. Weinheim

Lange, A. (1997): Lebensführung als Sozialisationskonzept. Theoretische Überlegungen und Illustration. Diskurs, Heft 1, 16-23

Luedtke, J. (1998): Lebensführung in der Arbeitslosigkeit. Differentielle Problemlagen und Bewältigungsmuster. Pfaffenweiler

Lutz, B. (Hg.) (1999): Entwicklungsperspektiven von Arbeit. Weinheim

Pongratz, H./Voß, G.G. (1998): Der Arbeitskraftunternehmer. Eine neue Grundform der Ware Arbeitskraft. In: KZfSS, Jg. 50, Heft 1, 131-158

Projektgruppe „Alltägliche Lebensführung" (Hg.) (1995): Alltägliche Lebensführung. Arrangements zwischen Traditionalität und Modernisierung. Opladen

Voß, G.G. (1991): Lebensführung als Arbeit. Über die Autonomie der Person im Alltag der Gesellschaft. Stuttgart

Voß, G.G./Pongratz, H. (1998) (Hg.): Subjektorientierte Soziologie. Opladen

Weihrich, M. (1998): Kursbestimmungen. Eine qualitative Paneluntersuchung der alltäglichen Lebensführung im ostdeutschen Transformationsprozeß. Pfaffenweiler

Zeiher, H.(1996): Konkretes Leben, Raum-Zeit und Gesellschaft. Ein handlungsorientierter Ansatz zur Kindheitsforschung. In: Honig, M.S./Leu, H.R. (Hg.): Kinder und Kindheit. Weinheim

Zeiher, H./Zeiher, H. (1994): Orte und Zeiten der Kinder. Soziales Leben im Alltag von Großstadtkindern. Weinheim, München

1.

Zur Entwicklung des Konzepts „Alltägliche Lebensführung"

Erhard Treutner, G. Günter Voß

Arbeitsmuster – Ein theoretisches Konzept zum Zusammenhang von gesellschaftlicher Arbeitsteilung und der Verteilung von Arbeiten auf Ebene der Subjekte

Zusammenfassung

Der Beitrag ist die redaktionell leicht überarbeitete Fassung eines Vortrags vor KollegInnen des SFB 101 und des Münchener Instituts für Soziologie im Jahr 1982. Dort wurden erstmalig Ideen formuliert, die später zum Konzept der „Alltäglichen Lebensführung" führten. Kern der Überlegungen ist, die Struktur der verschiedenen Tätigkeiten von Personen in Beruf und Privatleben als eine Art Arbeitsteilung auf Ebene der einzelnen Person zu sehen. Damit wird den verschiedenen Formen der gesellschaftlichen Arbeitsteilung konzeptionell eine genuin personale Arbeitsteilung gegenübergestellt.

Hintergrund der folgenden Überlegungen sind aktuelle Probleme im Bereich gesellschaftlicher Arbeit: z.B. Probleme von Betrieben mit der Leistungsbereitschaft ihrer Arbeitskräfte, sogenannte Aussteiger- oder Verweigerungsphänomene bei Jugendlichen, ein verändertes Verhalten von Arbeitskräften (das etwa als zunehmende Freizeitorientierung oder als politisch unerwünschtes Arbeitsmarktverhalten thematisiert wird) u.a.m.

Ziel der Ausführungen ist, erste Gedanken zu einer Forschungskonzeption vorzustellen, die einen neuartigen Zugang zu solchen Problemen eröffnen kann. Es wird vorgeschlagen, gesellschaftliche Arbeit und Arbeitsteilung in einer *doppelten* Perspektive zu analysieren: nicht nur (wie bisher) aus der Perspektive ihrer gesellschaftsstrukturellen Bedingtheit, sondern auch aus der Perspektive der subjektiven Steuerung von Lebens- und Arbeitsaktivitäten. Probleme gesellschaftlicher Arbeit sollen damit auch als Folge veränderter Reproduktionsstrategien der Subjekte und einer entsprechend veränderten Aufteilung der verschiedenen von ihnen zu leistenden Arbeiten begriffen werden.

Diese doppelte Bedingtheit gesellschaftlicher Arbeit und Arbeitsteilung soll in drei Schritten erläutert werden: Zuerst wird unser Verständnis gesellschaftsstruktureller Bedingungen von Arbeitsteilung dargestellt. Danach wird der Gedanke entwickelt, daß die Subjekte ihre Verausgabung von Arbeitskraft aktiv steuern und dabei eine Verteilung ihrer Arbeiten auf verschiedene gesellschaftliche Bereiche vornehmen. Es wird sich zeigen, daß diese subjektiven Steuerungsversuche der Verteilung von Arbeiten immer mit den gesellschaftsstrukturellen Vorgaben vermittelt werden müssen. Drittens soll anhand einiger Beispiele gezeigt werden, was eine solche Konzeption zur Analyse von gesellschaftlichen Problemen beitragen kann.

1. Grundstrukturen gesellschaftlicher Arbeitsteilung

In der soziologischen und ökonomischen Literatur werden verschiedene Formen gesellschaftlicher Arbeitsteilung angesprochen, z.b. die berufliche Arbeitsteilung, die Arbeitsteilung zwischen Betrieben oder Organisationen oder auch die innerorganisatorische Arbeitsteilung, also die betriebliche Arbeitsorganisation (vgl. z.B. Beck/Brater 1978, Beck/Brater/Daheim 1980).

Die hier angestrebte Konzeption gesellschaftlicher Arbeitsteilung wird kontrastierend dazu an die lebensweltliche Perspektive der *Subjekte* angelehnt. Damit lassen sich die gesellschaftlichen Bedingungsfaktoren, welche die verschiedenen Arbeiten konkreter Personen beeinflussen, umfassend berücksichtigen. Ohne hier die Frage, was im einzelnen „Arbeit" sei, näher zu verfolgen, wird doch davon ausgegangen, daß Arbeiten in verschiedenen gesellschaftlichen Bereichen und Institutionen und damit in verschiedenen Formen geleistet werden (vgl. Jurczyk/Ostner 1981, Ostner/Pieper 1980). Dazu werden folgende Grundbereiche unterschieden: a) privatwirtschaftliche Betriebe, b) staatliche Organisationen, c) Familien, d) verbandliche Organisationen und freie Assoziationen. Arbeiten in diesen Bereichen müssen von den Personen geleistet werden, um individuelle und gesellschaftliche Reproduktionsanforderungen und -interessen zu befriedigen.

Die gesellschaftliche Arbeit wird arbeitsteilig erstens auf diese verschiedenen Arbeitsbereiche und -institutionen verteilt und zweitens noch einmal arbeitsteilig *innerhalb* dieser Institutionen organisiert und verrichtet. Arbeit wird nicht nur in privaten Betrieben oder staatlichen Organisationen und auch nicht nur als Lohnarbeit geleistet, sondern auch in vielfältigen anderen Formen.

Wir sind der Ansicht, daß nur ein solch erweitertes Verständnis von dem, was „Arbeit" ist und wo in der Gesellschaft Arbeit geleistet wird, es möglich macht, Probleme der Arbeit (auch der Lohn- oder Erwerbsarbeit) systematisch und hinreichend zu behandeln. Nur wenn soziologisch berücksichtigt wird, daß die einzelnen Subjekte in verschiedensten gesellschaftlichen Bereichen tätig sind und dort „arbeiten", und daß sich diese Tätigkeiten bzw. Arbeiten in diesen Bereichen wechselseitig beeinflussen, sind die heutigen Probleme von Arbeit angemessen zu analysieren. Erst dann ist insbesondere zu berücksichtigen, daß eine Konkurrenz zwischen unterschiedlichen Anforderungen aus den verschiedenen Bereichen existiert. Subjekte müssen sich mit diesen verschiedenen Anforderungen auseinandersetzen, zwischen ihnen eine Balance herstellen bzw. sie miteinander synthetisieren.

Das hier vorzustellende neue Konzept beschränkt sich also nicht nur auf den Bereich der Lohn- oder Erwerbsarbeit – die aber natürlich gemäß ihrer gesellschaftlichen Bedeutung auch für uns theoretisch eine dominante Stellung behält – sondern es wird gefragt, inwieweit Probleme der Arbeit (hier: der Lohnarbeit) gerade davon bestimmt sind, daß Subjekte in strukturell unterschiedlichen Arbeitsbereichen tätig sein können und oft sein müssen. Diese Arbeiten, etwa im Betrieb oder in der Familie, unterliegen ganz unterschiedlichen gesellschaftlichen Bedingungen, d.h. es muß in ihnen jeweils nach einem anderen Prinzip oder nach einer anderen „Logik" gearbeitet werden.

Die konkret historische Ausgestaltung dieser gesamtgesellschaftlichen Arbeitsteilung ist von vielfältigen ökonomischen, technologischen sowie politischen Entwicklungen abhängig. Dazu sollen und können hier im Einzelnen keine Ausführungen gemacht werden. Wir wollen nur andeuten, daß sich Veränderungen der Relevanz der einzelnen Arbeitsbereiche für die gesamtgesellschaftliche Arbeitsteilung ergeben können. Einzelne Arbeiten können z.B. von einem Bereich in den anderen quasi verschoben werden, so etwa Teile der bisher im staatlichen Bereich erledigten Arbeiten in den Bereich der Familie oder in die privatwirtschaftliche Ökonomie.

2. Zum Zusammenhang zwischen der Verteilung von Arbeitsleistungen durch die Subjekte und der gesellschaftlichen Arbeitsteilung

Mit unseren Überlegungen soll gezeigt werden, daß es (was bisher so in der Soziologie nicht gesehen wird) eine Art „Arbeitsteilung" auch auf der Ebene der einzelnen *Person* gibt. Ähnlich wie neuere betriebssoziologische Konzepte begründen konnten, daß die betriebliche Arbeitsteilungsstrategie nicht direkt aus einer gesamtökonomischen Logik abgeleitet werden kann, sondern dort noch einmal spezifische betriebliche Interessen und daraus resultierende Kontingenzen in der Gestaltung der Betriebsstrategien existieren (so u.a. der Betriebsstrategieansatz, vgl. Altmann/Bechtle 1971), kann auch im Hinblick auf die Personen argumentiert werden: Auch die einzelne Person hat eine eigene Logik ihrer Reproduktion, ein je eigenes Interesse am Erhalt und der Verbesserung ihrer Existenzbedingungen. Jede Person ist existentiell gezwungen, ihr je besonderes Leben in ihrem Sinne möglichst „rational" und optimal zu besorgen. Dieses primäre Lebensinteresse ist Basis für eine Art personelle „Mikroökonomie", mit der die Person versucht, sich unter den gegebenen gesellschaftlichen Bedingungen durch ein breites Spektrum strategisch eingesetzter unterschiedlichster Anstrengungen und Tätigkeiten mit den jeweils existentiell erforderlichen Gütern und Leistungen zur Erfüllung der genannten Funktionen zu versorgen. All diese für die Reproduktion der Person erforderlichen und angewandten Tätigkeiten haben letztlich in einem weiteren Sinne den Charakter von Arbeiten: es wird in ihnen zielgerichtet Arbeitskraft verausgabt.

In modernen Gesellschaften ist es allerdings in der Regel so, daß für die einzelne Person der Verkauf ihrer Arbeitskraft gegen Lohn an einen Betrieb die zentrale Form der Reproduktion darstellt. Geld ist das vorherrschende Medium, mit dem man am gesellschaftlichen Güter- und Leistungsaufkommen partizipieren kann, so daß ein Geldeinkommen als Basis der Reproduktion unverzichtbar ist. Die Person erbringt für diesen Lohn berufliche Arbeitsleistungen, die nun nicht mehr direkt der eigenen Versorgung dienen, sondern in den gesellschaftlichen Güter- und Leistungskreislauf eingehen, über den erst sich die Person mit Gebrauchsgütern ausstatten kann.

Wir wollen nun aber trotzdem betonen, daß jede Person für die Sicherung ihrer Existenz regelmäßig auch Leistungen erbringt oder erbringen muß, die qualitativ von der beruflich spezialisierten Lohnarbeit zu unterscheiden sind und quantitativ sowohl für das einzelne Subjekt als auch gesellschaftlich eine erhebliche Bedeutung haben. Die soziologisch vorherrschende Dichotomie von Arbeit und Nicht-Arbeit ist unseres Erachtens bisher zu eng gefaßt – eine Fülle von Tätigkeiten, die bisher nur als Freizeitaktivität oder als bloße Reproduktion von Arbeitskraft angesehen und der Lohnarbeit (als der vermeintlich eigentlichen Sphäre von Arbeit) nachgeordnet wurden, begreifen wir ebenfalls als für die Person unverzichtbare Arbeitsanstrengungen.

Diese Arbeitsleistungen werden von den Personen in den verschiedenen genannten gesellschaftlichen Bereichen erbracht, d.h. die Person muß ihr Gesamtarbeitsaufkommen entsprechend aufteilen. Zwar enthalten die gesellschaftlichen Arbeitsbereiche Bedingungen, welche die Art und Weise der Arbeit und damit die Strategie, mit der die Person ihre Arbeiten verteilt, mitbestimmen. Aber trotzdem muß die Person – z.B. aufgrund der Konkurrenz der verschiedenen Anforderungen aus den einzelnen Arbeitsbereichen – ihre je individuelle Arbeitsteilung in relativ hohem Maße selber gestalten.

Arbeitsmuster – Ein theoretisches Konzept

Um einen analytischen Zugang zu diesen subjektiven Steuerungs- oder Gestaltungsleistungen zu finden, fragen wir als erstes, über welche *Ressourcen* die Personen dabei verfügen können. Gemeint sind Ressourcen auf Ebene der Person, welche bei der Verausgabung von Arbeitskraft eingesetzt werden müssen und über die die Art und Weise der jeweiligen Arbeit und letztlich die genannte Verteilung der Arbeiten gesteuert wird. Als derartige Ressourcen kann man sehen:

– Leistungsbereitschaft (bzw. tatsächliche Leistung)
– abstraktes und spezielles Arbeitsvermögen (Qualifikationen)
– Zeitumfang und Zeitpunkte der jeweilig in einem Bereich aufgewandten Arbeit
– sachliche Produktionsmittel und Arbeitsgegenstände, soweit die Arbeitenden über sie verfügen und sie nicht von der Arbeitsinstitution bereitgehalten werden
– Arbeitsziele oder Planungen, soweit nicht auch diese vorgegeben sind.

Man könnte damit sagen, daß die Personen gesellschaftliche Erwartungen bzw. strukturelle institutionelle Vorgaben mit ihren eigenen reproduktiven Bedürfnissen vermitteln, indem sie diese Ressourcen strategisch als Steuerungsmittel einsetzen und entsprechend verteilen.

Die Art und Weise, wie Personen ihre Ressourcen und damit ihre Arbeiten in Auseinandersetzung mit gesellschaftlichen Anforderungen auf verschiedene gesellschaftliche Bereiche verteilen, ergibt eine relativ feste *Struktur* personaler Arbeitsverteilung. Diese subjektiv-gesellschaftliche Struktur der Arbeitsverteilung soll hier (nicht ohne Seitenblick auf den Ausdruck Qualifikationsmuster bei Beck/Brater) als *Arbeitsmuster* einer Person bezeichnet werden. Dieses Arbeitsmuster gibt Auskunft darüber, wie und wie lange, mit welchem Ressourcenaufwand usw., also mit welchem physisch-psychischen Aufwand, mit welchen Qualifikationen etc. Subjekte in einzelnen Bereichen arbeiten.

Derartige Arbeitsmuster sind keineswegs für jedes Individuum unterschiedlich. Durch die strukturell ähnlichen Bedingungen auf der Ebene der institutionalisierten Arbeitsteilung, aber auch durch die Ähnlichkeit der Lebenslagen und der daraus resultierenden Interessen der Personen entstehen *Typen* von Arbeitsmustern. Man müßte also z.B. schicht-, klassen- oder gruppenspezifische Arbeitsmuster unterscheiden können. So ließen sich vermutlich typische Arbeitsmuster von Facharbeitern, mittleren Angestellten, aber auch von Hausfrauen, Arbeitslosen, Studenten usw. entwickeln.

Die Art und Weise, wie Subjekte ihre Arbeitskraft bzw. ihre Tätigkeiten zu verteilen versuchen, und die Form der dadurch entstehenden Arbeitsmuster berühren wichtige gesellschaftliche Interessen. Die arbeitenden Subjekte, die Betriebe, staatliche Organisationen, Verbände etc. konkurrieren um die konkrete Ausgestaltung der Arbeitsmuster. D.h., es werden gesellschaftliche *Auseinandersetzungen* darum geführt, mit welcher Ressourcenausstattung Personen Arbeitsleistungen in die verschiedenen Bereiche einbringen. Die gerade wieder besonders aktuellen Konflikte um die Arbeitszeit (d.h. hier die Lohnarbeitszeit) oder die aktuellen Klagen über Veränderungen der Arbeitsmotivation und Leistungsbereitschaft von Arbeitskräften („Wertewandel") sind für uns ein Beleg dafür, wie Unternehmen, Staat, Gewerkschaft und die Arbeitenden selbst die herrschenden Arbeitsmuster zu beeinflussen versuchen.

3. Eine neue Sicht auf die Arbeitsgesellschaft

Im dritten Teil wollen wir abschließend demonstrieren, wie sich mit dem skizzierten konzeptionellen Instrumentarium eine neue Sicht auf aktuelle Probleme der sogenannten Arbeitsgesellschaft gewinnen läßt. Etliche der eingangs erwähnten gesellschaftlichen Entwicklungen lassen sich mit unserer Perspektive als Veränderungen von Arbeitsmustern in der Folge von ökonomischen, technologischen und politischen Entwicklungen reformulieren. Diese Veränderungen der Arbeitsmuster stellen Bearbeitungsformen und Lösungsversuche der Subjekte dar, also eine Form ihrer aktiven Auseinandersetzung mit solchen Entwicklungen. Dadurch schaffen sie ihrerseits wieder neue Fakten, die in der Politik oder in Betrieben als Probleme empfunden werden.

In der hier entwickelten Perspektive lassen sich die anfangs benannten Probleme als Folgen der *Erweiterung* von Arbeitsmustern beschreiben, daß Personen z.B. aus der Berufsarbeit Ressourcen abziehen und Zeit, Leistungsbereitschaft, Qualifikationen, materielle Ressourcen usw. vermehrt in der Familie, in verbandliche oder selbstorganisierte Tätigkeiten, Weiterbildung u.ä.m. investieren. Eine Ausweitung der Arbeitsmuster ist es umgekehrt aber auch, wenn Hausfrauen verstärkt berufstätig werden. Man kann eine solche Ausweitung von Arbeitsmustern als eine *Entdifferenzierung* der *beruflichen* Arbeitsteilung ansehen (evtl. zeigt sich darin, daß die berufliche Ausdifferenzierung von Arbeit historisch eine Grenze erreicht hat). Andererseits kann man solche Entwicklungen auch als *Ausdifferenzierung* der *individuellen* Arbeitsinhalte und Formen beschreiben. Hierbei wäre zu fragen, ob jene partiell feststellbaren Formen der Ausweitung von Arbeitsmustern, in denen sich die Subjekte bisher beruflich von anderen wahrgenommene Arbeiten wieder aneignen, eine Veränderung bisheriger allgemeiner Entwicklungstrends im Bereich der gesellschaftlichen Arbeitsteilung bedeuten. Ein wichtiger Beleg für die These einer zunehmenden Ausweitung von Arbeitsmustern ist für uns die Bereitschaft vieler Personen,

Teilzeitbeschäftigungen zu übernehmen oder auf lebenslange berufliche Festlegungen zu verzichten. Wir wollen diese Formen des verringerten Engagements in der Lohnarbeitssphäre nicht – wie bisher üblich – als subjektivistische Flucht in den Freizeitbereich thematisieren, die zudem einem autochtonen Wertewandel geschuldet sei. Wir sehen dies vielmehr als Versuche der *Neuformierung von Arbeitsmustern* an, welche die Subjekte in Reaktion auf veränderte Reproduktionsbedingungen durchführen. Die Personen verweigern dabei nicht generell die „Arbeit", sondern sie sind auf der Suche nach anderen Formen der Reproduktion durch andere Formen der Arbeit.

Es ließ sich eine Fülle von veränderten Bedingungen im Lohnarbeitsbereich sowie in den Sphären außerhalb der Berufsarbeit angeben, die Ursachen für solche Veränderungen der Arbeitsmuster sein können. Wir wollen solche Faktoren hier nicht weiter aufzählen, sondern unter Verwendung unserer Überlegungen zur gesellschaftlich-subjektiven Arbeitsteilung und zu den Arbeitsmustern an einem Beispiel kurz andeuten, was die „Rationalität" bestimmter Reaktionen der Subjekte auf bestehende Arbeitsanforderungen und Lebensbedingungen ist: Die Folge von hohen Belastungen oder Anforderungen im Lohnarbeitsbereich kann einerseits eine Umstellung des Arbeitsmusters in der Form sein, daß der Betreffende verstärkt in die Berufsarbeit investiert. D.h., daß er dort verstärkt seine Ressourcen einbringt und sich um seine Karriere bemüht. Andererseits kann eine rationale Kalkulation (d.h. eine Abwägung von Zielen und Mitteln) auch zu dem Ergebnis führen, daß er nicht weiter in die Berufsarbeit, sondern verstärkt in andere Arbeitsbereiche investiert. Dies kann die verschiedensten Formen annehmen: Gelegenheits- oder Teilzeitarbeit, Ausnutzung der sozialen Sicherungsmechanismen und wechselnde Tätigkeiten im Bereich der informellen Ökonomie, Wechsel zu als leichter empfundenen Berufen oder Weiterqualifikationen in der Hoffnung auf angenehmere Tätigkeiten und eine lohnarbeitsfreie Lebensphase, Senkung des Konsumationsniveaus mit dem Ziel, den Lohnarbeitsbedarf zu verringern, Gründung von Selbsthilfeeinrichtungen und selbstorganisierten Betrieben.

An einem weiteren Beispiel möchten wir schließlich demonstrieren, wie sich mit unseren Überlegungen gesellschaftliche Probleme reformulieren lassen und dabei wichtige Aspekte deutlicher hervortreten:

Unter den derzeitigen gesellschaftlichen Bedingungen scheinen die Voraussetzungen für eine Modifikation der Arbeitsmuster – zumindest für bestimmte gesellschaftliche Gruppen – generell relativ günstig zu sein. Die Arbeitsmuster erscheinen uns „flüssiger" als früher, d.h. die Subjekte können den Bereich, in dem sie ihre Arbeitsleistungen erbringen, eher wählen und häufiger ändern. Die Bereitschaft der Unternehmen, Teilzeitarbeit und Arbeitszeitverkürzungen zu akzeptieren, ist aufgrund der ökonomischen Situation partiell recht hoch. Die Politik der Gewerkschaften zielt ebenfalls auf eine Arbeitszeitverkürzung. Das bestehende materielle Reproduktionsniveau bietet zudem partiell Spielraum für Konsumverzicht, so daß Lohnarbeit z.T. substituierbar wird. Außerdem wächst die Einsicht, daß immer höhere Konsummöglichkeiten nicht per se eine Verbesserung der Lebensqualität bedeuten müsse. Darüber hinaus müssen viele Arbeitende zunehmend befürchten, einmal arbeitslos zu werden, was eine Lebensplanung mit verringerter Lohnarbeitsbedeutung nahelegt. Das Netz der sozialen Sicherung ist durchaus für gewisse Zeiten und Gruppen eine legal ausnutzbare Reproduktionsquelle. Vor allem jedoch muß die heutige technologisch-ökonomisch bedingte Unsicherheit der ursprünglich langzeitlich konzipierten Berufswege berücksichtigt werden. Die Anforderungen an die berufliche Mobilität sind inzwischen z.t. so hoch, daß sich die Festlegung auf bestimmte Berufe und damit auf bestimmte Arbeitsmuster für Subjekte als hinderlich erweist und daher zunehmend aufgebrochen wird. Eine Arbeitsmarktpolitik, die die Berufsmobilität fördern muß, steht damit vor dem Problem, wie sie die damit evtl. entstehende grundlegende Verflüssigung von Arbeitsmustern noch hinreichend kanalisieren kann. Es besteht die Gefahr, daß die Betroffenen jetzt auf breiter Front berufliche Bindungen und Orientierungen *überhaupt* ablehnen, ihre Arbeitsmuster weiter als politisch gewünscht umzustrukturieren beginnen und ihre Arbeitsleistungen verstärkt in andere, d.h. in Nicht-Lohnarbeitsbereiche umdirigieren. Man könnte aufgrund solcher Momente vermuten, daß es sich bei aktuellen Umstrukturierungen von Arbeitsmustern vielleicht nicht nur um vorübergehende Veränderungen handelt, sondern daß dies Festigkeit der Arbeitsmuster für bestimmte Gruppen generell geringer werden könnte. Dies hieße mit anderen Worten, daß partiell die Autonomie der Subjekte für die Gestaltung ihres Arbeitslebens i.w.S. zugenommen hat, was (politisch gesehen) nicht unbedingt nur als positiv gewertet werden muß. Solche Vermutungen sind natürlich nicht für alle gesellschaftlichen Gruppen generalisierbar, so kann es z.B. durchaus zu verengten und rigideren Arbeitsmustern bei einzelnen Gruppen kommen.

Wir wollen zum Schluß noch einmal den zentralen Gesichtspunkt unserer Überlegungen benennen: Mit dem Modell der Arbeitsmuster wird die Grundidee eines theoretischen Konzepts vorgestellt, das es ermöglicht, eine Vielzahl von Faktoren bei der Beschreibung und Analyse von Phänomenen im Bereich der gesellschaftlichen Arbeit zu berücksichtigen. Und zwar vor allem a) die verschiedenen gesellschaftlichen Arbeitsbereiche und b) die Bedingungen und Möglichkeiten der Verteilung von Arbeiten auf der Ebene der Subjekte und durch die Subjekte. Das Modell ist von Ansatz her komplex und ambitioniert, ermöglicht aber sinnvolle Reformulierungen von aktuellen (und zukünftigen) Problemen der gesellschaftlichen Arbeit.

Literatur

Altmann, N./Bechtle, G. (1991): Betriebliche Herrschaft und industrielle Gesellschaft. München
Beck, U./Brater, M. (1978): Berufliche Arbeitsteilung und soziale Ungleichheit. Eine gesellschaftlich-historische Theorie der Berufe. Frankfurt a.M./New York
Beck, U./Brater. M./Daheim, H. (1980): Soziologie der Arbeit und Berufe. Reinbek
Jurczyk, K./Ostner, I. (Hrsg.) (1981): Schwierigkeiten mit dem Arbeitsbegriff. Dokumentation einer Arbeitstagung. München (SFB 101, unv.)
Ostner, I./Pieper, B. (Hrsg.) (1980): Arbeitsbereich Familie. Umrisse einer Theorie der Privatheit. Frankfurt a.M./New York

Karin Jurczyk, Erhard Treutner, G. Günter Voß, Ortrud Zettel

Die Zeiten ändern sich – Arbeitszeitpolitische Strategien und die Arbeitsteilung der Personen

Zusammenfassung

Der Beitrag ist aus den Arbeiten des Lebensführungsprojekts zum ersten Finanzierungsantrag des SFB 333 im Jahr 1985 entstanden und enthält im wesentlichen eine Zusammenfassung der dort fomulierten Thesen sowie der bis dahin entwickelten konzeptionellen Überlegungen. Die Ausführungen sind auf das Thema Arbeitszeitflexibilisierung fokussiert, das dann zu einem wichtigen Arbeitsstrang des Projekts wurde. Zentraler Inhalt und langfristig von größerer Relevanz sind jedoch (im nachhinein gesehen) die formulierten allgemeinen Überlegungen, so z.B. zum Arbeitsbegriff, zu den Kategorien „Arbeitsteilung der Person" und „Lebensführung", zur These der „Verarbeitlichung" des Alltags und auch schon erste Vorstellungen zum „Unternehmer der eigenen Arbeitskraft".

Lange Zeit war die Arbeitszeit kein Thema, weder für die Tarifparteien und Politiker noch für die Sozialwissenschaftler. Dies hat sich in den letzten Jahren grundlegend geändert. Die großen Themen der politischen und wissenschaftlichen Diskussion um Arbeit – wir nennen nur Qualifikationsentwicklung und -bedarf, qualifikatorische Mobilität der Arbeitskräfte, Bildungs- und Ausbildungspolitik, Humanisierung der Arbeit – sind in den Hintergrund getreten. Die Diskussionen und auch die arbeitspolitischen Steuerungsversuche richten sich heute in hohem Maße – und in Zukunft vermutlich noch verstärkt – auf den Faktor Arbeitszeit.

Es gibt wichtige Gründe dafür, daß arbeitszeitpolitische Themen und Strategien derzeit die eher auf die Arbeitsinhalte und den Arbeitsprozeß im engeren Sinne bezogene Diskussion zu verdrängen scheinen: Die Hoffnung, gangbare Wege für eine Umverteilung von Arbeit zur Behebung der Arbeitslosigkeit zu finden, ist Motor der gewerkschaftlichen Forderungen nach einer allgemeinen Arbeitszeitverkürzung. Für die Unternehmen dagegen steht das Interesse an neuen, rationelleren Formen des Einsatzes menschlicher Arbeitskraft im Vordergrund, die durch Flexibilisierung des Arbeitsprozesses, durch „Arbeitszeit nach Maß" sowie Möglichkeiten leichterer Entlassung und befristeter Einstellung erreicht werden sollen.

Der Tarifkonflikt im Bereich der IG-Metall im Sommer 1984 ist exemplarisch für diese neue Stufe arbeitspolitischer Auseinandersetzungen. Der hier schließlich erreichte Kompromiß hat jedoch – so scheint es – wenig geändert: Die Arbeitszeitverkürzung ist minimal und die Flexibilisierungsmöglichkeiten werden bislang kaum genutzt. Retardierende Wirkungen eingespielter betrieblicher, aber auch privater Zeitstrukturen spielen dabei offensichtlich eine große Rolle.

Dennoch wäre es vorschnell, solche beharrenden Momente zu überschätzen. Wie Untersuchungen über Arbeitszeitwünsche der Beschäftigten zeigen, stoßen Arbeitszeitverkürzungen, wie auch flexiblere Arbeitszeiten durchaus auf großes Interesse, was nicht nur – wie oft behauptet wird – auf den gestiegenen Lebensstandard, sondern auch auf die veränderten Arbeits- und Lebensinteressen in der Bevölkerung zurückzuführen ist (vgl. Landenberger 1983, Wiesenthal 1985). Insbesondere aber darf nicht übersehen werden, daß für eine grundlegende Flexibilisierung von Arbeitszeiten, die das „Normalarbeitsverhältnis" (Mückenberger 1985) weitgehend auflösen wird, mittlerweile wichtige politische und rechtliche Voraussetzungen geschaffen wurden.

So liegt das eigentlich Neue des Tarifabschlusses im Bereich der IG-Metall im prinzipiellen Einstieg in Flexibilisierungsmöglichkeiten unter Verzicht auf überbetriebliche Regelungen; und aus manchen Betrieben hört man deutliche Stimmen, die darauf hinweisen, daß man diese Möglichkeiten in Zukunft breit nutzen möchte. Wichtiger noch sind die vor kurzem in Kraft getretenen Regelungen des Beschäftigungsförderungsgesetzes, die zu einer Ausweitung von befristeten Arbeitsverträgen, Teilzeitarbeit, Job-Sharing, „Arbeit auf Abruf", Leiharbeit usw. führen werden. Die Diskussionen in den Koalitionsparteien über weitere „Entkrampfungen" der Beschäftigungsverhältnisse (auch im Lohnbereich) deuten zudem darauf hin, daß sich die begonnene Entwicklung fortsetzen dürfte. Auch die Diskussion um den „bezahlten Erziehungsurlaub" – der mit Möglichkeiten zur Teilzeitarbeit verbunden sein soll – weist in die Richtung zeitlicher Differenzierungen von Arbeits- und Beschäftigungsverhältnissen. Gleichzeitig gehen im öffentlichen Dienst die Bestrebungen, Teilzeitarbeit zu forcieren, weiter. Und schließlich werden, auf dem Wege von Betriebsvereinbarungen, schon jetzt in einer großen Zahl von Unternehmen vieldiskutierte Modelle flexibler Arbeitszeiten praktiziert, die wichtige Vorreiterfunktionen erfüllen

Die damit eingeleitete großflächige Verschiebung von Strukturen der Arbeitszeit verändert aber nicht nur das zeitliche Gefüge der Berufs- und Arbeitswelt; sie setzt vermutlich wesentlich mehr in Gang. Die historisch entstandene Trennung und der sich daraus ergebende spannungsreiche Zusammenhang von

„Arbeit und Leben" wird durch die aktuellen arbeitszeitpolitischen Eingriffe verstärkt zum Gegenstand gesellschaftlicher Auseinandersetzungen. Dabei geraten möglicherweise für große Teile der Bevölkerung die „gewachsenen" Konstellationen von Erwerbsarbeit und anderen Tätigkeiten aus ihrem ohnehin labilen Gleichgewicht. Die neue Arbeitszeitpolitik bringt so bislang eher latente Probleme zum Vorschein, die das Verhältnis von beruflicher Tätigkeit und anderen Interessen, Tätigkeiten und Lebenssphären der Personen betreffen.

Solche Aspekte werden von den Akteuren der arbeitszeitpolitischen Auseinandersetzung – von Betrieben, Gewerkschaften und Politikern – zum Teil durchaus registriert und gelegentlich auch ansatzweise mitbedacht. So haben etwa beide Parteien des Metalltarifkonflikts in den Begründungen ihrer Strategien häufig auf veränderte Arbeitszeitwünsche und dahinter stehende Lebensinteressen Bezug genommen. Entsprechende Meinungsumfragen spielten bereits im Vorfeld der Tarifauseinandersetzungen eine große Rolle. Dennoch scheint es, daß sich sowohl die Gewerkschaften wie auch die Arbeitgeber eher strategisch im Sinne ihrer weitreichenden politischen Ziele auf die außerbetrieblichen Lebensinteressen der Betroffenen beziehen: Eine systematische Einschätzung des Zusammenhangs von (zeitlichen) Strukturen der Erwerbsarbeit und dem sonstigen Lebenszusammenhang von Personen lag – und liegt – den arbeitszeitpolitischen Auseinandersetzungen und den beschlossenen Maßnahmen offensichtlich nicht zugrunde. Dies wäre im übrigen verwunderlich, denn selbst die einschlägigen Wissenschaftsdisziplinen stellen kein ausgearbeitetes Konzept zur Verfügung, das ein genaues Verständnis der Bedeutung von Berufstätigkeit im gesamten Lebenszusammenhang von Subjekten – aus ihrer Perspektive und mit ihrer Bewertung – ermöglichen würde.[1]

Obwohl also über die komplizierten Wechselbeziehungen zwischen Berufssphäre und den sonstigen Lebensbereichen der Personen – wie sie sich vor allem aus deren Sicht darstellen und damit ihr Handeln leiten – kaum mehr als Teilerkenntnisse vorliegen, werden derzeit durch die arbeitszeitpolitischen Eingriffe Weichenstellungen getroffen, die sich langfristig als weitreichende und gravierende Destabilisierung in der bisher sozial eingespielten Verteilung von Erwerbsarbeit und anderen Lebenstätigkeiten auswirken können. Es deutet sich an, daß dadurch die bislang dominierende Stellung der Erwerbsarbeit im Lebenszusammenhang von Berufstätigen und damit schließlich auch ihre gesellschaftliche Bedeutung (weiter) abgeschwächt wird. Die berufliche Tätigkeit wird möglicherweise von großen Gruppen wesentlich anders und zudem in größerer Unterschiedlichkeit als bisher in ihrem Leben verortet werden. Wir ver-

---

1 Solche Konzepte liegen bislang nur in Teilen vor, z.B. in der Freizeitforschung, in der subjektorientierten Berufssoziologie, die die Bedeutung des Berufs für die Person herausgearbeitet hat, und in der Frauenforschung, die den Zusammenhang von privater Arbeit in der Familie und Berufsarbeit thematisiert.

muten, daß verstärkt Lebensstile entstehen werden, in denen neben dem „Hauptberuf" andere Tätigkeiten zumindest gleichwertige Bedeutung haben. Solchen Entwicklungen aber werden Betriebe, Staat und andere betroffene Instanzen wohl eher unvorbereitet gegenüberstehen.

Das *Ziel* unseres Aufsatzes ist es nun, erste Ansätze eines neuen theoretischen Konzepts vorzustellen, das versucht, den Gesamtzusammenhang der verschiedenen Lebenstätigkeiten von Personen zu thematisieren, ohne von vornherein einzelne Sphären zu bestimmenden Zentren zu erklären (1). Auf der Grundlage dieses Konzepts soll an ausgewählten Aspekten eine grobe Einschätzung der durch aktuelle Entwicklungen zu erwartenden Veränderungen in der Arbeitsteilung und Lebensführung von Personen versucht werden (2), welche uns dann zu einigen Vermutungen über sich daraus ergebende Rückwirkungen auf das berufliche Verhalten der Betroffenen führt (3).

1. Die Verteilung von Tätigkeiten im Lebenszusammenhang: Ein theoretisches Konzept

„Es gibt viel zu tun ... "

Will man die Folgen von Arbeitszeitverkürzungen für die Betroffenen abschätzen, so ist es erforderlich, genaue Kenntnisse über deren Interessenlagen und die Logik ihrer „Lebensführung" zu haben. Wir halten es hier für wichtig, konsequent die Perspektive der Betroffenen einzunehmen und damit den Bereich von Berufstätigkeit bzw. von Erwerbsarbeit nur als einen *Teil* des gesamten Lebenszusammenhangs von Personen zu sehen. Vernachlässigt man bei der Beurteilung von Maßnahmen im Bereich der Erwerbsarbeit diesen *gesamten* Lebenszusammenhang von Personen, so erhält man in der Regel ein völlig falsches Verständnis von der Handlungs- bzw. Interessenlogik der Person gegenüber solchen Veränderungen. Folge davon sind Fehleinschätzungen, wie sie sich z.B. immer wieder bei politischen Steuerungsversuchen, etwa bei der Mobilitätsförderung, der Bildungspolitik, der Sozial- und Familienpolitik zeigten.

Im Gegensatz zu dem vielleicht naheliegenden Gedanken, mit dem Versuch einer Bestimmung von Interessen und Bedürfnissen der Personen zu beginnen, schlagen wir vor, die in und für das Leben von Personen ausgeübten *Tätigkeiten* ins Zentrum zu stellen. Dazu wollen wir bei den tatsächlich *beobachtbaren* Formen aktiver menschlicher Lebenstätigkeiten ansetzen.

1.1 Die Arbeitsteilung von Personen ...

Mit der von uns gewählten „subjektorientierten Forschungsperspektive" (vgl. Bolte 1983) gerät uns in den Blick, daß die Personen gezwungen sind, ihre „Lebensführung" (Weber), ihre „Reproduktion" (Marx), das „Besorgen" (Heidegger) ihres Lebens oder ihre „Existenzsicherung" als aktive Leistung in Auseinandersetzung mit vorgefundenen Lebensbedingungen betreiben. In einer Art personaler Mikroökonomie müssen sie aktiv dafür sorgen, daß die Berücksichtigung der vielfältigen, subjektiv und historisch sehr verschiedenartigen Bedürfnisse und Interessen sowie die Bewältigung der vorgefundenen sozialen Anforderungen und Lebensprobleme sichergestellt wird. Diese mehr oder weniger bewusst betriebene Sicherung und Optimierung der Lebensweise hat ein breites Spektrum unterschiedlicher Tätigkeiten zur Basis, über die sich die Person direkt oder indirekt mit Gütern und Dienstleistungen versorgt oder unmittelbare Bedürfnisse befriedigt. Unter diesen Tätigkeiten ist die berufliche Betätigung mit dem Ziel des Gelderwerbs eine für viele Personen meist zentrale Form, aber nicht die einzige. Denn nur ein Teil der Bedürfnisse und Erwartungen kann sinnvoll über geldvermittelte Märkte befriedigt werden.

Mit diesem Blick auf die gesamte Tätigkeitspalette von Personen wird einsichtig, daß das nach wie vor in Wissenschaft und Öffentlichkeit für die Betrachtung der Lebensweise von Personen verwendete Stereotyp von „Arbeit und Freizeit" eine unhaltbare Vereinfachung darstellt. Selbst wenn man vernachlässigt, daß nur ein geringer Teil der Bevölkerung einen auf Vollerwerbstätigkeit gerichteten Lebensstil hat und nur auf diese Berufstätigen schaut, zeigt sich, daß selbst für diese die „Nicht-Arbeits-Zeit" keineswegs eine beliebig gestaltbare und rein rekreativ genutzte „Frei-Zeit" ist (Müller-Wichmann 1984). Dieser Teil der Lebenszeit bzw. die Lebenssphäre außerhalb des Erwerbsarbeitsbereichs ist angefüllt mit einer großen Zahl für die Person (und auch gesellschaftlich) sehr wichtiger, oft subjektiv unverzichtbarer und gezielt betriebener Betätigungen unterschiedlichster Formen und Inhalte.[2] Diese Betätigungen sind der Erwerbsarbeit auch nicht schlicht funktional nachgeordnet, sondern sie nehmen durchaus große Zeitanteile der Lebensführung in Anspruch und haben für die Person wichtigen Eigenwert. Diese verschiedenen Tätigkeiten sind auch nicht voneinander unabhängig bzw. – wie meist angenommen wird – durch die Erwerbsarbeit determiniert: sie beeinflussen, bedingen oder ermöglichen sich vielmehr in hohem Maße wechselseitig. Dies bedeutet, daß Veränderungen in einer Tätigkeitssphäre, wie z.B. die von uns hier angesprochenen „Arbeitszeitveränderungen", erhebliche Auswirkungen auf wichtige andere Betätigungen, etwa in der

---

2 Solches wurde bisher in ersten Ansätzen für familiale Tätigkeiten (vgl. Pieper 1986) untersucht. Eine systematische Thematisierung der Wechselbeziehungen der verschiedenen Lebenstätigkeiten steht bisher noch aus.

Familie, bei politischen Parteien oder in Vereinen, haben. Das kann gravierende Rückwirkungen auf die Akzeptanz oder – genauer – die Art des Umgangs mit diesen Veränderungen haben, die nur erklärt bzw. verstanden werden können, wenn das Wechselverhältnis der betroffenen Tätigkeiten oder Lebensbereiche ausreichend aufgeklärt ist.[3]

Im Gegensatz zum dominierenden Verständnis in der Soziologie wollen wir also die verschiedenen Tätigkeitsfelder der Person nicht isoliert voneinander betrachten und sie auch nicht nur aus der Sicht jeweils nur eines Bereichs – meist aus der der Erwerbsarbeit – beurteilen, sondern eine *ganzheitliche* Perspektive auf die Logik der Lebensführung von Personen einnehmen.

Damit geraten eine Fülle sehr unterschiedlicher Tätigkeiten der Personen in den Blick, die jene in ihrer oder für ihre Lebensführung ausüben. Diese Tätigkeiten können von ihnen aber nicht frei gestaltet werden, sondern werden meist im Rahmen von und in Auseinandersetzung mit verschiedenartigen, gesellschaftlich vorgeformten sozialen *Bereichen* ausgeübt. Die Personen müssen ihre Tätigkeiten auf diese Bereiche aufteilen, ihre jeweiligen Bedingungen anpassen und sie miteinander koordinieren. Es lassen sich dabei z.B. folgende Tätigkeitsbereiche unterscheiden:

Betriebe, Eigenunternehmungen (in denen die Person als „Genossenschaftler", „Selbständiger" oder „Eigentümer" selbstorganisierte Arbeit verrichtet), *Familie, Handels- oder Dienstleistungsbetriebe* (gegenüber denen die Person „Konsumarbeit" leistet), *Behörden* (gegenüber denen die Person als „Bürger" oder „Klient" aktiv wird), *Verbände, informelle soziale Netze* usw.

Die Art des Tätigkeitsspektrums einer Person oder die Art, wie die Person ihre Lebenstätigkeiten auf verschiedene gesellschaftliche Bereiche für ihre Lebensführung verteilt, wird in hohem Maße durch die jeweils von der Person aufgewendete *Zeit* und die Zeitpunkte ihrer Betätigung bestimmt.

Diese „chronometrische" und „chronologische" Gestalt der einzelnen Tätigkeiten kann die Person nur zum Teil beeinflussen: Vor allem in der Erwerbsarbeit, aber auch bei Tätigkeiten gegenüber formalen Organisationen muß sich die Person weitgehend den dort vorherrschenden Zeitstrukturen anpassen. Trotzdem ist die Zeit ein Moment, das die Person auch zur Gestaltung ihrer Lebensführung bzw. ihres Tätigkeitsspektrums verwendet. In durchaus nicht unerheblichem Maße kann (und muß) sie bestimmen, wann und wie lange sie die einzelnen Tätigkeiten verrichtet: In den verschiedenen Tätigkeitssphären werden sehr unterschiedliche Zeitlogiken verwendet, z.B. eine als „zyklische Zeit" zu bezeichnende Logik in der Familie und eine streng „lineare Zeit" im Betrieb. Daher muß die Person eine geschickte Koordination oder, wie Zeitforscher sagen,

---

3 Solches thematisieren neuerdings sehr schön von der Frauenforschung inspirierte Industriesoziologinnen am Beispiel des Zusammenhangs von Hausarbeit und Erwerbstätigkeit bei berufstätigen Frauen (Becker-Schmidt u.a. 1983).

eine „Synchronisation" (vgl. Deutschmann 1983; Hoffmann 1983) der verschiedenen Tätigkeiten in zeitlicher Hinsicht leisten, damit sich ein funktionierendes Tätigkeitsspektrum ergibt. Obwohl die Zeit in großen Teilen sozial vorstrukturiert ist, kann und muß die Person bei der Ausgestaltung ihrer Lebensführung über sie mitbestimmen und sie als eine Ressource zur Gestaltung ihres Tätigkeitsspektrums einsetzen.

Die Person setzt außer der Zeit aber noch eine große Zahl weiterer *Ressourcen* ein, durch die sie ihre Tätigkeiten in den verschiedenen gesellschaftlichen Bereichen steuert. Solches sind vor allem: „Fähigkeiten" und „Wissen", „Leistungsbereitschaft", „Gestaltungsinteressen", „Hilfsmittel" (Geld- und Sachmittel), „Raum", „Gefühle", „Motivation" u.a.m.

Gerade der Blick auf die subjektive Steuerung von Tätigkeitsverteilungen durch solche Ressourcen zeigt die *engen Wechselbeziehungen* zwischen den verschiedenen Tätigkeiten: Die von der Person für ihre Ausübung investierten Ressourcen stammen quasi aus einem nicht beliebig ausweitbaren Potential. Damit haben Veränderungen in einer Tätigkeit direkt Auswirkungen auf die Ressourcenverwendung in anderen Betätigungen.

Für die Ressource Zeit ist dies am sinnfälligsten, da die verfügbare Zeit endlich ist, was die Zeitverwendung zu einem „Null-Summen-Spiel" werden läßt. Ähnlich ist dies aber auch bei den anderen Ressourcen, z.B. bei „Fähigkeiten" und „Leistungsbereitschaft", auch wenn deren „Knappheit" nicht so eindeutig ist wie bei der Zeit und sich möglicherweise sogar wechselseitige Verstärkungen ergeben können. Hinzu kommt, daß die Ressourcen in verschiedenster Hinsicht miteinander zusammenhängen, so daß etwa Modifikationen in der Zeitverwendung bei einer Tätigkeit zweifellos Auswirkungen auf den Einsatz anderer Ressourcen, z.B. von „Motivationen", „Gefühlen" oder „Gestaltungsinteressen" haben werden. Trotzdem können die Ressourcen sich auch unabhängig voneinander verändern, so muß z.B. der verringerte Zeitaufwand eines Familienvaters für den Beruf zugunsten der Familie keineswegs mit einer gleichsinnigen Verlagerung von „Leistungsinteressen", „Motivationen" usw. einhergehen – nach wie vor kann für ihn der wichtigste Bereich die Berufstätigkeit sein.

Die Art und Weise, wie eine Person ihre Lebenstätigkeiten und die dazu aufgewendeten Ressourcen verteilt, wird von ihr nicht ständig neu arrangiert. Die Person wird versuchen, bei gegebenen Lebensbedingungen eine für ihre Lebensführung optimale *Kombination von Tätigkeiten* zu finden und diese für einen größeren Zeitraum stabil zu halten, um sich zu entlasten. Dieses subjektive *Muster der Tätigkeitsverteilung* ist die zentrale Form, in der eine Person versucht, ihr Leben strategisch zu gestalten.

Die subjektive Kombination von Tätigkeiten ist die *synchrone* Ebene einer Lebensstrategie oder die Form der Lebensführung. In *diachroner* Form und

Umsetzung wird sie zur Gestaltung des Lebensverlaufs. Der Lebensverlauf besteht in der Regel nicht aus einem ungeordneten Wechsel von Tätigkeitsverteilungen, sondern aus einer durch – mehr oder weniger krisenhafte – Übergänge vermittelten und zum Teil sozial relativ verbindlich vorgegebenen Abfolge von biographischen Phasen relativ stabiler Tätigkeitsmuster.

Veränderungen dieser Lebensstrategien oder der Muster der Tätigkeitsverteilung sind damit, wenn man unsere Perspektive einnimmt, als *Umverteilungen subjektiver Ressourcenströme* zu verstehen, durch die Art und Umfang der Tätigkeiten in verschiedenen Bereichen variiert werden. Das subjektive Muster der Tätigkeitsverteilung ist dabei meist in Form einer Arbeitsteilung mit Lebenspartnern – in der Regel innerhalb einer Familie oder eines Haushalts – koordiniert, so daß Veränderungen des Tätigkeitsmusters einer Person Auswirkungen auch auf die Tätigkeitsverteilungen der anderen Personen einer Familie oder eines Haushaltes haben werden.

Ressourcen- und Tätigkeitsverteilungen von Personen können sich in charakteristischer Weise danach unterscheiden, um welche Lebensbereiche sie zentriert sind, also welchen Tätigkeiten dominant Ressourcen zufließen. Auf diese Weise läßt sich z.B. eine streng berufsorientierte Lebensstrategie von einer familienzentrierten Lebensweise unterscheiden.

Während die sozialwissenschaftliche Forschung und auch das öffentliche Bewußtsein meistens nur die berufliche Betätigung von Personen als *Arbeit* ansah, werden mit unserem Blick wesentlich mehr Betätigungen der Person als Arbeiten des Subjekts zur Lebensführung und Existenzsicherung erkennbar.[4] Nicht alle Betätigungen der Person sind indessen für diese von gleicher Wichtigkeit bzw. werden in gleicher Weise rational gestaltet und mit subjektiven Ressourcen ausgestattet. Aber trotzdem erscheint aus der Sicht der Personen eine große Zahl von Tätigkeiten außerhalb der Berufsarbeit als existentiell erforderliche Arbeit. Das hat zur Konsequenz, daß sie in ernsthafter Konkurrenz zur Berufsarbeit stehen können. Wir werden daher hier solche Aktivitäten als Arbeit bezeichnen, die Kriterien folgender Art erfüllen.[5]

Betätigungen der Gestaltung/Optimierung der Lebensführung, in Auseinandersetzung mit natürlichen und/oder gesellschaftlichen Bedingungen, die bewußt und aktiv zweckgerichtet ausgeübt werden, Anstrengung und Initiative erfordern und subjektiv als notwendige Tätigkeiten zur Lebensführung angesehen werden. Sie sollen der Erstellung von benötigten (gegenständlichen und/oder nichtgegenständlichen) Gebrauchswerten und Wohlfahrtsgütern und/oder der

---

4 Damit greifen wir inzwischen von verschiedenster Seite erhobene Forderungen nach einer Ausweitung des Arbeitsbegriffs auf (vgl. Dahrendorf 1983; Espenhorst 1983; Gorz 1980, 1984).

5 Dabei stützen wir uns auf eine existenzialistische Interpretation des klassischen Arbeitsverhältnisses von Marx, wie sie sich v. a. bei Marcuse (1965) findet.

Erlangung von Tauschmitteln dienen, auf spezialisierten Qualifikationen und gegebenenfalls Qualifizierungen beruhen, wobei zur Produktivitäts- oder Leistungssteigerung technische und/oder organisatorische Mittel eingesetzt werden können. Sie erfolgen direkt oder indirekt in sozialer Einbindung oder Kooperation und stellen einen Beitrag zur gesellschaftlichen Gebrauchswertschöpfung und Funktionserfüllung dar.

Im Unterschied zur meist immer noch üblichen Thematisierung von Arbeit in den Sozialwissenschaften und der öffentlichen Diskussion wollen wir damit aber bewußt keine scharfe Gegenüberstellung von Arbeit und Nicht-Arbeit vornehmen. Wir wollen vielmehr betonen, daß die Grenze zwischen beiden Tätigkeitsformen fließend ist bzw. daß sich diese subjektiv und historisch sehr unterschiedlich darstellen kann. Wir benutzen den Arbeitsbegriff, wie wir ihn oben kurz angedeutet haben, als Kriterium, mit dem sich die verschiedenen Tätigkeiten von Personen hinsichtlich ihres subjektiven „Ernstcharakters" oder, mit anderen Worten, hinsichtlich ihres *Arbeitscharakters*[6] untersuchen lassen.

Die verschiedenen Tätigkeiten müßten sich damit auf einer Art Kontinuum verorten lassen, deren Eckpunkte Arbeit im engeren Sinne (alle Kriterien sind erfüllt) und zweifelsfreie Nicht-Arbeit (kein Kriterium trifft sinnvoll zu) darstellen. Das entspannende Besuchen eines Kinos würde nach dieser Definition z.B. nicht als Arbeit gelten. Dagegen beginnt die systematische Betätigung eines Cineasten oder eines Do-it-yourself-Handwerkers in engerem Sinne Arbeitscharakter zu bekommen, was dann endgültig für einen Schwarzarbeiter, eine Hausfrau oder einen nebenberuflichen Verbandsfunktionär zutrifft. Je stärker dabei eine Tätigkeit in diesem Sinne Arbeitscharakter hat, desto stärker ist ihre Bedeutung im subjektiven Lebenszusammenhang und desto stärker ist ihre Auswirkung auf andere Betätigungen.

1.2 ... ist gesellschaftlich geprägt

Sieht man die Tätigkeiten der Person, die sie zu ihrer Lebensführung praktiziert, unter dem Blickwinkel ihres Arbeitscharakters, so läßt sich das individuelle Tätigkeitsspektrum als eine Form subjektiver *Arbeitsteilung*[7] begreifen.

---

6 Rinderspacher (1984) diskutiert mit seiner Frage nach der „Verarbeitlichung" von Freizeittätigkeiten ähnliche Aspekte.

7 Üblicherweise werden in der Soziologie bisher vor allem vier gesellschaftliche Formen von Arbeitsteilung unterschieden: die Berufsdifferenzierung, die geschlechtsspezifische Arbeitsteilung, die Aufteilung gesellschaftlicher Arbeit auf verschiedene organisatorische Einheiten sowie die innerorganisatorische Aufgabendifferenzierung.

Diese ist jedoch nicht subjektiv beliebig, sondern, wie wir im folgenden zeigen wollen, hochgradig *gesellschaftlich* geprägt und gesellschaftlich bedeutsam. Es sind im wesentlichen drei Gründe, die es nahelegen, diese subjektive Arbeitsteilung oder Tätigkeitsverteilung von Personen nicht als subjektiv beliebig und gesellschaftlich unerheblich, sondern als eine gesellschaftliche Weise der Arbeitsteilung bzw. als wichtige Form der Teilung der gesellschaftlichen Arbeit zu begreifen:

- Die Personen finden in ihrer jeweiligen sozialen Lage und für ihre biographische Situation in der Regel historisch verfestigte *soziale Muster* für ihre Arbeits- und Tätigkeitsverteilung vor.
  Dabei können Personen in der Regel nur auf wenige solcher Muster zurückgreifen bzw. diese in der Anwendung nicht beliebig verändern. Ihre Formen entsprechen den Charakteristika der jeweiligen Lebenslage und unterscheiden sich entsprechend. Sozial typische Formen von Mustern der Arbeitsteilung von Personen ergeben sich insbesondere entlang der Dimension Alter und Generation, Herkunftsschicht, Bildung, Geschlecht und Familienstand.
- Hinzu kommt, daß die Art und Weise, wie Personen ihre Tätigkeiten auf verschiedene gesellschaftliche Bereiche verteilen, *wichtige gesellschaftliche Interessenträger berührt*, die auf die Tätigkeiten der Person angewiesen sind. Dies heißt z.B., daß nicht nur die Subjekte, sondern auch die Betriebe, der Staat, Verbände usw. ein großes Interesse an der Art der Ausgestaltung von sozial typischen Mustern subjektiver Arbeitsteilung haben und um diese konkurrieren, d.h. darauf Einfluß zu nehmen versuchen. Die heftige Diskussion über Arbeitszeit, Arbeitswerte oder Leistungsbereitschaft, aber auch um Frauenerwerbstätigkeit, alternative Betriebe, die sogenannte Schattenwirtschaft usw. sind für uns Hinweise auf entsprechende gesellschaftliche Auseinandersetzungen.
- Die verschiedenen Lebenstätigkeiten können, wie oben schon angedeutet, nur *unter Beachtung der jeweils vorgegebenen gesellschaftlichen Bedingungen* verrichtet werden.
  Das heißt, daß die jeweilige subjektive Arbeitsteilung *eng mit den anderen Formen der gesellschaftlichen Arbeitsteilung verwoben und durch diese strukturiert ist*. Sie wird sich in der Regel auf die verschiedenen *Bereiche* gesellschaftlicher Arbeit, insbesondere auf institutionalisierbare und organisierte Arbeitsmöglichkeiten, beziehen. Sie wird sich den innerhalb dieser Bereiche vorgegebenen Bedingungen der Verausgabung von Arbeitskraft, insbesondere technisch-organisatorischen Formen formaler *Arbeitsgestaltung,* anpassen und der historisch entstandenen Aufteilung, Vermittlung und Nachfrage von *Qualifikationsbündelungen* (unter denen die Berufe eine zentrale Rolle spie-

len) unterwerfen sowie sich an den gesellschaftlichen Formen *geschlechtlicher Arbeitsteilung* orientieren müssen.

Zweifellos wird in Industriegesellschaften ein Großteil der Bevölkerung Arbeitsteilungsmuster haben, die um den Bereich des Betriebes und der Berufstätigkeit zentriert sind. Es gilt aber zu beachten, daß auch heutzutage nach wie vor der größte Teil der Bevölkerung charakteristisch *andere* Muster der Arbeitsteilung hat, gleichwohl wichtige gesellschaftliche Leistungen erbringt.[8]

Dies gilt z.B. für Jugendliche und Personen in der Ausbildung, für Teilzeitarbeitende, Rentner, Hausfrauen, Selbständige, Hochvermögende, Arbeitslose und Sozialhilfeempfänger, für sozial Marginalisierte, Heiminsassen, Personen mit ausdrücklich nicht auf Berufstätigkeit ausgerichtetem Lebensstil usw.

Obwohl subjektive Arbeitsteilungen in hohem Maße gesellschaftlich geprägt werden, sind sie aber dennoch veränderbar. Die Personen werden versuchen, ihre Arbeitsteilungen zu beeinflussen. Sie tun dies dann, wenn sich die gesellschaftlich geprägten Lebensbedingungen wandeln, so daß sie gezwungen sind, darauf mit einer veränderten Arbeitsteilung zu reagieren, um ihre Lebensführung stabil zu halten. Oder ändern ihre Arbeitsteilung, wenn sich subjektive Aspekte modifizieren, wie z.B. bei einer Familiengründung, aber auch bei veränderten Werten und Ansprüchen, die die Person mit einer geänderten Arbeitsteilung zu berücksichtigen versucht. Solche Veränderungen von Arbeitsteilungen sind zunächst nur *individuelle* Akte. Aufgrund sozialer Ähnlichkeiten des Lebenszusammenhangs und der auftretenden Problemlagen bzw. sozialen Chancen einzelner Personen können sich solche Modifikationen der subjektiven Arbeitsstruktur aber zu sozial großflächigen Trends aggregieren und damit zu Verschiebungen der gesellschaftlichen Muster subjektiver Arbeitsteilung werden. *Veränderungen der Arbeitsteilungen von Personen können sich schließlich zu Faktoren des gesamtgesellschaftlichen Wandels verdichten.* Insgesamt heißt dies, daß Arbeitsteilungen von Personen zwar weitgehend durch gesellschaftlichen Bedingungen geprägt, aber nicht durch diese determiniert sind. Sie sind Ausdruck relativ autonomer subjektiver Strategien der Lebenssicherung angesichts gegebener Lebensverhältnisse und -probleme.

---

8 Der Anteil der abhängig beschäftigten Vollerwerbstätigen an der Weltbevölkerung betrug z.B. im Jahresmittel 1982 nur 33,2 % (eigene Berechnung nach der Arbeitsstatistik der BfA 1983). Berger (1984) macht auf den gleichen Sachverhalt aufmerksam und beziffert den Anteil der abhängig Beschäftigten (insgesamt) auf 38,5 %.

2. Veränderungen in den subjektiven Arbeitsteilungen durch arbeitszeitpolitische Maßnahmen: Chancen und Zwänge

"Wem die Stunde schlägt ..."

Bei näherer Betrachtung von Arbeitszeiten und Tätigkeitsspektren der Subjekte, von Berufsverläufen und Karrieren zeigt sich heute, daß die bisher relativ feste Konstellation von Arbeitsverteilungen der Personen aufgrund einschneidender gesellschaftlicher Wandlungsprozesse in Bewegung gerät. Zentrale Bedingungen dafür sind u.a. verkürzte, flexiblere und diskontinuierlichere (d.h. durch befristete Arbeitsverhältnisse oder Erwerbslosigkeit unterbrochene) Tages-, Wochen- und Lebensarbeitszeiten. Wir wollen im folgenden zeigen, wie die Veränderungen in der zeitlichen Organisation von Erwerbsarbeit die Muster der subjektiven Arbeitsverteilung modifizieren können und welche Auswirkungen das wiederum auf das Verhalten der Subjekte in Erwerbsarbeit und Beruf, auf ihre Arbeitsorientierungen und Interessen haben kann.

Unsere Überlegungen beziehen sich dabei nur auf Veränderungen, die sich im Vergleich zur historischen Situation der Bundesrepublik seit den späten 50er Jahren und ihren im wesentlichen stabilen sozioökonomischen Strukturen zeigen. Wir vermuten, daß die von uns betrachteten Entwicklungen in Teilen Ähnlichkeiten mit länger zurückliegenden gesellschaftlichen Veränderungen aufweisen – und sich so die Nachkriegssituation, auf die wir uns hier vergleichend beziehen, als eine *Sondersituation* darstellt. Das kann an dieser Stelle aber nicht näher erörtert werden.[9]

2.1 Erweiterung und Dynamisierung der Muster subjektiver Arbeitsteilung

Das Spektrum der von Personen ausgeübten Tätigkeiten wird, wie wir vermuten, vor dem Hintergrund der angesprochenen gesellschaftlichen Wandlungs-

---

9 Häufig wird heute vom „Beruf in der Krise", der „Familie in der Krise" u.a.m. gesprochen. Damit wird meist implizit unterstellt, daß Erwerbs- und Familienleben „eigentlich" (d.h. normalerweise) stabil seien und dies auch bis zur nahen Gegenwart gewesen sind. Dadurch gerät aus dem Blick, daß deren Stabilität nie längerdauernde Realität war: für die kürzere historische Perspektive gilt, daß die Prosperitätsphase der letzten 30 Jahre in der BRD eher ausgewöhnlich war (Lutz 1984); schauen wir weiter zurück, so läßt sich für das 19. Jahrhundert und auch für die Zeit der Vorindustrialisierung sagen, daß für große Teile der Bevölkerung unsichere und wechselhafte Erwerbs- und Familienverhältnisse eher die Regel als die Ausnahme darstellten.

prozesse und Veränderungen von Arbeitszeiten tendenziell breiter, und zwar quantitativ und qualitativ, d.h. es umfaßt mehr und unterschiedlichere Tätigkeiten. Wie wollen hier von einer Tendenz zur *Erweiterung subjektiver Arbeitsverteilungsmuster* sprechen.

Die zeitliche Neuordnung von Erwerbsarbeit kann es prinzipiell mit sich bringen, daß den Subjekten für andere Tätigkeiten außerhalb der Erwerbsarbeit mehr bzw. anders aufgeteilte Zeit zur Verfügung steht. Daß die Subjekte dies nicht nur für mehr Freizeit nutzen, sondern tatsächlich ihre Muster subjektiver Arbeitsverteilung erweitern, liegt u.a. daran, daß die neuen Arbeitszeitentwicklungen – vor allem diskontinuierliche Zeitperspektiven – neue Risiken und Unsicherheiten für ihre Erwerbs-, Berufs- und Lebensperspektiven mit sich bringen. Sie versuchen sich daher z.b. durch zusätzliche Arbeitstätigkeiten stärker gegen mögliche Erwerbslosigkeit und ihre materiellen und sonstigen Folgen schon im voraus abzusichern. Mit ihrem erweiterten Tätigkeitsspektrum reagieren sie auch auf neue gesellschaftliche Probleme und Anforderungen, wie z.B. die zunehmende Bedrohung der natürlichen Lebensgrundlagen.

Einerseits ergreifen die Subjekte daher außerhalb ihres Berufes vermehrt Tätigkeiten, die wie berufliche Tätigkeiten ebenfalls dem *Zweck des Gelderwerbs* dienen: Hierbei kann es sich um Schwarzarbeit handeln, um Nebentätigkeiten oder eventuell um Zweit-Berufe. Die Notwendigkeit dazu ergibt sich insbesondere dann, wenn Subjekte Arbeitsplätze im sozial schlechter abgesicherten „Randbereich" gesellschaftlicher Arbeit einnehmen, also solche, auf denen sie nur für begrenzte Aufgaben oder Teilzeit-Arbeiten beschäftigt sind, die von vornherein befristet sind oder auf denen eher Entlassung droht.

Flexiblere, kürzere oder diskontinuierlichere Arbeitszeiten und -perspektiven können aber auch dazu führen, daß die Personen vermehrt Arbeitstätigkeiten auch in Bereichen leisten, in denen sie sonst eher auf fremde, bezahlte Arbeit zurückgreifen würden (sogenannte *Eigenarbeit* zur Selbstversorgung in Familie, Haus, Hof oder Garten, wie z.B. Reparaturen oder eigene Produktion in kleinerem Maßstab). Dies gilt natürlich insbesondere bei diskontinuierlichen Arbeits- und Zeitperspektiven aufgrund von Erwerbslosigkeit, wenn neben Zeitgewinn ein Verlust an Geldeinkommen tritt.

Darüber hinaus kann eine Verringerung der im Bereich der Erwerbsarbeit verbrachten Zeiten aber auch zu vermehrten nicht-erwerbswirtschaftlichen *Tätigkeiten im öffentlichen Bereich* führen. Dabei kann es sich um solche im Sozialbereich handeln (Nachbarschaftshilfe, caritative Arbeiten im Bereich von Kirchen und Verbänden etc.), aber auch um solche im eher öffentlich-politischen Bereich, wie in Parteien, Gewerkschaften, Bürgerinitiativen usw.

Die Übernahme dieser zusätzlichen Tätigkeiten erfolgt *nur bedingt freiwillig*. Auch so weit es sich um solche im öffentlichen Bereich handelt, reagieren die Subjekte damit zum Teil oft auf neue Anforderungen und Aufgaben, denen sie sich zur Sicherung ihrer individuellen Existenz oder zur Bewältigung drängendster gesellschaftlicher Probleme zuwenden müssen und in die sie die von Erwerbsarbeit eventuell freiwerdende Zeit investieren.

Ursachen dafür sind z.B. Verlagerungen oder Kürzungen sozialstaatlicher Leistungen oder das Entstehen neuer Probleme, etwa im Bereich der „Umwelt". Gerade im Bereich des Umweltschutzes erweist sich eine auf staatliche Organe zentralisierte Aufgabenverteilung und -zuschreibung zum Teil als wenig funktional, so daß auf Betroffene hier zunehmend die Anforderung zukommt, „vor Ort" in Eigeninitiative und Eigenregie Probleme aufzugreifen und sie so „aufzubereiten", daß sie von der Administration wahrgenommen und berücksichtigt werden.

Angesichts dieser Tendenzen zur Erweiterung subjektiver Arbeitsmuster verändern sich auch die Anforderungen an die Qualifikation der Personen: auch sie werden breiter oder wechseln, z.B. weil sich die Anforderungen im ausgeübten Beruf verändern, weil die Personen zusätzliche Tätigkeiten ergreifen, oder sich bereits bestehender bzw. im Hinblick auf eine drohende Arbeitslosigkeit neu und weiter zu qualifizieren versuchen. Ihre subjektiven Arbeitsmuster enthalten entsprechend zunehmende Anteile an *Qualifikations-Arbeit*.

Die angesprochenen Veränderungen der zeitlichen Rahmenbedingungen von Erwerbsarbeit haben auch eine zunehmende *Dynamisierung der Muster subjektiver Arbeitsteilung* zur Folge, wozu insbesondere die flexiblere und diskontinuierlichere zeitliche Organisation von Arbeit beitragen wird. Die Zusammensetzung der entsprechenden Muster ändert sich rascher, d.h. Arbeitstätigkeiten werden häufiger gewechselt, aufgenommen und – freiwillig oder unfreiwillig – wieder aufgegeben. Die Bereitschaft der Subjekte, ihre Berufstätigkeiten zu wechseln, erhöht sich dadurch, daß sie ihnen tendenziell weniger „Sicherheit" bieten und weniger zu ihrer Identität beitragen, weil sie „zufälliger" und austauschbarer erscheinen.

Dies läßt die Berufsbiographien zunehmend „brüchig" werden. Der einmal erlernte Beruf „reicht" oft nicht für ein ganzes Leben, die Subjekte erlernen zunehmend mehrere Berufe, so daß sie auch häufiger Qualifikationsphasen durchlaufen. Außerdem wechseln – zumindest für einen Teil der Subjekte – Perioden der Erwerbstätigkeit und der Erwerbslosigkeit einander häufiger und rascher ab.

Die Dynamisierung subjektiver Arbeitsmuster zeigt sich z.B. daran, wie sich typische Arbeitsmuster von Frauen entwickeln. Galt bisher das sogenannte Drei-Phasen-Modell (Berufstätigkeit – Phase familialer Arbeit und Kinderaufzucht – Berufstätigkeit) zumindest für einen Teil von Frauen als „Normalform" ihrer Erwerbs- und Arbeitsbiographie, so trifft dies immer weniger die Realität: Zum einen versuchen Frauen vermehrt, trotz Kindern ihren Beruf weiter auszuüben bzw. kürzer zu unterbrechen, um längerfristig überhaupt in ihm verbleiben zu können und sich ihre Karrierechancen nicht völlig zu verbauen. Das wird ihnen durch Zunahme von Teilzeitarbeit partiell auch erleichtert. Zum anderen verändern die gewandelten Rahmenbedingungen von Arbeit (insbesondere unsichere und diskontinuierliche Arbeits- und Zeitperspektiven, speziell für Mädchen) die Chancen, den Einstieg in die erste Phase der Erwerbsarbeit zum „richtigen" Zeitpunkt zu finden. Schließlich wird es für Frauen immer schwieriger, nach der Phase familialer Arbeit wieder in ihren Beruf zu gelangen, weil sich dessen Anforderungen und Strukturen in der Zwischenzeit erheblich verändert haben; wenn sie dem Rechnung tragen wollen, müssen sie zusätzliche Qualifikationen erwerben oder umlernen. Zum Teil wird ihnen der Wiedereinstieg in das Berufsleben gar nicht gelingen, oder sie werden andere Erwerbstätigkeiten ergreifen, nur gelegentlich oder aushilfsweise arbeiten etc.

Auch die früher möglich werdende Verrentung (Vorruhestandsregelungen) kann auf die subjektiven Arbeitsmuster eine dynamisierende Wirkung ausüben: Da sich für mehr Personen an die Zeit der Erwerbstätigkeit jetzt eine längere Lebensspanne anschließt, gewinnen die in dieser Zeit ergriffenen Tätigkeiten auch für die subjektiven Arbeitsmuster an Bedeutung: Der Übergang zu anderen Tätigkeiten außerhalb der beruflichen Sphäre erfolgt jetzt nicht nur früher, sondern diese anderen Tätigkeiten haben eine längere „Perspektive" und gewinnen daher „prospektiv" an Bedeutung. Dies strahlt bereits auch auf die Zeit des Erwerbslebens aus, wenn die Personen sich intensiver auf diese Lebensphase vorbereiten.

2.2 Veränderungen im Arbeitscharakter

Eine stärkere zeitliche Flexibilisierung der Erwerbstätigkeit führt, wie oben schon gesagt, tendenziell zum Abbau des für die meisten Berufstätigen bisher typischen „Normalarbeitsverhältnisses" in Form kontinuierlicher Vollerwerbstätigkeit. Dies hat eine spürbare Verringerung der Geregeltheit und der Kontinuität der Lebensgestaltung der Betroffenen zur Folge.

Es steigen die Anforderungen an die Gestaltung der Lebensführung, die nun oft wesentlich mehr Initiative, Anstrengung, Phantasie und Planung erfordert. Außerdem verändert sich dadurch der Charakter wichtiger nichtberuflicher Lebenstätigkeiten merklich: Die Personen dürfen sich nicht mehr auf *eine* Form oder einen Inhalt von Tätigkeit für ihre Lebensplanung konzentrieren. Die Anforderungen steigen, sich als „Unternehmer" der eigenen Arbeitskraft für die Erwerbsarbeit zu verhalten und strategischer als bisher Aus- und Weiterbildung, Stellensuche, die Aushandlung von Arbeitsbedingungen und Gratifikationen usw. zu betreiben. All diese Tätigkeiten, die quasi im Vorfeld (als *Vorarbeiten*) der Erwerbsarbeit verrichtet werden müssen, verlangen zunehmend Zeit, bewußte und zielgerichtete Gestaltung, Geld (etwa für Ausbildungen), brauchen verstärkt entsprechendes Wissen und geeignete Fähigkeiten (etwa für die Organisation der Berufslaufbahn, für Verhandlungen mit Arbeitgebern, Vorgesetzten oder Behörden, für die Beherrschung von rechtlichen Rahmenbedingungen der Erwerbsarbeit, für die berufliche „Selbstinszenierung" usw.). Kurz: diesen Vorbereiten zur Berufstätigkeit müssen verstärkt subjektive Ressourcen zufließen.

Ähnlich ist es mit Tätigkeiten, die man als *Nach-Arbeiten* zur Berufstätigkeit bezeichnen kann: Personen mit durch flexible Arbeitszeiten hervorgerufenen stark wechselnden oder unregelmäßigen Berufstätigkeiten werden z.b. mehr Aufwand für die „Verwaltung" ihrer eigenen Berufsleistung leisten müssen (etwa für die Steuerabwicklung, für Vorsorge-Versicherungen oder für die Führung der durch diskontinuierliche Arbeitsverhältnisse vielfältigeren eigenen Akten usw.). Bei wechselnden Arbeitszeiten wird die Sicherstellung der Erholung und Entspannung wesentlich schwieriger zu organisieren sein als bei einer regelmäßigen Erwerbstätigkeit mit entsprechend regelmäßigen Frei-Zeiten. Stark unregelmäßige Arbeitszeiten können – was sich bei Schichtarbeitern deutlich zeigt (vgl. Karmaus/Schienstock 1979) – in einem hohen Maße Streß erzeugen und zu körperlichen und psychischen Erkrankungen führen, so daß aufwendige Reproduktionsleistungen erforderlich werden.

Flexibilisierungen der Berufsverhältnisse machen aber nicht nur verstärkte Arbeitsleistungen für solche direkt auf die Erwerbsarbeit bezogenen Tätigkeiten erforderlich. Auch die *Koordination oder Synchronisation* der verschiedenen Erwerbs- und Lebenstätigkeiten wird schwieriger und damit aufwendiger. Eine hochflexible Arbeitszeit erfordert (und ermöglicht!) z.B. komplizierte Abstimmungen der Erwerbsarbeit mit den Verpflichtungen gegenüber der Familie, den Interessen im politischen oder sportlichen Bereich, der Pflege von Freundschaften und Kontakten, der zunehmend wichtiger werdenden Weiterbildung usw. Wer hier nicht geschickt organisiert, wird letztlich „zu gar nichts mehr" kommen und sich eine Fülle von Problemen in diesen Bereichen einhandeln. Erhöhte Anforderungen werden an die Koordination der Lebenstätigkeiten aber nicht nur dann gestellt, wenn die Wochen- oder Tagesarbeitszeiten dynamischer werden, sondern auch wenn die Erwerbstätigkeit langfristig variabler wird: also bei Zeitverträgen, Leiharbeitsverhältnissen (vgl. z.B. Brose 1984), Langzeiturlauben, Frühverrentungen, Berufswechseln, Erwerbslosigkeit, usw. In solchen Fällen geht es dann vor allem darum, sich in den Lebensverlauf sinnvoll einpassende Tätigkeitsverteilungen für die freiwillig oder erzwungenermaßen eintretenden „Lücken" der Erwerbsbiographie zu finden, sich rechtzeitig um geeignete Anschlußtätigkeiten zu bemühen und diese qualifikatorisch vorzubereiten. Hier geht es also darum, den eigenen Lebenslauf „in den Griff" zu bekommen, ihn geschickt zu organisieren, was eine – gegenüber traditionellen „Berufskarrieren" – wesentlich anspruchsvollere Aufgabe sein kann.

Diese Zunahme von Koordinierungsleistungen für die Lebensführung hat schließlich wieder Auswirkungen auf die Art der Ausübung einzelner Tätigkeiten sowie auf andere unmittelbar betroffene Personen, so vor allem in der Familie: Am Beispiel von Müttern, die eine Teilzeitarbeit aufgenommen haben, läßt sich gut studieren (und wurde mehrfach aufgezeigt, vgl. Eckart 1984), wie die dadurch gestiegenen Anforderungen an die Vereinbarkeit von Berufstätigkeit und anderen Lebenstätigkeiten zu einer verstärkten „Rationalisierung" führen.[10] Hausarbeit, Kinderversorgung, die Pflege der Beziehung zum Ehemann, aber auch zu Freunden und Verwandten usw. muß von den Frauen wesentlich bewußter, geschickter und ressourcenökonomischer, also „rationeller" betrieben werden. Aber auch der Mann und selbst die Kinder müssen ihren Beitrag zur Berufstätigkeit der Mutter erbringen und eine Fülle von Tätigkeiten selber übernehmen bzw. Tätigkeiten, bei denen ihnen ohne Berufstätigkeit der Mutter sonst Hilfe zuteil wurde, selbst organisieren.

Solche „spill-over-Effekte" werden sich nun massiv verstärken, wenn die Teilzeitarbeit, hier z.B. von Frauen, nicht mehr nur in Form einer sehr regelmäßig organisierten Berufstätigkeit abläuft, sondern chronometrisch oder chronologisch noch stärker flexibilisiert wird, wie dies etwa ein Kapovaz-System vorsieht. Dann steigen für alle Beteiligten die Anforderungen an ihre Lebenstätigkeiten, an eine geschickte Organisation und Koordination ihres gesamten Tätigkeitsspektrums, aber auch an die Aufwendungen für die Koordination des Zusammenlebens der verschiedenen betroffenen Personen – also für die *gemeinsam praktizierte* Lebensführung.

Diese Tendenzen zur verstärkten Bewußtheit und Zweckgerichtetheit einzelner Lebenstätigkeiten außerhalb der Erwerbsarbeit und zu einer Erhöhung der dabei erforderlichen Anstrengungen, zu Ressourcenökonomie und Koordinationsleistungen verstehen wir – im Sinne unseres Theorieansatzes – als eine Zunahme des *Arbeitscharakters* der Tätigkeiten und der Lebensführung. Es zeigt sich, daß die relativ umstandslos eingeführten Veränderungen von Zeitstrukturen in der Sphäre der Erwerbsarbeit erhebliche Auswirkungen auf die gesamte Lebensweise von Personen haben und haben werden, die letztlich eine Verstärkung der schon von Max Weber diagnostizierten Tendenzen zur „Rationalisierung der Lebensführung" bedeutet und die man in Anlehnung an die Habermas'sche Terminologie auch als eine zunehmende „Kolonialisierung" der Lebenswelt von Personen durch „systemische" oder „zweckrationale" Imperative ansehen kann.

---

10 Ähnliches wurde am Beispiel von Schichtarbeitern gezeigt.

2.3 Zunahme strategischen Handelns

Dies bedeutet für die Personen, daß sie ihr Leben bewußter organisieren müssen *und können*. Die Bewältigung zunehmend komplexer und auch in sich widersprüchlicher Anforderungen an ihre Lebensführung wird damit zwar schwieriger, aber die Lebensgestaltung insgesamt wird dadurch möglicherweise auch „offener". Zumindest der Anforderung nach wird die Lebensführung von Personen strategischer, wollen sie mit all den auf sie zukommenden Unwägbarkeiten umgehen. Die Verkomplizierung und Ungewißheit der eigenen Arbeitssituation, die mit der (nicht von den Subjekten bestimmten) Flexibilisierung von Arbeitszeiten in der Regel einhergeht, fordert die Personen dazu auf, ihre Arbeitsteilungsmuster kurz- und langfristig „bewußt", d.h. im Wissen um mögliche Vor- und Nachteile, zu konzipieren. Die eingespielten Formen von Tätigkeitsverteilungen können angesichts dieser Veränderungen nicht problemlos weitergeführt werden. Aber – positiv gewendet – auch die oftmals gezielt angestrebte Verbindung von Tätigkeiten in einem Arbeitsteilungsmuster erfordert den strategischen Umgang mit der eigenen Arbeitskraft und dem Einsatz von Ressourcen.

Sich als „Unternehmer" der eigenen Arbeitskraft zu verhalten (s.o.) ist also Arbeit im Sinne einer *strategischen Bezugnahme* auf das eigene Leben. Und Anforderungen dieser Art nehmen angesichts der gegenwärtigen Flexibilisierungsprozesse und der Auflösung von „Normalarbeitsverhältnissen" rapide zu.

2.4 Soziale Differenzierung

Die immer unbeständigere Gestalt von Arbeitsverhältnissen im Erwerbsbereich und auch in familiären Beziehungen erfordert zwar von den Subjekten eine größere Bereitschaft, ihre Arbeitsteilungsmuster zu modifizieren. Wieweit dieser Anforderung aber Fähigkeiten und Interessen der Personen entsprechen, läßt sich derzeit kaum beantworten. Es ist eher zu vermuten, daß viele nicht die Möglichkeit und manche vielleicht auch nicht den Wunsch haben werden, rational und geplant mit dem eigenen Arbeitsvermögen umzugehen. Es bedarf zumindest immer auch sozialer, qualifikatorischer, finanzieller und weiterer Voraussetzungen, um sich überhaupt strategisch auf das eigene Leben beziehen zu können – und daran haben nicht alle Personen gleichermaßen teil. Manche sozialen Gruppen werden es eventuell von vornherein als aussichtslos empfinden, ihr Leben zu planen. Außerdem kann die Zunahme subjektiv strategischen Verhaltens zweierlei ausdrücken, was sich aber gegenseitig nicht ausschließen muß: Sie kann Folge des Zwangs sein, auf rapide gesellschaftliche Veränderungen einzugehen, „um den Anschluß nicht zu verpassen", sie kann aber ebenso die

Chance beinhalten, Leben und Arbeiten stärker selbstbestimmt und den eigenen Interessen entsprechend in die Hand zu nehmen.

Wie ambivalent eine solche Entwicklung ist, zeigt z.B., daß die Erweiterung der Arbeitsteilungsmuster dazu führen kann, daß die Personen allmählich (wieder?) mehr Zuständigkeit für ihren gesamten Arbeits- und Lebenszusammenhang gewinnen, daß sie dadurch aber auch neue und zusätzliche Belastungen werden bewältigen müssen. Entscheidend wird sein, inwieweit eine solche „Rückgewinnung" von Zuständigkeiten von den Personen überhaupt gewünscht ist, inwieweit sie „abverlangt" wird und in Qualität und Ausmaß beeinflußt werden kann.

Die Erweiterung und Dynamisierung des Tätigkeitsspektrums von Personen führt vielleicht zu einer weiteren, wenig beachteten Frage: Es ist denkbar, daß es einem Teil der Personen angesichts der Vielfalt der Anforderungen zunehmend an Interesse, Zeit und Energie mangelt, um sich nur bzw. vorwiegend auf Erwerbsarbeit zu beziehen und daß vielleicht auch die allzu strategische, „unternehmerische" Bezugnahme auf die eigene Arbeitskraft zu einer größeren identifikatorischen Distanz gegenüber der Erwerbsarbeit führt. Daß eine solche Tendenz allerdings nicht für alle gelten wird, deuten neuerdings z.B. Kern/Schumann (1984) an, die beschreiben, daß zunehmend ein neuer Typ von motivierten und breit qualifizierten Arbeitskräften betrieblich gefordert wird.

Für alle angesprochenen und zu erwartenden oder zum Teil schon realen Entwicklungen ist davon auszugehen, daß sie sich sozial erheblich differenzieren werden: Es zeichnet sich z.B. im Hinblick auf die Frage danach, wie die Personen ihre Arbeitsteilungsmuster umstrukturieren und wo sie das Zentrum ihrer Identität sehen, eine neue Vielfalt von Antworten ab. Unterscheiden wir zunächst die Arbeitskräftegruppen, die im Kern- und im Randbereich des Arbeitsmarktes arbeiten, so werden wir in jedem dieser Bereiche jeweils zwei scheinbar gleiche Arbeitsteilungsmuster finden, die aber auf einem sehr unterschiedlichen sozialen Hintergrund entstehen.

So wird es den Typus des vollberuflich-identifizierten, sehr mobilen, erfolgreichen und hochqualifizierten Erwerbstätigen geben. Eine solche starke Orientierung am Beruf wird aber ebenso bei denen zu finden sein, die an die Randbereiche der Erwerbsarbeit gedrängt werden und die vor allem aufgrund ihrer privaten Bindungen an der Erwerbsarbeit festhalten (müssen). Und genau so gut ist denkbar, daß Personen, hier v.a. Männer, die qualifiziert und abgesichert arbeiten, verstärkt andere Schwerpunkte als Beruf in ihrem Leben setzen, wohingegen eine andere Gruppe von Arbeitskräften durchaus unfreiwillig ihre Erwerbsarbeit reduziert und anderen Tätigkeiten nachgeht – dies werden in der Regel diejenigen sein, die am Rande des Erwerbsbereiches wenig abgesichert beschäftigt sind.

Eine weitere Differenzierung zeichnet sich entlang der sozialen Dimension „Geschlecht" ab. Angesichts der gegenwärtigen Interessenlagen v.a. von Frauen gibt es zwar Trends in Richtung auf eine Annäherung typischer Arbeitsteilungsmuster von Frauen und Männern. Betrachten wir aber die Daten der Erwerbslosigkeit und die Analysen der geschlechterspezifischen Arbeitsmarktsegmentation, werden Arbeitsplätze, zumal qualifizierte und „stabile", immer noch eher an Männer vergeben. So verfestigt sich wahrscheinlich als Grundtendenz die geschlechterspezifische Arbeitsteilung wieder, obgleich einzelne Gruppen davon abweichend innovative Lebensstile praktizieren werden. Damit wird das Geschlecht wieder verstärkt prägende Bedeutung für die Zusammensetzung von Arbeitsteilungsmustern haben.

Auch wenn wir davon ausgehen, daß die Arbeitsteilungen von Personen breiter, komplexer, dynamischer und unterschiedlicher werden und dies mit einer tendenziellen Abschwächung der Bedeutung von Berufsarbeit im Lebenszusammenhang verbunden sein kann, soll damit keineswegs pauschal eine Abnahme der Bedeutung von Erwerbsarbeit für die Lebensqualität, den Status usw. der Person unterstellt werden. Nach wie vor bleibt das Erwerbseinkommen ein unverzichtbarer Bestandteil des Niveaus der Lebensführung, und die mit dem Beruf verbundenen Gratifikationen bzw. Benachteiligungen sind zentral für die „Wohlfahrt" von Personen. Die Veränderungen der Arbeitsteilungen gehen also keineswegs mit einer Nivellierung der sozialen Lage einher. Im Gegenteil: wir erwarten eine Ausdifferenzierung des Spektrums sozialer Ungleichheit, die wesentlich durch die gravierenden strukturellen Veränderungen auf dem Arbeitsmarkt und nicht zuletzt durch arbeitszeitpolitische Eingriffe bedingt ist. Dies kann sogar Formen annehmen, wie sie unter dem Stichwort „Spaltung der Gesellschaft" diskutiert werden und für die sich derzeit – z.B. mit der „neuen Armut" – signifikante Anzeichen finden.

Trotzdem ist es möglich, daß zunehmend einzelne Gruppen von Personen in der Lage sind, subjektive Arbeitsteilungen und damit Lebensstile zu entwickeln, die stärker von den Bedingungen *eines* Berufs oder von Erwerbsarbeit überhaupt abgekoppelt sind. Es könnte z.B. gelingen, mit einer sehr instrumentellen Haltung gegenüber der beruflichen Tätigkeit, durch geschickte Kombination verschiedener eher freiberuflicher Erwerbsarbeiten (oder solcher im „informellen Sektor"), durch eine quantitative Einschränkung des Konsumniveaus und trotz einer unregelmäßigen Berufssituation eine recht hohe Lebensqualität zu gewinnen. Dies würde bedeuten, daß eine eindimensionale Beurteilung der „sozialen Lage" vorrangig über den Beruf – wie das schichtungssoziologische Konzepte noch häufig tun (vgl. Hradil 1983) – der Lebenssituation und Selbsteinschätzung dieser Personen nicht mehr gerecht werden kann.

3. Folgeprobleme veränderter Arbeitszeiten für die Erwerbsarbeit

"Die Zeiten ändern sich ..."

Zeitliche Neuorganisierungen von Erwerbsarbeit – seien es nun flexiblere, verkürzte oder diskontinuierlichere Arbeitszeiten – bleiben also in ihren Wirkungen nicht auf das zeitliche Gefüge von Erwerbsarbeit beschränkt. Sie beeinflussen auch die subjektiven Arbeitsmuster und die Art der Bezugnahme der Subjekte auf die Erwerbsarbeit. Damit tragen sie zur Veränderung der Arbeitsorientierung bei bzw. dazu, daß latente Einstellungen und Haltungen der Subjekte zu ihrer Arbeit deutlicher hervortreten und an Bedeutung gewinnen. Die Versuche, mit Veränderungen von Arbeitszeiten Probleme der Erwerbsarbeit zu lösen, führen letztlich zu Folgeproblemen für die Erwerbsarbeit selbst, deren Konsequenzen – auch wenn sie zur Zeit noch kaum zu überblicken sind – gravierend sein können.

Es wird sich unseres Erachtens zunehmend erweisen, daß die arbeitenden Subjekte nicht nur passive Objekte von Arbeitszeitregelungen sind, sondern aktiv auf sie reagieren und sich mit ihnen auseinandersetzen, um ihre Interessen zu wahren und die neuen Entwicklungen für ihre persönlichen Zwecke nutzbar zu machen. Dabei verschieben sie u.a. Ressourcen (Motivation und Leistungsbereitschaft, Zeit, Qualifikation etc.) von der Erwerbsarbeit zu anderen Tätigkeiten. Dies gilt jedoch nicht für alle gleichermaßen und in gleicher Weise.

Die derzeitige Arbeitszeitentwicklung und -politik wird – so unsere Vermutung – vorhandene, aber bisher wenig beachtete Trends zu einer *doppelten oder pluraleren Orientierung (und entsprechendem Verhalten) der Subjekte* auf Erwerbsarbeit *und* andere Tätigkeiten hin (eventuell auch auf verschiedene Erwerbsarbeiten nacheinander) verstärken. Sie wird dazu beitragen, daß *die Subjekte anderen Tätigkeiten neben der Erwerbsarbeit vermehrt Bedeutung zumessen (müssen)*.

Die Zentrierung von Orientierungen und Lebensperspektiven auf einen Beruf oder auf Erwerbsarbeit allein wird damit relativiert; statt dessen kann es zu einer gleichgewichtigeren Orientierung an Erwerbsarbeit und anderen Arbeitstätigkeiten und zu einer deutlicheren „Mehrpoligkeit" der Lebensführung und des Lebenszusammenhangs kommen. Soweit dabei eine Leistungsverringerung der Subjekte im Bereich der Erwerbsarbeit festzustellen sein sollte, bedeutet dies nicht einfach einen „Leistungsverfall", wie vielfach beklagt wird, sondern in der Regel eine Leistungs*verschiebung* und -übertragung auf andere Arbeitstätigkeiten (vgl. ähnlich Bolte 1985).

Solche plurale Orientierung der Subjekte an Erwerbsarbeit und anderen Arbeitstätigkeiten kann sich z.B. darin manifestieren, daß Personen häufiger berufliche und nicht-berufliche Tätigkeiten nebeneinander ausüben (müssen), etwa Teilzeitarbeit mit Arbeiten im informellen Sektor und gleichzeitigen weiteren Qualifizierungsbestrebungen kombinieren (man könnte die dabei entstehenden „bunt" zusammengesetzten Muster von Arbeitsverteilung geradezu als „patchwork" bezeichnen). Auch die wachsende Bedeutung von Schwarz- und „Schattenarbeit" im informellen Sektor ist ein Beispiel für diese Entwicklung. Plurale Orientierungen verstärken sich auch im Gefolge der zunehmenden Erwerbsorientierung von Müttern und der – langsam aber doch merklich – zunehmenden Familienorientierung von Vätern. Beide entwickeln – trotz aller gravierender Unterschiede – partiell gleichgewichtige Orientierungen auf Beruf *und* Familie (vgl. Lehr 1978; Rowe 1978).

Plurale Orientierungen entwickeln ebenfalls die Personen, die sich vermehrt auf Freizeitaktivitäten konzentrieren, dabei mit häufig viel Engagement, Aufwand und Mühe ihre „Träume" zu realisieren versuchen und diesen Aktivitäten vermehrt die Bedeutung eines Lebensschwerpunktes neben Beruf (und Familie) geben. Auch die sogenannten Aussteiger haben in der Regel eine solche doppelte Orientierung auf Erwerbsarbeit und andere Arbeitstätigkeiten: Wenn sie sich auch am konsequentesten auf Tätigkeiten außerhalb des Erwerbssektors konzentrieren, so bleiben sie meist doch zur individuellen Existenzsicherung auf irgendeine Form von Erwerbsarbeit angewiesen. Schließlich sind hier noch die Personen zu nennen, die hohes berufliches Engagement im sozialen, kulturellen und/oder politischen Bereich verbinden und z.B. sehr dynamische – sich eventuell wechselseitig stützende – Orientierungen in mehrere Richtungen entwickeln (hier wäre etwa an „Professionals" zu denken, z.B. an Lehrer, Anwälte, Ärzte oder Techniker, soweit ihre berufliche Orientierung mit starkem Engagement im gesellschaftlichen „Umfeld" ihrer Berufstätigkeit einhergeht).

Für den Bereich der Erwerbsarbeit ist es nun von großer Bedeutung, ob die stärkere Orientierung an Tätigkeiten außerhalb der Erwerbsarbeit zu einer größeren instrumentellen Haltung gegenüber der Erwerbsarbeit führt, ob sich also Erwerbsarbeit und sonstige Tätigkeiten *konkurrierend* zueinander verhalten. Das Entstehen von Doppel- oder pluralen Orientierungen von Subjekten könnte sich nämlich durchaus auch positiv auf Leistungen der Subjekte im Erwerbsbereich auswirken, z.B. dann, wenn durch Abwechslung in ihren Tätigkeiten die Motivation für Erwerbsarbeit weniger verschlissen wird oder sogar steigt.

Auf alle Fälle jedoch bekommt die Erwerbsarbeit durch die Zunahme pluraler Orientierungen im Lebenszusammenhang eine andere Bedeutung und die Personen treten ihr anders gegenüber. Wenn die zeitliche Organisation von Erwerbsarbeit flexibler und diskontinuierlicher wird, werden auch die auf die Erwerbsarbeit bezogenen Orientierungen flexibler werden. Die herkömmlichen Bindungen an die Berufstätigkeit können sich weiter lockern. „Die Zeiten ändern sich" – was sich damit sonst verändern wird, werden wir erst in einiger Zeit wirklich wissen ...

Literatur

Becker-Schmidt, R./Brandes-Erlhoff, U./Rumpf, M./Schmidt, B. (1983): Arbeitsleben – Lebensarbeit. Konflikte und Erfahrungen von Fabrikarbeiterinnen. Bonn
Berger, I. (1984): Alternative zum Arbeitsmarkt. In: Mitteilungen aus der Arbeitsmarkt- und Berufsforschung 1/1984
Bolte, K. M. (1983): Subjektorientierte Soziologie – Plädoyer für eine Forschungsperspektive. In: Bolte, K. M./Treutner, E. (Hg.): Subjektorientierte Arbeits- und Berufssoziologie. Frankfurt a.M./New York
Bolte, K. M. (1985): Nicht immer sind die Werte schuld – Sozialwissenschaftliche Argumente zur Diskussion um die Leistungsbereitschaft. In: Kaase, M./Küchler, M. (Hg.): Herausforderungen der empirischen Sozialforschung. Frankfurt a.M./New York
Deutschmann, Ch. (1983): Systemzeit und soziale Zeit. In: Leviathan 11/1983
Espenhorst, I. (1983): Wege aus der Krise in die Zukunft der Arbeit. In: Aus Politik und Zeitgeschichte, 6/1983
Gorz, A. (1980): Abschied vom Proletariat. Frankfurt a.M.
Gorz A. (1983): Wege ins Paradies. Thesen zur Krise, Automation und Zukunft der Arbeit. Berlin
Hoffmann, U. (1983): Informationstechniken und die neue Ökonomie der Lebenszeit. In: Bolte, K.M./Treutner, E. (Hg.): Subjektorientierte Arbeits- und Berufssoziologie. Frankfurt a.M./New York
Eckart, Ch. (1984): Der Preis der Zeit. Zwischenbericht zum Projekt „Die Interessen von Frauen an Teilzeitarbeit". Frankfurt a.M./New York
Hradil, S. (1983): Die Ungleichheit der „Sozialen Lage". In: Kreckel, R. (Hg.): Soziale Ungleichheiten. Göttingen
Karmaus, W./Schienstock, G. (1979): Körperliche, psychische und soziale Auswirkungen von Nacht- und Schichtarbeit. In: Karmaus, W. u.a. (Hg.): Streß in der Arbeitswelt. Köln
Kern, H./Schumann, M. (1984): Das Ende der Arbeitsteilung? Rationalisierung in der industriellen Produktion. München
Landenberger, M. (1983): Arbeitszeitwünsche. Vergleichende Analyse vorliegender Befragungsergebnisse. WZB discussion papers, Berlin
Lehr, U. (1978): Kontinuität und Diskontinuität im Lebenslauf. In: Rosenmayr, L. (Hg.): Die menschlichen Lebensalter. München
Lutz, B. (1984): Der kurze Traum immerwährender Prosperität. Frankfurt a.M./New York
Marcuse, H. (1965): Über die philosophischen Grundlagen des wirtschaftswissenschaftlichen Arbeitsbegriffs. In: Kultur und Gesellschaft 2. Frankfurt a.M.
Mückenberger, U. (1985) Angriff auf zentrale arbeitsrechtliche Errungenschaften. In: „Express" 4/1985

Müller-Wichmann, Ch. (1984): Zeitnot, Untersuchung zum „Freizeitproblem" und seiner pädagogischen Zugänglichkeit. Weinheim
Pieper, B. (1986): Familie im Urteil ihrer Therapeuten. Bausteine einer Theorie familialer Arbeit. Frankfurt a.M./New York
Rinderspacher, J. (1994): Der Feierabend, der keiner ist. In: Psychologie heute. 8/1984
Rowe, M. (1978): Choosing Childcare: Many Options. In: Rapoport, R. u.a. (Hg.): Working Couples. London
Wiesenthal, H. (1985): Themenraum und falsche Allgemeinheiten. In: Schmid, Th. (Hg.): Das Ende der starren Zeit. Vorschläge zur flexiblen Arbeitszeit. Berlin

G. Günter Voß

Zur sozialen Differenzierung von „Arbeit und Leben". Überlegungen aus der Perspektive des Konzepts „Alltägliche Lebensführung"

Zusammenfassung

Der Beitrag entwickelt am Beispiel des Themas „Arbeit und Leben" allgemeine Überlegungen zur gesellschaftstheoretischen Verortung des Konzepts „Alltägliche Lebensführung". Nach einem Rekurs auf verschiedene theoretische Ansätze zum Thema „Arbeit und Leben" werden kurz die Eckpunkte des Konzepts angedeutet und daran anschließend, unter Bezug auf Webersche Gedanken, die These einer fortschreitenden und forcierten Rationalisierung von Lebensführung entwickelt. Dies führt zu Vermutungen über ein sich abzeichnendes, qualitativ neues Verhältnis von „Arbeit und Leben".

Die sich spätestens mit der Industrialisierung voll entwickelnde Ausdifferenzierung der beiden Sozialsphären „Arbeit und Freizeit" oder „Arbeit und Leben" (wie es im folgenden mit einer traditionsreichen, auf die Arbeiterbewegung zurückgehenden Formel genannt werden soll) ist konstitutiv für moderne Gesellschaften. Wie die strukturelle Trennung und das spezifische Verhältnis dieser beiden Sphären beschaffen ist, schien lange Zeit für die Soziologie klar zu sein; und vor allem schien klar, daß dies eine irreversible Errungenschaft gesellschaftlicher Entwicklung ist. Im Moment jedoch geht es dem Verhältnis von Arbeit und Leben ähnlich wie anderen sozialen Differenzierungslinien: sie wird unscharf und gerät in Bewegung. Dazu einige Stichworte:

Der Trend zur Verkürzung von Arbeitszeiten und damit zum Anwachsen der Freizeit gegenüber der in der Erwerbsarbeit verbrachten Lebenszeit ist ungebrochen. Flexible Arbeitszeiten heben tendenziell die starren Formen der Trennung beider Bereiche auf. Auch veränderte Wertorientierungen zielen auf eine wieder stärkere Vermischung der Sphären. Individualisierte Lebenslagen und Erwerbsformen erweitern die Varianten, wie Arbeit und Leben verbunden werden. Veränderte Geschlechterverhältnisse tangieren die sozialen Definitionen von Beruf und Privatheit u.v.a.m.

Ausgangsannahme der folgenden Überlegungen ist, daß die vorliegenden theoretischen Konzepte, mit denen das Verhältnis von Arbeit und Leben thematisiert werden kann, den Veränderungen nur bedingt gerecht werden. Ziel des Beitrages ist es, mit dem vom Teilprojekt A1 entwickelten Konzept der „Alltäglichen Lebensführung" eine alternative Perspektive vorzustellen.

Zuerst wird in einem sehr gerafften Überblick auf einige zentrale Theoreme zum Thema Arbeit und Leben verwiesen (1.), um danach mit einigen Stichworten das Konzept der „Alltäglichen Lebensführung" zu umreißen (2.). In einem dritten Schritt werden dann, aufbauend auf die These einer fortschreitenden Rationalisierung von Lebensführung, einige zeitdiagnostische Überlegungen zum Wandel im Verhältnis von Arbeit und Leben angeschlossen. (3.).

1. „Arbeit und Leben" in der soziologischen Theorie

Im folgenden geht es darum, an einige Theoriefiguren der Soziologie zu erinnern, mit denen (explizit oder auch nur implizit) das Verhältnis von Arbeit und Leben interpretiert worden ist. Thema all dieser Konzepte sind der Prozeß und die Folgen sozialer Differenzierung; und alle kommen auf Basis differenzierungstheoretischer Überlegungen zu typischen Zeitdiagnosen, die jeweils kurz angedeutet werden sollen.

Karl Marx hat nicht nur das früheste der folgenden Konzepte entwickelt, sondern mit der Dichotomie von „Produktion und Konsumtion" bzw. von „Arbeit und Reproduktion" das (zumindest praktisch) einflußreichste Theorem vorgestellt. Schon im Frühwerk war sein Thema die gesellschaftliche Arbeitsteilung und deren Kritik, wobei er aber lediglich die Sphäre der formellen Warenproduktion näher betrachtete.[1] Im Spätwerk fragt er jedoch explizit auch nach dem Verhältnis von „Arbeit und Leben": seine Werttheorie weist dabei dem außerbetrieblichen „Leben" die objektive Funktion zu, das individuelle Arbeitsvermögen zum Zwecke der fortgesetzten Verausgabung in der Lohnarbeit wiederherzustellen.[2] Andere Zusammenhänge zwischen Arbeit und Leben sind für ihn unerheblich. Arbeit (und damit ist, trotz interessanter Ansätze zu einem allgemeinen Arbeitsbegriff,[3] nur Lohnarbeit gemeint) sieht er als hochgradig ent-

---

1 Siehe z.B. die „Deutsche Ideologie" (MEW 3).

2 Vgl. vor allem die „Grundrisse der Kritik der politischen Ökonomie" (Marx 1939/1857-58) und das „Kapital" (MEW 23-25, insbes. Band 1).

3 Vgl. Band 1 des „Kapital" (MEW 23: 192ff). Siehe ausführlich dazu und zu dem Versuch, darauf aufbauend einen „subjektorientierten" Arbeitsbegriff zu entwickeln Voß 1991 (Kap. 3).

fremdete, aber gesellschaftlich wesentliche Sphäre. Im „Leben" ist man dann zwar „bei sich", aber in einem nachgeordneten, einem gesellschaftlich unwesentlichen Bereich. Marx spricht zwar (auch in den ökonomischen Schriften) ständig vom „Leben", aber er interessiert sich nicht wirklich dafür – ihn interessiert allein die abstrakte Logik entwickelter Lohnarbeit. Arbeit und Leben nimmt er dabei letztlich allein aus männlicher Perspektive wahr: daß auch die Reproduktion eine gesellschaftlich entscheidende Leistung mit eigener Qualität ist, die letztlich auch den Charakter von Arbeit hat, wird marginalisiert und findet keinen systematischen Ort in der Theorie. Marx's bekannte historische Diagnose hierzu postuliert (hier einmal sehr verkürzt auf einen Punkt gebracht), daß die Reproduktionssphäre durch die entfremdete Lohnarbeit zunehmend gefährdet und tendenziell ausgezehrt wird. Wachsende relative Verelendung führt, in Vollzug einer objektiven Geschichtslogik, zu sozialen Gegenbewegungen und so zum Zusammenbruch der kapitalistischen Formation. Marxens diffuse Sozialutopie erhofft unter anderem einen Gesellschaftszustand ohne berufliche Arbeitsteilung: „... morgens jagen, nachmittags fischen, abends Viehzucht treiben, nach dem Essen zu kritisieren, wie ich gerade Lust habe, ohne je Jäger, Fischer, Hirt oder Kritiker zu werden" (MEW 3: 33). Dies schließt eine Aufhebung der Trennung von Arbeit und Leben ein.

In *Emil Durkheims* Differenzierungstheorie[4] geht es nicht explizit um das Verhältnis von Arbeit und Leben; gleichwohl ist sie typisch für eine bestimmte Form, das Thema zu behandeln. Durkheim interessiert primär die berufliche Teilung gesellschaftlicher Funktionen. Daß die Personen dabei, etwa über Arbeit und Freizeit, an verschiedenen Funktionsbereichen der Gesellschaft teilhaben, ist für ihn kein Thema. Dies liegt nicht zuletzt daran, daß auch er am *männlichen* Modell von Arbeit orientiert ist – die Geschlechter erfüllen nämlich verschiedene Aufgaben: Männer sind für die „öffentlichen Geschäfte" und Frauen für das „interne Familienleben" zuständig; die einen erfüllen „Verstandesfunktionen", die anderen „Gemütsfunktionen" (Durkheim 1988: 106f). Das Verhältnis von Arbeit und Leben erscheint ihm damit letztlich so, daß Männer im Prinzip für die „Arbeit" und Frauen für das „Leben" verantwortlich sind.

Durkheims Gesellschaftsdiagnose ist gleichfalls hinlänglich bekannt: Vor allem steigende Bevölkerungsdichte führt zum Wechsel der gesellschaftlichen Integrationslogik: von der *mechanischen* zur *organischen* Arbeitsteilung. Folge der fortschreitenden funktionalen Ausdifferenzierung und Verflechtung ist eine wachsende *Individualisierung* bei gleichzeitig steigender sozialer Abhängigkeit der Gesellschaftsmitglieder. Da dies, wie Durkheim feststellen mußte, nicht ganz so funktional abläuft, wie es das Modell vorsieht, fragt er nach differenzierungsbedingten *Sozialanomien*. Anomien, die tendenziell auch die Integration

---

4 Siehe vor allem „Über soziale Arbeitsteilung" (Durkheim 1988).

von Arbeit und Leben gefährden können, z.B. dann wenn Frauen sich nicht mehr in die ihnen strukturell zugewiesenen Funktionen fügen.

Folgen wachsender sozialer Arbeitsteilung sind auch das Kernthema von *Georg Simmels* Kulturkritik.[5] Sein Problem ist dabei jedoch nicht (wie bei Durkheim) die Gesellschaft – ihn interessiert das *Individuum*, das sich auf die fortschreitende soziale Differenzierung einstellen muß. Arbeit und Leben ist auch hier nicht explizit, aber sehr wohl implizit ein Thema: denn es geht genau um die Vermittlung der immer komplizierteren Lebenssphären der Person. Simmels Zeitdiagnose sieht die Gefahr des Identitätsverlustes der Person durch die Multiplizierung der sozialen Kreise. Die Person muß als Reaktion darauf zunehmend eine *individuelle Kultur* ausbilden. Simmels These transportiert dabei unübersehbar den Geist des bürgerlichen Salons: individuelle Kulturpflege und Lebensstil als Antwort auf die Gefahren der arbeitsteiligen Moderne (was dann auch den Frauen, zumindest den gebildeten, zugestanden wird). Er betrachtet dabei jedoch allein die kulturelle Dimension des Lebens; welche praktischen Probleme auseinanderstrebende Sphären im Alltag bereiten und was sein Thema vielleicht mit der Arbeitswelt zu tun hat, bleibt dunkel.

Sehr ähnlich wird in der aktuellen *Lebensstilforschung* argumentiert, die sich ja nicht selten explizit auf Simmel bezieht (vgl. Müller 1989, 1992; Müller/Weihrich 1990). Empirisch anschaulich und ohne vorschnell auf eine Dichotomie von „Arbeit und Freizeit" zu rekurrieren, wird nach gemeinsamen Qualitäten der Tätigkeiten in den verschiedenen Lebenssphären gefragt. *Bourdieus* Habituskonzept zielt z.B. auf lagespezifische Denk-, Geschmacks- und Verhaltensformen, die in Produktion wie Konsumtion wirksam sind.[6] Auch hier interessiert nicht die Pragmatik des Alltags und nur noch am Rande, wenn überhaupt, die Arbeit. Es geht vor allem um die *Distinktionsfunktion* einer ästhetisch expressiven *Stilisierung des Lebens*, besonders markant in Bourdieus These eines kulturell basierten Klassenkampfs. – Auch die Zeitdiagnose erinnert deutlich an Simmel: Die Stile nehmen zu und werden (bei abnehmender Bedeutung der Arbeit) individualisiert. Sie grenzen sich stärker voneinander ab (bis hin zum Kampf der Stile) und das Leben wird zunehmend vom Zwang zur Selbstinszenierung mit dem Ziel eines alltagsästhetisch „schönen Lebens" (Schulze 1992) geprägt, die das für Industriegesellschaften bislang zentrale Verhältnis von „Arbeit und Leben" immer stärker überlagert.

Die arbeitsgesellschaftliche Dichotomie von Arbeit und Leben ist dagegen nach wie vor ungebrochen Thema der traditionellen *Freizeitsoziologie* (vgl. z.B.

---

5 Siehe vor allem die „Sociale Differenzierung" (Simmel 1890) und die „Philosophie des Geldes" (Simmel 1989).

6 Siehe z.B. die „Feinen Unterschiede" (Bourdieu 1982: insbes. 277ff); vgl. ausführlich zu Bourdieu Müller (1992: 238ff); s. auch Voß (1991: Kap. 2.4.2).

Tokarski/Schmitz-Scherzer 1985; Vester 1988). Mehr oder weniger explizit als Gegenmodell zu Marx, ist hier die außerberufliche Sphäre der als wesentlich erachtete Gegenstand, wobei man aber notorisch Probleme hat, ihn eigenständig zu bestimmen. Letztlich gelingt es nur *negativ*: als Sphäre, die von Arbeit oder Zwängen frei ist, eben Frei-Zeit. Zum Verhältnis von Arbeit und Leben werden immer wieder folgende drei Thesen gehandelt: Freizeit als Fortsetzung der Arbeit, Freizeit als expliziter Kontrast oder Freizeit als Sphäre einer vagen eigenen Logik. – Zeitdiagnostisch wird die wachsende Nicht-Arbeits-Zeit registriert und zunehmend zur These einer vermeintlich anbrechenden *Freizeitgesellschaft* überhöht (vgl. Opaschowski 1988, 1992; Vester 1988). Man sieht einen Trend zur aktiven Freizeit, die verstärkt zum Zentrum des Lebens wird, aber in einen sinnentleerten Hyperaktivismus umzukippen droht. Einige Außenseiter bestreiten den Zuwachs an freier Zeit und heben wachsende Verpflichtungen und Arbeiten auch in der Freizeit hervor, die zu einer „Zeitnot" bei großen Gruppen führe (vgl. v.a. Müller-Wichmann 1984; Rinderspacher 1985, 1992).

Jürgen Habermas schließlich hält einen Zugang zum Thema Arbeit und Leben bereit, der systematisch quer zur Frage nach dem Verhältnis zweier Sozialsphären liegt. Wenn er von *Arbeit und Interaktion* (Habermas 1968) und später dann von *System und Lebenswelt* (Habermas 1981) spricht, meint er konkurrierende Handlungsrationalitäten bzw. Soziallogiken und damit erst einmal nicht verschiedene Sozialbereiche. Trotzdem kommt er unserem Thema sehr nahe, denn die instrumentelle Systemlogik hat durchaus einen primären sozialen Ort, nämlich die kapitalistische Arbeitswelt (sowie die staatliche Administration), und die lebensweltliche Logik hat eine residuale Heimat oder eine (noch nicht zerstörte) sozio-ökologische Nische, ein gesellschaftliches Refugium, in erwerbsarbeitsfernen Sphären, nicht zuletzt im privaten Leben. – Habermas' Zeitdiagnose unterstellt, daß die sich mit der Aufklärung ausbreitende Rationalisierung primär als verengte *Zweckrationalität* durchgesetzt hat und in Form gesellschaftlich herrschender „Systeme", von Wirtschaft und Politik, verdinglicht wurde. Auf Ebene der lebensweltlichen und kommunikativen Grundlagen von Gesellschaft konnte sich nicht in gleichem Maße eine komplementäre Rationalisierung entfalten. Im Gegenteil, zunehmend wird sie von der ihr fremden Systemrationalität *kolonisiert*. Diesem Kulturpessimismus in konsequenter Frankfurter Tradition steht allein die vage Hoffnung auf sub-kulturelle Bewegungen entgegen. Diese sollen, mit offensiv lebensweltlicher Rationalität, den dominanten Systemen Paroli bieten, das vereinseitigte Projekt der Aufklärung korrigieren und endlich vollenden. So gesehen ist übrigens die Parallele zu Marx erstaunlich: beide unterstellen, daß das „Leben" als Basis von Gesellschaft (bei Marx die materielle Reproduktion der Arbeiterschaft, bei Habermas die lebensweltlich kommunikativen Grundlagen des Zusammenlebens) tendenziell ausgezehrt und gefährdet wird. Sieht Marx eine fortschreitende existenzielle Verelendung, so erwartet Habermas in gewisser Weise eine kulturelle Verelendung. Und beide hoffen auf den Widerstand des „Lebens": Marx auf die in der Reproduktion gefährdete Lohnarbeiterschaft, Habermas auf soziale Gruppierungen, die nicht voll der Zweckrationalität unterworfen sind und von daher noch die lebensweltliche Logik vertreten können.

Hier ist nicht der Platz, diese Modelle umfassend zu vergleichen. Festgehalten werden soll nur soviel: die Modelle bieten sowohl unterschiedliche theoretisch-konzeptionelle wie auch unterschiedliche zeitdiagnostische Interpretationen des Verhältnisses von Arbeit und Leben, wobei sie jedoch durchwegs spezifischen Einseitigkeiten und Verengungen erliegen:

Konzeptionell wird z.b. von Marx aufwendig die Logik des Erwerbs thematisiert, dafür bleibt die Logik der Reproduktionssphäre unverstanden. Demgegenüber hat die Freizeitsoziologie die Nicht-Erwerbsarbeit systematisch im Auge, neigt aber dazu, sie überzubewerten und den Bezug zur formellen Arbeit zu trivialisieren. Beide lassen sich von der sozialstrukturellen Ausdifferenzierung der Arbeitssphäre gegenüber anderen Bereichen zu einer blickverengenden Dichotomie verführen, die das Verständnis des komplexen Verhältnisses von Arbeit und Leben, insbesondere wie es sich für die Personen darstellt, erschwert. – Oder es wird konzeptionell primär nach einer objektiven sozialen Logik gefragt, die die soziale Arbeitsteilung verändert (so vor allem Marx und Durkheim). Dabei vernachlässigt man aber systematisch die Bedeutung, die den Subjekten bei solchen Prozessen zukommen kann. Wird andererseits genau dort angesetzt (etwa bei Simmel), so entsteht tendenziell eine Hypostasierung personaler Autonomien. Dabei werden zudem primär ideelle oder konsumptive Aspekte thematisiert und nach einer möglichen Eigenlogik des Gesellschaftsprozesses eigentlich nicht mehr gefragt.

Analoge Einseitigkeiten zeigen die *Zeitdiagnosen* zum Wandel von Arbeit und Leben. Sie beschränken sich letztlich immer wieder auf relativ einfache Alternativthesen, etwa in der Art: „Wachsende Freizeitgesellschaft verdrängt die Arbeit" vs. „Immer noch herrschende Arbeitsgesellschaft gefährdet mehr denn je die Basis des Lebens". Oder das klassische modernisierungstheoretische Postulat einer irreversibel fortschreitenden Entkopplung von Sozialsphären, dem die eher postmoderne Vermutung einer tendenziellen Rücknahme von Differenzierung und eine potentiell wieder stärkere Vermischung von „Arbeit und Leben" gegenübersteht. Oder man hat die Wahl zwischen der These einer verstärkten Individualisierung und Autonomie der Subjekte in der Privatsphäre wie im Beruf und der These einer wachsenden Unterwerfung der Personen unter eine sich weiter entfaltende Vergesellschaftungslogik.

Im nächsten Teil soll nun mit dem Konzept der Alltäglichen Lebensführung eine alternative Perspektive vorgestellt werden; eine Perspektive, die dann auch in der Zeitdiagnose andere Aspekte betont (vgl. ausführlich Voß 1991).

2. Alltägliche Lebensführung[7]

Mit der Kategorie „Lebensführung" wird ein Zentralbegriff Max Webers aufgegriffen und für ein differenzierteres Verständnis des Verhältnisses von Arbeit und Leben nutzbar gemacht:[8] In Absetzung von Konzepten, die primär auf die Sinnebene des Alltags abheben (etwa der Alltagsbegriff oder der Lebensweltansatz der Phänomenologie) und auch kontrastierend zu Weberinterpretationen, die Lebensführung vorwiegend in Bezug auf ihre religiös ethische Fundierung thematisieren, wird dabei Lebensführung vor allem als *Praxis*, als Zusammenhang der alltäglichen Tätigkeiten gesehen. Dabei interessiert nicht die konkrete Fülle der Aktivitäten, sondern der *Systemcharakter* der Alltagspraxis. Die *Grundstruktur* dieses Systems ist die Verteilung von Tätigkeiten auf die verschiedenen sozialen Bezugsbereiche einer Person. Träger dessen ist die *Person*. Auch wenn das System Lebensführung durch soziale Bedingungen hochgradig geprägt wird, ist es Egebnis einer aktiven *Konstruktionsleistung* der Person. Seine *Funktion* ist die praktische Koordination der Alltagsaktivitäten. Einzelhandlungen bekommen so eine höhere Effizienz und erweiterte Freiheitsgrade. Lebensführung ist die Art und Weise, wie man sich aktiv mit gesellschaftlichen Sphären arrangiert und wie man dies zu einem funktionierenden Ganzen verbindet: sie ist das individuelle Arrangement der sozialen Arrangements einer Person. Obwohl ein Produkt der Person, ist sie jedoch nur begrenzt Ergebnis ihres Willens. Eine Lebensführung bekommt, ist sie einmal arrangiert, eine Eigenständigkeit gegenüber der Person und folgt einer funktionalen und strukturellen *Eigenlogik*. In dieser Form erfüllt Lebensführung wichtige Funktionen in der *Vermittlung von Person und Gesellschaft*. Sie ist weder mit der Person identisch, noch ist sie ein soziales System – sie ist etwas drittes zwischen beidem: ein Medium eigener Qualität, über das sich der Bezug der Person auf die für sie relevanten Sphären der Gesellschaft vermittelt, und zugleich Medium dafür, wie gesellschaftliche Einflüsse auf die Person einwirken.

Welche konzeptionellen Vorteile bietet nun ein solcher Ansatz für die Analyse des Verhältnisses von Arbeit und Leben? Zum ersten können mit einer solchen konsequent am Subjekt ansetzenden Perspektive Einseitigkeiten vermieden werden, die dann entstehen, wenn man von einem sozialen Bereich, z.B. der beruflichen Arbeit, ausgeht und von dort aus andere Sphären des Lebens betrachtet. Die verschiedenen Lebensbereiche werden nicht mehr gegeneinander ausgespielt, sondern jeder für sich in seiner spezifischen Bedeutung für die Le-

---

7 Dieser Abschnitt ist gegenüber dem Original stark gekürzt.

8 Weber verwendet die Kategorie der Lebensführung vor allem in seinen Arbeiten zur Wirtschaftsethik der Weltreligionen; insbes. zur „Protestantischen Ethik" (vgl. v.a. Weber 1979); ausführlich hierzu Schluchter (1988).

bensführung thematisiert. Insbesondere wird eine vorschnelle Dichotomisierung vermieden und statt dessen die verschiedenartige *Kombination* von Tätigkeitsbereichen bei unterschiedlichen Personen rekonstruiert. Zum zweiten wird deutlich, daß und wie die sozialstrukturell getrennten Sphären von Arbeit und Leben von den Personen praktisch *vermittelt* werden. Die sozialstrukturelle Vorgabe ist kein totes Gerüst, in dem sich die Menschen passiv bewegen, sondern sie wird von den Personen praktisch angeeignet und aktiv gestaltet. Die Personen heben sozusagen die Trennung von Arbeit und Leben für sich auf, indem sie beides in ihrem *einen* Leben integrieren. Und drittens schließlich wird erkennbar, daß die Personen mit ihrer Lebensführung den sozialen Bereichen, auf die sie verwiesen sind, eine *eigene Systembildung* entgegensetzen; eine Systembildung, die formale Analogie zu den sozialen Systemen aufweist: ein funktional differenziertes Handlungssystem, das Anforderungen verarbeitet und Autonomien sichert.

3. Das Verhältnis von Arbeit und Leben im Umbruch?

Das Konzept der Alltäglichen Lebensführung setzt nicht nur konzeptionell, sondern auch bei der Frage nach dem *historischen Wandel* im Verhältnis von Arbeit und Leben andere Akzente. An einer zentralen These soll dies gezeigt werden.

Auch für die zeitdiagnostischen Interessen des Teilprojekts erweist sich der Ansatz Webers als fruchtbare Heuristik. Angeregt durch Webers Analysen des okzidentalen Rationalismus (vgl. Schluchter 1979) und ermuntert durch das empirische Material vermutet das Projekt eine sich fortsetzende und dabei forcierende Tendenz zur bewußten Gestaltung, ja sogar zur *zweck-rationalen Organisation* von Lebensführung. Wachsende soziale Anforderungen führen, so vermuten wir, zunehmend dazu, daß das Leben praktisch von den Betroffenen in die eigene Hand genommen und dabei zunehmend reflexiv kontrolliert werden muß. Dies kann auf einer ersten Stufe die forcierte Rationalisierung von immer mehr Elementen und Praktiken der Lebensführung sein. Zunehmend kann dies aber auch eine bewußt praktizierte Rationalisierung der Lebensführung insgesamt bedeuten, also des systematischen Gesamtzusammenhangs der Alltagstätigkeiten selber.

Die von Weber zu Beginn des Jahrhunderts an einer Elite (dem calvinistischen Unternehmertum) beobachtete *methodische Lebensführung* kommt, so haben wir den Eindruck, erst gegenwärtig bei größeren gesellschaftlichen Gruppen an. Die Lebensführung als solche oder auch nur einzelne wichtige Bereiche werden dabei (in sehr unterschiedlicher Form) zunehmend einem effizienzorientierten, insbesondere einem zeitökonomischen Kalkül unterworfen, was dann meist mit einer forcierten und erstaunlich selbstverständlich betriebenen Technisierung des Alltags einhergeht. Die aktuelle Konjunktur von Zeitplanhilfen und Kommunikationstechnologien im Alltag ist hierfür nur ein besonders markantes Indiz. Während die Lebensstilforschung von einer zunehmend notwendigen expressiven Stilisierung des Alltags mit dem Ziel eines „schönen Lebens" (Schulze 1992) ausgeht, sagen wir, daß Lebensführung zunehmend zu einer besonderen Form von *Arbeit* wird, deren Ziel die Herstellung eines im pragmatischen Sinne „guten Lebens" ist; ein Leben, daß im prosaischen Alltag problemlos und wenig belastend funktioniert, die Nutzung gegebener Ressourcen optimiert sowie soziale Zwänge und Anforderungen geschickt pariert.

Und mit dieser These öffnet sich eine überraschende Perspektive: Personen tun nämlich zunehmend im Alltag nichts anderes, wie jemand, der versucht mit zweckrationalen Methoden einen Betrieb zu organisieren; *Lebensführung* und *Betriebsführung* weisen immer mehr Ähnlichkeiten auf. Und je turbulenter die Umweltanforderungen werden, um so mehr müssen beide funktional ausdifferenziert, effizient organisiert, technisiert und nach außen autonomisiert werden.

Weber (der ähnliches erwartete) meinte explizit, daß damit Lebensführung zunehmend zu einem „Geschäftsbetrieb" würde. Dem soll energisch widersprochen werden. Lebensführung hat zwar möglicherweise zunehmend *formal* Ähnlichkeiten mit Wirtschaftsbetrieben, aber *material*, d.h. in den konkreten Zielen und Verfahren, geht es um völlig andere Dinge. Ziel ist insbesondere nicht eine durch Arbeitsprozesse herzustellende tauschorientierte Verwertung von marktmäßig erworbenem konstanten und variablen Kapital und einer wieder marktförmigen Realisierung der produzierten Werte – Ziel ist vielmehr die unmittelbar gebrauchswertorientierte Nutzung verschiedenartigster, aus unterschiedlichen Sphären sozialer Logik stammender Alltagsressourcen und die Verarbeitung dort entspringender Anforderungen, um höchst unterschiedliche Bedürfnisse im Rahmen eines pragmatisch ausreichend funktionierenden Alltags zu befriedigen und ein subjektiv zu definierendes „Auskommen" zu erlangen. Mehr noch: mit systemtheoretischem Blick ist völlig evident, daß Lebensführung, will sie erfolgreich zunehmend komplexer werdende Anforderungen aus ihrer sozialen Umwelt, etwa aus der betrieblichen Arbeit, bewältigen, immer weniger eine schlichte Anpassung an deren Logik betreiben darf und immer mehr eigene inhaltliche Parameter und Rationalitäten entwickeln muß; sie darf weniger denn je einem Geschäftsbetrieb entsprechen.

Außerdem: Für Weber war die Erwerbsarbeit als „Beruf" Kern und Prüfstein der vor allem von der „protestantischen Ethik" geforderten methodischen Lebensführung, und asketischer Genußverzicht war dazu eine wichtige Voraussetzung. Nicht zuletzt die Wertewandelforschung belegt jedoch eine säkular abnehmende normative Bedeutung des Erwerbs im Alltagsleben großer Gruppen und eine wachsende Orientierung der Berufstätigen auch am Lebensgenuß. Gleichwohl geht das Projekt davon aus, daß Lebensführung mehr denn je, ähnlich wie es Weber in der methodischen Lebensführung sah, rational organisiert wird. Anscheinend führt dies jedoch heute nicht mehr zu jener asketisch abgesicherten Prädominanz des Erwerbsberufs im Leben, wie sie Weber postulierte. Verstärkt werden stattdessen, so unsere Vermutung, relativ gleichberechtigt verschiedenste Bereiche der Lebensführung und schließlich sogar die Lebensführung als jetzt wirklich *ganzes* (also nicht mehr vollständig auf den Erwerb ausgerichtet, wie beim klassischen Ideal einer Lebensführung im Sinne der protestantischen Ethik) Ziel und Ebene der Rationalisierung des Alltags. Man könnte sagen: Das Leben selber wird zunehmend – in einer Art säkularisierten Selbst-Berufung – zum *Beruf*; zu einem Beruf, der nicht mehr nur, wie bisher, auf den Bereich des Erwerbs reduziert wird (vgl. Voß 1990).

Auch Marx und Habermas thematisieren bekanntlich (wie Weber) historisch gesellschaftliche Rationalisierungsprozesse; beide mit höchst skeptischen Bewertungen der sozialen Folgen: Marx sieht in der Entwicklung der Produktivkräfte und der kapitalistischen Verwertungslogik einen fortschreitenden Rationalisierungsprozeß, mit der Folge einer wachsenden materiellen Gefährdung des Lebens. Habermas sieht eine Rationalisierung im Zuge der instrumentalistisch vereinseitigten Aufklärung, mit der Folge einer Tendenz zur *kulturellen* Gefährdung des Lebens. Beide sehen damit eine Rationalisierung in Bereichen, die dem Leben kontrastiv gegenüberstehen und es von dort strukturell bedrohen.

Daß die fortschreitende Rationalisierung in Arbeitswelt und Bürokratie steigende Anforderungen für die Lebensführung bedeutet, ist nicht zu bestreiten. Anders jedoch als Marx oder Habermas geht das Konzept Lebensführung davon aus, daß die Menschen darauf mit eigenen und eigen-artigen Rationalisierungsbemühungen antworten. Rationalisierungstendenzen im Alltag sind für uns nicht primär ein spill-over der ökonomischen oder administrativen Logik in das Leben (obwohl es das natürlich gibt und keineswegs vernachlässigt werden soll). Den Menschen fällt aber auch selber etwas ein; sie verlängern nicht einfach ungebrochen die Logik der erlebten Arbeitswelt in ihr Leben, auch wenn sie sich dort vielleicht manches abschauen.

Und auch dieser Gedanke ist im Grunde noch an Weber anzulehnen: Die Gesellschaftsentwicklung folgt nicht nur *einer* Logik (etwa der der kapitalistischen Ökonomie oder der der Erwerbsarbeit), sondern die Menschen praktizieren komplementär zur sozialstrukturellen Logik (die von solchen Momneten stark bestimmt sein mag) eine eigene Logik. Beide Logiken greifen ineinander, letztlich bedingen sie sich wechselseitig und können sogar erstaunlich ähnlich sein, aber sie sind nicht identisch; sie sind (mit Weber gesprochen) bestenfalls „Wahlverwandschaften". Die Rationalisierungsthese des Projekts unterstellt damit also genau genommen einen Doppelprozeß: eine komplex vermittelte *Ko-*

evolution zweier Rationalisierungsprozesse, auf Ebene der Gesellschaft (und ihren Subsystemen) und im Bereich der Formen individueller Alltagspraxis.

Nicht nur Marx oder aktuell Habermas, auch Weber hatte (was die Soziologie erst wieder entdecken mußte) große Sorge bezüglich der Folgen des gesellschaftlichen Rationalisierungsprozesses. Das zeigen vor allem seine Andeutungen zum „stahlharten Gehäuse der Hörigkeit", in das nicht nur Ökonomie und Bürokratie, sondern auch eine sich verselbständigende und ihre ethische Basis abstreifende methodische Lebensführung hineinlaufe.[9] Und Webers vielfältige (wenn auch nur sehr verdeckt entwickelte) Verweise auf systematische *Paradoxien* und *Gefahren* des okzidentalen Rationalismus stellen auch unsere von ihm entlehnte Diagnose in ein dialektisches Zwielicht:

Nicht zuletzt unser empirisches Material zeigt, daß eine rationalisierte Lebensführung nicht zu einem ungebrochenen Fortschritt an Lebensqualität führt. Zwar können durch rationale Gestaltung des Alltags Gewinne an Autonomie und effizienter Nutzung von lebenspraktisch relevanten Ressourcen (insbesondere der knappen Lebenszeit) entstehen. Der Vergleich mit traditionalen Formen von Lebensführung zeigt jedoch, daß Rationalisierung nicht nur im Bereich von Mythos und Wissenschaft (wie Weber betonte) sondern auch im Alltag letztlich *Entzauberung* bedeutet. Eine Entzauberung, die dem Alltagsleben z.B. die „unschuldige" Gewißheit raubt, zu wissen, was ein „gutes Leben" ist, wie man es betreibt und wie man sich sozial arrangiert. Mit ihr ziehen Versachlichung, Ökonomie und Technisierung und damit Zeitnot und Effizienzdruck in das Leben ein. Es wachsen nicht nur die Möglichkeiten, sondern komplementär auch die Ansprüche, die Enttäuschungen und schließlich die Risiken.

Unser Material zeigt nicht selten, daß eine rationalisierte Lebensführung tendenziell zur *Überforderung* führt. Eine Überforderung jedoch, die (anders als es Marx oder Habermas sehen würden) von den Betroffenen tendenziell selber gemacht wird; was nicht heißt, daß sie einfach darauf verzichten könnten. Die immer komplexeren und schwierigeren Umstände ihres Lebens nötigen sie, den Alltag aktiv zu organisieren und dazu unter Rationalisierungsdruck zu setzen; *Selbstüberforderung* als Reaktion auf steigende soziale Anforderungen. – Das ist für uns die Kehrseite dessen, was oft so euphorisch „Individualisierung" genannt wird. Und wenn Ulrich Beck von einer mit der sich entfaltenden Moderne hausgemachten „Risikogesellschaft" spricht (1986), dann fragen wir nach wachsenden Risiken im *Alltag der Menschen*, in ihrer alltäglichen Lebensführung. Wir fragen nach Risiken, die die Menschen, im Zuge einer für sie unausweichlichen technisch-rationalen Modernisierung ihres Alltags, selber produzieren und sich selber zumuten.

---

9 Vgl. z.B. Weber (1979: 188); s. zu Webers Sorge bezüglich der „Paradoxien" des Rationalisierungsprozesses Peukert (1989) und Schluchter (1976, 1979).

Mit solchen Überlegungen erscheinen schließlich die oben angedeuteten zeitdiagnostischen Alternativthesen zum Verhältnis von Arbeit und Leben in einem anderen Licht: Man kann versuchen, sie zu verbinden. Es geht dann nicht mehr um die Alternative, ob die Arbeit wichtiger wird oder die Freizeit, ob sich Arbeit und Leben weiter entkoppeln oder wieder vermischen oder ob die Autonomie der Subjekte in Arbeit und Freizeit wächst oder mehr denn je einer gesellschaftlichen Logik unterliegt. Wir vermuten, daß eine verstärkte Rationalisierung von Lebensführung zu einer qualitativ neuen Stufe des Verhältnisses von Arbeit und Leben führt, in Folge dessen sich diese Fragen anders stellen – die Menschen fügen sich nicht mehr passiv in das strukturell vorgegebene Verhältnis, sondern versuchen, es aktiv zu gestalten.

Dabei kann es dann zum ersten durchaus sein (wie zu Recht immer wieder herausgestellt wird), daß die unmittelbare Bedeutung der Arbeit tendenziell relativiert wird; und zwar nicht nur weil der quantitative, d.h. der zeitliche Anteil der Erwerbsarbeit am Leben strukturell sinkt (so das Standardargument), sondern auch (wie aus der Sicht des Projekts betont werden soll) weil die Personen auf berufliche Anforderungen verstärkt mit eigenen selbstbewußten Alltagsstrategien im Rahmen ihrer Lebensführung reagieren und dadurch aktiv, von sich aus, relativieren – Das schließt aber auf der anderen Seite überhaupt nicht aus, daß die Arbeit trotzdem zugleich, z.B. in Folge einer massiven Verdichtung von Anforderungen, indirekt immer wichtiger wird und das Leben zunehmend qualitativ bis in die letzte Pore durchdringt.

Zum zweiten kann es durchaus sein, daß Arbeit und Leben durch veränderte Formen der zeitlichen und technischen Arbeitsorganisation, aber auch in Folge geschickter Alltagsorganisation der Betroffenen zeitlich oder räumlich wieder stärker vermischt werden – Auf der anderen Seite können Arbeit und Leben dabei aber zugleich (vielleicht sogar mehr denn je) sachlich und sozial höchst unterschiedliche Sphären bleiben. Auch die zeitlich flexibel primär zuhause betriebene Arbeit eines qualifizierten neuen Heimarbeiters z.B. hat nach wie vor ihre eigene inhaltliche und letztlich auch eigene soziale Logik und fällt keineswegs vollständig mit dem Rest des Lebens zusammen.

Und drittens schließlich kann es sein, daß eine rationalisierte Lebensführung zwar Gewinne an Autonomie gegenüber gesellschaftlichen Anforderungen mit sich bringt und den Subjekten z.B. erweiterte Chancen für die Gestaltung ihrer Arbeitsverhältnisse bietet. – Zugleich können genau dadurch aber auch wieder neuartige soziale Abhängigkeiten entstehen; etwa indem man verstärkt auf soziale Ressourcen angewiesen ist (z.B. soziale „Beziehungen" und Netzwerke), für deren Sicherung man aktiv Arrangements treffen und alltagspraktische Kompromisse eingehen muß.

Die Trennung von Arbeit und Leben löst sich mit solchen Prozessen nicht auf, sie wird aber doch grundlegend verändert: sie bekommt, so vermuten wir, tendenziell eine neue Qualität. Und vermutlich ist all dies nichts anderes als eine neue Stufe der Vergesellschaftung des Alltagslebens, deren Logik aber bisher nur unzureichend begriffen wird.

Literatur

Bourdieu, P. (1982): Die feinen Unterschiede. Kritik der gesellschaftlichen Urteilskraft. Frankfurt a.M.
Beck, U. (1986): Risikogesellschaft. Frankfurt a.M.
Durkheim, E. (1988): Über soziale Arbeitsteilung (2. Auflg.). Frankfurt a. M.
Habermas, J. (1968): Arbeit und Interaktion. In: ders.: Technik und Wissenschaft als Ideologie. Frankfurt a.M.
Habermas, J. (1981): Theorie des kommunikativen Handelns. Frankfurt a.M.
MEW Marx, K./Engels, F. (1956): Werke (hg. vom ZK der SED; ab 1956 fortlaufend). Berlin (Ost)
Marx, K. (1939): Grundrisse der Kritik der politischen Ökonomie (fotomech. Wiedergabe der Ausgabe Moskau 1939-40; zuerst 1857-58). Frankfurt a.M.
Müller, H.P. (1989): Lebensstile. Ein neues Paradigma der Differenzierungs- und Ungleichheitsforschung? In: KZfSS, 41, S. 53-71
Müller, H.P. (1992): Sozialstruktur und Lebensstile. Der neuere theoretische Diskurs über soziale Ungleichheit. Frankfurt a.M.
Müller, H.P./Weihrich, M. (1990): Lebensweise – Lebensführung - Lebensstile. Eine kommentierte Bibliographie. Neubiberg (Univ. d. Bundeswehr).
Müller-Wichmann, Ch. (1984): Zeitnot. Untersuchung zum „Freizeitproblem" und seiner pädagogischen Unzugänglichkeit. Weinheim, Basel
Opaschowski, H.W. (1988): Psychologie und Soziologie der Freizeit. Opladen
Opaschowski, H.W. (1992): Freizeit 2001. Hamburg (B.A.T. Freizeitforschungsinstitut).
Peukert, D.J.K. (1984): Max Webers Diagnose der Moderne. Göttingen
Rinderspacher, J. (1985): Gesellschaft ohne Zeit. Frankfurt a.M./New York
Rinderspacher, J. (1992): Die Kultur der knappen Zeit – Über Chancen und Grenzen individueller Zeitgestaltung. In: Voß, G.G. (Hrsg.): Die Zeiten ändern sich – Alltägliche Lebensführung im Umbruch (Sonderheft II der Mitteilungen des SFB 333). München
Schluchter, W. (1976): Die Paradoxie der Rationalisierung. In: Zeitschrift für Soziologie 5 (256-84)
Schluchter, W. (1979): Die Entwicklung des okzidentalen Rationalismus Tübingen
Schluchter, W. (1988): Religion und Lebensführung (2 Bde.). Frankfurt a.M.
Schulze, G. (1992): Die Erlebnisgesellschaft. Kultursoziologie der Gegenwart. Frankfurt a.M./New York
Simmel, G. (1890): Über sociale Differenzierung – Sociologische und psychologische Untersuchungen. Leipzig
Simmel, G. (1984): Philosophie des Geldes. Frankfurt a.M. (zuerst 1907)

Tokarski, W./Schmitz-Scherzer, R. (1985): Freizeit. Stuttgart
Weber, M. (1979): Die protestantische Ethik. Eine Aufsatzsammlung (hg. von J. Winkelmann) (5. Auflg.). Gütersloh
Voß, G.G. (1990): Wertewandel. Eine Modernisierung der protestantischen Ethik?. In: Zeitschrift für Personalforschung, 5. Jg., Heft 3
Voß, G.G. (1991): Lebensführung als Arbeit. Über die Autonomie der Person im Alltag der Gesellschaft. Stuttgart
Voß, G.G. (1992): Lebensführung im Umbruch – Eine Herausforderung für die Personalführung. In: Hamburger Jahrbuch für Wirtschafts- und Gesellschaftspolitik, 37. Jg., Tübingen (Abbdruck in diesem Band)
Vester, H.G. (1988): Zeitalter der Freizeit. Eine soziologische Bestandsaufnahme. Darmstadt

Werner Kudera

Lebensführung als individuelle Aufgabe

Zusammenfassung

Unter den Bedingungen der Moderne können und müssen die Menschen aufgrund der ihnen zugeschriebenen ökonomischen und politischen Unabhängigkeit und der komplementären Freisetzung aus ehemals verbindlichen Traditionen die Gestaltung ihres Lebens selbstverantwortlich in die eigene Hand nehmen. Aus dieser Notwendigkeit entstehen individuelle Ordnungen des Alltagslebens, die als Arrangements alltäglicher Lebensführung konzeptualisiert wurden. Auf der Grundlage dieses Konzepts werden Chancen und Anforderungen an eine moderne Lebensführung vor dem Hintergund aktueller, gesellschaftlicher Entwicklungen dargestellt.

Mit Beginn der achtziger Jahre, einer Zeit in der Geschichte der Bundesrepublik, in der die Vereinigung der damals noch existierenden zwei deutschen Staaten als frommer Wunsch erschien, rückte in der Bundesrepublik eine Reihe von Entwicklungen in den Bereichen der Erwerbsarbeit, der kulturellen Werte und Orientierungen sowie der privaten Lebensformen ins Blickfeld, die erhebliche Auswirkungen auf die individuelle Lebensplanung und Gestaltung des Alltagslebens erwarten ließen.

1. Gesellschaftliche Entwicklungstendenzen, die die alltägliche Lebensführung zu einer individuellen Aufgabe werden lassen

Ein steigendes Bildungsniveau, die zunehmende Beteiligung von Frauen am Erwerbsleben, sinkende bzw. auf niedrigem Niveau stagnierende Kinderzahlen pro Familie und der Rückgang des Typs der „Normalfamilie" (Alleinverdienender Vater, Ehefrau als Mutter und Hausfrau, zwei Kinder) sowie die gleichzeitige Zunahme von Singles, Alleinerziehenden und partnerschaftlichen Lebensformen verwiesen auf veränderte Lebenspläne und Lebensorientierungen (vgl. Geißler 1992).

In Verbindung mit dem Vordringen von Selbstverwirklichung und gleichberechtigter Partnerschaft als biographisches Programm und Ordnungsprinzip des Alltagslebens wurden insbesondere von Frauen in steigendem Maße traditionelle Muster geschlechtsspezifischer Arbeitsteilung aufgekündigt, die ihnen bei ökonomischer Unselbständigkeit schwergewichtig die Aufgaben der Haushaltsführung, Beziehungspflege und Kinderbetreuung aufbürdeten (vgl. Bolte 1989).

Prozesse der Freisetzung aus traditionellen Bindungen und Zugehörigkeiten zu gesellschaftlichen Gruppen, Ständen und Klassen lösten immer stärker kulturelle Selbstverständlichkeiten auf, die bisher Lebenslauf und Alltagsleben regulierten (vgl. Beck 1983).

Eine zunehmende Differenzierung der Arbeitsverhältnisse, die Flexibilisierung von Arbeitszeiten und die Einführung neuer Konzepte für betriebliche Organisation und Produktion brachten einen Schwund von bis dahin stabilen Richtgrößen sowohl für berufliche Planung und Berufsbiographie als auch für die Organisation des alltäglichen Lebens mit sich (vgl. Jurczyk/Kudera 1991).

Die angesprochenen und weitere Entwicklungen haben gemeinsam, daß sie den Individuen – Männern und Frauen – erheblich vermehrte und z.T. neuartige Entscheidungsaufgaben zuordnen. Sie stellen einerseits neue Chancen dar, nämlich vieles selber bestimmen zu können, andererseits lasten sie den einzelnen eine Fülle von Verantwortlichkeiten für die Gestaltung des eigenen Lebens, für die Organisation partnerschaftlichen bzw. familiären Zusammenlebens sowie für die Abstimmung beruflicher und privater Verpflichtungen und Interessen auf.

Diese angedeuteten Vorgänge haben sich im Zuge der deutschen Vereinigung in Westdeutschland eher verschärft, in Ostdeutschland sind sie Teil jener Probleme geworden, die im Rahmen des sog. Transformationsprozesses von der Bevölkerung in der Planung und Gestaltung ihres künftigen Lebens verarbeitet werden müssen. Damit gewinnt aber die Frage an Bedeutung, wie es die Menschen überhaupt fertigbringen, all das, was Tag für Tag an Anforderungen auf sie einstürmt, auf die Reihe zu bekommen und die entsprechenden Handlungen im Rahmen einer geordneten Lebensführung zu einem funktionierenden und sinnvollen Ganzen zusammenzufügen.

2. Lebensführung als „moderne" Form des Alltagslebens

Bereits Max Weber, einer der bekanntesten deutschen Sozialwissenschaftler, hatte im Rahmen seiner Studien zur Protestantischen Ethik Anfang dieses Jahrhunderts das Thema Lebensführung aufgegriffen und darauf hingewiesen, daß sich unter dem Einfluß calvinistischer Ideen seit dem 16. Jahrhundert das Alltagsleben bestimmter sozialer Gruppen insofern veränderte, als das bis dahin

Lebensführung als individuelle Aufgabe 79

vorherrschende, rein durch Traditionen bestimmte Verhalten von einer auf bestimmte, selbstgesetzte Ziele hin ausgerichteten „methodischen" Lebensführung abgelöst würde. Charakteristisch für diese Art der methodischen Lebensführung ist die Idee, daß jeder Augenblick des Lebens und die individuelle Lebensspanne insgesamt effektiv zu nutzen sei, das Leben also – jenseits aller religiösen Bezüge – ein knappes Gut darstelle, mit dem bedachtsam und haushälterisch umgegangen werden müsse. Zusammen mit dieser dem Individuum aufgetragenen Verantwortlichkeit für sein eigenes Leben zog anstelle von traditionaler oder göttlicher Lenkung eine individuelle Rationalität (d.h. eine dem Individuum für sein Handeln aufgegebene Zweck-Mittel-Abwägung) in das Leben ein, die sowohl die Biographie als auch die Lebensführung zur individuellen Gestaltungsaufgabe macht. Selbstverantwortlichkeit und Zweckrationalität, umreißen in idealtypischer Weise eine Form von Lebensführung, von der Weber angenommen hatte, daß sie sich als *der* Typus der „Moderne" historisch immer mehr durchsetzen würde. Moderne bezeichnet hier eine im 15. Jahrhundert beginnende Phase der Menschheitsgeschichte, in der sich von Europa ausstrahlend Lebensformen entwickelten, die u.a. durch naturwissenschaftlich geprägte Weltvorstellungen, durch das Streben nach Individualität, Rationalität, Weltgestaltung und Gleichheit der Menschenrechte sowie durch wissenschaftlich-technisch fundierte Wirtschafts- und Existenzweisen gekennzeichnet sind.

Selbstverständlich haben die Menschen auch in vormodernen Gesellschaften ihr Leben gelebt und und in irgendeiner Weise selbst gestaltet. Sie waren selbst unter Bedingungen extremer persönlicher Abhängigkeit nie bloß passive Vollzugsorgane vorgegebener Herrschaftsstrukturen und zugehöriger Leitbilder richtigen Lebens. Die Handlungsspielräume der Gestaltung eines eigenen Lebens waren jedoch weitgehend durch eine feudale, ständische oder klassenmäßige Organisation der Gesellschaft und der entsprechenden Definitionen dessen festgelegt, wie die Mitglieder der verschiedenen sozialen Gruppen zu arbeiten und zu leben hätten. Die Einhaltung solcher Normen war strenger sozialer Kontrolle ausgesetzt, die Überschreitung solcher Grenzen mit Sanktionen belegt.

Erst unter den Bedingungen der Moderne können aufgrund *ökonomischer Unabhängigkeit* durch Lohnarbeit und sozialstaatliche Grundsicherung, aufgrund *politischer Unabhängigkeit* durch die Menschen- und Bürgerrechte im Rahmen der Parteiendemokratie sowie aufgrund kultureller *Unabhängigkeit* durch die Freisetzung aus Traditionen und die Pluralisierung von Normen und Werten prinzipiell alle Mitglieder der Gesellschaft ihr Leben nach ihren eigenen, selbstgesetzten Vorstellungen gestalten und im Sinne Webers selbstverantwortlich in die Hand nehmen. Ja mehr noch, sie können es nicht nur, sie müssen es auch. Diese Verhaltenszumutung jedenfalls ist der Kern dessen, wenn von Individualisierung gesprochen wird. Individualisierung bedeutet freilich nicht nur Selbstverantwortung und Selbstverpflichtung für das eigene Leben. Sie bedeutet auch gleichzeitig, daß statt äußerer Kontrolle durch gesellschaftliche Institutionen, die über die Einhaltung der vorgegeben Muster richtigen Lebens wachen, von den Individuen nunmehr Selbstkontrolle und Selbstdisziplin verlangt wird. *Selbstverantwortung* und *Selbstdisziplin* werden so *die* Tugenden, die in der Moderne die individuelle Lebensführung steuern.

In welchem Maße Webers historische Annahme der Durchsetzung einer individualisierten und zweckrational organisierten Lebensführung zutrifft, ist seit einiger Zeit Gegenstand aktueller soziologischer Untersuchungen, auf deren Befunde sich die folgende Darstellung im wesentlichen stützt. In diesen Untersuchungen deutet sich an, daß von einem gradlinigen Fortschritt von traditionalen Formen der Lebensführung hin zu modernen Formen nicht gesprochen werden kann. Für die heutige Situation ist eher ein Nebeneinander von traditionellen und modernen Formen charakteristisch.

Ebenso ist aus der mit der Moderne gegebenen prinzipiellen Möglichkeit eines selbstbestimmten Lebens keineswegs zu schließen, daß auch faktisch die materiellen, sozialen und kulturellen Grundlagen und Handlungsspielräume für ein solches Leben für jedermann gleich wären. Hier spielen nach wie Faktoren wie Alter und Geschlechtszugehörigkeit, Bildung und berufliche Qualifikation, selbständige oder abhängige Erwerbsarbeit, aber auch solche wie städtischer oder ländlicher Lebenskontext eine entscheidende Rolle. Und gerade aus den mit solchen Faktoren verbundenen tatsächlichen Unterschieden von Chancen und Grenzen, sein Leben nach eigenen Vorstellungen planen und gestalten zu können, resultieren die unterschiedlichen Formen von Lebensführung, wie sie für die heutige Situation typisch sind.

3. Das Konzept der „Alltäglichen Lebensführung"

3.1 Alltägliche Lebensführung als Arrangement

Mit dem soziologischen Konzept der „Alltäglichen Lebensführung" (vgl. Voß 1991, Kudera 1995) wird die Form von alltäglicher Lebensführung als eine Ordnung definiert, die sich in bestimmten Regelmäßigkeiten des Alltagshandelns ausdrückt, ihm im Fluß der täglichen Anforderungen und Ereignisse Beständigkeit und Verläßlichkeit verleiht und es dadurch auch für andere Personen oder Institutionen berechenbar macht. Dabei ist es zunächst einmal gleichgültig, ob eine solche Ordnung dadurch entsteht, daß unter Rückgriff auf vorgegebene Leitbilder eine bestimmte, auf die individuellen Bedürfnisse zugeschnittene Ordnung Gestalt annimmt und sich allmählich als festes Schema von Entscheidungen und Handlungsabläufen einspielt oder daß ein nach individuellen Vorstellungen bewußt kalkuliertes Lebenskonzept von Anfang an strategisch realisiert wird. Von wesentlicher Bedeutung sind jedoch zwei Faktoren. Zum einen entwickeln sich je nach Lebensphase und Lebensform bestimmte Arrangements des Umgangs mit all jenen Bedingungen und Personen, die im Alltagsleben eine Rolle spielen. Diese Arrangements verfestigen sich im Lauf der Zeit und verleihen der Lebensführung gewissermaßen Züge einer Institution. Zum anderen steuern diese einmal eingespielten Arrangements ihrerseits als Ordnung eigener Art das Alltagsleben auf relativ stabile und dauerhafte Weise und entlasten dadurch nicht nur von dem Zwang, ständig neu entscheiden zu müssen, sondern begründen dadurch auch insofern Verhaltenssicherheit, als das Alltagsleben weitgehend nach eingeübten Routinen abläuft.

3.2 Formen von alltäglicher Lebensführung

Was grundlegende Formen von alltäglicher Lebensführung anlangt, lassen sich folgende Kontrastierungen vornehmen, die idealisierend jeweils einen zentralen Aspekt hervorheben:[1]

So läßt sich unter *historischer Perspektive* eine *traditionale* Lebensführung, die an fraglos geltenden Traditionen ausgerichtet und durch soziale Kontrolle gelenkt ist, von einer *reflexiven* Lebensführung unterscheiden, die auf Selbstdisziplin und individueller, rational kalkulierender Planung und Gestaltung beruht. Das ist der Aspekt der Steuerung und Kontrolle.

Unter *handlungstheoretischer Perspektive* läßt sich eine *strategische* Lebensführung, in der langfristige Lebenskalküle planmäßig umgesetzt werden, von einer *situativen* Lebensführung unterscheiden, für die eine reaktive oder intentionale Anpassung an wechselnde Situationen charakteristisch ist. Das ist der Aspekt des dominanten Handlungstypus.

Darüberhinaus läßt sich unter der *Perspektive der Institutionalisierung* eine *routinisierte* Lebensführung, die als System von Gewohnheiten erscheint, von einer *improvisativen* Lebensführung unterscheiden, für die Offenheit und Innovation die Regel sind. Das ist der Aspekt von Stabilität oder Transformation.

Schließlich läßt sich unter der *Perspektive von Herrschaft oder Gleichberechtigung* eine *hierarchische*, auf der Grundlage einer Machtasymmetrie organisierte Lebensführung von einer *egalitär* fundierten Lebensführung unterscheiden, für die das Prinzip der Gleichheit von Rechten und Pflichten konstitutiv ist. Das ist der Aspekt von Machtverhältnissen und von Herrschaft oder Gleichberechtigung.

---

1 Dieser Teil wurde gegenüber dem Originalbeitrag leicht gekürzt.

3.3 Lebensführung als Balance von widersprüchlichen Anforderungen und Ansprüchen

Die *Funktion* von alltäglicher Lebensführung besteht darin, die verschiedenen, oft widersprüchlichen sachlichen, zeitlichen aber auch sinnhaften und emotionalen Bedürfnisse und Notwendigkeiten des täglichen Lebens aufeinander abzustimmen und im konkreten Handeln zu integrieren. In der alltäglichen Lebensführung fließen nicht nur Werte und Orientierungen, Ansprüche und Lebenspläne zusammen, die darüber bestimmen, was Menschen vom Leben *erwarten*. In sie gehen auch die tagtäglichen Anforderungen und individuell verfügbaren materiellen und kulturellen, personalen und sozialen Ressourcen ein, die darüber bestimmen, was sie vom Leben *erwarten können*. Weiterhin werden in der alltäglichen Lebensführung nicht nur gesellschaftliche Konventionen, Gesetze und vertragliche Regelungen wirksam, sondern auch Institutionen mit ihren eigenen Anforderungen und Verhaltenszumutungen, die darüber bestimmen, in welchem Rahmen und in welchen Handlungsbereichen die Menschen ihr Leben *gestalten müssen*. Individuelle Erwartungen, verfügbare Möglichkeiten und vorgegebene Notwendigkeiten werden in der alltäglichen Lebensführung zu einer Ordnung des Alltagshandelns zusammengeführt:

Alltägliche Lebensführung hat also die Funktion, die vielfältigen, widersprüchlichen und nicht selten konflikthaften Anforderungen des Alltagslebens in mehr oder weniger geregelter Weise auszubalancieren und repräsentiert eine individuell gestaltete Ordnung, die die Form von unterschiedlichen, mehr oder weniger dauerhaften Arrangements annimmt, die das Alltagshandeln bestimmen.

3.4 Lebensführung als individueller und gesellschaftlicher Ordnungsfaktor

Die lebenspraktische Bedeutung von Arrangements alltäglicher Lebensführung liegt darin, daß sie dem Alltagsleben der beteiligten Personen Beständigkeit und Verhaltenssicherheit verleihen. Die gesellschaftliche Bedeutung ist dagegen darin zu sehen, daß das Alltagshandeln der Personen für andere berechenbar wird. Und zwar berechenbar nicht durch erklärte Absichten und Gründe oder durch Motive, die man erraten müßte, sondern allein durch die Tatsache, daß dieses Alltagshandeln – selbst bei einer situativen oder improvisativen Lebensführung – im Prinzip immer wieder in gleicher und damit vertrauter und verläßlicher Weise abläuft. Aber nicht nur die Regelmäßigkeit und Berechenbarkeit des individuellen Handelns, die aus der Ordnung der jeweiligen Lebensführung resultiert, ist von gesellschaftlicher Bedeutung. Das Alltagshandeln von Personen ist stets und in vielfältiger Weise mit dem anderer Personen und Institutionen verflochten. Aus diesem Geflecht von jeweils aufeinander bezogenen, in

sich geordneten, typischen und sich wiederholenden Interaktionen entsteht eine Ordnung auf der Ebene des Alltagshandelns, die für die gesellschaftliche Stabilität insgesamt von Bedeutung ist:
Alltägliche Lebensführung repräsentiert also als Ordnung des Alltagslebens auch einen Aspekt durch individuelles Handeln erzeugter gesellschaftlicher Ordnung.

3.5 Moderne Lebensführung als Arbeit eigener Art

Wie wirken sich nun die einleitend beschriebenen Veränderungen bestimmter Arbeits- und Lebensbedingungen sowie bestimmter Wertvorstellungen und Orientierungen auf die alltägliche Lebensführung aus? Gehörte es früher zur sozialen Erfahrung bestimmter gesellschaftlicher Gruppen, deren Existenz von ihrer Arbeit abhängig war, daß man lebt, um zu arbeiten, hat sich dies im Rahmen wohlfahrtsstaatlicher Entwicklung geändert. Heute läßt sich eher davon sprechen, daß man arbeitet, um zu leben. In dem Maße aber, wie die Erwerbsarbeit Mittel zur Sicherung des Lebensunterhalts und die Gestaltung des Alltagslebens zur individuellen Aufgabe werden, nimmt die alltägliche Lebensführung selbst Züge von Arbeit an. Denn je unterschiedlicher sich der Rhythmus von Arbeitszeit und freier Zeit, von Werktagen und arbeitsfreien Tagen für die Menschen gestaltet, je mehr Frauen und Männer entscheiden können und müssen, welche Rolle die berufliche, welche die familiale Arbeit in ihrem Leben spielen soll, desto mehr wird die Organisation von Lebenslauf und Alltagsleben zu einer spezifischen Aufgabe, die individuell bewältigt werden muß (vgl. Jurczyk/Rerrich 1993: 26). Als These läßt sich deshalb formulieren:
Die Gestaltung des Alltagslebens zu einer verläßlich funktionierenden Lebensführung ist zu einer komplexen, individuellen Leistung, zu einer Arbeit eigener Art geworden.

4. Arbeitszeitflexibilisierung und alltägliche Lebensführung

Arbeitszeitflexibilisierung ist ein Sammelbegriff, hinter dem sich eine Vielzahl von unterschiedlichen Arbeitszeitmodellen wie Teil- und Gleitzeitsysteme, jobsharing, Konti-Schicht (kontinuierliche, in sich rotierende Schichtarbeitsblöcke) und Kapovaz (kapazitätsorientierte variable Arbeitszeit) verbergen. Ihnen allen ist gemeinsam, daß sie gegenüber einer starren tariflichen Regelarbeitszeit, wie sie mit den Stichworten „Normalarbeitstag" und „Normalarbeitszeit" gekennzeichnet ist, eine elastischere und variablere Ordnung sowohl der Arbeitszeiten als auch der Betriebszeiten (d.h. der Laufzeiten von Maschinen und Prozessen) beinhalten. Solche flexiblen Arbeitszeiten haben in einem Maße zugenommen, daß das Modell der „Normalarbeitzeit" nur noch für eine Minderheit der Erwerbstätigen, nämlich für 23 % gilt (vgl. Bauer/Groß/Schilling 1994). Ob und wieweit bestimmte flexible Arbeitszeitregulierungen jedoch erfolgreich durchgesetzt werden können, ist nicht allein eine Frage der technischorganisatorischen Möglichkeiten von Wirtschaftsbetrieben, sondern auch eine Frage der Akzeptanz seitens der davon betroffenen Beschäftigten. Akzeptanz heißt freilich nicht nur, ob sie bestimmte flexible Arbeitszeit-Regelungen im Prinzip hinnehmen würden, sondern vor allem, unter welchen Voraussetzungen und mit welchen Folgen sie es in ihrer konkreten Lebenssituation überhaupt können. Mit anderen Worten: Es ist zum einen zu klären, welche Folgen die Flexibilisierung von Arbeitszeit auf die alltägliche Lebensführung hat. Es ist zum anderen zu prüfen, wie umgekehrt einmal eingerichtete, funktionierende Arrangements alltäglicher Lebensführung Grenzen für die Akzeptanz von bestimmten flexiblen Arbeitszeitregelungen setzen.

Was bedeutet für Arbeitnehmer die Einführung von flexiblen Arbeitszeiten? Sie bedeutet zunächst einmal die Notwendigkeit, bisher eingespielte Arrangements ihrer alltäglichen Lebensführung über den Haufen zu werfen und nach Maßgabe veränderter und u.U. schwerer berechenbarer Bedingungen umzugestalten. Starre, festgelegte Arbeitszeiten bedeuten Stabilität und leichtere Planbarkeit des alltäglichen Lebens. Variable Arbeitszeiten können mehr Freiheit zur individuellen Disposition eröffnen, sie schließen aber auch die Notwendigkeit ein, die individuell verfügbare Zeit in viel höherem Ausmaß selbst zu organisieren. Auch wenn es eine breite Vielfalt unterschiedlicher Formen der Flexibilisierung von Arbeitszeit gibt, so läßt sich doch als Gemeinsamkeit feststellen, daß sich alle in eine ganz bestimmte Richtung auswirken. Sie erzwingen Flexibilität in der Organisation des alltäglichen Lebens: *Einmal festgelegte, stabile und routinisierte Elemente der Lebensführung müssen neu arrangiert, den variablen Bedingungen angepaßt und entsprechend elastisch ausbalanciert werden.* Wer dafür im Rahmen einer gemeinsamen Lebensführung von mehreren Personen die Verantwortung übernimmt, ist eine Frage der partnerschaftlichen bzw. familialen Arbeitsteilung, die die Zuständigkeiten für die im Alltagsleben anfallenden Aufgaben reguliert.

5. Familiale Arbeitsteilung als Ordnungsprinzip des Alltagslebens

Das in früheren Zeiten in unserer Gesellschaft weit verbreitete Idealmodell familialer Arbeitsteilung sah vor, daß der Ehemann als Allein- oder Hauptverdiener für den Lebensunterhalt sorgt, die Ehefrau als Hausfrau und Mutter für die

Führung des Haushalts und die Betreuung der Kinder zuständig ist. Das hat nicht ausgeschlossen, daß die Männer einen Teil häuslicher Verrichtungen mit übernahmen und die Frauen einer begrenzten Erwerbsarbeit nachgingen. Vor allem für Arbeiterhaushalte war die Mitarbeit der Ehefrau meist eine ökonomische Notwendigkeit und im Bereich der Landwirtschaft und des Handwerks eine Selbstverständlichkeit. Das hatte zur Konsequenz, daß Frauen unter solchen Bedingungen einer Doppelbelastung von Erwerbsarbeit und Hausarbeit ausgesetzt waren. Eine familale Arbeitsteilung, die diesem Modell mit seinen eindeutig festgeschriebenen Zuständigkeiten entspricht, ist heute nur noch eine Variante unter anderen und repräsentiert keineswegs mehr die Normalität familialer Arbeitsteilung. Das hängt mit der Pluralisierung von Lebensformen sowie mit dem insgesamt gestiegenen Bildungsniveau und der verstärkten Erwerbsbeteiligung von Frauen zusammen. Darin wiederum drückt sich eine Lebensorientierung von Frauen aus, die auf Familie und Beruf zugleich ausgerichtet ist und Folgen für die Art der familialen Arbeitsteilung hat. Viele Frauen sind nicht mehr bereit, sich ein Leben lang auf die Rolle der Hausfrau und Mutter festlegen zu lassen und pochen auf mehr Gleichberechtigung und Flexibilität in der Verteilung von häuslichen Rechten und Pflichten.

Je mehr nun Normalarbeitstag und Normalarbeitszeit flexiblen Arbeitszeitregelungen weichen, desto größer wird der Aushandlungsbedarf, desto mehr müssen die Zuständigkeiten neu und anders verteilt werden. Damit eröffnet die Flexibilisierung von Arbeitszeiten im Zusammenhang mit der gestiegenen Frauenerwerbsquote einerseits mehr Spielräume für neue Modelle familialer Arbeitsteilung, sie schafft dadurch andererseits aber auch einen erhöhten Bedarf der Organisation der täglich immer wieder anfallenden Arbeiten.

Wie aber werden diese Spielräume genutzt, wer übernimmt die zusätzlichen organisatorischen Aufgaben? Untersuchungen der Teilprojektgruppe „Alltägliche Lebensführung" zeigen, daß die mit der Arbeitszeitflexibilisierung entstandenen Spielräume an den prinzipiellen Zuständigkeiten bisher wenig geändert haben. Zwar sind Männer zunehmend bereit, bestimmte familiale Verpflichtungen zu übernehmen und einzuspringen, wenn ihr Zeitplan es zuläßt. Die generelle Verantwortung für die Organisation des häuslichen Lebens liegt jedoch nach wie vor bei den Frauen. Flexible Arbeitszeiten haben daran nichts grundsätzliches verändert, sondern lediglich zu einer Problemverschiebung beigetragen. Sie ermöglichen Frauen zwar oftmals erst die Verbindung von Beruf und Familie, ändern jedoch nichts an den Zuständigkeiten, die nach wie vor an gesellschaftliche Geschlechtsrollen-Definitionen geknüpft sind. Im Gegenteil, sie erzeugen jene Doppelbelastung, die für Frauen bestimmter sozialer Gruppen immer schon charakteristisch war, und bürden ihnen die zusätzlich entstandenen Koordinations- und Synchronisationserfordernisse als neue Aufgabe auf. Begünstigt wird diese Art der Arbeitsteilung durch das Einkommensgefälle zwischen

Männern und Frauen, das die ökonomische Selbständigkeit von Frauen als Basis einer gleichberechtigten Arbeitsteilung erschwert. Eine Umverteilung der Zuständigkeiten zwischen Frauen und Männern im Rahmen familialer Arbeitsteilung in großem Maßstab hat deshalb trotz Arbeitszeitflexibilisierung bisher nicht stattgefunden. Sie erfolgt jedoch auf andere Weise. Die Vereinbarkeit von Familie und Beruf gelingt Frauen in dem Maße, wie es ihnen möglich ist, für Aufgaben, die in ihrer Zuständigkeit liegen, die Unterstützung von Helferinnen wie Großmütter, Nachbarinnen, Babysitterinnen, Putzfrauen zu finden, zu organisieren und gegebenenfalls zu finanzieren. Erst eine solche Form der Umverteilung von Arbeit, die über den familialen Rahmen hinausgreift, macht es möglich, die Anforderungen an eine gemeinsame Lebensführung, die aus der Erwerbstätigkeit beider Partner resultieren, zu bewältigen.

6. Zeitliche Ordnungprinzipien des Alltagslebens

Für die Ordnung des Alltagslebens sind eine Reihe von Ordnungsprinzipien von Bedeutung, die sich auf die Organisation der Zeit beziehen. Zwei Grundrhythmen scheinen als Ordnungsprinzipien der zeitlichen Strukturierung des Alltags besonders wichtig zu sein: nämlich die Rhythmen Arbeitstag – Feierabend sowie Arbeitswoche – arbeitsfreies Wochenende, die Erwerbsarbeit und Privatleben voneinander trennen. Diese beiden Grundrhythmen sind als zeitliche Ordnungsprinzipien bei solchen Personen bestimmend, die abhängig und unter Bedingungen „normaler" Vollzeitbeschäftigung einer Erwerbstätigkeit nachgehen. Es liegt auf der Hand, daß sich in dieser Rhythmik die vorgegebenen Normalarbeitszeit-Regelungen spiegeln. Anders ist es bei Personen, die freiberuflich tätig oder gar nicht berufstätig sind und deshalb keiner von außen her vorgegebenen Regulierung ihrer Arbeitszeit unterworfen sind. Sie müssen sich eine entsprechende, eigene zeitliche Ordnung selbst konstruieren. Für solche Personen stellt sich die zeitliche Rhythmisierung von Arbeit und Nichtarbeit als ein durch eigene Leistung zu strukturierendes und zu lösendes Dauerproblem. Die Lösung dieses Problems geschieht entweder durch Einrichtung von festen Arbeitszeit- und Freizeitblöcken in Analogie zu den konventionellen Zeitordnungen oder durch eine jeweils situative Nutzung nach Lust, Laune oder Notwendigkeit mit all ihrer Unberechenbarkeit.

Jene Rhythmen, die Arbeitstag und Feierabend sowie Arbeitswoche und arbeitsfreies Wochenende deutlich trennen, werden durch bestimmte Formen flexibilisierter Arbeitszeit aufgehoben. Dies gilt insbesondere für Kapovazsysteme, bei denen die Arbeitskräfte auf Abruf verfügbar sein müssen und für Schichtarbeitssysteme, bei denen durch den Wechsel von Früh-, Spät- und Nachtschicht der Grundrhythmus von Arbeitstag und Feierabend aufgehoben wird. Konti-Schichtsysteme bedeuten demgegenüber insofern eine Verschärfung, als nicht nur der Rhythmus Arbeitstag – Feierabend, sondern zusätzlich der Rhythmus Arbeitswoche – arbeitsfreies Wochenende außer Kraft gesetzt wird und damit eine Abkoppelung der individuellen Arbeitszeit von gesellschaftlichen Normalzeit-Strukturen erfolgt. In der Konsequenz heißt das für diejenigen, die solchen Zeitregelungen unterworfen sind, daß sie mitunter sehr komplizierte Gegenrhythmen mit den gesellschaftlichen Normalzeiten in Einklang bringen müssen. Diese Notwendigkeit verlangt nicht nur in besonderem Maße Gestaltungs- und Anpassungsleistungen, sie ist auch nur bedingt mit bestimmten Lebensplänen, Lebensformen und Formen von Lebensführung zu vereinbaren. Und genau hier, *im Problem der Vereinbarkeit von unterschiedlichen Zeitordnungen, liegt eine erste Grenze für die Durchsetzung bestimmter flexibilisierter Arbeitszeiten.*

Schichtarbeit reduziert die sozial nutzbare Zeit und erhöht den Abstimmungsbedarf mit Personen und Institutionen, da Ladenschlußzeiten, Verkehrszeiten und Vereinstermine z.B. immer noch am Modell des Normal-Arbeitstages ausgerichtet sind. Eine familiale Lebensführung mit Kindern ist unter den Bedingungen von Schichtarbeit nur unter der Voraussetzung möglich, daß der jeweilige Partner – und das ist in der Regel die Ehefrau – entweder gar nicht oder nur eingeschränkt erwerbstätig ist. Schichtarbeit schafft einen außergewöhnlich hohen zeitlichen Regulierungsbedarf, der offensichtlich nur auf der Basis einer traditionalen familialen Arbeitsteilung zu befriedigen ist, nach der der Mann für den Lebensunterhalt sorgt, die Frau sich um Haushalt und Kinder kümmert. Bei einer Lebensführung unter Bedingungen von Schichtarbeit ist das freilich nicht alles, was der Frau zufällt. Sie ist es, die über die traditionellen Aufgaben hinaus den gesamten familialen Alltag konkret planen, organisieren und synchronisieren muß. Ihr obliegt es, einen permanenten Abgleich der Arbeitszeit des Mannes, ihrer eigenen häuslichen Arbeitszeit, der Zeitansprüche der Kinder und der öffentlichen Zeiten und schließlich der individuell verfügbaren und der gemeinsamen Zeit vorzunehmen. Damit wird die Verläßlichkeit der Ehefrau als Hausfrau und Mutter sowie als Organisatorin und Koordinatorin des Alltags zur wesentliche Funktions- und Stabilitätsbedingung einer solchen Art von Lebensführung. Die Übernahme dieser Rollen ist jedoch mit den mehr und mehr an eigener beruflicher Verwirklichung orientierten Lebensplänen von Frauen immer weniger verträglich. Und hier, *im Problem der Vereinbarkeit von Beruf und Familie, liegt eine weitere Grenze für die Durchsetzung bestimmter Formen flexibilisierter Arbeitszeiten* wie der Schichtarbeit.

Solche Grenzen, aber auch das Interesse von Erwerbstätigen, ihre Lebensziele selbstbestimmt und zweckrational zu verwirklichen, haben ihre Rückwirkungen auf Betriebe und deren Personalpolitik. War Personalpolitik früher darauf ausgerichtet, Arbeitskräfte zu rekrutieren, die den betrieblichen Anforderungen entsprachen, und deren Lebensinteressen allein durch Entgeltregelungen zu befriedigen, so wird es heute für Betriebe zunehmend zweckdienlich, bei der Gestaltung von Arbeitsbedingungen und Arbeitszeiten die Interessen der Beschäftigten auf ein selbstbestimmtes Leben mit einzukalkulieren und auf die Besonderheiten ihrer Lebensführung Rücksicht zu nehmen. Beispiele dafür sind eigene Freizeitangebote von Firmen für Beschäftigte mit Schichtregelungen, Gleitzeitangebote für die Schaffung von individuellen zeitlichen Spielräumen oder das Einräumen von variablen Arbeitstagen dort, wo kreative Leistungen sich nicht zeitlich normieren lassen. Diese Maßnahmen sind Beleg dafür, daß *auch für die Arbeitswelt die „alltägliche Lebensführung" als Ordnung des Alltagslebens eigener Art zunehmend an Bedeutung gewinnt* (vgl. Bolte 1993).

7. Schlußfolgerungen

Die individuell eingespielte Ordnung der Alltagszeit repräsentiert eine grundlegende Garantie für eine geordnete Lebensführung. Wer nicht mit seiner Zeit umgehen kann, gerät in Stress und Zeitnot, dessen Lebensführung wird zur Hetze und nimmt chaotische Züge an. Gerade im Scheitern einer funktionierenden Lebensführung wird deutlich, welch elementare und kaum zu überschätzende individuelle Leistung ein geordnetes Alltagsleben darstellt. Insbesondere durch die Flexibilisierung der Arbeitszeiten und die zunehmende Erwerbstätigkeit von Frauen werden die Anforderungen an diese individuelle Leistung in Zukunft noch mehr steigen. Dabei besteht nach wie vor ein Mangel an Möglichkeiten für Frauen, Beruf und Familie miteinander zu vereinbaren. Die sich ausbreitende Unstetigkeit von Arbeitsverhältnissen schafft zusätzliche Unsicherheit, die eine Aufrechterhaltung von stabilen und dauerhaften Arrangements alltäglicher Lebensführung erschwert. Schließlich verstärkt sich mit dem beschleunigten gesellschaftlichen Wandel und der zunehmenden Komplexität der zu bewältigenden Anforderungen der Druck, mit den Alltagsproblemen strategisch umzugehen und Beziehungen partnerschaftlich zu gestalten. Dabei ist mit einiger Sicherheit zu erwarten, daß die betroffenen Personen bei der Gestaltung ihrer Lebensführung immer mehr auf Hilfe von außen angewiesen sein werden. Hier eröffnet sich ein neues Feld für sozialpolitische und personalpolitische, für pädagogische und therapeutische Maßnahmen.

Literatur

Bauer, F./Groß, H./Schilling, G. (1994): Arbeitszeit '93. Arbeitszeiten, Arbeitszeitwünsche, Zeitbewirtschaftung und Arbeitszeitgestaltungschancen von abhängig Beschäftigten. Ministerium für Arbeit, Gesundheit und Soziales des Landes Nordrhein-Westfalen (Hg.). Köln

Beck, U. (1983): Jenseits von Stand und Klasse? Soziale Ungleichheit, gesellschaftliche Individualisierungsprozesse und die Entstehung neuer sozialer Formen und Identitäten. In: Kreckel, R. (Hg.): Soziale Ungleichheiten (Soziale Welt, Sonderband 2). Göttingen

Bolte, K.M. (1989): Gesellschaft im Umbruch!? In: Bleek, W./Maul, H. (Hg.): Ein ganz normaler Staat. Perspektiven nach 40 Jahren Bundesrepublik. München

Bolte, K.M. (1993): Lebensführung und Arbeitswelt – Bericht über ein Forschungsprojekt. In: Bolte, Karl Martin: Wertewandel, Lebensführung, Arbeitswelt. Otto-von-Freising-Vorlesungen der Katholischen Universität Eichstätt, Bd. 8, München

Geißler, R. (1992): Die Sozialstruktur Deutschlands. Ein Studienbuch zur sozialstrukturellen Entwicklung im geteilten und vereinten Deutschland. Opladen

Jurczyk, K./Kudera, W. (1991): Verfügung über Zeit? Die ganz unterschiedlichen Auswirkungen flexibler Arbeitszeiten auf die Lebensführung. In: Flecker, Josef/Schienstock, Gerhard (Hg.): Flexibilisierung, Deregulierung und Globalisierung. München/Mering

Jurczyk, K./Rerrich, M. S. (Hg.) (1993): Die Arbeit des Alltags. Beiträge zu einer Soziologie der alltäglichen Lebensführung. Freiburg

Kudera, W. (1995): Biographie, Lebenslauf und Lebensführung. In: Berger, P./Sopp, P. (Hg.): Sozialstruktur und Lebenslauf. Opladen (Abdruck in diesem Band)

Voß, G.G. (1991): Lebensführung als Arbeit. Über die Autonomie der Person im Alltag der Gesellschaft. Stuttgart

G. Günter Voß

Beruf und alltägliche Lebensführung. Zwei subjektnahe Instanzen der Vermittlung von Individuum und Gesellschaft

Zusammenfassung

Thema des Beitrags ist die klassische Frage der Soziologie nach dem Verhältnis von „Individuum" und „Gesellschaft" oder – moderner – von „Subjekt" und „Struktur". Ausgangspunkt ist die These, daß die Münchener Subjektorientierte Soziologie schon lange vor der aktuellen Renaissance dieses Themas die Subjekt-Struktur-Problematik in besonderer Weise bearbeitet hat, indem konkrete gesellschaftliche „Brücken" der „Vermittlung" zwischen „Subjekt" und „Struktur" thematisiert wurden. Es werden zwei Konzepte vorgestellt, die aus subjektorientierter Perspektive solche „Brücken" – „Beruf" und „Alltägliche Lebensführung" – analysieren. Beide Konzepte werden verglichen und dabei die unterschiedlichen Weisen herausgearbeitet, wie Beruf und Lebensführung zwischen Individuum und Gesellschaft vermitteln.

1. Individuum und Gesellschaft – das Thema

Wie jede Wissenschaft hat auch die Soziologie charakteristische Grundprobleme, die (jenseits aller inhaltlichen Fragen) immer wieder eine Bearbeitung verlangen, aber nie endgültig zu „lösen" sind. Auffällig ist, daß diese Fragen in der Soziologie häufig auf dichotome Alternativen zugespitzt sind und oft konkurrierende Soziologieverständnisse begründet haben, die nicht selten sogar politisch aufgeladen wurden.[1]

Klassisch ist etwa die Gegenüberstellung von „Statik" und „Dynamik" oder auch die Polarisierung von sozialer „Differenzierung" und „Integration" als Grundprobleme von Gesellschaft und Gesellschaftstheorie. Spätestens seit Max Weber geht es explizit immer wieder um die Kontroverse zwischen „wertfreier"

---

1 Vgl. ähnlich Giddens (1995, 760ff), der von grundlegenden „Dilemmata" der Soziologie spricht.

und „sozialkritisch" orientierter Gesellschaftsanalyse, genauso wie regelmäßig umstritten war und ist, ob die Soziologie nach möglichen „historischen" Prinzipien (und vielleicht sogar Zielpunkten) der Gesellschaftsentwicklung Ausschau halten soll und kann, oder ob sie sich auf eine „historistisch" jegliche Geschichtslogik zurückweisende Gesellschaftsbetrachtung zu beschränken habe. Ein Dauerthema ist zudem die konzeptionelle Gewichtung von (sozialen wie individuellen) „Sinnstrukturen" gegenüber möglichen „objektiven" oder „materiellen" Grundlagen von Gesellschaft. Hinter solchen Kontroversen steckt nicht zuletzt oft die Spannung zwischen einem naturwissenschaftlich „erklärenden" und einem humanwissenschaftlich „verstehenden" Wissenschaftsideal. Schließlich verbirgt sich ein ganzes Feld von Problemen und Themen hinter der neuerdings wieder verstärkt explizit gestellten Standardfrage nach dem Verhältnis von „Individuum" und „Gesellschaft" bzw. (in aktueller Formulierung) nach der Gewichtung von „subjektiven" gegenüber (sozial-) „strukturellen" Momenten in der Gesellschaftsanalyse.

Es gibt andere Wortpaare, die die Beziehung von Individuum und Gesellschaft zu benennen scheinen, aber aufgrund ihrer theoretischen Herkunft unterschiedliche Konnotationen der Grundfrage transportieren oder sogar unterschiedliche Probleme fokussieren: „Mikro- vs. Makrosoziologie", „Reduktionismus vs. Emergentismus", „Individualismus vs. Holismus", „Handlungs- vs. Gesellschaftstheorie", „Subjektivismus vs. Objektivismus" u.a.m. Auf die Differenzen zwischen diesen Begrifflichkeiten oder den dahinter stehenden Konzepten einzugehen, würde den Rahmen dieses Textes sprengen und ist für die folgenden Überlegungen auch nicht erforderlich. Der Einfachheit halber wird im weiteren die alte Formel „Individuum und Gesellschaft" verwendet oder auch formaler von „Subjekt" und „Struktur" gesprochen.

Bei der derzeitigen Renaissance des Themas der Beziehung von Individuum und Gesellschaft und deren Gewichtung für die Sozialanalyse geht es – im Unterschied zu älteren Debatten – nur noch selten darum, die eine oder andere Seite der Dichotomie als Perspektive mit exklusivem Wahrheitsanspruch durchzusetzen, also etwa „individualistische" gegenüber „objektivistischen" Positionen zu begründen und auszuspielen. Ziel ist heute eher der anspruchsvollere Versuch, allzu grobe und voreilige theoretische Antagonismen zu überwinden und nach konzeptionellen Integrationsmöglichkeiten zu suchen. Kaum einer der derzeitigen soziologischen Großmeister kann sich dem damit verbunden sportlichen Wettbewerb entziehen. Gleich ob es die ehemaligen Antipoden Jürgen Habermas und Niklas Luhmann sind oder aktuelle Leittheoretiker wie Jefferey Alexander, Pierre Bourdieu, James Coleman oder auch Ulrich Beck, alle versuchen sich (zumindest implizit) auch darin, die alte Subjekt-vs.-Struktur-Frage irgendwie in neuer Weise anzugehen. Das Engagement ist verständlich: Denn wem es gelingen sollte, eine breit akzeptierte integrierte Lösung für das alte, jetzt aber neu aufbrechende Problem zu finden, dem dürfte ein Platz im soziologischen Olymp sicher sein. Damit aber zurück in die Niederungen der Münchener Subjektorientierten Soziologie und deren Beitrag zu dieser Problematik.

Etliche Jahre vor der derzeitigen integrationsorientierten Reaktualisierung des Themas wurde in der Münchener Soziologie die Subjekt-Struktur-Frage schon teilweise mit dem Ziel der Überwindung von Frontstellungen bearbeitet. Bemerkenswert an dieser frühen Suche nach Formen für eine integrativen Bearbeitung des Thema Individuum und Gesellschaft war zudem, so die Ausgangsthese der folgenden Überlegungen, daß eine besondere und empirisch wie theoretisch sehr fruchtbare Zugangsweise praktiziert wurde. Statt nämlich im Bann der schwierigen Fragen zu verharren, ob überhaupt und – wenn ja – wie man sich tendenziell ausschließende „subjektive" und „objektive" Sichtweisen theoretisch verbinden kann, ob man sich notfalls mit einem (damals gelegentlich postulierten) „Wechsel der Perspektiven" zufrieden geben will, oder ob man sich nicht schließlich vielleicht doch wieder in die eine oder andere Alternativposition zurückziehen muß, wurde ein Weg beschritten, der solche Sackgassen meidet: In der (trotz eines ausgeprägten theoretischen Anspruchs) stark auf konkrete Fragestellungen bezogenen Forschung der subjektorientierten Projekte der Sonderforschungsbereiche 101 und 333 wurden an mehreren Stellen konkrete gesellschaftliche Sachverhalte untersucht, in denen das soziologisch so heikle Problem der Relation von „Subjekt" und „Struktur" faktisch immer schon „gelöst" war – nicht theoretisch, aber praktisch. So wie es meist nur Theoretiker interessiert, wie gegenüberliegende Ufer eines breiten Flusses anzunähern seien, von welchem Ufer die Initiative auszugehen habe, was mögliche Vor- und Nachteile sein könnten ... (und was man sonst noch alles fragen kann), während Praktiker schon längst Brücken gebaut haben oder Fähren verwenden, so finden sich auch gesellschaftlich immer schon unterschiedlichste *Brückeninstanzen*, über die Individuen und Gesellschaft konkret aufeinander bezogen werden und deren Funktionsweise soziologisch studiert werden kann. Mit anderen Worten: Das soziologische Subjekt-Struktur-Problem ist erst einmal nur eines der Wissenschaft und gesellschaftspraktisch durch Vorkehrungen der (mit Hegel gesprochen) praktischen *Vermittlung* zwischen Personen und Sozialität in der Regel ausreichend pragmatisch bewältigt. Und genau solche gesellschaftspraktischen Vermittlungsinstanzen waren (nicht unbedingt bewußt und gezielt, aber faktisch) in den subjektorientierten Projekten der beiden Sonderforschungsbereiche immer wieder ein zentrales Thema.

Grund für das Entstehen dieser erweiterten Sicht auf ein altes Problem in München war unter anderem ein historischer Startvorteil (vgl. Voß/Pongratz 1997), der neue Chancen bot: die subjektorientierte Soziologie entstand zu einer Zeit, als sich die rigiden Alleinvertretungsansprüche der damals herrschenden Großtheorien (insbesondere von Struktur-Funktionalimus und Marxismus) systematisch zu delegitimieren begannen. Folge war, daß man von vorneherein bei den theoretischen und empirischen Arbeiten objektivistische wie subjektivistische Einseitigkeiten und Imperialismen vermeiden wollte, was die Bereitschaft für eine differenziertere Betrachtung des Subjekt-Struktur-Problems öffnete und den Blick für jene Momente schärfte, die konkret zwischen „Individuum" und „Gesellschaft" vermitteln.

Auch vorher schon wurden natürlich in der Soziologie gelegentlich Brückeninstanzen zwischen Person und Gesellschaft thematisiert und untersucht, zum Beispiel mit den Begriffen „Rolle" oder „soziale Identität". Nur selten wurde dabei jedoch explizit deren Vermittlungsfunktion ausgearbeitet und meist blieben die Konzepte letztlich dann doch der einen oder anderen Grundperspektive auf das Thema „Individuum und Gesellschaft" verhaftet, d.h. sie waren entweder individualistisch-handlungstheoretisch oder struktur-objektivistisch verengt.

Im folgenden sollen nun zwei im Rahmen der Münchener Subjektorientierten Soziologie entstandene Konzepte noch einmal vorgestellt und verglichen werden, die solche gesellschaftspraktischen Brücken zwischen Individuum und Gesellschaft thematisieren.[2] Zum einen ist dies die Theorie des *Berufs*, die Anfang der 70er Jahre entwickelt wurde und damit zu einer Zeit entstand, als das Subjekt-Struktur-Problem noch kaum explizit mit dem Ziel der Vermittlung bearbeitet wurde (2). Zum anderen geht es um das Konzept der „Alltäglichen Lebensführung", das zehn Jahre später ausgearbeitet wurde und damit zu einer Zeit, in der das Problem der Vermittlung von „structure and agency" (so die international bevorzugte Formel) schon eher ein Thema war, z.B. im Konzept des „Habitus" bei Bourdieu (indirekt schon 1976, dann explizit und systematisch v.a. 1982), in der Theorie der „Strukturation" von Giddens (z.B. 1988) oder auch im individualistischen Modell der U-förmigen Beziehung zwischen „Macro-" und „Micro-Level" bei Coleman (z.B. 1986, dann ausführlich 1991) (3).[3] „Beruf" und „Alltägliche Lebensführung" repräsentieren aber nicht nur theoriegeschichtlich verschiedene Phasen. Sie stehen letztlich auch historisch für verschiedene Stadien der Entwicklung moderner Gesellschaften, worauf zum Schluß eingegangen werden soll (4).

---

2 Vgl. aber auch die Konzepte der „familialen Arbeitsteilung" (siehe z.B. Ostner/ Pieper 1980) oder des „Verwaltungshandelns" (siehe z.B. Treutner u.a. 1978).

3 Zur Diskussion um eine mögliche Integration von mikro- und makrosoziologischen Konzepten ab etwa Anfang der 80er Jahre vgl. z.B. Knorr-Cetina/Cicourel (1981) und Alexander u.a. (1987).

2. Beruf – Eine gesellschaftliche Instanz der Vermittlung von Individuum und Gesellschaft

2.1 Das subjektorientierte Konzept des „Berufs"

Anlaß für die Arbeiten des Sonderforschungsbereichs 101 zum Beruf waren Arbeitsmarktprobleme der 60er und 70er Jahre: auffällige „Starrheiten" der Berufstätigen und Betriebe. Die einen waren nur unzureichend bereit, Beschäftigungen außerhalb des erlernten Berufs anzunehmen; die anderen erkannten nicht, daß für freie Arbeitsplätze oft auch vermeintlich Fachfremde geeignet sind. Um diese und andere Inflexibilitäten in der Allokation von Arbeitskräften zu verstehen, begann man im damals gegründeten Münchener Sonderforschungsbereich 101 sich in neuer Form dem offensichtlich zu einem Problem werdenden System der Berufe soziologisch zuzuwenden.

Das daraufhin von Karl Martin Bolte, Ulrich Beck und Michael Brater entwickelte Konzept von „Beruf"[4] wählte einen neuartigen Zugang: Bis dahin wurden (so vor allem im Struktur-Funktionalismus) Berufe meist als gesellschaftlich vorgegebene Positionen und Tätigkeitsfelder angesehen, die Ausdruck der technisch-ökonomisch bedingten gesellschaftlichen Arbeitsteilung seien. Diese müßten von Personen ausgefüllt werden, die dazu ausreichende Fähigkeiten mitzubringen hätten, für deren Vermittlung wiederum das Bildungssystem verantwortlich sei. Im Gegensatz dazu wurden Berufe nun nicht mehr rein gesellschafts-strukturell definiert, sondern auf Ebene der *Individuen* angesiedelt und in bezug auf personenbezogene Voraussetzungen und Folgen betrachtet: Berufe nicht als gesellschaftliche Funktions- und Tätigkeitszusammenhänge, sondern als Potentiale der Fähigkeiten von Personen, als verschiedenartige *Qualifikationsbündel*, die an Arbeitskräfte gebunden sind. Das Konzept nahm aber trotzdem nicht primär das einzelne Individuum und seine je persönlichen Fähigkeitspotentiale in den Blick. Vielmehr wurden Berufe als sozial typisierte und institutionalisierte überpersonale „Muster der Zusammensetzung und Abgrenzung spezialisierter Arbeitsfähigkeiten" (Brater/Beck 1982: 209) definiert – charakteristisch „geschnittene" Kombinationen von Qualifikationen, die historisch unter spezifischen Bedingungen entstehen und oft eher Ausdruck von Machtprozessen (z.B. zwischen Berufsgruppen) und nationalspezifischen staatlichen Steuerungseingriffen sind, als daß sie ökonomisch-technischen Erfordernissen folgen. Die-

---

4 Vgl. v.a. Beck/Brater (1977), dies. (1978a), Beck u.a. (1980); eine knappe Darstellung des Konzepts bieten Brater/Beck (1982) und Bolte u.a. (1988). Das subjektorientierte Berufskonzept griff u.a. Ideen von Hesse (1972) auf und führte frühe Arbeiten von Bolte zur Berufsstruktur moderner Gesellschaften (z.B. Bolte 1970) fort. Für eine Einordnung der subjektorientierten Berufstheorie in die Berufssoziologie siehe Voß (1994a).

se typisierten Qualifikationsmuster sind zudem (vor allem in Deutschland) oft rechtlich hochgradig reguliert und geschützt und werden vom Bildungssystem in standardisierter Form vermittelt und dadurch hochgradig reproduziert.

2.2 Der „Beruf" als gesellschaftliche Vermittlungsinstanz

Berufe in diesem Sinne sind nun in fast idealtypischer Weise Vermittlungsinstanzen (oder wie Bolte es genannt hat: „Kupplungssysteme") zwischen Individuum und Gesellschaft. Das zeigt sich aus beiden Perspektiven:

Aus der Perspektive der *Individuen* gesehen sind Berufe standardisierte Formen des Verkaufs der Arbeitskraft – sozusagen die „Fähigkeitsausweise" (Bolte/Beck/Brater) der Personen für das Angebot ihrer Qualifikationen auf dem Arbeitsmarkt. Sie regeln so den Zugang zu Arbeitsplätzen und erleichtern die Teilhabe am Erwerbssystem. Berufe legen auch fest, in welcher Weise Individuen betrieblich aktiv sind, welche Rechte und Pflichten sie haben usw. Berufe bieten zudem Orientierungen für die persönliche Entwicklung und die Selbstdefinition („Identität") gegenüber der Gesellschaft und fördern dadurch die soziale Integration. *Gesellschaftlich* betrachtet sind Berufe Formen der Statuszuweisung und damit der Reproduktion sozialer Ungleichheit: Wer einmal einen Beruf hat, für den ist mehr oder minder ein gesellschaftlicher Ort und damit auch ein Lebensverlauf festgelegt, was zudem bekannterweise hochgradig übergenerationell reproduziert wird („Berufsvererbung"). Berufe bestimmen die Ausstattung von Personen mit Kompetenzen, legen damit aber auch fest, was Individuen nicht können und dürfen. Berufe sind schließlich auch entscheidungsorientierende Raster, über die Betriebe Arbeitskraft nachfragen, konkrete Personen auswählen, sie innerbetrieblich einsetzen, entlohnen usw. Berufe sind damit also gesellschaftliche Instanzen, die zum einen regulieren, wie sich Personen auf die Gesellschaft beziehen und in ihr wirksam werden können. Zum anderen steuern sie aber auch, wie Institutionen auf Individuen zugreifen, sie einordnen, Privilegien oder Nachteile zuweisen, sie als Personen prägen usw.

Das Münchener Berufskonzept nennt sich gegenüber den bis dahin vorherrschenden strukturellen Konzepten „subjektorientiert", weil es Berufe nicht allein als gesellschaftliche strukturelle Größe ansieht, sondern erst einmal personenbezogen begreift (als „Fähigkeitskombinationen" von Personen), bevor sie dann als sozial standardisierte und institutionalisierte Muster von Arbeitsfähigkeiten definiert werden. Berufe werden zudem nicht nur in ihrer gesellschaftlichen Funktion und Wirkung betrachtet, sondern auch in ihrer Wirkung auf die Person und in ihrer Funktion für deren Vergesellschaftung. Zugleich jedoch bleibt völlig unbestritten, daß Berufe eben gesellschaftliche Formen sind. Sie vermitteln zwar zwischen Individuen und Gesellschaft, sind aber gesellschaftlich entstandene, stabilisierte und reproduzierte *Schablonen* – Schablonen, die den Personen zwar die soziale Integration erleichtern und durchaus Entfaltungsspielräume lassen, aber letztlich doch primär eine soziale Kanalisierung und Standardisierung der Menschen (ihrer Identität, Lebenslage, Biographie usw.) und ihres Handelns (und Erlebens) bewirken.

Genau diese dominant handlungs- und persönlichkeitsstrukturierende Wirkung der Berufe war dann auch der Anlaß, dem neuartig thematisierten Gegenstand im Sonderforschungsbereich 101 von Anfang an mit erheblicher Skepsis zu begegnen, zunehmend die *Ambivalenz der beruflichen Strukturierung der Arbeitskraft* (Brater/Beck 1982) herauszustellen und sogar eine dezidierte „Kritik des Berufs" (Beck/Brater 1978b) zu formulieren. So sehr nämlich Berufe den Austausch zwischen Struktur und Subjekt erleichtern, so sehr können sie, wie gezeigt wurde, auch zu handfesten Behinderungen für beide Seiten werden.

Behinderungen auf gesellschaftlicher Seite waren ja der Anlaß für die Münchener Berufsforschung gewesen: Berufe (genauer: das besonders rigide regulierte Berufssystem der Bundesrepublik) als hinderliche Starrheiten für die Allokation von Arbeitskraft. Auf der subjektiven Seite galt die Münchener Berufskritik der zunehmend als Beengung empfundenen Kanalisierungswirkung der Berufsraster für die Personen. Hier ging es um eine Kritik an rigiden gesellschaftlichen Strukturen, die die Entfaltung und gesellschaftliche Teilhabe von Individuen behindern und damit letztlich um eine Kritik an den als erstarrt empfundenen gesellschaftlichen Verhältnissen der sechziger bzw. siebziger Jahre, in denen wichtige Topoi der damaligen allgemeinen Gesellschaftskritik innerhalb und außerhalb der Soziologie aufschienen.

Beide Seiten dieser Kritik liefen letztlich auf die These hinaus, daß die Vermittlungsfigur „Beruf" angesichts gesellschaftlicher Veränderungen (die zum Beispiel einen ersten Schub des später dann heftig diskutierten „Wertewandels" (vgl. aus Sicht der Subjektorientierten Soziologie Bolte 1985, 1987, 1993b, Bolte/Voß 1988, Voß 1990) und der Individualisierung enthielten) nicht mehr ausreichend in der Lage sei, die Wechselbeziehung von Individuen und sozialen Institutionen in der Arbeitswelt angemessen zu regeln. Das Berufssystem wurde zudem nicht zuletzt auch als Behinderung für einen (politisch erhofften und sozialtheoretisch erwarteten) sozialen Auf- und Umbruch erlebt und so soziologisch thematisiert.

3. Alltägliche Lebensführung – Eine Vermittlungsinstanz der Person

Das Konzept der „Alltäglichen Lebensführung" thematisiert im Vergleich zum „Beruf" einen ganz anderen Typus der Vermittlung zwischen Individuum und Gesellschaft und reflektiert zudem völlig andere Zeitumstände.

3.1 Das Konzept der „Alltäglichen Lebensführung"[5]

Das Interesse am Thema Lebensführung hatte zwei Anlässe: Zum einen Forschungserfahrungen der subjektorientierten Projekte im Sonderforschungsbereich 101, wo sich unter anderem zunehmend gezeigt hatte, daß berufliche Tätigkeiten und Erfahrungen von Personen nicht ausreichend zu verstehen sind, wenn nur die Erwerbsarbeit der Betreffenden thematisiert wird und andere Lebensbereiche vernachlässigt werden. Dies führte im Sonderforschungsbereich 333 zu dem Versuch, den engen Fokus auf die Erwerbssphäre aufzubrechen und systematisch die Struktur aller Alltagstätigkeiten oder den Zusammenhang von „Arbeit und Leben" insgesamt zum Thema zu machen und an ausgewählten Gruppen zu untersuchen.[6] In grober Anlehnung an Max Weber (v.a. 1972 u. 1986) wurde daraufhin das Konzept der „Alltäglichen Lebensführung" entwickelt. Aber erst nach und nach wurde dabei deutlich, daß man einen Gegenstand von relativ grundlegender Bedeutung im Blickfeld hatte, der sich von vergleichbaren damals verstärkt beachteten Instanzen (z.B. Lebensstil, Habitus, Biographie) systematisch unterschied, genau genommen soziologisch bis dahin nicht thematisiert wurde und zudem in besonderer Weise zwischen Individuum und Gesellschaft zu vermitteln schien. Bevor jedoch auf diesen speziellen Aspekt näher eingegangen wird, zunächst einige stichwortartige Hinweise darauf, was unter „Alltägliche Lebenführung" verstanden wird.[7]

1. Als „Alltägliche Lebensführung" wird der Zusammenhang aller Tätigkeiten von Personen in ihren verschiedenen Lebensbereichen (Erwerbsarbeit, Familie, Freizeit, Bildung usw.) definiert. 2. Thema ist damit das gesamte tätige Leben von Individuen, aber nicht in seiner Länge (wie es etwa Thema der Biographie- oder Lebensverlaufsforschung ist), sondern sozusagen in seiner *Breite*. Gegenstand ist also nicht die Diachronie des Lebenslaufs (die jedoch ein wichtiger Hintergrund und Fluchtpunkt von Lebensführung ist), sondern die *Synchronie* des Alltags. 3. Dabei interessiert zudem weniger die Vielfalt der einzelnen Tä-

---

5   Dieser Abschnitt ist gegenüber dem Original stark gekürzt.

6   Vgl. die ersten Überlegungen zu diesem Thema noch im Rahmen des SFB 101 bei Treutner/Voß (1982) und dann die ersten empirische Präzisierungen im Zuge der Antragstellung für den SFB 333 bei Jurczyk u.a. (1985). Zur Entwicklung des Projekts siehe Bolte (1993a, 1995).

7   Siehe ausführlicher zu diesen Punkten Voß (1995). Zum theoretischen Konzept der Alltäglichen Lebensführung siehe Voß (1991a), Jurczyk/Rerrich (1993), Bolte (1993a), Projektgruppe Alltägliche Lebensführung (1995) und aktuell mit interessanten konzeptionellen Erweiterungen Behringer (1998) und Weihrich (1998). Für die Genese der theoretischen Überlegungen (noch unter dem Leitgedanken einer „Arbeitsteilung der Person") siehe auch die frühen Texte von Treutner/Voß (1982) und Jurczyk u.a. (1985).

tigkeiten (wie sie etwa von der Zeitbudgetforschung oder der Zeitgeographie untersucht wird), als vielmehr ihr alltäglicher *Zusammenhang.* Es geht um das individuelle „Arrangement der verschiedenen sozialen Arrangements" (Voß 1991) von Personen. 4. Dieses System der Alltäglichen Lebensführung ist nicht sozial vorgegeben und passiv übernommen, sondern es ist eine aktive *Konstruktion* der Betroffenen. 5. Trotzdem „gehört" schließlich die alltägliche Lebensführung den Personen nur bedingt. Sie besitzt vielmehr eine *subjekt-strukturelle Eigenlogik,* die ein wichtiger Erkenntnisgegenstand ist.

3.2 „Alltägliche Lebensführung" als Vermittlungsinstanz

Das System der alltäglichen Lebensführung ist nun eine in vieler Hinsicht besondere und besonders interessante Instanz, die zum Beispiel in sehr spezifischer Weise wichtige Funktionen für die Personen und zugleich für die Gesellschaft erfüllt und das Verhältnisses zwischen beiden auf eigentümliche Weise reguliert:

Für die *Person* erfüllt die alltägliche Lebensführung wichtige Aufgaben bei der Steuerung ihres alltäglichen Handelns. Sie ist das unmittelbarste, ja eigentlich das originäre Handlungssystem der Person, über das sie ihre Handlungen in den für sie relevanten Gesellschaftsbereichen reguliert und koordiniert. Die Einzeltätigkeiten der Person werden dadurch effektiver, es entstehen Freiheitsgrade gegenüber Anforderungen und Zwängen sowie eine verbesserte Nutzung von Ressourcen und Chancen usw.

Auch für die *Gesellschaft* übernimmt Lebensführung zentrale Aufgaben: Neben anderen Instanzen leistet sie zum Beispiel wichtige Beiträge zur Integration und Stabilisierung sozialer Zusammenhänge. Denn durch die Lebensführung werden in basaler Weise gesellschaftlich getrennte Sphären (z.B. Erwerbsarbeit und Familie) miteinander praktisch verbunden und so der Gefahr ihres Auseinanderfallens entgegengewirkt. Diese massenhafte Leistung einer solchen unmittelbaren Sozialintegration im Alltag ist nicht nur individuell relevant, sondern von überindividueller und letztlich gesamtgesellschaftlicher Bedeutung.

Für die *Vermittlung von Individuum und Gesellschaft* schließlich übernimmt Lebensführung, wie der Beruf, Funktionen in beide Richtungen: Lebensführung ist auf der einen Seite eine Instanz, die die Bezugnahme der Individuen auf Gesellschaft in sehr subjektnaher Weise reguliert. Durch Lebensführung organisieren Personen ganz praktisch und alltäglich ihre Teilhabe an verschiedenen Gesellschaftsbereichen. Das heißt, sie steuern die Art und Weise, wie sie in sehr unterschiedlich sozial verfaßten Sphären aktiv tätig sind und diese dadurch mitkonstituieren. Individuen beziehen sich auf Gesellschaft (bzw. einzelne Bereiche, z.B. Betriebe) nicht unmittelbar, nicht über isolierte Einzelhandlungen, sondern über Handlungen im Rahmen des Systems ihrer alltäglichen Lebensführung. Wie sie gesellschaftlich wirksam werden, hängt damit nicht allein von den Bereichen und den dort geltenden Bedingungen ab, sondern auch von ihrer Art der Alltagsorganisation. Konkreter und etwas vereinfacht: Was man in einem Sozialbereich (etwa im Betrieb) tut, ist auch dadurch geprägt, was man in anderen Bereichen (z.b. in der Familie) tut, und vor allem jedoch auch dadurch, in welcher Form man all dies miteinander koordiniert hat. Auf der anderen Seite ist Lebensführung aber auch eine wichtige Instanz, über die vermittelt wird, wie gesellschaftliche Sphären auf die Individuen einwirken. Sozialbereiche beeinflussen ebenfalls nie direkt die Individuen. Ihre Wirkung ist immer durch intervenierende Größen modifiziert, allem voran durch die für die Person unmittelbarste Vermittlunginstanz, durch ihre Lebensführung. Die Art, wie Subjekte die Bezüge zu ihren Lebensbereichen alltäglich organisieren, ist ein systematisch moderierender Faktor dafür, wie dort vorgefundene Anforderungen und Zwänge oder auch Chancen und Ressourcen ihr Leben beeinflussen.

Entscheidender Unterschied zu anderen Vermittlungsmomenten ist nun, daß Lebensführung ein System der Person ist und keine Instanz der Gesellschaft. Der Beruf ist zwar eine subjektnahe Größe, aber letztlich doch eine originär gesellschaftliche Einrichtung; eine Instanz , die zwar wie die Lebensführung den Austausch zwischen Individuum und Gesellschaft steuert und dabei stark personenbezogen wirkt, aber trotz allem eine gesellschaftliche „Schablone" bleibt. Lebensführung dagegen ist eine Instanz, die nicht nur von der Person hervorgebracht wird und an sie gebunden ist, sondern die auch primär dazu dient, daß die Person darüber ihren Bezug auf Gesellschaft steuert: ihre soziale Teilhabe und Wirkung, aber auch die Art, wie Sozialsphären umgekehrt auf sie wirken und damit ihr Leben, Erleben und schließlich sie als Person prägen.

Ist der Beruf ein dominant soziales Regulativ, so ist Lebensführung ein von der Person hervorgebrachtes und betriebenes Regulativ – ein Regulativ, das sie gesellschaftlichen Regulativen sogar aktiv entgegensetzt, um auf diese zu reagieren. Ohne es zu wollen und zu wissen, leistet sie damit zugleich einen aktiven Beitrag zu ihrer Vergesellschaftung. Außerdem installiert und betreibt sie damit zugleich eine sich partiell verselbständigende Instanz – eine Instanz, die weder ausschließlich die Gesellschaft repräsentiert noch allein der Kontrolle der Person folgt. Ein System sui generis mit (zumindest in Teilen) eigener Logik, das jedoch genau als solches die Vermittlung vielleicht besonders effizient leistet. Lebensführung ist zwar von der Person hervorgebracht und an sie gebunden, aber sie vertritt nicht nur die Interessen der Person, sondern hat auch hochgradig gesellschaftliche Anforderungen und Bedingungen inkorporiert. Sie ist eine fast neutrale oder „diplomatische" Instanz (wenn auch im Auftrag der Person), die genau deswegen die Vermittlungsfunktion besonders flexibel wahrnehmen kann. Sie ist als solche eine von der Soziologie erstaunlicherweise bis zur ihrer expliziten „Entdeckung" kaum wahrgenommene Instanz eigener soziologischer Qualität und Dignität, die in grundlegender (für manche Probleme vielleicht sogar entscheidener) und von den Leistungen anderer Instanzen systematisch zu unterscheidender Weise zur Sozialintegration beiträgt – sozusagen ein „missing link" der Soziologie. Dagegen ist der Beruf, als hochgradig sozial standardisierte und rigide Schablone, ein reichlich starres und – soziologisch gesehen – „konventionelles" Vermittlungsmoment, dessen gesellschaftliche (z.b. staatliche wie wirtschaftliche) Interessenbindung zudem allzu deutlich ist.

4. Vom Beruf zur Lebensführung – Das Vermittlungsproblem in individualisierten Zeiten

4.1 Subjektorientierte Einsichten zur Vermittlung von Individuum und Gesellschaft

Welche Folgerungen können aus dem Vergleich der beiden in München untersuchten Vermittlungsinstanzen gezogen werden?

Zum einem ist zu sehen, daß die für die Soziologie so wichtige Subjekt-Struktur-Problematik nicht allein als abstrakte Frage zu bearbeiten ist, sondern auch und vielleicht sogar sehr viel fruchtbarer an konkreten *Beispielen* (wie Beruf und Lebensführung) untersucht werden kann. Und vielleicht erkennt man erst dann, daß das theoretische Problem der „Vermittlung" (wie eingangs gesagt) gesellschaftspraktisch immer schon irgendwie „gelöst" ist: durch konkrete Instanzen, die in unterschiedlicher Weise Vermittlungsfunktionen für beide Seiten wahrnehmen.

Zum zweiten wird deutlich, daß es vielleicht eine überfällige Aufgabe der Soziologie ist, sich explizit und systematisch genau solchen praktischen *Vermittlungsinstanzen* zuzuwenden. Es dürfte für die weitere Bearbeitung der Subjekt-Struktur-Problematik von größter Bedeutung sein, derartige Instanzen nicht nur gezielt aufzudecken und aufzulisten, sondern auch komparativ empirisch zu untersuchen und theoretisch zu konzeptualisieren, um daraus Schlüsse über die Funktionsweise und Wirkungen der Vermittlung von Individuum und Gesellschaft allgemein zu ziehen.

Zum dritten zeigt sich, daß die Subjekt-Struktur-Vermittlung *von beiden Polen aus* betrieben wird. Die Soziologie hat jedoch bisher, wenn überhaupt, fast ausschließlich soziale Vermittlungsinstanzen im engeren Sinne thematisiert und nahezu übersehen, daß es auch wichtige *personale* Vermittlungen gibt, die nicht der Psychologie überlassen bleiben dürfen, sondern (auch) genuin soziologisch beachtet und ausgearbeitet werden können und müssen, allen voran die

Lebensführung.[8] Die Identifizierung und Konzipierung möglicher anderer Instanzen von dieser Seite aus könnte zukünftig eine sehr spannende Frage der Soziologie sein.

Schließlich ist viertens zu vermuten, daß gerade diese personalen Vermittlungsinstanzen für die Integrations- und Entwicklungsfähigkeit individualisierter Gesellschaften eine entscheidende Rolle spielen und damit zukünftig wachsende Bedeutung bekommen – Instanzen, um die sich die Soziologie aber bisher zu wenig gekümmert hat. Dieser historische Aspekt soll abschließend vertieft werden, wobei einmal Beruf und Lebensführung gegenübergestellt werden.

4.2 Das Vermittlungsproblem in fortgeschritten modernen Gesellschaften

Der Beruf, als gesellschaftlich vorgegebenes und standardisiertes Fähigkeitsmuster, entspricht präzise einer Vergesellschaftungslogik, wie sie bis in die achtziger Jahre für klassisch moderne Gesellschaften als charakteristisch angesehen werden kann. Relativ starre, großformatige und zudem oft staatlich stark gestützte soziale Strukturen bestimmen die wichtigsten sozialen Vorgänge. Die Vergesellschaftung der Individuen erfolgt weitgehend passiv, d.h. sie sind – mit gewissen Spielräumen – sozialen Vorgaben unterworfen, denen sie, sozial sanktioniert, mehr oder weniger weitgehend entsprechen müssen. Die Vermittlung von Individuum und Gesellschaft wird primär durch wenig dynamische gesellschaftliche Instanzen getragen – was auch entsprechend die dominierenden Konzepte der Soziologie geprägt hat.

Die Teilhabe der Individuen am Erwerbsleben, als einem hervorragenden, vielleicht sogar dem zentralen Ort der Vergesellschaftung und der individuellen wie gesellschaftlichen Reproduktion, reguliert sich (zumindest in Deutschland) wesentlich über das Berufsschema; also über ein Schema, durch das die Individuen zu Inhabern standardisierter Kompetenzschablonen reduziert und so auch betrieblich eingesetzt werden. Das Potential latenter Fähigkeiten im Rahmen fester Raster (der Berufe) ist entscheidend für die Teilnahme am Arbeitsmarktgeschehen – wie dann damit manifest gearbeitet wird, hängt von betrieblichen Organisations- und Kontrollaufwendungen ab, denen die Individuen mehr oder weniger pauschal und rigide unterworfen werden.

Mit dem sozialen Wandel seit etwa Ende der siebziger Jahre stößt dieses Modell bekannterweise an Grenzen: Prozesse der Individualisierung der Sozialstruktur und der Deregulierung fast aller gewohnten Strukturen des Arbeitsle-

---

8 Beim Thema der (personalen und sozialen) „Identität" ist dies ja gelungen; vgl. zum Beitrag des Konzepts der alltäglichen Lebensführung zur Identitätsforschung grundlegend Behringer (1998).

bens lassen starre und großformatige Sozialvorgaben immer problematischer werden (vgl. Beck insbes. 1986; aktuell z.B. 1993 und Beck u.a 1994). Zunehmend unterliegen Individuen dabei einer historisch neuartigen „Freisetzung" aus sozialen Strukturen aller Art. Diese Freisetzung räumt ihnen jedoch weniger neuartige Entfaltungschancen ein, als daß sie nun (wie historisch immer deutlicher wird) zunehmend gezwungen sind, in systematisch erweiterter Form die Regulierung ihres Handelns in allen Lebenssphären und damit schließlich ihre Vergesellschaftung aktiv selber zu betreiben. Immer stärker müssen die Individuen in Folge dessen Formen entwickeln, mit denen sie sich auf die für sie relevanten Gesellschaftsausschnitte beziehen und sogar teilweise erst die sozialen Rahmen herstellen, die sie als Rückhalt für ihre soziale Existenz benutzen können („active networking"). Die aktive Konstruktion passender biographischer Entwürfe und nicht zuletzt dann auch von funktionalen Formen der alltäglichen Lebensführung wird dabei immer entscheidender für die Vermittlung mit der Gesellschaft.

Das Erwerbsleben ist dabei – entgegen frühen Abgesängen auf die Arbeitsgesellschaft – mehr denn je eine zentrale Ebene der Vergesellschaftung und Reproduktion. Aber zunehmend erweisen sich auch dabei starre Regulationsschablonen wie der Beruf als ausgesprochen problematisch für die Vermittlung von Arbeitskräften und Arbeitsorganisationen. Die ehemalige Münchener „Kritik des Berufs" ist dadurch längst von einer handfesten „Krise des Berufs" überholt worden – die in der gleichzeitig diagnostizierten „Krise des Betriebes" infolge post-tayloristischer Differenzierungen betrieblicher Organisationsformen (Dezentralisierung, virtuelle Betriebsstrukturen, betriebsübergreifende systemische Rationalisierung usw.) ein interessantes Gegenstück hat.

Immer weniger sind es vor allem die berufsförmig verfassten Potentiale von Arbeitsfähigkeiten, die wie bisher Zugänge zu Arbeitsplätzen öffnen – zu Arbeitsplätzen, auf denen man sich dann bisher eher passiv betrieblichen Anweisungen für konkretes Handeln hat unterwerfen können. Jetzt wird betrieblich immer mehr durchgesetzt, daß Arbeitskräfte nicht nur latente Arbeits-Potentiale anbieten, sondern manifeste Arbeits-Leistungen garantieren. Zunehmend geben sich Betriebe nicht mit den vagen Leistungs-Versprechen der Berufe und ihrer individuellen Träger zufrieden, deren Einlösung mittels organisatorischer Steuerungs- und Kontroll-Maßnahmen dann ihr Risiko bleibt – sie wollen (und brauchen aufgrund der verschärften Arbeitsmarktbedingungen) nicht mehr die Katze im Sack kaufen, sondern sie verlangen immer mehr eine aktive Leistungssicherung und -steuerung durch die Betroffenen selber.

Aus den beruflich standardisierten Arbeit-Nehmern der tayloristisch-fordistischen Arbeitswelt, die mittels typisierter Fähigkeitsausweise ihre Fähigkeiten verkaufen und dann auf Führung warten, werden auf diese Weise in wachsendem Maße individualisierte *Arbeitskraft-Unternehmer* (vgl. Voß/Pongratz 1998,

Voß 1994b; ähnlich Gross 1995, 1996, Zielcke 1996) – eine neuartige, auf post-tayloristische bzw. post-fordistische Wirtschafts- und Arbeitsverhältnisse ausgerichtete Form der berühmten Marxschen „Ware Arbeitskraft", die sich zumindest in drei Aspekten vom bisher vorherrschenden Typus beruflicher Arbeitskraft unterscheidet:

Für sie ist es zum einen (wie wir schon länger wissen) nicht mehr ausreichend, sich einmalig fachlich zu qualifizieren und dann standardisierte Fähigkeitsprofile anzubieten. Sie müssen vielmehr biographisch kontinuierlich (also auch innerhalb von Beschäftigungsverhältnissen) im Zuge einer verschärften individuellen *Selbst-Ökonomisierung* eine aktive „Produktion" und gezielte „Vermarktung" ihrer Kompetenzen betreiben und dadurch immer mehr zu „Unternehmern-ihrer-Selbst" werden. Man erwartet zudem von ihnen Kompetenzen in einem sehr viel umfassenderen und individuelleren Sinne als bisher: Fähigkeiten, bei denen die extra- oder metafunktionalen Anteile (Kreativität und Innovativität, Flexibilität und Lernfähigkeit, Kommunikativität und Sozialität, Zuverlässigkeit und Loyalität usw.) zunehmend wichtiger sind als die fachlichen im engeren Sinne und die kaum mehr feste soziale Formen haben, sondern in wachsendem Maße ständig weiter zu entwickelnde sehr persönliche *Individual-Berufe* sind.

Die Kontrolle der Verausgabung und Nutzung ihrer Fähigkeiten in konkreten Arbeitsprozessen können und dürfen sie zum zweiten nicht mehr abwartend den Betrieben überlassen, die Mitarbeiter ohnehin immer häufiger nur auf Zeit anstellen, immer leichter entlassen können oder gar nur noch freiberuflich beschäftigen und sie dadurch in grundlegend erweiterter Form unter Druck setzen. Vielmehr sind sie jetzt in wachsendem Maße gezwungen, eigenverantwortlich die praktische Regulierung ihrer Tätigkeiten im Rahmen betrieblicher Kontextvorgaben und im Sinne genereller Betriebsziele selbst zu betreiben, also eine *fremdorganisierte Selbstorganisation* (Pongratz/Voß 1997) vorzunehmen. Sie sind dabei tendenziell immer weniger konventionell lohn-abhängige Arbeitnehmer, als vielmehr zunehmend (mehr oder minder markt-abhängige) individualisierte „Subunternehmer" – ganz gleich ob sie wirkliche Selbständige sind (sowohl tatsächlich autonome Eigenunternehmer als auch nach wie vor betrieblich gebundene „Scheinselbständige") oder Varianten sogenannter „innerbetrieblicher Unternehmer" mit grundlegend erweitertem teilautonomen Status.

Und um dabei auf Dauer und halbwegs erfolgreich erwerbstätig sein zu können, reicht es dabei drittens immer weniger aus, einmalig ein zum erlernten Beruf passendes geruhsames Alltagsleben zu haben. Jetzt wird es immer wichtiger, systematisch einen effizienten und vor allem flexiblen alltäglichen Lebensrahmen zu entwickeln, der kontinuierlich an die sich immer stärker wandelnden Anforderungen angepaßt wird – eine leistungsfähige Alltagsorganisation, die es ermöglicht, in der angedeuteten individualisierten und dynamischen Form seine Arbeitskraft zu entwickeln, zu vermarkten und anzuwenden. Der Beruf und die auf seiner Basis organisierte Berufstätigkeit verlieren damit immer mehr an Bedeutung, nicht nur für die Sicherung des Erwerbs, sondern auch für die Stabilisierung des gesamten Lebensarrangements von Menschen und damit schließlich für ihre Sozialintegration. Statt dessen wird die bewußte Konstruktion, effizienzorientierte Organisation und kontinuierlich zweckgerichtete Weiterentwicklung einer sehr individuellen und leistungsfähigen Lebensführung mit großer Ähnlichkeit zu betrieblichen Organisationsformen (eine „Verbetrieblichung" von Lebensführung) zum vorrangigen Faktor eines auskömmlichen persönlichen Lebens und der Einbindung von Individuen in die Gesellschaft und damit schließlich für die Stabilisierung und Entwicklungsfähigkeit von Gesellschaft insgesamt. Dieser Prozeß markiert jedoch nichts anderes als eine neue Stufe der von Max Weber postulierten historisch fortschreitenden *Rationalisierung von Gesellschaft* (bzw. der Durchsetzung einer privatwirtschaftlich basierten Vergesellschaftungslogik, wie es Marx sehen würde) – eine Entwicklung, die zuerst die Sphären Wirtschaft (Verbetrieblichung), Arbeit (Verberuflichung), Staat (Bürokratisierung) und Wissen (Entzauberung und Verwissenschaftlichung) erfaßt hat und nun (nach ersten, auch von Weber schon gesehenen Anzeichen bei einzelnen Eliten, wie v.a. dem calvinistischen Bürgertum) sozial immer umfassender die Alltagsgestaltung und damit auch die bisher nur teilweise betroffene Privatsphäre von Menschen unterwirft.

Literatur

Alexander, J. C./Giesen, B./Münch, R./Smelser, N. J. (eds.). (1987): The Micro-Macro-Link. Berkeley/Los Angeles/London
Beck, U. (1986): Risikogesellschaft. Auf dem Weg in eine andere Moderne. Frankfurt a.M.
Beck, U. (1993): Die Erfindung des Politischen. Zu einer Theorie reflexiver Modernisierung. Frankfurt a.M.
Beck, U./Brater, M. (Hg.) (1977): Die soziale Konstitution der Berufe (Bd. 1). Frankfurt a. M.
Beck, U./Brater, M. (1978a): Berufliche Arbeitsteilung und soziale Ungleichheit. Eine gesellschaftlich-historische Theorie der Berufe. Frankfurt a.M./New York
Beck, U./Brater, M. (1978b): Zur Kritik der Beruflichkeit des Arbeitens. In: Duve, F. (Hg.): Technologie und Politik (Bd. 10). Reinbek
Beck, U./Brater, M./Daheim, H. (1980): Soziologie der Arbeit und der Berufe. Grundlagen, Problemfelder, Forschungsergebnisse. Reinbek

Beck, U./Giddens, A./Lash, S. (1994): Reflexive Modernisation. Politics, Tradition and Aesthetics in the Modern Social Order. Cambridge
Behringer, L. (1998). Lebensführung als Identitätsarbeit. Der Mensch im Chaos des modernen Alltags. Frankfut a.M./New York
Bolte, K.M. (1985): Nicht immer sind die Werte schuld – sozialwissenschaftliche Argumente zur Diskussion um die Leistungsbereitschaft. In: Kaase, M./Küchler, M. (Hg.): Herausforderungen der empirischen Sozialforschung. Mannheim
Bolte, K.M. (1987): Anmerkungen zum Stand der sozialwissenschaftlichen Wertewandeldiskussion. Was wandelt sich im Bereich unserer Kultur tatsächlich ? In: Ohe, W.v.d. (Hg.): Kulturanthropologie. Beiträge zum Neubeginn einer Disziplin. Festgabe f. E.K. Francis. Berlin
Bolte, K.M. (1993a). Lebensführung und Arbeitswelt. Bericht über ein Forschungsprojekt. In: ders. (Hg.): Wertewandel – Lebensführung – Arbeitswelt (Otto von Freising – Vorlesungen Bd. 8). München
Bolte, K.M. (1993b): Wertewandel und Arbeitswelt. Versuch einer Bilanz. In: ders. (Hg.): Wertewandel – Lebensführung – Arbeitswelt (Otto von Freising – Vorlesungen Bd. 8). München
Bolte, K.M. (1995): Zur Entstehungsgeschichte des Projekts im Rahmen einer „subjektorientierten" Forschungsperspektive. In: Projektgruppe „Alltägliche Lebensführung" (Hg.): Alltägliche Lebensführung. Arrangements zwischen Traditionalität und Modernisierung. Opladen
Bolte, K.M./Aschenbrenner, K./Kreckel, R./Schulz-Wild, R. (1970): Beruf und Gesellschaft in Deutschland. Berufsstruktur und Berufsprobleme. Opladen
Bolte, K.M./Brater, M./Beck, U. (1988): Der Berufsbegriff als Instrument soziologischer Analyse. In: Bolte, K.M. (Hg.): Mensch, Arbeit und Betrieb. Weinheim
Bolte, K.M./Voß, G.G. (1988): Veränderungen im Verhältnis von Arbeit und Leben. Anmerkungen zur Diskussion um den Wandel von Arbeitswerten. In: Reyher, L./Kühl, J. (Hg.): Resonanzen. Arbeitsmarkt und Beruf – Forschung und Politik (Beitr AB 111). Nürnberg
Bourdieu, P. (1976): Entwurf einer Theorie der Praxis – auf der ethnologischen Grundlage der kabylischen Gesellschaft. Frankfurt a.M.
Bourdieu, P. (1982): Die feinen Unterschiede. Kritik der gesellschaftlichen Urteilskraft. Frankfurt a.M.
Brater, M./Beck, U. (1982): Berufe als Organisationsform menschlichen Arbeitsvermögens. In: Littek.W./Rammert, W./Wachtler, G. (Hg.): Einführung in die Arbeits- und Industriesoziologie. Frankfurt a.M./New York
Coleman, J.S. (1986): Social Theory, Social Research and a Theory of Action. In: American Journal of Sociology, 91 (6), S. 1309-35
Coleman, J.S. (1991): Grundlagen der Sozialtheorie. Band 2: Handlungen und Handlungssysteme. München
Dunkel, W. (1994): Pflegearbeit – Alltagsarbeit. Eine Untersuchung der Lebensführung von AltenpflegerInnen. Freiburg
Giddens, A. (1988): Die Konstitution der Gesellschaft. Frankfurt a.M./New York (zuerst engl. 1984)
Giddens, A. (1995): Soziologie. Graz, Wien (zuerst engl. 1989, 2. Aufl. 1993)
Gross, P. (1995): Abschied von der monogamen Arbeit. In: gdi impuls, 13 (3), 31-39

Gross, P. (1996): Die Multioptionsgesellschaft: Das Ende der monogamen Arbeit? In: Kunst & Kultur. Kulturpolitische Zeitschrift der IG Medien, 3 (1), S. 25-30

Hesse, H.A. (1972): Berufe im Wandel (2. Aufl.). Stuttgart

Jochum, G. (1996): „Penneralltag" – Eine soziologische Studie zur Lebensführung von „Stadtstreichern" in München. In: Kudera, W./Voß, G.G. (Hg.): „Penneralltag". München/Mering

Jurczyk, K./Treutner, E./Voß, G./Zettel, O. (1985): „Die Zeiten ändern sich". Arbeitszeitpolitische Strategien und die Arbeitsteilung der Personen. In: Hradil, S. (Hg.): Sozialstruktur im Umbruch. Opladen (Abdruck in diesem Band)

Jurczyk, K./Rerrich, M. S. (1993): Einführung: Alltägliche Lebensführung, der Ort, wo „alles zusammenkommt". In: dies. (Hg.): Die Arbeit des Alltags. Freiburg

Jurczyk, K./Rerrich, M. S. (Hg.) (1993): Die Arbeit des Alltags. Über wachsende Anforderungen der alltäglichen Lebensführung. Freiburg

Knorr-Cetina, K./Cicourel, A.V. (1981): Advances in Social Theory and Methodology. Toward an Integration of Micro- and Macro-Sociologies. Boston

Kudera, W./Voß, G.G. (Hg.) (1996): Penneralltag. Eine soziologische Studie von Georg Jochum zur Lebensführung von „Stadtstreichern" in München. München/Mering

Ostner, I./Pieper, B. (Hg.) (1980): Arbeitsbereich Familie. Umrisse einer Theorie der Privatheit. Frankfurt a.M./New York

Pongratz, H.J./Voß, G.G. (1997): Fremdorganisierte Selbstorganisation. In: Zeitschrift für Personalforschung, 11 (1), 30-63.

Projektgruppe „Alltägliche Lebensführung" (Hg.) (1995): Alltägliche Lebensführung. Arrangements zwischen Traditionalität und Modernisierung. Opladen

Treutner, E./Wolff, S./Bonß, W. (1978): Rechtsstaat und situative Verwaltung. Frankfurt a.M./New York

Treutner, E./Voß, G.G. (1982): Arbeitsmuster – Ein Konzept zum Zusammenhang von gesellschaftlicher Arbeitsteilung und der Verteilung von Arbeiten auf Ebene der Subjekte. (unv. Vortrag) München (Abdruck in diesem Band)

Voß, G.G. (1990): Wertewandel: Eine Modernisierung der protestantischen Ethik? In: Zeitschrift für Personalforschung, 4 (3), S. 263-275

Voß, G.G. (1991a): Lebensführung als Arbeit. Über die Autonomie der Person im Alltag der Gesellschaft. Stuttgart

Voß, G.G. (1991b): Lebensführung: Ein integratives Konzept zur Analyse alltäglichen Lebens. In: ders. (Hg.),: Die Zeiten ändern sich – Alltägliche Lebensführung im Umbruch (Sonderheft II der Mitteilungen des SFB 333). München

Voß, G.G. (1994a): Berufssoziologie. In: Kerber, H./Schmieder, A. (Hg.): Spezielle Soziologien. Reinbek

Voß, G.G. (1994b): Das Ende der Teilung von „Arbeit und Leben"? An der Schwelle zu einem neuen gesellschaftlichen Verhältnis von Betrieb und Lebensführung. In: Beckenbach, N./Treeck, W.v. (Hg.): Umbrüche gesellschaftlicher Arbeit. Göttingen (Abdruck in diesem Band)

Voß, G.G. (1995): Entwicklung und Eckpunkte des theoretischen Konzepts. In: Projektgruppe „Alltägliche Lebensführung" (Hg.): Alltägliche Lebensführung. Arrangements zwischen Traditionalität und Modernisierung. Opladen

Voß, G.G. (Hg.) (1991): Die Zeiten ändern sich – Alltägliche Lebensführung im Umbruch (Sonderheft II der Mitteilungen des SFB 333). München

Voß, G.G./Pongratz, H.J.: Subjekt und Struktur – die Münchener Subjektorientierte Soziologie. Zur Einführung. In: dies. (Hg.): Subjektorientiert Soziologie. Opladen

Voß, G.G./Pongratz, H.J. (1998): Der Arbeitskraftunternehmer. Eine neue Grundform der Ware Arbeitskraft? In: KZfSS, 50(1), S. 131-158

Weber, M. (1972): Wirtschaft und Gesellschaft. Grundriß der verstehenden Soziologie (5. rev. Auflage). Tübingen

Weber, M. (1986): Gesammelte Aufsätze zur Religionssoziologie I. Tübingen

Weihrich, M. (1998): Kursbestimmungen. Eine qualitative Paneluntersuchung der alltäglichen Lebensführung im ostdeutschen Transformationsprozeß. Pfaffenweiler

Zielcke, A. (1996): Der neue Doppelgänger. Die Wandlung des Arbeitnehmers zum Unternehmer – Eine zeitgemäße Physiognomie. Frankfurter Allgemeine Zeitung, 20.7.96/Nr. 167

Werner Kudera

Lebenslauf, Biographie und Lebensführung

Zusammenfassung

Lebenslauf, Biographie und Lebensführung sind als soziologische Konzepte komplementär. Wenn von der Biographisierung von Lebenslauf und Lebensführung gesprochen wird, ist die Zunahme von verfügbaren Orientierungs- und Handlungsalternativen sowie die gesteigerte Notwendigkeit der Selbstthematisierung und der Reflexivität im Hinblick auf die eigene Lebensplanung und Lebenspraxis gemeint. Demgegenüber verbürgen ein regelhafter, sequentiell geordneter Lebenslauf und eine regelhafte Lebensführung im Code von Individualität als neu entstandene institutionelle Muster eine eigene soziale Ordnung des alltäglichen Lebens. Diese Ordnung selbst erzeugt neue Formen sozialer Ungleichheit, für die die Dimensionen von Offenheit und Diskontinuität, von Unsicherheit und Unberechenbarkeit konstitutiv sind.

1. Einleitung

Die aktuelle sozialstrukturelle Dynamik ist zum einen durch einen Wandel fundamentaler Strukturen des Systems der Erwerbsarbeit gekennzeichnet, angedeutet mit Stichworten wie Auflösung von Normalarbeitszeit, Normalarbeitstag und Normalarbeitsverhältnis, Einführung neuer und flexibler Formen der Arbeitsorganisation und des Personaleinsatzes sowie Akzeptanz eines hohen Niveaus von Sockelarbeitslosigkeit. Sie ist zum anderen lebensweltlich charakterisiert durch eine Verflüssigung sozialer Lagen aufgrund einer Biographisierung des Lebenslaufs und einer Pluralisierung von Lebensformen und Lebensstilen. Diese Entwicklung, die auch unter dem Aspekt der Individualisierung diskutiert wird, hat nicht nur die Verwischung traditioneller sozialer Scheidelinien zur Folge. Sie macht auch zugleich eine Änderung der Perspektive auf soziale Ungleichheit erforderlich. Ich möchte deshalb mit meinem Beitrag den Blick weg von einer vorrangigen Betrachtung von deskriptiven Merkmalskombinationen und sozialstrukturellen Determinanten hin zu lebensweltlichen Medien der Produktion, Reproduktion und Transformation von sozialer Ungleichheit lenken. Derartige Medien sehe ich in den Institutionen Lebenslauf, Biographie und Lebensführung. Ihrer Konzeptualisierung sowie der eher noch programmatischen Formulierung möglicher Konsequenzen für die Analyse von sozialer Ungleichheit gilt der folgende, thesenhaft kondensierte Beitrag.

Die „Institutionalisierung des Lebenslaufs" als soziologisches Konzept und als fait social ist forschungspolitisch inzwischen selbst gut institutionalisiert und verfügt über eine eigenständige Tradition. Ebenso ist die „Biographieforschung" mittlerweile methodisch und theoretisch etabliert und durch Schulen abgesichert. Gleiches gilt für „Lebensführung" noch nicht. Lebensführung wird, so ist mein Eindruck, wo nicht bloß metaphorisch gebraucht, immer noch als eher residuales Konzept wahrgenommen, thematisch irgendwo situiert zwischen Alltagsleben und Lebensform, zwischen Lebensweise und Lebensstil, theoretisch angesiedelt, wenn überhaupt, eher in der Sozialanthropologie als in der Soziologie. Die Änderung dieser unbefriedigenden Lage ist eine weitere Absicht meines Beitrages, dessen Tenor ich in zwei Vorbemerkungen und sieben Thesen zusammenfassen möchte.

Die beiden Vorbemerkungen lauten:

1. Im Zusammenhang mit dem epochalen Prozeß gesellschaftlicher Modernisierung wird aus einem durch wechselnde Ereignisse bestimmten und durch geltende Traditionen regulierten, situativen Dahinleben der Menschen von Tag zu Tag ein sequentiell geordneter Lebenslauf und eine methodisch regulierte Lebensführung. Ein Aspekt dieses Prozesses ist von *Martin Kohli* als Institutionalisierung des Lebenslaufs mehrfach beschrieben, ein anderer von *Max Weber* als Institutionalisierung methodischer Lebensführung zumindest konzeptuell vorbereitet worden.

2. Der im Zuge der Modernisierung gleichzeitig ablaufende Prozeß der Individualisierung führt zu einer subjektiven Konstruktion des individuellen Lebens im Sinne eines Programms reflexiv gesteuerter Selbstentfaltung. Der diachrone Aspekt dieses Prozesses ist inzwischen als Biographisierung des Lebenslaufs etikettiert und vielfach verhandelt worden. Dem alltagszeitlichen Aspekt gilt das Interesse der von uns initiierten Lebensführungsforschung.

Die sieben Thesen lauten:

1. Lebenslauf, Biographie und Lebensführung sind als Konzepte komplementär und von der Sache her notwendig aufeinander verwiesen, sie bilden einen eigenen dialektischen Zusammenhang.
2. Lebensführung als Handlungsregulativ repräsentiert das alltagszeitliche Korrelat zum lebenszeitlich geordneten Lebenslauf.
3. Biographie als subjektive Konstruktion des Lebens macht aus Lebenslauf und Lebensführung ein integrierendes und individuell zu gestaltendes Projekt, dem in wachsendem Maße Integrationsleistungen zuwachsen, die bis-

lang von Institutionen wahrgenommen wurden und durch Prozesse der De-Institutionalisierung verloren gehen.
4. Lebenslauf, Biographie und Lebensführung als gesellschaftliche Konstruktionen der Moderne repräsentieren zugleich lebensweltliche Medien der Konstitution von sozialer Ungleichheit.
5. Mit dem Ausgang von sozialen Mustern alltäglicher Lebensführung treten als Indikatoren sozialer Ungleichheit im Alltagshandeln konstituierte Konfigurationen an die Stelle szientifisch konstruierter, abstrakter Merkmalskombinationen.
6. Mit dem Ausgang von Lebensführung als Medium der Vergesellschaftung rückt anstelle eines supponierten, linear deterministischen Zusammenhangs von Sozialstruktur und Subjekt der Prozeß der individuellen Aneignung und Gestaltung als eine Ebene von Strukturbildung sui generis, auf der soziale Ungleichheit zugleich produziert und reproduziert wird, ins Zentrum der Analyse.
7. Mit dem Ausgang von Lebensführung als lebenslangem Prozeß schließlich tritt an die Stelle einer Zuordnung von Individuen oder Haushalten zu bestimmten Merkmalskombinationen und der entsprechenden Statik sozialer Lagen eine Betrachtung der Entwicklungsdynamik von Lebenslage, Lebensabschnitt und Lebensführung, die den Blick für Stabilität und Flexibilität, Kontinuität und Diskontinuität, Kohärenz und Brüchigkeit, Konsistenz und Widersprüchlichkeit, Offenheit und Geschlossenheit als relevante Dimensionen sozialer Ungleichheit schärft (vgl. auch Rerrich/Voß 1993).

Im ersten Schritt will ich nun das von uns entwickelte Konzept alltäglicher Lebensführung vorstellen. Im zweiten Schritt sollen einige Aspekte der Komplementarität der Konzepte von Lebenslauf, Biographie und Lebensführung nachgezeichnet werden. Im abschließenden dritten Schritt werde ich dann anhand des Beispiels zweier von uns untersuchter Gruppen von erwerbstätigen Personen Zusammenhänge von Biographie, Lebensführung und sozialer Ungleichheit entwickeln.

2. Das Konzept „Lebensführung"

Nach unseren Vorstellungen erschöpft sich Lebensführung weder in dem von einem Akteur bewußt und rational gesteuerten Alltagshandeln noch geht sie in einem historisch eingeschränkten, normativen Modell, wie man standesgemäß oder klassenmäßig zu leben habe, auf. Vielmehr repräsentiert Lebensführung die individuelle Konstruktion alltäglichen Lebens und stellt als ein Aspekt von

Modernisierung ein spezifisches Vergesellschaftungsprogramm, ein elementares soziales Systems sui generis dar.[1] Dabei mag es paradox klingen, wenn ich von Lebensführung als elementarem sozialem System sui generis spreche. Denn mit Lebensführung verbindet sich ja zunächst eher die Vorstellung von etwas, das an das Subjekt und dessen Idiosynkrasien gebunden ist, während der Begriff des sozialen Systems in der Regel eher die Vorstellung eines sozialen Aggregats evoziert. Das Paradoxon löst sich freilich auf, wenn mit Lebensführung ein Handlungsregulativ ins Auge gefaßt wird, das dem individuellen Mikrokosmos sowohl des praktischen Überlebens (ein Aspekt der Naturhaftigkeit des Lebens) als auch des guten, richtigen und authentischen Lebens (ein Aspekt der kulturell vermittelten, subjektiven Konstruktion des Lebens) eine jeweils spezifische Struktur verleiht. Wichtig ist dabei, daß sich im Verlauf des Alltagshandelns durch dessen Reproduktion hindurch Arrangements von Handlungsroutinen, Beziehungsmustern und Koordinationsniveaus entwickeln und verfestigen, die gegenüber den subjektiven Motiven, Gründen und Intentionen Selbständigkeit gewinnen, ihrerseits regulativ wirken und damit zugleich für lebensweltliche Kontinuität sorgen. Entscheidend ist also der Gesichtspunkt der *Systembildung*.

Systemcharakter entwickeln solche Arrangements insofern, als es sich bei ihnen um mehr oder weniger komplexe Handlungsstrukturen mit eigener Form und Logik handelt, die der Steigerung der Autonomie von der Umwelt dienen, ein eigenes Regelwerk und formale Rationaltität aufweisen, im Handeln der Personen reproduziert werden, und sich schließlich durch hierarchische, segmentäre und funktionale Differenzierung auszeichnen. Die *Dynamik* dieser Arrangements resultiert aus dem Spannungsverhältnis sämtlicher Faktoren, die im Alltagsleben zusammenspielen und aus der Notwendigkeit, dieses Spannungsverhältnis permanent ausbalancieren zu müssen. Diese Faktoren sind weder nach Art und Umfang für jedermann identisch, sie können gleichbleiben oder sich verändern, sie können in ihren Konfigurationen ähnlich sein oder verschieden, widersprüchlich oder konsistent. Ihr jeweils konkreter Zusammenhang mit all seinen Widersprüchen bildet jedenfalls ein mehr oder weniger komplexes und dynamisches System – eben das der alltäglichen Lebensführung.

Wie komplex und dynamisch, wird ersichtlich, wenn man sich vor Augen hält, daß im System alltäglicher Lebensführung alle Probleme, die den Kanon der Probleme der Gesellschaftswissenschaften ausmachen, sich als praktische bündeln. Weil in der Mikrototalität von Lebensführung sich die gesellschaftliche Totalität individuell gebrochen spiegelt, gibt uns eine entsprechende Forschungsperspektive einerseits die Möglichkeit, uns mit Hilfe eines integralen

---

1 Hierin unterscheide ich mich in der Akzentuierung von G.G. Voß, der in subjektorientierter Betrachtung den Aspekt der individuellen Hervorbringung in den Vordergrund stellt (vgl. Voß 1991).

Konzepts von Lebensführung von der Beschränkung arbeitsteilig parzellierter Forschungsprogramme freizumachen. Sie konfrontiert uns andererseits mit der Notwendigkeit, tendenziell alles systematisch berücksichtigen zu müssen, was in der Gesellschaft und damit zugleich im Bezugsrahmen individueller Lebensführung von Bedeutung ist.

Da Lebensführung stets und notwendig in soziale Bezüge eingebunden ist, wird sie nicht „monadologisch", sondern immer auch sozial konstituiert. Gesellschaftsstrukturelle Bedingungen werden für das Individuum in der permanenten Gegenwärtigkeit der repetitiven und emergenten Anforderungen des alltäglichen Lebens wirksam. Diese Anforderungen werden in den unterschiedlichen gesellschaftlichen Subsystemen und Institutionen sowie den entsprechenden Interaktionszusammenhängen manifest und müssen in das jeweilige individuelle System alltäglicher Lebensführung eingebaut, in ihm abgeglichen und verarbeitet werden. Damit ist Lebensführung der systematische Ort, an dem Personen nicht nur die gesellschaftlich ausdifferenzierten und fragmentierten Arbeits- und Lebensbereiche, sondern auch ihre sozialen Beziehungen sachlich, zeitlich, symbolisch und emotional integrieren und in sicherlich stets prekärer Balance auf Dauer stellen. Insofern repräsentiert Lebensführung nicht allein einen wichtigen Aspekt individuell konstruierter Stabilität und Kontinuität. Sie konstituiert vielmehr zugleich ein eigenes Vergesellschaftungsprogramm, indem sie sowohl Gesellschaft auf der Ebene individuellen Handelns in einer eigenwilligen Gesamtstruktur integriert als auch das Individuum über seine gesellschaftliche Definition und die soziale Vernetzung seiner Lebensführung in die Gesellschaft integriert.

2.1 Alltägliche Lebensführung als System und individuelle Leistung

Die elementare Funktion alltäglicher Lebensführung besteht darin, die sachlichen, zeitlichen, sinnhaften und emotionalen Erfordernisse des Lebens und die entsprechenden Aktivitäten in einem integrierenden Rahmen auf Dauer hin angelegt nach Prioritäten, Art und Umfang zu ordnen, methodisch zu planen, zu koordinieren und zu synchronisieren und praktisch umzusetzen. Dieser Rahmen wird konstituiert zum einen durch die gesellschaftlich ausdifferenzierten Lebens- und Handlungsbereiche von Erwerbsarbeit und Einkommenssicherung, von Wohnen und Haushaltsführung, von Freizeit, Beziehungen und sozialen Interaktionen, bei familialer Lebensform zusätzlich durch den Bereich der Betreuung und Erziehung von Kindern. Zum anderen durch die individuellen Biographien und Charaktere, Lebenspläne und Orientierungen, Erfahrungen und Kompetenzen, Ansprüche und Qualifikationen, Relevanzstrukturen, Reflexions- und Koordinationsniveaus. Dabei spielen die Verfügbarkeit von Ressourcen und ihre Verwendung in Abhängigkeit von Lebenslage und Lebensabschnitt eine wichtige Rolle: Ressourcen öffnen oder schließen Optionen. Charakter, Qualifikation und Kompetenzen, verfügbare Wissens- und Erfahrungsbestände, kognitive Konzepte, Orientierungen und Moralen als *personale Ressourcen* umreißen den Horizont von Handlungsmöglichkeiten. Verfügbare *Zeit* erweitert oder begrenzt das zeitliche Ausmaß und die zeitliche Lage von Handlungsmöglichkeiten. Verfügbares *Geld* und nutzbare *soziale, kulturelle und infrastrukturelle Ressourcen* schließlich entscheiden über Umfang, Qualität und Niveau von Handlungsmöglichkeiten.

Die in diesem Rahmen anfallenden Aufgaben und vollzogenen Aktivitäten werden nicht nur nach Maßgabe von individuellen Ansprüchen und Möglichkeiten begrenzt, was sich im individuellen *Tätigkeitsrepertoire* und *Zeitbudget* niederschlägt. Sie werden auch innerhalb solcher Grenzen nach Prioritäten geordnet, in denen sich die individuelle *Relevanzstruktur* spiegelt. Bei partnerschaftlichen und familialen Lebensformen geschieht diese Regulierung im Rahmen einer entsprechenden Arbeitsteilung auf Basis einer *Geschäftsgrundlage*. Diese beruht entweder auf einem vorgängigen oder sich diskursiv bzw. experimentell herausbildenden Grundconsensus oder aber auf einer mit Hilfe von Macht, Überzeugungskraft und Durchsetzungsfähigkeit gemeinsam elaborierten Definition, wie man leben möchte, leben könne und zu leben habe.

In dieser Geschäftsgrundlage, die dem Verhältnis der Partner zugrunde liegt, sind Rechte und Pflichten, Leistungen und Gegenleistungen weder dem Umfang noch dem Zeitpunkt nach kasuistisch festgelegt. Deshalb müssen die Partner in der Regel darauf vertrauen, daß die eingegangenen Verpflichtungen eingehalten und honoriert werden oder daß es Mechanismen gibt, die die Einhaltung und Honorierung auch durch widerspenstige Partner erzwingen. Auch hat eine solche Geschäftsgrundlage höchst selten die Gestalt eines expliziten Vertrages, sondern gilt in der Regel stillschweigend und erstreckt sich auf *Regeln*, die zu beachten sind, auf *Rollen* und *Zuständigkeiten*, die wahrzunehmen sind, auf *Rechte*, die in Anspruch genommen werden können und auf *Pflichten*, die zu erfüllen sind, schließlich auf *Eigenheiten, Reviere* und *Domänen*, die zu respektieren sind. Die entsprechenden Handlungsabläufe und Beziehungsmuster finden ihre Institutionalisierung und Habitualisierung in *Routinen*, die das reibungslose Funktionieren gewährleisten, sowie in *Ritualen*, die Gemeinsamkeit symbolisch sichern. Mechanismen der Durchsetzung und Einhaltung der Geschäftsgrundlage sind Formen entweder von Herrschaft oder von Aushandlung (vgl. Kudera/Voß 1990; Ludwig-Mayerhofer 1995). Auftretende Friktionen und Konflikte können sich dabei auf die Geschäftsgrundlage selber oder aber auf bestimmte Elemente beziehen. Sie werden – friedlich oder mit Gewalt – durch Lösung, Vertagung oder Verdrängung reguliert, wobei der Grenzfall durch Aufkündigung des Arrangements markiert wird.

Besonders wichtig ist in diesem Zusammenhang die Balance von in der Arbeitswelt geforderter Zeitökonomie und individuellen Ansprüchen auf Zeitsouveränität sowie die Verfügung über eigene und fremde Zeit. Wichtig nicht nur deshalb, weil dabei zwei unterschiedliche Nutzungslogiken von Zeit kollidieren, sondern wichtig auch deshalb, weil die Verfügung über fremde Zeit die unauffälligste Art darstellt, Herrschaft auszuüben. Zeit ist eine Ressource, die durch die natürliche Endlichkeit individuellen Lebens nur begrenzt substituierbar ist und tendenziell unersetzlich ist: Verausgabtes oder entgangenes Geld ist im Prinzip wiederbeschaffbar, verstrichene Zeit ist auf immer verloren. Gerade deswegen ist die Möglichkeit der Verfügung über eigene und fremde Zeit auch eine zentrale Dimension von sozialer Ungleichheit.

Mit Hilfe der einmal entstandenen Systeme von alltäglicher Lebensführung werden die Stabilität und Funktionsfähigkeit des Rahmens alltäglichen Lebens gesichert und die einzelnen Prozesse und Handlungen innerhalb dieses Rahmens reguliert. Sie nehmen empirisch die Gestalt von mehr oder weniger komplexen und konsistenten Arrangements an, in denen individuelle Bedürfnisse, Ansprüche und Möglichkeiten, gegebene Arbeits- und Lebensbedingungen und verfügbare Ressourcen über die Regelmäßigkeit von mehr oder weniger habitualisierten Handlungen relativ dauerhaft ausbalanciert werden. Unter diesem Aspekt ist Lebensführung im wesentlichen ein System von Gewohnheiten. Dabei können Ereignisse wie Arbeitslosigkeit, Wechsel des Betriebes, des Berufes oder Rückzug aus der Erwerbsbeteiligung, Krankheit oder Tod, Trennung oder Scheidung das einmal erreichte Arrangement unterminieren, machen eine Transformation notwendig oder können gar dessen Zusammenbruch bewirken.

Die Ausgestaltung solcher Arrangements von Lebensführung orientiert sich an persönlichen Vorbildern und kulturellen Mustern, kann diese imitativ reproduzieren oder aufgreifen und zu eigenen Konstruktionen umbilden. Unter diesem Aspekt ist die Etablierung einer bestimmten Art der Lebensführung als System individueller Handlungen selbst eine individuelle Hervorbringung. Ein ostentativer Aspekt solcher Konstruktionen ist das, was man Lebensstil nennt, nämlich die eigenwillige und auf soziale Unterscheidung bedachte Stilisierung der Lebensführung. Die Produktion, Reproduktion und Transformation von Arrangements alltäglicher Lebensführung geschieht, auch wenn sie oft als nicht bewußte Konstruktion erscheint, nicht von selber, sondern verlangt – wenngleich je nach Art und Bedingung der Lebensführung in unterschiedlichem Ausmaß – erhebliche individuelle Leistungen. Solche Leistungen werden um so mehr erforderlich, je offener und komplexer die Ansprüche und Optionen der jeweiligen Personen sind. Sie bestehen im wesentlichen darin, sich selbst, seine Handlungen und seine Lebensumstände in irgendeiner Weise zu planen, zu organisieren und zu gestalten. Und erst dadurch, daß das alltägliche Leben methodisch gestaltet und betrieben wird und sich diese Methodik zu einem System eigener Art verfestigt, wird aus dem alltäglichen „Fluß des Lebens" alltägliche Lebensführung.

2.2 Typen von Lebensführung

Soziale Muster von Lebensführung lassen sich idealtypisch unter verschiedenen Perspektiven bündeln.[2]

So unterscheiden wir unter historischer Perspektive eine traditionale Lebensführung, die an fraglos geltenden Traditionen ausgerichtet und durch soziale Kontrolle gelenkt ist, von einer reflexiven Lebensführung, die auf Selbstdisziplin und individueller, rational kalkulierender Planung und Gestaltung beruht. Das ist der Aspekt der Steuerung und Kontrolle.

Weiterhin unterscheiden wir aus handlungstheoretischer Sicht eine strategische Lebensführung, in der langfristige Lebenskalküle planmäßig umgesetzt werden, von einer situativen Lebensführung, für die eine reaktive oder intentionale Anpassung an wechselnde Situationen charakteristisch ist. Das ist der Aspekt des dominanten Handlungstyps.

Darüber hinaus unterscheiden wir unter der Perspektive der Institutionalisierung eine routinisierte Lebensführung, die als System von Gewohnheiten erscheint, von einer improvisativen Lebensführung, für die Offenheit und Innovation die Regel sind. Das ist der Aspekt von Stabilität oder Transformation.

Schließlich unterscheiden wir unter herrschafts- und verteilungstheoretischer Perspektive eine hierarchische, auf der Grundlage einer Machtasymmetrie organisierte Lebensführung von einer egalitär fundierten Lebensführung, für die das Prinzip der Gleichheit von Rechten und Pflichten konstitutiv ist. Das ist der Aspekt von Machtverhältnissen und von Herrschaft oder Gleichberechtigung.

Auch diese idealtypischen Unterscheidungen repräsentieren wesentliche Dimensionen von sozialer Ungleichheit. Unsere empirischen Befunde weisen in zweierlei Richtungen. Zum einen nehmen die strategischen, die improvisativen, die reflexiven und die egalitären Elemente in der Lebensführung insgesamt zu. Das könnte man als *Modernisierung* interpretieren. Zum anderen breiten sich aber auch gleichzeitig Mischformen aller dieser Elemente aus, und genau diese Mischungen mit all ihren Widersprüchen, diese Gleichzeitigkeit des Ungleichzeitigen, machen die Vielfalt der sozialen Wirklichkeit aus, die wir in den von uns rekonstruierten Mustern alltäglicher Lebensführung zu bündeln versuchen. Diese empirische Vielfalt läßt sich als Pluralisierung deuten, und genau die entsprechende gesellschaftliche Dynamik ist es, die entscheidend zu einer Verflüssigung traditioneller sozialer Scheidelinien beiträgt.

---

2 Dieser Teil wurde gegenüber der Originalfassung leicht gekürzt.

2.3 Lebensführung und Modernisierung

Die Entwicklung zur Moderne läßt sich nicht nur als ein Prozeß der Individualisierung, sondern auch der Rationalisierung von Lebensführung beschreiben. Rationalisierung freilich nicht im Sinne einer ausschließlichen Orientierung am verkürzten Rationalitätsschema eines Zweck-Mittel-Kalküls, sondern im Sinne einer wachsenden Orientierung an einem umfassenden Typus von Rationalität, der die Vernünftigkeit von Ansprüchen und Zielen mit einer optimierenden Strategie ihrer Realisierung reflexiv in einen Zusammenhang bringt. Ich versuche diesen Prozeß systematisch auf folgenden Ebenen von Lebensführung zu typisieren:

1. Auf der Ebene der Zielorientierung tritt anstelle einer Lebensführung, die auf das Überleben und ein normativ definiertes Leben hin ausgerichtet war, eine solche, für die die Idee der Authentizität und Selbstverwirklichung maßgeblich wird.
2. Auf der Ebene der Steuerung tritt anstelle einer Lebensführung, die traditional über die Zugehörigkeit zu gesellschaftlichen Gruppen reguliert war, eine solche, die reflexiv entweder methodisch kontrolliert (orientiert am Typus zweckrationalen Handelns) oder situativ (orientiert am Typus situativ angemessenen, kompetenten Handelns) gesteuert wird.
3. Auf der Ebene der Kontrolle tritt anstelle einer Lebensführung, die externer sozialer Kontrolle unterworfen war, eine solche, für die Selbstkontrolle entscheiden wird.
4. Auf der Ebene der Handlungsperformanz tritt anstelle einer Lebensführung, für die der Typus situativen, an Ereignissen ausgerichteten Handelns charakteristisch war, eine solche, für die der Typus methodisch-strategischen und situativ-improvisativen Handelns funktional wird.
5. Auf der Ebene von Handlungsroutinen tritt anstelle einer Lebensführung, die über habitualisierte Gewohnheiten konstruiert war, eine solche, für die flexibel einsetzbare Konditionalprogramme typisch werden.
6. Auf der Ebene der Zeit tritt anstelle einer Lebensführung, die natürlichen Rhythmen und gesellschaftlich institutionalisierten Zeitregimes unterworfen war, eine solche, für die die Abwägung der Nutzungsformen von Zeit und ein vernünftiges Verhältnis von Arbeitszeit und Lebenszeit wichtig werden.
7. Auf der Ebene des Raumes wird stationäre und sozialräumlich eng fixierte Lebensführung durch eine mobile und weiträumige abgelöst.
8. Auf der Ebene der Beziehungen schließlich wird aus einer Lebensführung, die über Geschlechtsrollenzuschreibungen und das Medium Herrschaft hierarchisch fundiert war, eine solche, die über das Medium Aushandlung egalitär organisiert wird.

Mit einem Satz: Modernisierung bedeutet, daß Lebensführung zur selbst zu gestaltenden Aufgabe, zum individuellen Projekt wird. Das bedeutet gleichzeitig, daß soziale Ungleichheit tendenziell, wenngleich auf der Basis vorgegebener Bedingungen und Optionen, im Rahmen alltäglicher Lebensführung produziert und reproduziert wird.

3. Zur Komplementarität von Lebenslauf, Biographie und Lebensführung

3.1 Zum Verhältnis von Lebenslauf und Lebensführung

Die Institutionalisierung des Lebenslaufs im Zusammenhang mit dem Prozeß der Modernisierung ist von Martin *Kohli* oft genug beschrieben worden. Da ich für Lebensführung einen analogen Prozeß der Institutionalisierung unterstelle, möchte ich den Kern seiner Argumentation kurz in Erinnerung rufen. Kohli (1985, 1986, 1988) sieht die Institutionalisierung des Lebenslaufs durch folgende drei Aspekte charakterisiert:

1. Durch Herstellung von Kontinuität im Sinne einer verläßlichen und materiell gesicherten Lebensspanne;
2. Durch Sequenzialität im Sinne eines geordneten und chronologisch festgelegten Ablaufs der wesentlichen Lebensereignisse;
3. Durch Biographizität im Sinne eines Codes von personaler Entwicklung und Emergenz.

Die Institutionalisierung des Lebenslaufs besteht also nicht nur aus der Gewährleistung einer kontinuierlichen Lebensspanne und der sequentiellen Ordnung und chronologischen Normalisierung von Handlungsabfolgen. Sie besteht auch aus dem Übergang zu einer biographischen und das heißt vom Subjekt aus reflexiv strukturierten und verzeitlichten Selbst- und Weltdeutung, die nicht nur den Lebenslauf, sondern auch die Lebenspraxis umfaßt. Diese Biographisierung ist der Kern dessen, was gewöhnlich unter Individualisierung verstanden wird. Der Prozeß der Individualisierung selber kann wiederum im Sinne einer Freisetzung der Menschen aus ständischen und lokalen Bindungen, einer Pluralisierung der Lebensverhältnisse und eines Geltungsverlustes traditionaler Orientierungen begriffen werden. Er bedeutet, daß die Person sich nicht mehr über die Zugehörigkeit zu einer sozialen Position oder über die Mitgliedschaft in einer sozialen Gruppe konstituiert, sondern über ein eigenständiges Lebensprogramm und eine entsprechende eigenwillige Lebensführung. Entscheidender *soziologischer* Gesichtspunkt dabei ist, daß Individualisierung nicht allein als Verlagerung gesellschaftlicher Steuerung auf die Individuen aufgefaßt wird, sondern als Substitution eines traditionalen Vergesellschaftungsmodus durch einen neuen, der an den Leistungen des Subjekts ansetzt. Mit anderen Worten: Statt Traditionalität wird Individualität als Handlungsregulativ gesellschaftlich institutionalisiert. Damit wird Lebensführung zum Medium der Produktion, Reproduktion und Transformation sozialer Ungleichheit.

Im Zuge dieses Prozesses haben sich die Lebensverhältnisse ausdifferenziert, die objektiv gegebenen und subjektiv verfügbaren biographischen Horizonte ausgeweitet. Das ist in der Regel gemeint, wenn von Pluralisierung die Rede ist. Die biographischen Konzepte, die der oder die einzelne im Laufe seines Lebens realisieren kann, haben sich derartig vervielfältigt, daß selbst in den basalen Lebensbereichen permanent Entscheidungen getroffen werden müssen. Grundlegende Fragen der Lebenspraxis sind immer weniger institutionell reguliert und können immer weniger auf der Basis von selbstverständlichen Gewißheiten gelöst werden, sondern sind immer häufiger durch entscheidungsnotwendige und entscheidungsfähige Handlungsoptionen gekennzeichnet. Das Anwachsen solcher Optionen nach Umfang und biographischem Verlauf erzeugt eine Dynamik, die gegenüber der unterstellten Statik von Determinanten eine entsprechend dynamische Betrachtung von sozialer Ungleichheit erforderlich macht – und zwar unter der Perspektive von Optionen und ihrer Veränderungen im Lebensverlauf (vgl. Schupp 1995).

Die Zunahme von verfügbaren Orientierungs- und Handlungsalternativen und damit die gesteigerte Notwendigkeit der Selbstthematisierung und der Reflexivität im Hinblick auf die eigene Lebensplanung und Lebenspraxis ist Kern dessen, wenn von der „Biographisierung" von Lebenslauf und Lebensführung gesprochen wird. Die entsprechende Freisetzung bedeutet die Öffnung von Optionen, sie bedeutet freilich zugleich auch wachsende Anforderungen an individuelle Regulierungsleistungen. Dies ist aber nur die eine Seite. Denn parallel zum Prozeß der Freisetzung erfolgt auf der anderen Seite eine Einbindung in neue soziale Muster. Die Institutionalisierung von Lebenslauf und von Lebensführung heißt auch, daß Lebenslauf und Lebensführung ein jeweils neu entstandenes, institutionelles Muster repräsentieren, das die *allgemeine* Struktur der Lebenszeit und der Lebenspraxis vorgibt und damit berechenbar bzw. erwartbar machen. Damit verbürgen nicht mehr die Zugehörigkeit zu sozialen Aggregaten oder eine stabile Lebenslage soziale Ordnung, sondern ein regelhafter Lebenslauf und eine regelhafte Lebensführung. Die generativen Prinzipien von Lebenslauf und Lebensführung repräsentieren damit zugleich historisch neue Dimensionen sozialer Ungleichheit.

Zum Zusammenhang von Lebenslauf und Lebensführung acht Thesen:
1. Die Regelhaftigkeit des Lebenslaufs besteht in seiner Sequentialität, die der Lebensführung in ihrer Methodik. Dabei umfaßt Lebenslauf die diachrone

Dimension der individuellen Lebensspanne, Lebensführung die synchrone Dimension der alltäglichen Lebenspraxis.

2. Gleichzeitig fungieren Lebenslauf und Lebensführung als gesellschaftliche Integrationsmechanismen. Denn der Lebenslauf als lebenszeitliches Ablaufschema integriert über das Kriterium des Alters die Menschen in die verschiedenen gesellschaftlichen Subsysteme der Ausbildung, der Erwerbsarbeit und des Ruhestandes. Die Lebensführung hingegen als alltagszeitliches Handlungsregulativ integriert durch das Handeln der Personen die gesellschaftlich ausdifferenzierten Handlungsfelder.

3. Der institutionalisierte Lebenslauf ermöglicht gegenüber der externen Kontrolliertheit traditional regulierten Lebens individuelle Autonomie. Er ist damit eine zentrale Voraussetzung für die Entstehung methodischer Lebensführung. Die Phasen des Lebenslaufs setzen dabei jeweils ein spezifisches „set" von Handlungsbedingungen, die für die Lebensführung folgenreich sind. Die einmal habitualisierte Form der Lebensführung ihrerseits setzt wiederum Bedingungen für die individuelle Ausformung des Lebenslaufs. Individuelle Lebensführung richtet sich jenseits der Alltagsnotwendigkeiten zunehmend an der neu entstandenen lebenszeitlichen Ordnung und Perspektivität aus, der individuelle Lebenslauf als Biographie wiederum wird durch alltagspraktische Ansprüche und Probleme mitkonstituiert.

4. Weiterhin erzeugen Lebenslauf als verläßliches Abfolgeschema und Lebensführung als berechenbares Handlungsschema nicht nur die soziale Anschlußfähigkeit individuellen Lebens, sie sichern darüber hinaus dessen Kohärenz, Kontinuität und Stabilität.

5. Lebenslauf und Lebensführung haben eine je eigene, komplementäre Logik: Der Lebenslauf folgt einer Verlaufslogik, der Lebensführung hingegen unterliegt eine Logik der Repetition.

6. Dieser jeweils spezifischen Logik entspricht ein je eigenes Zeitschema: Das Zeitschema des Lebenslaufs ist die irreversible Abfolge, das der Lebensführung ist die Zyklizität in Gestalt von repetitiven Anforderungen und komplementären Handlungsroutinen.

7. Die Dynamik des individuellen Lebenslaufs entsteht durch das biographische Programm mit seiner Spannung aus Kontinuität und Emergenz, Planung und Kontingenz. Die Dynamik der Lebensführung entsteht durch die Alltagsagenda mit ihrer Spannung aus Gewohnheit und Spontaneität, aus Routine und Improvisation.

8. Lebenslauf und Lebensführung basieren auf einer jeweils eigenen Moralökonomie, die sich um die Prinzipien des Vertrauens und der Reziprozität

konstituiert. Im institutionalisierten Lebenslauf beruht sie auf der Erwartung des kurz- und langfristigen Ausgleichs von Leistung und Gegenleistung, institutionell abgesichert durch Arbeitsmarkt, Tarifverträge und Sozialversicherungssystem (vgl. Allmendinger 1995) und reguliert durch rechtlich abgesicherte Verträge. Im institutionalisierten System der Lebensführung beruht sie ebenfalls auf der Erwartung von Leistung und Gegenleistung, abgesichert im konsensuellen System von Rechten und Pflichten, reguliert durch Aushandlungsprozesse oder Ausübung von Herrschaft.

3.2 Zum Verhältnis von Biographie und Lebensführung

Die Institutionalisierung des Lebenslaufs verbindet Biographie und Lebensführung über die normative Phasierung und sequentielle Organisation des individuellen Lebens. Biographie und Lebensführung sind aber nicht nur normativ über Lebenslaufregimes und deren Verlaufskurven, sondern gerade auch alltagspraktisch in besonderer Weise ineinander verwoben. Biographische Entwürfe müssen in einem einigermaßen konsistenten, alltagszeitlichen Rahmen umgesetzt werden, sonst fehlt ihnen die empirisch-praktische Verankerung. Auf der anderen Seite erschöpfte sich ein alltagszeitlicher Rahmen ohne biographischen Horizont in zyklisch sich reproduzierender Repetitivität und Monotonie, indem perspektivlos zwar ständig etwas geschieht, jedoch immer das gleiche geschieht.

Zum Zusammenhang von Biographie und Lebensführung zehn Thesen:

1. Biographie als reflexiv gewordener Lebenslauf und Lebensführung als reflexiv gewordene Lebenspraxis konstituieren sich wechselseitig. Die individuelle Biographie wird im Medium alltäglichen Handelns und alltäglicher Erfahrung produziert und reproduziert, alltägliche Lebensführung gewinnt durch den biographischen Horizont Sinn und lebenszeitliche Perspektivität: Biographie ist Umschlagplatz und individuelle Geschichte der Lebensführung, Lebensführung die individuelle, alltagspraktische Ausgestaltung der Biographie.

2. Ein eingespieltes und ausbalanciertes System alltäglicher Lebensführung bildet die Basis für die methodische Umsetzung des biographischen Programms auf der Ebene alltagspraktischer Wünsche und Anforderungen, Möglichkeiten und Notwendigkeiten. Eine konsistente und kontinuierliche biographische Entwicklung wiederum gibt dem Ablauf von Alltagsprogrammen einen sinnhaften Rahmen und verleiht ihm eine bestimmte Richtung. Eine biographische Krise hingegen kann die Grundlagen des Systems alltäglicher Lebensführung erschüttern und die bisherige Ordnung des Alltagshandelns chaotisch werden lassen, der Zusammenbruch des Systems alltäglicher

Lebensführung wiederum kann die Grundlagen der biographischen Konstruktion ins Wanken bringen und die Kontinuität des Lebens aufbrechen.

3. Konsistenz, Kohärenz und Kontinuität der individuellen Existenz entstehen aus dem Zusammenspiel von biographischer Entwicklung und routinisiertem Alltag. Der Sinn des biographischen Konzepts und der Sinn des alltäglichen Lebens fallen im gelungenen Arrangement alltäglicher Lebensführung zusammen.

4. Zugleich ist alltägliche Lebensführung die Schnittstelle von zwei Zeitordnungen mit einer je eigenen Logik: Einer diachron-biographischen, die Vergangenheit und Zukunft in einer eigenen teleologischen Zeitstruktur vermittelt und sinnhaft zusammenbindet, sowie einer zyklisch-alltäglichen, die Erlebnisse und Ereignisse, individuelle und öffentliche Zeiten, Muße und Aktivitäten in einer eigenen repetitiven Zeitstruktur synchronisiert und Sinn aus der Gestaltung der jeweils aktuellen Gegenwart schöpft.

5. Biographie hat dabei ihr Regulativ in der Idee individueller Autonomie und deren Entfaltung mit einer Dynamik von Suchen und Finden; Lebensführung hat ihr Regulativ in der Idee einer authentischen, guten, richtigen und anständigen Lebenspraxis mit einer Dynamik von Tun und Lassen.

6. Damit sind im Medium alltäglicher Lebensführung eine Entwicklungslogik, die in Irreversibilität terminiert, und eine Reproduktionslogik, die in Repetition terminiert, als permanenter Widerspruch unauflöslich ineinander verschlungen. Das Zusammenspiel von beidem erst generiert Ordnung und Dynamik des alltäglichen Lebens zwischen den Polen von Offenheit und Hermetik, Emergenz und Repetition, Innovation und Routine.

7. Biographie und alltägliche Lebensführung sind eingebettet in die Geschichte der Gesellschaft, in der sie von den Individuen als jeweils eigene Konstruktion produziert, reproduziert und transformiert werden. Die Gesellschaft gibt dabei Handlungsbedingungen und Normalitätsmuster vor, die Geschichte greift ein in Form von repetitiven Anforderungen und besonderen Ereignissen.

8. Handlungsbedingungen, Normalitätsmuster und repetitive Anforderungen fungieren als Rahmen, auf den sich sowohl Biographie als auch individuelle Lebensführung in ihrer Ausgestaltung beziehen. Die Stabilität von Handlungsbedingungen und die Eindeutigkeit von Normalitätsmustern schafft dabei Sicherheit durch Verläßlichkeit, die Kontinuität von repetitiven Anforderungen erzeugt Sicherheit durch Planbarkeit. Verläßlichkeit von Rahmenbedingungen, Eindeutigkeit von Orientierungen sowie Berechenbarkeit von Anforderungen repräsentieren damit jene Normalität, auf die biographisch

mit Kontinuität, in der Lebensführung mit Routinen geantwortet wird. Die Instabilität von Handlungsbedingungen, die Diskontinuität von besonderen Ereignissen und die Delegitimation von Orientierungen hingegen markieren das, was die Eindeutigkeit, Verläßlichkeit und Berechenbarkeit von Normalität durchbricht und im Rahmen von Biographie und Lebensführung selber normalisierungsbedürftig ist. Lebensführung selbst leistet diese Normalisierung durch eine Systembildung eigener Art auf der Ebene alltäglichen Handelns, mit deren Hilfe interne Kontinuität unter Bedingungen externer Diskontinuität, interne Kohärenz unter Bedingungen externer Fragmentierung, interne Eindeutigkeit unter Bedingungen externer Offenheit konstituiert wird.

9. Biographie als Geschichte der Lebensführung und Historie als Geschichte der Gesellschaft verlaufen zwar parallel, aber weder synchron noch nach der gleichen Logik. Lebenszyklus und gesellschaftlicher Reproduktionszyklus sind voneinander abgekoppelt und werden erst im System alltäglicher Lebensführung symbolisch und interaktiv vermittelt. Das System alltäglicher Lebensführung als integrierende Instanz sui generis sichert lebensweltliche Kontinuität und fungiert gleichzeitig als Kupplung und als Puffer zwischen subjektiver Zeit und Gesellschaftszeit, zwischen Biographie und Historie, zwischen Individuum und Gesellschaft.

10. Der neue Schub von Individualisierung und Pluralisierung, wie er sich in der Auflösung von Normalbiographie, Normalbeschäftigungsverhältnis, Normalarbeitszeit und Erosion traditioneller Geschlechtsrollenzuschreibungen ausdrückt, bedeutet für Biographie und Lebensführung Diskontinuität in lebenszeitlicher Perspektive und Offenheit in alltagszeitlicher Perspektive, also Schwund von Eindeutigkeit, Verläßlichkeit und Berechenbarkeit. Damit wird Unsicherheit zum Dauerproblem und zur Basiserfahrung zugleich, damit entsteht individuell ein erhöhter Gestaltungs- und Regulierungsbedarf. Wenn nicht mehr auf verläßliche Lebensverlaufskurven und berufsbiographische Karrieremuster sowie auf berechenbare Arbeitszeitregelungen und eindeutige Arbeitsteilungsmuster zurückgegriffen werden kann, müssen solche vorgegebenen Ordnungsschemata durch subjektive Konstruktionen ersetzt und durch subjektive Leistungen kompensiert werden. Die Universalisierung von Offenheit als Signum der fortgeschrittenen Moderne bedeutet ein Mehr an Optionen, aber auch ein Mehr an Problemen, für die es keine eindeutigen Lösungen mehr gibt. Der gestiegene Entscheidungs- und Problemlösungsdruck ist Ausdruck einer Verlagerung von gesellschaftlicher Steuerung und Kontrolle auf das Individuum, dem ein Mehr an Autonomie und Selbstkontrolle abgefordert wird.

Daraus ergeben sich Fragen, die die Funktionsfähigkeit von Biographie und Lebensführung unter Bedingungen von Offenheit und Diskontinuität einerseits, die Entstehung neuer Formen von sozialer Ungleichheit unter Bedingungen von Unsicherheit und Unberechenbarkeit andererseits berühren.

Mit Blick auf die Funktionsfähigkeit von Lebensführung angesichts einer Deinstitutionalisierung von gesellschaftlichen Rahmenbedingungen ist zu fragen: Bedeutet die Geschlossenheit von Lebensumständen und ein vorgeordnetes Regime von Lebensschicksalen als Charakteristik für ein traditional organisiertes Leben eine Garantie für eine bruchlose Biographie und eine stabile Lebensführung? Muß sich demgegenüber die Offenheit von Lebensumständen und Lebensschicksalen als Charakteristik modern organisierten Lebens in Bruchbiographien und chaotischer Lebensführung niederschlagen? Ist gar unter Bedingungen von institutioneller Unsicherheit und Diskontinuität ein Rückfall auf vormoderne Formen situativer Lebensführung zu befürchten? Unter welchen Voraussetzungen kann es demgegenüber gelingen, Diskontinuität des Lebenslaufs und Offenheit der Lebensumstände individuell in einer neuen Form einer konsistenten und kontinuierlichen Vermittlung von Biographie und Lebensführung zu stabilisieren?

Was das Entstehen neuer Formen von sozialer Ungleichheit betrifft, ist zu fragen: Schafft nicht die sich verändernde und sich beschleunigende sozialstrukturelle Dynamik neue soziale Scheidelinien entlang der Dimensionen von Stabilität und Flexibilität, Kontinuität und Diskontinuität, Kohärenz und Widersprüchlichkeit, Sicherheit und Unsicherheit, Offenheit und Geschlossenheit auf der Ebene von Biographie und Lebensführung (vgl. Berger 1990)? Werden hinter dieser Dynamik nicht überhaupt Aspekte von sozialer Ungleichheit sichtbar, die bislang hinter den Zuordnungen von Individuen, Gruppen oder Haushalten zu szientifisch definierten sozialen Lagen auf Basis der Unterstellung konstant bleibender Arbeits- und Lebensbedingungen verborgen geblieben sind? Ist nicht demgegenüber soziale Ungleichheit zunehmend an die Dynamik individualisierter Lebensverläufe mit ihren spezifischen Konfigurationen von Biographie und Lebensführung gebunden?

Daß die von uns rekonstruierten empirischen Muster alltäglicher Lebensführung jeweils spezifische Konfigurationen von sozialer Ungleichheit repräsentieren, haben wir andernorts dokumentiert (vgl. Jurczyk/Rerrich 1993). Im abschließenden dritten Schritt meines Beitrages möchte ich mich deshalb darauf beschränken, einen ganz bestimmten Aspekt des Zusammenhangs von Biographie, Lebensführung und sozialer Ungleichheit zu beleuchten. Ich stütze mich dabei auf einen Vergleich einer Gruppe von städtischen Journalistinnen und Journalisten mit einer Gruppe von ländlichen Schichtarbeitern und möchte exemplarisch die These belegen, daß in den individuellen Konstruktionen von Biographie und Lebensführung ein gemeinsames generatives Prinzip wirksam wird. Darin drückt sich zugleich eine Homologie von Handlungsbedingungen, Biographiekonstruktion und Konstruktion von Lebensführung aus, die einen jeweils komplexen und dynamischen lebenspraktischen Zusammenhang repräsentiert, der angesichts der Pluralisierung von Lebensformen für die Betrachtung von sozialer Ungleichheit immer mehr an Bedeutung gewinnt.

4. Hermetik und Offenheit als generative Prinzipien von Biographie und Lebensführung

Hermetik ist das Prinzip, das Arbeitsbedingungen und biographische Konstruktion, Lebensziele und Lebensführung von angelernten Arbeitern miteinander verbindet, die in einem Industriebetrieb in Niederbayern unter Bedingungen eines rotierenden Konti-Schichtsystems beschäftigt sind und hochgradig repetitive Arbeit verrichten. Arbeitszeitregulierung und Arbeitsbedingungen bilden einen Rahmen, dessen Rigidität wenig individuellen Spielraum läßt. Auch der regionale Arbeitsmarkt bietet wenig Optionen: Charakteristisch ist eher die Notwendigkeit, für einen Arbeitsplatz strapaziöse Arbeitsbedingungen, weite Wege und saisonale Arbeitslosigkeit hinnehmen zu müssen.

Das bedeutet Unsicherheit und das Risiko erzwungener beruflicher Diskontinuität (vgl. Mutz 1995). Insofern teilen diese ländlichen Schichtarbeiter mit anderen Arbeitern geringer bis mittlerer Qualifikation ein typisches Arbeiterschicksal, das nach Beendigung einer Lehre keine berufliche Karriere vorsieht, sondern allenfalls unter günstigen konjunkturellen Bedingungen einen einigermaßen sicheren und angemessen bezahlten Arbeitsplatz. Der Ausweglosigkeit dieses Schicksals korrespondieren eine fatalistische Grundeinstellung, die alles nimmt, wie es kommt, sowie ein biographischer Horizont, der auf Sicherung und Bewahrung des Erreichten begrenzt ist. Die Dynamik dieses Schicksals ist eine der Reproduktion des Gewohnten und Bewährten, unterbrochen durch besondere Ereignisse, nicht die einer intentional gesteuerten, permanenten Selbsterzeugung.

Das entsprechende biographische Programm basiert denn auch nicht auf dem modernen Prinzip der Selbstverwirklichung, sondern auf einem traditionalen Konzept von vorgegebenen, konkreten Lebenszielen, die Lebenslauf und Lebenszuschnitt zugleich bestimmen. Diese Ziele sind elementar und entsprechen traditionell ländlichen Normalitätsvorstellungen als Nachhall dörflich-bäuerlicher Kultur. In diesem Lebenskontext bildete Besitz an Land die Grundlage der Existenz, diente Arbeit rund um die Uhr dazu, den Besitz zu erhalten und das Auskommen zu sichern, stellte die Familie die erforderlichen Arbeitskräfte und garantierte die Versorgung im Alter, war Zusammenhalt notwendig, um das Überleben zu garantieren, begründete schließlich das Festhalten an Bewährtem Verhaltenssicherheit und Erfolg. Entsprechend fungiert ein Arbeitsplatz als wirtschaftliche Absicherung und gesellschaftliche Legitimation der eigenen Existenz, stiftet eine Familie geordnete und solidarische Beziehungen als soziale Basis, garantiert der Besitz eines eigenen Hauses die Unabhängigkeit des privaten Lebens.

Diese Lebensziele fixieren sowohl perspektivisch die wichtigste und auf relative Dauer angelegte Etappe eines geschlossenen biographischen Programms als auch aktuell den Rahmen, der das Alltagsleben begrenzt. Arbeitsplatz und Betrieb, Haus und Familie, markieren nicht nur die wesentlichen Handlungsfelder, auf die sich das alltägliche Leben zwischen Arbeit und Freizeit konzentriert, sie beschreiben zugleich auch einen räumlich eng gezogenen Aktionsradius und beschränken soziale Kontakte auf einen Personenkreis, der sich aus Verwandtschaft, Kollegen und Nachbarn zusammensetzt. Dem entspricht eine Orientierung des Alltagslebens an den Werten von Häuslichkeit und von Gemütlichkeit, die sich selber genug ist.

Die Schichtarbeit trägt das ihre zu einer privatistisch abgeschotteten, stationären Lebensweise bei, da sie wegen ihrer desynchronisierenden Wirkung die Partizipation an der lokalen Öffentlichkeit, die im wesentlichen durch Vereine gebildet wird, nahezu unmöglich macht. Im Zusammenhang mit der ohnehin nur gering ausgebauten Infrastruktur beschränken sich deshalb die privaten Aktivitäten, soweit sie sich nicht auf familiale Belange erstrecken, in der verbliebenen, verfügbaren freien Zeit in der Regel auf jeweils einen Typus, nämlich auf Sport oder auf die eigene Werkstatt. Das fügt sich in einen Lebensstil, der auf der Basis von bescheidenen Ansprüchen um die Werte Sparsamkeit und Genügsamkeit zentriert ist.

Eckpfeiler dieser Gesamtkonfiguration ist eine traditionale Form familialer Arbeitsteilung. In dieser Arbeitsteilung sind auf der Grundlage eines konsensuell geteilten, konventionellen Lebenskonzepts selbstverständliche Rechte und Pflichten verbindlich festgelegt, sie müssen nicht diskursiv immer wieder bestätigt oder revidiert werden. Danach ist im Prinzip der Mann für das Einkommen sowie für den Bau und Erhalt eines eigenen Hauses zuständig, die Frau für Familie und Haushalt. Diese Eindeutigkeit und Verläßlichkeit trägt wesentlich zur Funktionsfähigkeit, aber auch zur Geschlossenheit der Konstruktion alltäglicher Lebensführung bei.

Konflikte, die im Alltag entstehen, werden entweder nicht zugelassen und verdrängt oder aber, wenn sie dennoch manifest werden, beredet und durch Rituale der Vergewisserung prinzipieller Gemeinsamkeit aus der Welt geschafft. Darüber hinaus bildet der ländliche Lebenskontext mit seiner immer noch ausgeprägten und umfassenden sozialen Kontrolle ein enges Korsett, das die Lebensführung auf die traditionellen Werte von Arbeitsamkeit, Ordnung und Anständigkeit verpflichtet.

Ein eng umrissener biographischer Optionshorizont und eine fatalistische Grundeinstellung, ein hohes Maß an sozialer Kontrolle, aufs Elementare begrenzte Lebensziele, die Familie als selbstverständliche Lebensform, die Orientierung an traditionellen Werten und Gewißheiten, Sparsamkeit und Genügsamkeit sowie eine geringe Ausdifferenzierung von Interessen, beschränkte soziale Kontakte, ein enger sozialräumlicher Aktionsradius sowie eine Strategie des Sicherns und Bewahrens gehen also Hand in Hand und formieren eine Gesamtgestalt, für die Selbstbeschränkung, Stabilität und Geschlossenheit charakteristisch ist.

Ganz anders ist dies bei der untersuchten Gruppe von Journalistinnen und Journalisten (vgl. auch Behringer/Jurczyk 1995). Bei ihnen handelt es sich um „Freie Mitarbeiter" einer öffentlich-rechtlichen Rundfunkanstalt. Das bedeutet, daß sie keine feste Anstellung haben, sondern sich als Selbständige um Aufträge selber kümmern müssen. Art und Umfang solcher Aufträge hängen davon ab, wie sie jeweils „im Geschäft" sind, also davon, was ihnen angeboten wird und davon, was sie selber anbieten können.

Derartige Aufträge können regelmäßig oder unregelmäßig anfallen. Sie sind in der Regel projektförmig in der Weise organisiert, daß sie einen überschaubaren Anfang und ein vorhersehbares Ende haben und einen eigenen, selbstbestimmten Arbeitsrhythmus konstituieren, der die Notwendigkeiten der jeweiligen Produktion und die eigenen Lebensrhythmen ausbalanciert und nur phasenweise an die „Normalzeiten" anderer Personen oder Institutionen gebunden ist. Letztlich zählt nur die termingerechte Ablieferung eines gelungenen Produkts. Wie, zu welchen Zeiten und unter welchen Bedingungen es erstellt wird, bleibt den Produzenten selbst überlassen (vgl. Jurczyk/Kudera 1991).

Diese Arbeitsbedingungen schließen normalerweise die Notwendigkeit ein, mehrere Projekte parallel auf jeweils unterschiedlicher Basis und in jeweils unterschiedlichen Kontexten zu verfolgen und gleichzeitig immer wieder vorausschauend Anschlußprojekte zu planen und zu akquirieren, ohne sicher sein zu können, daß diese Bemühungen zum Erfolg führen. Das macht ein weit ausgespanntes und permanent gepflegtes Netz von persönlichen und institutionellen Kontakten um so wichtiger. Offenheit nach allen Seiten hin ist also eine wesentliche Bedingung dieser Art von Erwerbstätigkeit.

Was die berufliche Qualifikation anlangt, haben die von uns befragten Journalistinnen und Journalisten fast ausnahmslos eine Hochschulausbildung. Sie verfügen damit berufsbiographisch über eine Vielfalt von Optionen, die sie auch in der Weise wahrgenommen haben, daß sie zumeist nicht gradlinig auf ihre derzeitige Tätigkeit zugesteuert, sondern auf beruflichen Umwegen beim Journalismus gelandet sind. Diese berufliche Suchstrategie konvergiert mit ihrem biographischen Konzept, das auf Selbstfindung und Selbstverwirklichung hin ausgelegt ist. Dabei kommt es nicht darauf an, vorgebene Lebensziele zu realisieren und sich in einem einmal erreichten Rahmen auf Dauer zu etablieren, vielmehr ist der „Weg" gewissermaßen zugleich auch das „Ziel". Deshalb auch heißt die Dynamik eines solchen Lebensplanes Veränderung und Wechsel, nicht Sicherung und Bewahrung. Über einen längeren Zeitraum hinweg beruflich und privat dasselbe zu tun, gar einen Alltagstrott von Gewohnheiten einschleifen zu lassen, würde Stillstand bedeuten und widerspräche einem Selbstbild, das die Züge des Intellektuellen und Künstlers miteinander verschmilzt.

Diese Orientierung schlägt sich sowohl in einer breiten Ausdifferenzierung von beruflichen und privaten Interessen als auch im dominanten Typus des Alltagshandelns nieder, für das eine Mixtur aus strategischer Planung und situativem Handeln kennzeichnend ist. Modus der Regulierung und Integration dieses Alltagshandelns ist reflexive Steuerung sowie Selbstdisziplinierung als notwendiges Korrelat zur Offenheit der Handlungsbedingungen. Aber auch die Lebensform der Journalistinnen und Journalisten zeichnet sich durch Offenheit und Pluralität aus. So ist, wenngleich durchaus mit geschlechtsspezifischen Divergenzen, nicht die traditionelle, auf relative Dauer angelegte Familie die typische Form privater und intimer Beziehung. Charakteristisch ist vielmehr eine Vielfalt fester oder lockerer und kontinuierlicher oder wechselnder Partnerschaften, worin sich gleichzeitig berufliche Bedingungen bemerkbar machen, die ein hohes Maß an Engagement, Mobilität und Flexibilität erfordern. Die Regulierung solcher Beziehungen erfolgt nicht über ein selbstverständliches und festgelegtes System von wechselseitigen Rechten und Pflichten als Geschäftsgrundlage, sondern über die Verfahren von Aushandlung, Verabredung und Kompensation. Das bedeutet ein hohes Maß an Offenheit und Unberechenbarkeit auch auf der Ebene alltäglicher Lebensführung.

Eine solche Offenheit von Handlungsbedingungen, biographischer Konstruktion und Lebensführung bringt Chancen und Risiken mit sich. Sie eröffnet ein weites Feld von Optionen, produziert freilich gleichzeitig ein hohes Maß an Ambivalenz, Unsicherheit und Unberechenbarkeit und stellt damit enorme und permanente Anforderungen an die individuelle Gestaltung des eigenen Lebens: Es muß unter offenen und sich verändernden Bedingungen immer wieder neu konstruiert werden. Insofern repräsentiert die Gruppe von Journalistinnen und Journalisten eine Lebenskonstruktion unter Bedingungen von Diskontinuität und Diffusität, wie sie der fortgeschrittenen Moderne als typisch zugeschrieben werden.

Hermetik und Offenheit, wie sie hier beschrieben wurden, repräsentieren nicht nur generative Prinzipien der Konstruktion von Biographie und Lebensführung. Sie repräsentieren zugleich lebensweltliche Konfigurationen, die jeweils ganz bestimmte Optionen und Risiken einschließen. Solche Optionen und

Risiken lassen sich als Bedingungen des Gelingens oder Scheiterns von Lebensplänen und Lebensführung interpretieren, die eine eigene Dynamik von sozialer Ungleichheit in Gang setzen.

So beinhaltet das Muster der Geschlossenheit eine prästabilierte Harmonie von Arbeit und Freizeit, Heim und Familie, Bescheidenheit und Verläßlichkeit und bietet Stabilität und Kontinuität, solange nicht eines der Grundelemente wegbricht. Tritt dieser Fall ein, zerfällt das gesamte Arrangement: Seine Stärke ist zugleich seine Schwäche. Das Muster der Offenheit hingegen repräsentiert einen vielfachen Spagat mit unsicherem Halt, wo viele, auch kontradiktorische Elemente in ständiger Spannung zu einander stehen, deren jeweilige Eigendynamik durch permanentes Jonglieren stets aufs neue abgeglichen werden muß. Dieses Muster verbindet Komplexität mit Beweglichkeit, seine Stärke gründet in Flexibilität, Innovations- und Integrationsfähigkeit. Es schließt jedoch das Risiko der Überdehnung ein. In einem solchen Fall der Überdehnung kann perspektivloses und kurzatmiges Durchwursteln zum dominanten Handlungstypus werden, das im Chaos als System terminiert.

Geschlossenheit als Chiffre für Stabilität oder Kollaps, Offenheit als Chiffre für Flexibilität oder Chaos umreißen so einen lebensweltlichen Horizont, dessen Bedeutung für soziale Ungleichheit hier nur angedeutet werden konnte – weitere Forschung wäre nützlich.

Literatur

Allmendinger, J.: Die sozialpolitische Bilanzierung von Lebensläufen. In: Berger, P./Sopp, P. (Hg.) (1995): a.a.O., S. 179-201
Behringer, L./Jurczyk, K. (1995): Umgang mit Offenheit: Methoden und Orientierungen in der Lebensführung von JournalistInnen. In: Projektgruppe „Alltägliche Lebensführung" (Hg.): a.a.O., S. 71-120
Berger, P.A. (1990): Ungleichheitsphasen. Stabilität und Instabilität als Aspekte ungleicher Lebenslagen. In: Berger, P.A./Hradil, S. (Hg.): Lebenslagen, Lebensläufe, Lebensstile. Soziale Welt, Sonderband 7. Göttingen, S. 319-350
Berger, P.A./Sopp, P. (Hg.) (1995): Sozialstruktur und Lebenslauf. Opladen
Berger, P.A. (1995): Mobilität, Verlaufsvielfalt und Individualisierung. In: Berger, P./Sopp, P. (Hg.) (1995): a.a.O., S. 65-83
Jurczyk, K./Kudera, W. (1991): Verfügung über Zeit? Die ganz unterschiedlichen Auswirkungen flexibler Arbeitszeiten auf die Lebensführung. In: Flecker, J./Schienstock, G. (Hg.): Flexibilisierung, Deregulierung und Globalisierung. München/Mering. S. 53-70
Jurczyk, K./Rerrich, M.S. (Hg.): Die Arbeit des Alltags. Beiträge zu einer Soziologie der alltäglichen Lebensführung. Freiburg

Kohli, M. (1985): Die Institutionalisierung des Lebenslaufs. Historische Befunde und theoretische Argumente. Kölner Zeitschrift für Soziologie und Sozialpsychologie, 37, S. 1-29

Kohli, M. (1986): Gesellschaft und Lebenszeit: Der Lebenslauf im Strukturwandel der Moderne. In: Berger, J. (Hg.): Die Moderne – Kontinuitäten und Zäsuren. Soziale Welt, Sonderband 4. Göttingen. S. 183-208

Kohli, M. (1988): Normalbiographie und Individualität. Zur institutionellen Dynamik des gegenwärtigen Lebenslaufregimes. In: Brose, H.-G./Hildenbrand, B. (Hg.): Vom Ende des Individuums zur Individualität ohne Ende. Opladen. S. 33-54

Kudera, W. (1995): Lebenskunst auf niederbayerisch. In: Projektgruppe „Alltägliche Lebensführung" (Hg.): a.a.O., S. 121-170

Kudera W./Voß, G.G.: Lebensführung zwischen Routinisierung und Aushandlung. In: Hoff, E.H. (Hg.): Die doppelte Sozialisation Erwachsener, S. 155-176

Ludwig-Mayerhofer, W. (1995): Familiale Vermittlung sozialer Ungleichheit. Vernachlässigte Probleme in alter und neuer Ungleichheitsforschung. In: Berger, P./Sopp, P. (Hg.): a.a.O., S. 155-177

Mutz, G. (1995): Erwerbsbiographische Diskontinuitäten in West- und Ostdeutschland. Eine Systematisierung ungleichheitsrelevanter Deutungsmuster. In: Berger, P./Sopp, P. (Hg.): a.a.O., S 205-233

Projektgruppe „Alltägliche Lebensführung" (Hg.): Alltägliche Lebensführung. Arrangements zwischen Traditionalität und Modernierung. Opladen

Rerrich, M.S./Voß, G.G. (1993): Vexierbild soziale Ungleichheit. Die Bedeutung alltäglicher Lebensführung für die Sozialstrukturanalyse. In: Hradil, S. (Hg.): Zwischen Bewußtsein und Sein. Opladen. S. 251-266 (Abdruck in diesem Band)

Schupp, J. (1995): Stabilität, Wandel und „Optionalität". Vom Nutzen der Panelmethode für dynamische Sozialstrukturanalysen. In: Berger, P./Sopp P. (Hg.): a.a.O., S. 107-129

Voß, G.G. (1991): Lebensführung als Arbeit. Über die Autonomie der Person im Alltag der Gesellschaft. Stuttgart

2.

Soziale Ungleichheit und gesellschaftlicher Wandel

Karl Martin Bolte

Typen alltäglicher Lebensführung

Zusammenfassung

Der Beitrag rückt Typen alltäglicher Lebensführung ins Blickfeld, die aus den Untersuchungsmaterialien des Münchener Forschungsprojekts herausgearbeitet wurden. Entlang von drei Unterscheidungspolaritäten „außengeleitet – selbstbestimmt", „täglich gleichförmig – täglich variabel", „zeitlich kurzfristig – zeitlich dauerhaft" werden elf Typen beschrieben. Neun davon liegen in der Spanne zwischen „schicksalhaft konstant außengeleiteter" und „reflexiv dynamisch selbstbestimmter" Lebensführung. Die Typen „resignative" Lebensführung und „chaotische" Lebensführung stellen Ausnahmesituationen dar. Die Ergebnisse lassen erkennen, in wie unterschiedlicher Weise Menschen ihr Leben im Rahmen der strukturellen Gegebenheiten unserer Gesellschaft zu meistern versuchen, daß Formen „mitbestimmter" Lebensführung am häufigsten vorkommen, und welche Strukturgegebenheiten der Gesellschaft Probleme für menschliche Lebensführung mit sich bringen.

1. Zum Anliegen

Im Vorwort zum hier vorliegenden Sammelband ist darauf hingewiesen worden, daß im Projekt A 1/SFB 333 mit einer Forschungsperspektive gearbeitet wurde, die die „Alltägliche Lebensführung" von Menschen in den Blick nimmt. Sie will erfassen, wie sich Menschen im Alltag mit den verschiedenen Gegebenheiten und Zumutungen arrangieren, die ihnen begegnen als Mensch eines bestimmten Geschlechts und Alters, als Berufstätiger, als Familienmitglied, als Zugehöriger privater Kontaktkreise, als Mitglied von Vereinigungen, als Staatsbürger usw., aber auch mit eigenen Interessen und Möglichkeiten, und wie diese Teilarrangements miteinander in Einklang gebracht werden (Voß 1991a, b, 1995).

Im Verlauf der Forschungen sind für unterschiedliche Personengruppen mit Hilfe narrativer Interviews Informationen über Ablauf und Gestaltung des alltäglichen Lebens gesammelt sowie im Hinblick auf spezifische Charakteristika, Gemeinsamkeiten und Unterschiede für jede der Untersuchungsgruppen dargestellt worden (Projektgruppe „Alltägliche Lebensführung" 1995).

Im folgenden wird der Versuch unternommen, Typen alltäglicher Lebensführung herauszuarbeiten, die erkennbar werden, wenn man die Gesamtheit des Interviewmaterials, also alle untersuchten Personengruppen, überblickt.

2. Zur Typenbildung

Wenn Typisierungen mehr sein sollen als willkürlich herausgestellte Besonderheiten und Differenzierungen, die in Untersuchungsmaterialien ins Auge fallen, dann erscheint es notwendig, Typen entlang begründeter Unterscheidungsdimensionen herauszuarbeiten (Bolte 1993: 38f).

Im folgenden ist versucht worden, Typen alltäglicher Lebensführung mit Hilfe von Dimensionen zu charakterisieren, die in drei Polaritäten zum Ausdruck kommen:

Ist die alltägliche Lebensführung eher außengeleitet oder eher durch Initiativen des Akteurs geprägt? Ist sie eher gleichförmig im Sinn sich täglich oder wochtentagspezifisch wiederholender Verhaltensroutinen von Tag zu Tag oder eher variabel in dem Sinn, daß prinzipiell erforderliche Aktivitäten je nach Bedarf täglich elastisch und variabel zueinander geordnet werden? Und schließlich: Ist sie eher zeitlich dauerhaft, d.h. über längere Zeiträume in der gleichen Struktur ablaufend oder eher zeitlich kurzfristig, um dann durch eine andere Struktur alltäglicher Lebensführung abgewechselt zu werden?

Bezüglich der Polarität „dauerhaft" oder „kurzfristig" ist zu bedenken, daß Wechsel der Struktur alltäglicher Lebensführung im Lebensverlauf jedes Menschen vorkommen, der die Kinderzeit überlebt, daß aber die Art, der Zeitpunkt und die Häufigkeit von Wechseln sehr stark durch die gesellschaftlichen Verhältnisse bedingt sind, innerhalb derer sich jemand befindet. So sind bei uns z.B. seit langem Wechsel der Struktur alltäglicher Lebensführung typisch und normal beim Beginn der Schulzeit, der Berufsausbildung, der Erwerbstätigkeit, einer Ehe, einer Scheidung, einer Verwitwung und des Rentenalters. U.a. in Verbindung mit eigenen beruflichen Veränderungen und solchen der Lebenspartner sind sie im Laufe der Zeit aber immer häufiger geworden.

Die drei genannten Klassifikationspolaritäten sind gewählt worden, weil sie zu wichtigen Eigenarten heutigen gesellschaftlichen Lebens in Beziehung stehen. Wir leben in einer Gesellschaft, in der die Menschen in einem über Jahrhunderte laufenden Prozeß zunehmend aus „Vormundschaften" verschiedener Art gelöst und mit Entscheidungsmöglichkeiten und -zumutungen ausgestattet wurden und werden. Wir leben in einer Gesellschaft, in der Menschen immer wieder mit anderen Menschen aushandeln müssen, wie es weitergehen soll, inwieweit Verhaltensroutinen fortgeführt werden können oder Neuorientierungen erforderlich sind. Wir leben außerdem in einer Zeit, in der Strukturveränderungen der Gesellschaft den Menschen Verhaltensreaktionen abverlangen. Die nachstehend skizzierten, mit Hilfe der drei genannten Polaritäten profilierten Typen sollen einen Eindruck von der Spannweite der Erscheinungsformen alltäglicher Lebensführung vermitteln, die in unserer Gesellschaft vorkommen.

3. Varianten „außengeleitet konstanter" Lebensführung (Typ 1)

Diese Erscheinungsform von Lebensführung ist dadurch charakterisiert, daß das Leben, in hohem Grad durch unausweichliche Außenfaktoren bestimmt, über einen langen Zeitraum täglich bzw. wochentagspezifisch gleichförmig abläuft. Sie tritt in verschiedenen Varianten auf.

Zunächst einmal findet sich eine „außengeleitet konstante" Lebensführung dort, wo das Leben im Rahmen fraglos hingenommener Traditionen, Sitten und Gewohnheiten abläuft. Dies ist eine Form der Lebensführung, die Kulturanthropologen für sogenannte primitive Völker als typisch beschrieben haben, die aber auch in unserer Gesellschaft in bestimmten Lebensmilieus, wie z.B. dem bäuerlichen, noch bis in die Anfänge dieses Jahrhunderts nicht selten war, inzwischen aber auch dort offenbar nur noch in Ausnahmefällen vorkommt. Sie soll als „traditional außengeleitet konstante" bezeichnet werden (Typ 1 a).

Eine „außengeleitet konstante" (d. h. täglich gleichförmige und dauerhafte) Lebensführung entsteht aber auch, wo sich jemand in Lebensumständen befindet, die sein Dasein so fest in der Zange haben", daß er ihnen praktisch nicht entfliehen kann. Man denke z.B. an die Lebensbedingungen von Leibeigenen in der vorindustriellen Landwirtschaft oder von Industriearbeitern am Beginn der Industrialisierung, wie sie in den Berichten der vom englischen Parlament seit1830 eingesetzten Fabrikinspektoren geschildert werden, aber auch an die Lebensweisen mancher Schwerbehinderter heute. Diese Lebensführung soll als „schicksalhaft außengeleitet konstante" bezeichnet werden (Typ 1 b).

Schließlich kommt eine „außengeleitet konstante" Lebensführung zustande, wo jemand sein Leben zwangsweise im Rahmen von Institutionen verbringen muß, die das Verhalten der Mitglieder stark reglementieren. Man denke zum Beispiel an das Dasein eines lebenslänglich Inhaftierten. Diese Art der Lebensführung soll als „formell außengeleitet konstante" bezeichnet werden (Typ 1 c).

4. Varianten „mitbestimmter" Lebensführung (Typ 2)

Als „mitbestimmte" Lebensführung sollen drei Erscheinungsformen „alltäglicher Lebensführung" benannt werden, die in den Varianten „mitbestimmt konstante", „mitbestimmt variable" und „mitbestimmt improvisatorische" Lebensführung auftreten.

Die „mitbestimmt konstante" Lebensführung (Typ 2 a) ist durch ein nach Arbeits-, Feier- und Ferientagen differenziertes, über viele Jahre dauerndes gleichförmiges Schema alltäglichen Verhaltens charakterisiert, das seine Form stark durch Außeneinflüsse, wie z.b. Arbeitszeitregelungen, erhält. Wesentlich ist aber, daß diese Außenleitung nicht jenen unausweichlichen Charakter hat wie bei den vorher erwähnten Beispielen. Die Akteure haben sich hier vielmehr irgendwann durch eigene Initiative, z.B. die Wahl eines bestimmten Arbeitsplatzes oder das freiwillige Akzeptieren eines elterlichen Berufsvorschlags oder auch durch den Eintritt in ein Kloster, selbst in die Konstellationen gebracht, die ihnen jetzt als Außenleitung begegnen. Außerdem verbleiben hier durchaus größere Spielräume der Lebensgestaltung als beim vorher genannten Typ. Sie verlaufen aber in Grenzen, die wesentlich durch von außen fixierte Faktoren gegeben sind, d.h. die Akteure arrangieren ihre Lebensführung um von außen kommende Steuerungen.

Zur Erläuterung dieses Typs „mitbestimmt konstanter Lebensführung" zwei – hier verkürzte – Beispiele aus unserem Interviewmaterial:

(1) Herr K. ist 49 Jahre alt, Schuhmacher von Beruf und Inhaber eines kleinen Ladens mit Kioskartikeln am Stadtrand von München. Sowohl seine Berufswahl als auch die Umstellung der Schuhmacherwerkstatt zum Laden wurden vom Vater vorgegeben und von ihm fraglos akzeptiert. Er ist unverheiratet und lebt in einem eigenen kleinen Haus in einem Dorf in der Nähe Münchens gemeinsam mit seiner Mutter, die sich um den Haushalt kümmert. Die Arbeit in seinem „Laderl" ist für Herrn K. absolut zufriedenstellend. Da er alle anfallenden Tätigkeiten selbst erledigt und sie sich auch weitgehend selbst einteilen kann, entstehen keine Abhängigkeiten und kein Druck. Daß er durch die Ladenöffnungszeiten (täglich 9-18 Uhr) sehr angebunden ist, empfindet er nicht als Einschränkung. Zum gewohnten Rhythmus gehört auch der Samstag, der prinzipiell Arbeitstag, ein „ganz normaler Tag" ist, und der Sonntag, der prinzipiell frei von Arbeit, ein „besonderer Tag" ist. Der Sonntag ist „tabu", an ihm geht Herr K. als gläubiger Katholik in die Kirche, wie auch die anderen im Dorf. Das Jahr folgt ebenso wie der Tag und die Woche einem starren Rhythmus. Jedes Jahr zur gleichen Zeit wird der Urlaub in einer Großstadt verbracht, immer mit den Schwestern, und jeder Urlaub sowie Urlaubstag hat den gleichen Ablauf. Herr K. ist in ein dichtes verwandtschaftliches und dörfliches Kontaktnetz

eingebettet, was ihm Geborgenheit vermittelt. Seine konkreten Zukunftsvorstellungen bestehen im Fortschreiben des Bestehenden.

(2) Herr M. geht ebenfalls auf die 50 zu, ist verheiratet und hat zwei Töchter, die aber nicht mehr in seinem Haus wohnen. Seine Frau ist nicht erwerbstätig. Er ist Vorarbeiter im Fertigungsbereich eines großen Industriebetriebs. Seine Ausbildung als Automechaniker in der Werkstatt seines Vaters entsprach dessen Willen, während er selber eigentlich als berufliches Ziel eine Bürotätigkeit angestrebt hatte, sich mit diesem Wunsch aber nicht durchsetzen konnte. Er trennte sich im Unfrieden von seinem Vater und übernahm nicht, wie vorgesehen, die elterliche Werkstatt, sondern begann eine Arbeit in dem schon erwähnten Industriebetrieb. Dort machte er eine für Industriearbeiter rasche Karriere und wurde bald Vorarbeiter. Er hat die höchste Tariflohngruppe erreicht und ist, was die finanzielle Seite seiner beruflichen Tätigkeit anlangt, relativ zufrieden. Von Anfang an arbeitet Herr M. in Wechselschicht. Da er in einiger Entfernung von seiner Arbeitsstätte auf dem Dorf wohnt, ist er auf den Werksbus angewiesen. Dies hat zur Folge, daß mit An- und Abfahrt fast 12 Stunden seines Tages von der Erwerbsarbeit absorbiert sind, und zwar in einem bestimmten Rhythmus. Seit 25 Jahren steht er eine Woche lang einmal um 4 Uhr früh auf und kommt gegen 16 Uhr nach Hause, einmal muß er zur Mittagszeit das Haus verlassen und kehrt gegen Mitternacht zurück. Das durch die Bedingungen der Erwerbsarbeit aufgezwungene Zeitregime läßt nicht viel frei verfügbare Zeit, die ihrerseits wiederum durch häusliche Notwendigkeiten – Arbeit in Haus und Garten, Einkäufe tätigen etc. – weitgehend aufgezehrt wird. Unter der Woche bleibt daher nur wenig Raum für die Hobbies Briefmarken sammeln, Volksmusik hören und Reiseprospekte studieren.

Die privaten Wünsche des Herrn M. konzentrieren sich auf das Wochenende, insbesondere aber auf den Urlaub und auf die Zeit der Rente. Auch seine privaten Aktivitäten verlaufen weitgehend wochentagspezifisch routinisiert.

Wie bereits erwähnt, wohnt Herr M. auf dem Dorf. Er hatte in einen landwirtschaftlichen Nebenerwerbsbetrieb eingeheiratet, die Landwirtschaft jedoch bald wieder aufgegeben, da er zu dieser Art von Tätigkeit überhaupt keine Beziehung finden konnte. Seine Versuche, im sozialen Kontext des Dorfes Fuß zu fassen, sind gescheitert. Er ist bis heute ein „Fremder" geblieben, wie er selber sagt. Entfremdete Arbeit, Fremdheit in der Wohngemeinde und ein seine Zeit regulierendes Prokrustesbett lassen Herrn M. ein reduziertes, privatistisch zugeschnittenes Leben führen.

Das Erscheinungsbild einer gleichförmigen, dauerhaften und zwar gewählten, aber stark durch Außeneinflüsse gesteuerten Lebensführung ist auf den ersten Blick in beiden Fällen erstaunlich ähnlich. Dennoch gibt es einen wesentlichen Unterschied. Herr K. ist mit seinem Leben zufrieden und Herr M. im Grunde nicht.

Damit deutet sich etwas an, das im gesamten Interviewmaterial immer wieder festzustellen ist: Ob jemand mit seinem Leben zufrieden ist oder nicht, hat wenig mit der Form der Lebensführung zu tun, sondern viel damit, ob man in funktionierende soziale Beziehungsnetze eingebettet ist, und wie das Leben im Vergleich zu den eigenen Erwartungen erscheint.

Eine zweite Variante „mitbestimmter" Lebensführung, die „mitbestimmt variable" (Typ 2 b), ist durch einen deutlich höheren Anteil von Eigeninitiative, hinter der spezifische Lebensleitvorstellungen stehen, durch gewisse Variabilitäten des Tagesablaufs und durch gelegentliche Veränderungen der „alltäglichen Lebensführung" gekennzeichnet. Man kann diesen Typ anhand unseres Interviewmaterials recht gut am Lebensrhythmus des 38jährigen, unverheirateten Ingenieurs Herrn H. demonstrieren.

Das Leben des Herrn H. kreist um seine Arbeit und seine beiden Hobbies Tennisspielen und Hören klassischer Musik sowie um gemeinsame Aktivitäten mit seiner Freundin. Infolge von Gleitzeitarbeit in seinem Betrieb kann er die tägliche Arbeitszeiteinteilung variieren, was er zugunsten seiner Hobbies und in Abstimmung mit den Freizeiten seiner erwerbstätigen, derzeitigen „Lebensabschnittsbegleiterin" stark nutzt. Es stört ihn dabei sehr, daß Wohnung und Arbeitsstätte weit auseinander liegen, wodurch viel Zeit mit Autofahren vergeht.

Ein gravierender Unterschied zu den Fällen der Herren K. und M. besteht vor allem darin, daß Herr H. seine jetzige Lebenssituation nur als eine Übergangsstation innerhalb einer von ihm erstrebten und gewählten Berufskarriere versteht. Er weiß und akzeptiert, daß sein Arbeitsplatz seinem Leben bestimmte „Zwänge" auferlegt, und er ist darauf eingestellt, daß er in absehbarer Zeit im Dienst der erstrebten Berufskarriere vermutlich unter anderen äußeren Bedingungen, d. h. einem anderen Arbeitsplatz, einem anderen Wohnort, anderen Kontaktkreisen u.a.m. einen neuen Lebensrhythmus organisieren muß.

Im Fall des Herrn H. ist sehr deutlich, wie gelegentlich – teils durch Eigeninitiative, teils durch äußere Einflüsse – sich ändernde Gegebenheiten in einem variablen Tagesprogramm miteinander in Einklang gebracht werden.

Bei der Variante „mitbestimmt improvisatorischer" Lebensführung (Typ 2 c) wechselt, ähnlich wie bei der „mitbestimmt variablen", die Struktur der Lebensführung von Zeit zu Zeit. Sie ist ebenfalls imTagesverlauf variabel. Der gravierende Unterschied zum vorigen Typ von Lebensführung liegt darin, daß der Akteur sich hier nicht mit einkalkulierten und akzeptierten Außeneinflüssen im Hinblick auf seine Lebensziele freiwillig arrangiert. Er wird vielmehr durch äußere Einflüsse hin – und hergeschubst. Trotz aller Probleme bemüht er sich aber, das Leben zu meistern, nicht aufzugeben und das Beste aus der jeweiligen Situation zu machen.

Als Beispiel für diesen Typ „mitbestimmt improvisatorischer" Lebensführung kann aus unserem Material die Lebensführung von Frau B. angeführt werden:

Frau B. ist Mitte dreißig, Sozialwissenschaftlerin und arbeitet auf einer befristeten Stelle halbtags in einem Forschungsprojekt. Dies ist ungefähr ihre fünfte Arbeitsstelle im Berufsverlauf, und alle waren befristet, teilzeitig, oft unterhalb der erworbenen Qualifikation, meist flexibel einteilbar im Tages- und Wochenverlauf. Sie hat derzeit wöchentlich nur zwei feste Termine in ihrer Arbeit. Um dieses „Minimalgerüst" herum rankt sich eine Vielzahl weiterer Aktivitäten wie Teilnahme an unterschiedlichen wissenschaftlichen Qualifizierungen (Arbeitsgruppen, Tagungen etc.), ein reger Austausch mit Freunden, Hausarbeit, Beschäftigung mit einer kranken Verwandten und meditatives Körpertraining. Sie lebt zusammen mit einem Freund. Ihren Alltag, ihre Wohnung, ihr ganzes Leben bezeichnet sie als Improvisation. Ihre Existenz und ihre Zukunft, alles ist offen, nichts ist gewiß.

Diese Situation ist das Produkt enttäuschter beruflicher Erwartungen. Während des Studiums war Frau B. durchaus von einer sicheren beruflichen Perspektive ausgegangen, die sich aber im Verlauf der Jahre zerschlagen hat. Ihre Perspektiven sind kurzfristig geworden, bezogen auf das Hier und Jetzt. Um sich finanziell über Wasser zu halten, macht sie immer mehrere Jobs gleichzeitig: eine typische „Patchworkerin". Sie versucht mühsam, in ihrem, wie sie sagt, „zerstückelten Leben" die „verschiedenen Stränge zusammenzubringen", aber sie gibt nicht auf (siehe dazu u.a. Behringer/Dunkel 1991).

5. Varianten „selbstbestimmter" Lebensführung (Typ 3)

Den im folgenden skizzierten drei Varianten des Typs „selbstimmter" alltäglicher Lebensführung ist gemeinsam ein hoher Grad von Eigeninitiative. Im übrigen unterscheiden sie sich gravierend.

Für den als „selbstbestimmt methodische" Lebensführung bezeichneten Typ (Typ 3 a) ist eine periodisch gleichförmige Lebensführung charakteristisch, die in ihrer spezifischen Form und in ihrer zeitlichen Dauer sehr stark durch Initiativen des Akteurs zustande kommt. Dieser hat ganz bestimmte Lebensziele vor Augen und bemüht sich, seine Arbeits- und sonstigen Lebensbedingungen soweit wie möglich selbst zu bestimmen und sie mit Hilfe einer ausgefeilten Routine der Alltagsgestaltung optimal im Sinne einer Verwirklichung seiner Lebensziele zu arrangieren.

Diesen Typ bewußter, planmäßiger und zweckrational angelegter Umsetzung eines bestimmten Lebenskonzepts und die darauf ausgerichtete Durchorganisation dessen, was man tagtäglich tut, hatte wohl Max Weber vor Augen, wenn er darauf hinweist, daß sich unter dem Einfluß calvinistischer Gedanken und sich entfaltender kapitalistischer Wirtschaftsformen anstelle traditional eingelebter nun zweckrational methodische Formen alltäglicher Lebensführung auszubreiten begannen. Ein Beispiel für diesen Typ ist in unserem Interviewmaterial die Lebensführung von Frau M., die hier stark verkürzt skizziert wird.

Frau M. ist knapp 40 Jahre alt und arbeitet auf der Grundlage eines Teilzeitarbeitsvertrags über 30 Wochenstunden als Lektorin eines wissenschaftlichen Verlags. Daneben versorgt sie ihre zwei Kinder im Alter von 7 und 8 Jahren. Von ihrem Mann, mit dem sie in zweiter Ehe verheiratet war, trennte sie sich gerade zum Zeitpunkt des Interviews.

Das Leben von Frau M. ist zentriert um die Werte Selbstfindung und Selbstbehauptung. Diese Werte versucht sie, in Beruf und Familie mit aller Konsequenz umzusetzen und ihnen durch eine rigide Durchrationalisierung und Routinisierung des Alltags gerecht zu werden. Um überhaupt eine berufliche Karriere mit einem einigermaßen zufriedenstellenden Familienleben verbinden zu können, hat Frau M. für ihre beiden Kinder eine Ganztagsschule ausgesucht. Dadurch werden feste Termine im Tagesablauf gesetzt: Frau M. muß um 6 Uhr aufstehen, um ihren Kindern Frühstück zu machen und sie auf den Weg zum Schulbus zu bringen. Und sie muß spätestens um 17.30 Uhr zu Hause sein, um die beiden wieder in Empfang zu nehmen.

Für die Zeit dazwischen verfügt Frau M., die die Filiale eines Verlags ohne Kollegen und selbständig führt, über ein beträchtliches Maß an Zeitsouveränität. Diese nutzt sie zur systematischen Zeiteinteilung: Sie legt an ihren fünf Arbeitstagen drei längere und zwei kürzere Zeitblöcke fest, um Freiräume für andere Aktivitäten und Verpflichtungen zu gewinnen. Im Verlauf des Arbeitstages selbst werden störungsanfällige und störungsresistente Tätigkeiten gebündelt, werden Leerzeiten minimiert, wird das Büro perfekt durchorganisiert.

Wie ihr berufliches Engagement sind auch alle anderen Aktivitäten straff durchorganisiert. So ist z.B. die Zeit zwischen 17 Uhr und dem Zubettgehen der Kinder um 20 Uhr, in der sie, wie sie sagt, „pausenlos im Einsatz" ist, ausschließlich ihren Kindern gewidmet. Das gleiche gilt weitgehend für die Wochenenden. Auch die Beschäftigung mit den Kindern ist im Bewußtsein knapper Zeit planmäßig gestaltet und auf bestimmte Ziele hin organisiert. Beispielsweise liest sie jeden Abend mit den Kindern eine halbe Stunde, um aus ihnen gebildete Menschen zu machen. Was Frau M. tut, das muß einen Zweck haben; sie erlaubt sich keine Leerzeiten, keine unnützen Tätigkeiten. Dies versucht sie zum einen durch eine strikte Trennung von Arbeit und „Leben" zu erreichen. Beispielsweise hat sie ihre private Telefonnummer nicht im Telefonbuch eintragen lassen, um so Anrufe im Zusammenhang mit ihrer Berufstätigkeit zu verhindern. Zum anderen streicht sie Tätigkeiten, wie Fernsehen oder Kinobesuche, aus ihrem Aktivitätsrepertoire, weil sie in diesen keinen Zweck erkennen kann, der über sich selbst hinaus weisen würde.

Während für die Typen der „mitbestimmt konstanten" und der „mitbestimmt variablen" Lebensführung charakteristisch war, daß der Ablauf des Alltagslebens um von außen gegebene Faktoren und im wesentlichen dabei um die vorgegebene Arbeitszeit organisiert wurde, wird durch Frau M. auch diese voll (d. h. deutlich stärker als bei Herrn H. die Gleitzeitarbeit) in den Dienst der Verwirklichung ihrer Lebensziele genommen und durch sie selber bestimmt. Man kann sich vorstellen, daß Frau M. auf jede Änderung ihrer Lebenssituation durch äußere Einflüsse hochrational reagieren und eine neue, für die Dauer der neuen Umstände gültige, streng routinisierte „alltägliche Lebensführung" konzipieren wird. Als interessante Frage steht im Raum, wie sich die Lebensführung von Frau M. ändern wird, wenn die Kinder älter sind und ihr Leben nicht mehr wie jetzt durch die Mutter reglementieren lassen.

Als „selbstbestimmt flexible" Lebensführung (Typ 3 b) soll eine Erscheinungsform von Lebensführung benannt werden, die zunächst wie die „selbstbestimmt methodische" Lebensführung durch hochgradige Eigeninitiative des Akteurs gekennzeichnet ist, hinter der klare Lebenszielvorstellungen im Rahmen einer selbst gewählten Berufskarriere stehen. Im Gegensatz zur „selbstbestimmt methodischen" Lebensführung ist hier nun aber bezeichnend, daß es keine täglich gleichförmige Lebensführung gibt, sondern daß die Gestaltung des Tages und die längerfristige Lebensführung bewußt variabel gehalten werden, um äußere Verpflichtungen und eigene Interessen im Sinn der Verwirklichung klar vor Augen stehender Lebens- und Berufsziele optimal arrangieren zu können (vgl. Behringer/Jurczyk 1995). Hier bewegen sich Menschen, die ihrer selbst sicher sind, auf ihre beruflichen Fähigkeiten vertrauend, durch das Leben.

Beispiele für diesen Typ von Lebensführung fanden sich in unserem Material vor allem bei freien Mitarbeitern und Mitarbeiterinnen von Rundfunk und Fernsehen. Je nach dem Zeitbedarf des gerade zu bearbeitenden Projekts, je nach dem Ort seiner Durchführung, je nach den Plänen für Ferien und anderes mehr, kommt es zu ganz unterschiedlichen Arrangements des Tages, der Wochen und Monate und z. T. der Jahre. Erst wenn man größere Zeiträume überblickt, wird hier ein spezifisches Muster der Lebensführung erkennbar, das im Tagesablauf durch Variabilität und z. T. durch Hektik sowie im längerfristigen Zeitverlauf durch hohe Flexibilität zur Erreichung der erstrebten berufsfundierten Lebenskarriere gekennzeichnet ist.

Als „selbstbestimmt reflexiv dynamische" Lebensführung (Typ 3 c) soll eine Form „alltäglicher Lebensführung" herausgestellt werden, die sich in unserem Untersuchungsmaterial nur in Einzelfällen bei Personen fand, die in der

Elektronikbranche tätig sind, die aber inzwischen stark ins Blickfeld der Sozialforschung geraten ist.

Diese Form der Lebensführung findet sich – offenbar mit zunehmender Tendenz – vor allem bei unverheirateten jüngeren Menschen, und zwar nicht nur in der Bundesrepublik, sondern auch in anderen westlichen Industriegesellschaften. In der Literatur werden sie u.a. als „Kinder der Freiheit" (Beck 1997) und als „Lebenskünstler" (Goebel/Clermont 1997) bezeichnet.

Es handelt sich bei diesem Typ um Menschen, die meinen, daß Sicherheiten, die das Leben ihrer Eltern in den 50er bis 70er Jahren dieses Jahrhunderts bestimmt haben, und die man auch ihnen als Lebensleitvorstellungen mit auf den Weg gegeben hat, fragwürdig geworden sind; so z.B. ein ordentlicher Berufsausbildungsabschluß als Schlüssel für eine gesicherte Existenz, eine stabile bis zum Beginn des Rentenalters reichende Berufskarriere, eine lebenslange Ehe mit Kindern als Inbegriff eines erfüllten Lebens.

Die Lebenskünstler erheben Anspruch auf Selbstbestimmung ihrer Lebensziele, die aber lediglich insofern festliegen, als ein Maximum an „sinnvollem Leben" erstrebt wird, was für sie Lebensfreude durch Freiheit, Freunde und befriedigendes Schaffen bedeutet. Was das im einzelnen besagt, ist keineswegs längerfristig fixiert wie beim vorstehend erläuterten Typ, sondern veränderlich. Man reagiert flexibel auf das Geschehen um sich herum und greift dynamisch agierend und gestaltend in dieses ein, immer im Blick das eigentliche Ziel „sinnvolles Leben".

Die Offenheit des Lebens wird als spezifische Chance empfunden. Man bastelt sich so eine eigene Lebenskarriere zusammen, eine eigene Moral, ja sogar eine eigene Religion. Man ist skeptisch gegenüber dauerhaften Bindungen und mißtrauisch gegenüber Großorganisationen sowie ihren Funktionären (Kirchen, Parteien, Gewerkschaften).

Lebenskünstler sind nicht unpolitisch. Sie wissen genau, daß ihre Handlungssouveränität darauf beruht, daß sie in demokratisch verfaßten Gesellschaften mit spezifischen Grundrechten und Grundsicherheiten leben. Sie sind bereit diese Grundordnungen zu stützen, aber sie engagieren sich erst dann (in Wahlen, außerparlamentarischen Aktionen und anderen Aktivitäten), wenn die Grundordnungen gefährdet erscheinen.

Lebenskünstler verachten keineswegs Geld; im Gegenteil, sie brauchen es, denn sie wollen ja „leben". Aber Zeit für sich und Freunde zu haben ist wichtiger als viel Geld, Macht und Karriere. Sie suchen keineswegs Spaß statt Arbeit, im Gegenteil, sie sind sogar zu hohem Arbeitseinsatz bereit; aber sie suchen Arbeit, die Spaß macht.

Obwohl Lebenskünstler ihr Eigeninteresse hoch werten, sind sie keineswegs asozial, aber sie helfen eher von Fall zu Fall, wo es Not tut, und nicht in Organisationen unter Leitung von Funktionären.

Der hier skizzierte Typ „selbstbestimmt reflexiv dynamischer" Lebensführung unterliegt zur Zeit sehr unterschiedlichen Bewertungen. Einige sehen in der Anpassungsfähigkeit und dem ad hoc-Engagement der Lebenskünstler eine nützliche staatsbürgerliche Tugend in einer Zeit intensiven gesellschaftlichen Wandels in Wirtschaft, Technik und Politik sowie zunehmender globaler Aktionsfelder. Andere sind da sehr viel skeptischer. Da ein demokratisches Staatswesen darauf beruht, daß es „Verbände" vielfältiger Art gibt, in denen jeweils Interessen verschiedener Art gebündelt, artikuliert und dann miteinander ausgehandelt werden, fürchten sie, daß die Lebenskünstler zu stark darauf vertrauen, daß es genügend „andere" gibt, die das grundsätzliche Funktionieren „der Gesellschaft" sicherstellen.

6. „Resignative" Lebensführung (Typ 4)

Für diese Art von Lebensführung ist charakteristisch, daß die Eigeninitiative sehr eingeschränkt und auf gewisse Variationen im Tagesablauf begrenzt ist. Hier läßt sich jemand im Grunde ziellos durch das Leben treiben, versucht, sich hie und da „an einen Strohhalm zu klammern" und bemüht sich reaktiv, den Kopf gerade noch über Wasser zu halten. Diese Art von Lebensführung findet sich bei jenen Typen von „Stadtstreichern", die „aufgegeben" haben (Jochum 1992).

7. „Chaotische" Lebensführung (Typ 5)

Für diese – hier letztgenannte – Erscheinungsform von Lebensführung ist bezeichnend, daß sie, durch Außenfaktoren gesteuert, praktisch von Tag zu Tag wechselt. Weder durch äußere Einflüsse noch aufgrund eigener Initiativen entsteht eine über kurze Zeitspannen hinaus reichende Struktur; die zum Leben erforderlichen Aktivitäten, wie z.B. Nahrungsaufnahme, sind je nach den Umständen variabel angeordnet. Diese Form der Lebensführung findet sich z.B. bei Menschen auf der Flucht. Ein solches Leben führen über kürzere oder längere Zeiträume Menschen, die sich aus Kriegsgebieten in Sicherheit zu bringen versuchen. Man denke an die Flüchtlingsströme am Ende des Zweiten Weltkriegs oder an die Vorkommnisse in Bosnien und im Kosovo in den 90er Jahren. Diesem Lebensführungsmuster entsprechen auch die Lebensformen mancher in unserem Land abgewiesener und untergetauchter Asylbewerber.

8. Überlegungen zur Häufigkeit der Typen

Alle genannten Typen von Lebensführung kommen in unserer Gesellschaft vor und machen die Spannweite der Formen deutlich, innerhalb derer sich heute Lebensführung vollzieht.

Die Masse aller Lebensführungsformen in unserem Interviewmaterial lag bei den Typen „mitbestimmter" Lebensführung. Obwohl unser Material nicht repräsentativ, sondern nach spezifischen Arbeitszeitbedingungen ausgewählt wurde, darf man im Hinblick auf Befunde der Familiensoziologie, der Arbeitssoziologie und der Ungleichheitssoziologie annehmen, daß dies kein Zufall ist, sondern auf tatsächlich vorhandene Schwergewichte in unserer Gesellschaft verweist. Eigeninitiativen bei der Gestaltung der Lebensführung haben sich in Westeuropa in den letzten Jahrhunderten mit der zunehmenden Lösung der Menschen aus elterlichen, kirchlichen und herrschaftlichen Bevormundungen, mit der Angleichung staatsbürgerlicher Rechte, mit der Demokratisierung des politischen Lebens, mit dem Ausbau des Bildungs- und Informationssystems und nicht zuletzt in Verbindung mit der Frauenemanzipation zur Gegenwart immer mehr ausgebreitet.

Unter anderem in Verbindung mit zunehmender Flexibilisierung der Arbeitszeit sowie einem wachsenden Anteil von Partnerschaften und Familien, in denen Männer und Frauen tätig sind, verlagert sich das Schwergewicht in Richtung „mitbestimmt – variabler Lebensführung".

Die „mitbestimmt improvisatorische" Lebensführung entwickelt sich vor allem dann, wenn bestimmte Voraussetzungen, die zum Einstieg in geregelte Lebensbahnen erforderlich sind, nicht gegeben sind (z.B. ein bestimmtes Bildungsniveau), wenn Ausbildungen gewählt wurden, die keine wirklichen Berufschancen erschließen, oder die infolge von Veränderungen der Wirtschaftslage keine Existenzgrundlage mehr bieten, wenn man durch Krankheit oder andere Ereignisse aus begonnenen Lebensbahnen geworfen wird, wenn einem die Fähigkeiten fehlen, sich in der Komplexität der gesellschaftlichen Verhältnisse zu orientieren, wenn die gesellschaftlichen Verhältnisse sich immer schneller wandeln, an Komplexität zunehmen und immer unberechenbarer werden u.a.m.

Es mag beeindruckend sein, wie manche Menschen ihr Leben improvisatorisch meistern. Im Grunde geht aber diese Improvisation mit Unsicherheiten vielfältiger Art einher. Man kann eigentlich keinem Menschen wünschen, sein Leben in dieser Form über längere Zeiträume führen zu müssen.

Wenn diese Einschätzung akzeptiert wird, dann muß es beunruhigen, daß sich z. Zt. in unserer Gesellschaft gerade solche Verhältnisse ausbreiten, die die Entstehung improvisatorischer Lebensführung begünstigen. Als spezifisches gesellschaftspolitisches Aufgabenfeld zeichnet sich daher ab, dem entgegenzuwirken. Die Ansatzpunkte dazu liegen an vielen Stellen: Bei der Schaffung überschaubarerer Strukturen, z.B. im Ausbildungswesen, beim Abbau von Arbeitslosigkeit, bei der Verbesserung der Fähigkeiten, die Strukturen und Entwicklungen unserer Gesellschaft erkennen und verstehen zu lernen, z.b. durch entsprechende Aktivitäten in den Medien und im Sozialkundeunterricht, beim Ausbau von Rat und Tat für jene, die ihr Leben nicht allein zu meistern verstehen usw. Die einschlägige Literatur hierzu ist umfangreich. An Erkenntnissen und Empfehlungen, was zu tun ist, fehlt es nicht, aber die Bemühungen zum Handeln sollten forciert werden.

Die Spielarten hochgradig selbstbestimmter Lebensführung, nämlich „methodische", „flexible" und „reflexiv dynamische", sind in unserer Gesellschaft (noch?) kein Massenverhalten, sondern finden sich lediglich in Teilgruppen.

Die Varianten „außengeleitet konstanter" Lebensführung sind in unserer Gesellschaft Randerscheinungen. Jene Spielart der „außengeleitet konstanten" Lebensführung, die als „traditional außengeleitete" bezeichnet wurde, gehört in der Bundesrepublik – von Ausnahmen abgesehen – inzwischen der Vergangenheit an. Selbst in noch stark traditional geprägten bäuerlichen Schichten stößt man bei genauem Hinsehen auf Lebensformen, die eher als „mitbestimmt konstante" zu klassifizieren sind.

Die Typen der „resignativen" und der „chaotischen" Lebensführung sind offenbar historisch immer wieder vorkommende. Sie stellen ausgesprochene Notsituationen dar, deren Entstehung und Fortbestehen es zu verhindern gilt.

Die oben beschriebenen Typen alltäglicher Lebensführung weisen auf Differenzierungen hin, die sichtbar werden, wenn man Lebensführungsbeschreibungen danach ordnet, in welchem Grad die dort geschilderten alltäglichen Lebensführungen eher außengeleitet oder eher durch Eigeninitiative der Akteure zustande kommen, ob sie eher täglich gleichförmig oder eher variabel sind, und ob es sich um Formen handelt, die eher längerfristig beständig oder eher kurzfristig erscheinen. An einigen Stellen war schon deutlich geworden, daß durch Zuhilfenahme weiterer Unterscheidungskriterien, wie z.B. die Art der Bestimmungsgründe der jeweiligen Lebensführungsform, noch differenziertere Typenbildungen möglich sind. Hier soll jetzt nicht darauf eingegangen werden, aber man wird sich weiterhin forschend bemühen müssen, um letztlich Typen zu gewinnen, die sich als fruchtbar erweisen, Eigenarten, Differenzierungen und Entwicklungen alltäglicher Lebensführung in unserer Gesellschaft sichtbar zu machen.

Die alltägliche Lebensführung der Menschen verdient auf jeden Fall weitere Aufmerksamkeit seitens der Sozialforschung. Es ist wichtig sich mit ihr zu befassen, weil sie das zentrale"Kupplungssystem" ist, über das sich Individuum und Gesellschaft miteinander verzahnen. Außerdem ist es interessant, sich mit ihr zu beschäftigen, weil wir alle in ihrem Rahmen unseren bescheidenen Beitrag zur Gestaltung menschlicher Geschichte erbringen.

Literatur

Beck, U. (1997): Kinder der Freiheit. Wider das Lamento über den Werteverfall. In Beck, U. (Hg.): Kinder der Freiheit. Frankfurt a.M., S. 9-33

Behringer, L./Dunkel, W. (1991): Wenn nichts mehr sicher ist – Formen von Lebensführung unter instabilen Arbeits- und Lebensbedingungen. In:Mitteilungen des SFB 333, Heft 3. München, S. 5-14

Behringer, L./Jurczyk, K. (1995): Umgang mit Offenheit: Methoden und Orientierungen in der Lebensführung von Journalistinnen. In: Projektgruppe „Alltägliche Lebensführung" (Hg.): Alltägliche Lebensführung. Arrangements zwischen Traditionalität und Modernisierung. Opladen, S. 71-120

Bolte, K.M. (1993): Lebensführung und Arbeitswelt. Bericht über ein Forschungsprojekt. In: Bolte, K.M.: Wertewandel, Lebensführung, Arbeitswelt (Otto-von-Freising-Vorlesungen der Katholischen Universität Eichstätt). München, S. 29-68

Goebel, J./Clermont, Ch. (1997): Die Tugend der Orientierungslosigkeit (2. Aufl.). Berlin

Jochum, G. (1992): Die Lebensführung von „Stadtstreichem". Eine qualitativ empirische Untersuchung zur „alltäglichen Lebensführung" von sog. Stadtstreichern in München. München

Projektgruppe „Alltägliche Lebensführung" (Hg.) (1995): Alltägliche Lebensführung. Arrangements zwischen Traditionalität und Modernisierung. Opladen

Voß, G.G. (1991 a): Lebensführung als Arbeit. Über die Autonomie der Person im Alltag der Gesellschaft. Stuttgart

Voß, G.G. (1991 b): Lebensführung: ein integratives Konzept zur Analyse alltäglichen Lebens. In: Voß, G. G. (Hg.): Die Zeiten ändern sich – Alltägliche Lebensführung im Umbruch. Sonderheft II der Mitteilungen des SFB 333. München, S. 69-88

Voß, G.G. (1995): Entwicklung und Eckpunkte des theoretischen Konzepts. In: Projektgruppe „Alltägliche Lebensführung" (Hg.): Alltägliche Lebensführung. Arrangements zwischen Traditionalität und Modernisierung. Opladen, S. 23-43.

Maria S. Rerrich, G. Günter Voß

Vexierbild soziale Ungleichheit.
Die Bedeutung alltäglicher Lebensführung
für die Sozialstrukturanalyse

Zusammenfassung

Der Beitrag skizziert aus empirischen Erfahrungen entstandene konzeptionelle Überlegungen darüber, wie sich das Thema Ungleicheit unter dem konzeptuellen Blickwinkel des Konzepts der „Alltäglichen Lebensführung" darstellt. Diese Überlegungen werden mit ausgewähltem Fallmaterial illustriert. These ist, daß soziale Ungleichheit dadurch präziser zu erfassen ist, wenn danach gefragt wird, welche Gestaltungsleistungen und damit auch Freiheitsgrade bei der Konstruktion der „eigenen Geschichte" für die Personen bei der Herstellung ihrer alltäglichen Lebensführung gegeben sind. Argumentiert wird in drei Schritten. Nach einer kurzen Skizze des Konzepts der „Alltäglichen Lebensführung" (1.) wird am Beispiel von zwei Fällen demonstriert, wie sich soziale Ungleichheit zeigt, wenn man sich sehr genau das tagtägliche Leben der Menschen anschaut und darauf achtet, wie sie aktiv mit ihren Lebensbedingungen umgehen (2.). In einem dritten Schritt werden dann die theoretischen Implikationen dieser Beobachtungen verallgemeinert und zu zwei Thesen für das Verständnis sozialer Ungleichheit aus der Sicht des Konzepts „alltäglicher Lebensführung" zugespitzt (3.).

Aufsätze beginnen oft mit Absichtserklärungen: Man legt einleitend dar, worum es gehen soll. Beim vorliegenden Beitrag erscheint es aber ebenso nötig, klarzustellen, was nicht beabsichtigt ist. Zunächst aber dazu, worum es gehen soll.[1]
    Soziale Ungleichheit soll im folgenden unter der Perspektive des Konzepts der „Alltäglichen Lebensführung" thematisiert werden (vgl. u.a. Behringer u.a.

---

1 Für kritische Kommentare einer früheren Fassung dieses Textes danken wir Heinrich Bollinger, Erika Haas, Thomas Wex, den KollegInnen aus dem Teilprojekt A1 des Sonderforschungsbereichs 333 sowie den TeilnehmerInnen des Workshops „Soziale Ungleichheit und Sozialstrukturanalyse" in Bamberg, insbesondere Stefan Hradil.

1989, Rerrich 1991, Voß 1991a, b, c). Diese Perspektive kann, wie gezeigt werden soll, Vorteile auch für die Thematisierung sozialer Ungleichheit haben.

„Alltägliche Lebensführung" ist ein *integratives* Konzept für die auch real, d.h. im praktischen Alltagsleben der Menschen, immer nur in integrierter Form wirksamen Bedingungen und Strukturen ihrer Alltagspraxis. Das Konzept kann damit zum einen eine Perspektive bieten, mit der auch die verschiedenen „Determinanten" und „Dimensionen" sozialer Benachteiligung oder Privilegierung in ihrem realen Zusammentreffen und Zusammenwirken thematisiert werden können. Im Zentrum des Konzepts steht zum zweiten der Gedanke, daß die alltägliche Lebensführung eine aktive *Konstruktionsleistung* des Subjekts darstellt, mit der die verschiedenen sozialen Bezüge einer Person alltagspraktisch zu einem ‚lebbaren' Zusammenhang vermittelt werden. Es kann auch für die Analyse von Phänomenen sozialer Ungleichheit fruchtbar sein, zu untersuchen, wie die Subjekte ungleiche Lebenslagen teilweise dadurch selbst etablieren, aufrechterhalten und verändern, daß sie einen alltagspraktischen Lebenszusammenhang herstellen, in dem die für sie relevanten sozialen Bedingungen ihres Lebens praktisch vermittelt werden.

Gerade dieser zweite Aspekt des Konzepts der „Alltäglichen Lebensführung" kann Anlaß für Mißverständnisse bieten. Deshalb eine Anmerkung dazu, was explizit *nicht* beabsichtigt ist: Wenn im folgenden argumentiert wird, daß die Personen Momente sozialer Benachteiligung oder Privilegierung durch die Etablierung einer alltäglichen Lebensführung selbst mitproduzieren, ist das nicht voluntaristisch gemeint, etwa nach dem liberalistischen Muster, daß „jeder seines Glückes Schmied" sei. Angeknüpft wird vielmehr an einen Gedanken, der sich z.B. schon bei Marx und Engels finden läßt, daß nämlich die Menschen, wiewohl sie dies nicht aus freien Stücken und zu ihren eigenen Bedingungen tun können, dennoch ihre eigene Geschichte machen und machen müssen.[2]

Diese selbst in der konventionellen Klassenanalyse zunehmend wiederentdeckte Dialektik spitzt sich, wie gerade in letzter Zeit immer wieder betont wurde, aus verschiedenen Gründen gegenwärtig zu. Die linear determinierende Wirkung sozialer Strukturen scheint an Kraft zu verlieren und damit verstärkt Menschen dazu zu zwingen, relativ eigenständige Gestalter ihres Lebens zu werden (was für diese nicht unbedingt angenehm sein muß). Welche Konsequenzen diese Entwicklung auf der Ebene der Theoriebildung haben kann, ist eine nicht so einfach zu beantwortende Frage. Im folgenden sollen hierzu einige Überlegungen vorgestellt werden.

Unsere *These* ist, daß soziale Ungleichheit möglicherweise gerade dadurch präziser zu erfassen sein kann, wenn danach gefragt wird, welche notwendigen

---

2 Vgl. z.B. den Brief von Engels an W. Borgius (MEW 39: 206).

Gestaltungsleistungen und damit auch Freiheitsgrade bei der Konstruktion der „eigenen Geschichte" für die Personen bei der Herstellung ihrer alltäglichen Lebensführung gegeben sind (vgl. hierzu auch Rerrich 1990). Denn eines hat die Diskussion der letzten Jahre gezeigt: soziale Ungleichheit läßt sich immer weniger umstandslos in einem einfachen „Oben" und „Unten" beschreiben. Es gelingt der Soziologie gerade im großen mittleren Bereich des Schichtungsgefüges immer weniger, den Menschen einer Gesellschaft einen eindeutigen Platz in einem starren Modell sozialer Ungleichheiten zuzuweisen.[3] Der Verweis auf (zunehmende) Statusinkonsistenzen ist ein wichtiger Schritt, um aus diesem Dilemma herauszufinden, aber er greift u.E. noch zu kurz. Denn damit wird noch nicht thematisiert, daß die soziale Situation von Menschen (so auch ihre relative soziale Benachteiligung oder Privilegierung) nicht einfach eine lineare Folge von Lagebedingungen ist, sondern durch ihr Handeln zumindest auch mitbedingt wird.

Genau dieses Problem der unklaren sozialen Verortung von Personen tauchte auch bei dem empirischen Forschungsprojekt auf, aus dem im folgenden berichtet werden soll: obwohl immer wieder deutliche ungleichheitsrelevante Aspekte in den Berichten der Befragten registriert wurden, gelang es nicht, die Betroffenen entsprechend eindeutig in einem homogen konstruierten Schichtungsmodell zuzuordnen.

Dieser Beitrag soll über diese Erfahrungen berichten und dabei erläutern, welche theoretischen Folgerungen daraus gezogen wurden. Das Ziel besteht nicht primär darin, empirische Befunde zu präsentieren. Beabsichtigt ist vielmehr, aus solchen empirischen Erfahrungen enstandene konzeptionelle Überlegungen darüber vorzustellen, wie sich das Thema Ungleichheit unter dem konzeptuellen Blickwinkel der „Alltäglichen Lebensführung" darstellt. Diese Überlegungen werden mit ausgewähltem Fallmaterial illustriert.

Argumentiert wird im folgenden in drei Schritten. In einem ersten Schritt wird kurz das Konzept der „Alltäglichen Lebensführung" skizziert (1.). Danach wird am Beispiel von zwei Fällen aus dem empirischen Material demonstriert, wie sich soziale Ungleichheit zeigt, wenn man sich sehr genau das tagtägliche Leben der Menschen anschaut und darauf achtet, wie sie aktiv mit ihren Lebensbedingungen umgehen (2.). In einem dritten Schritt sollen dann die theoretischen Implikationen dieser Beobachtungen verallgemeinert und zu zwei Thesen für das Verständnis sozialer Ungleichheit aus der Sicht des Konzepts „Alltäglicher Lebensführung" zugespitzt werden (3.).

---

3 Vgl. z.B. die meisten Beiträge in den Readern von Kreckel (1983; v.a. Beck und Hradil) und Berger/Hradil (1990).

1. Das Konzept „Alltägliche Lebensführung"[4]

Lebensführung in unserem Verständnis[5] ist der Zusammenhang dessen, was Personen immer wieder tagaus tagein in ihren verschiedenen Lebensbereichen (Beruf, Haushalt, Familie, Freundeskreis, Vereine u.a.m.) tun. Genauer: es ist die Art und Weise oder die Form, *wie* sie dies immer wieder tun – wie sie all das „unter einen Hut kriegen", was man alltäglich in unterschiedlichsten sozialen Sphären zu erledigen hat. Die Interviewten in den Befragungen des Projekts sprechen z.B. davon, daß sie ein „Arrangement", ein „Konzept" oder einen festen „Rhythmus" für ihren Alltag haben, die ihrem Leben die notwendige Stabilität verleiht. Einige Momente von Lebensführung in diesem Sinne seien hier kurz herausgehoben (vgl. Voß 1991a, Teil II):

1. Die Basis von Lebensführung sind die Tätigkeiten der Menschen, kurz: ihre *Praxis*. Obwohl dabei Deutungen eine wichtige Rolle spielen, ist Lebensführung keine Sinnkonstruktion wie etwa in den phänomenologischen Konzepten des „Alltags" oder der „Lebenswelt"[6] oder in Lebensstilkonzepten[7], sondern das konkrete alltägliche *Tun* der Personen. 2. Lebensführung findet in der Zeit statt. Trotzdem gilt das Interesse nicht dem Lebensverlauf (wie in der Lebensverlaufs- oder Biographieforschung[8]), sondern Lebensführung wird als die *Synchronie* des Alltags verstanden. 3. Lebensführung ist dabei jedoch nicht die summarische Ansammlung oder Abfolge der Tätigkeiten, worauf z.B. die Zeit-

---

4 Dieser Abschnitt ist gegenüber dem Original stark gekürzt.

5 Der Begriff „Lebensführung" ist bekannterweise eine Grundkategorie der Arbeiten von Max Weber (vor allem in den religionssoziologischen Schriften, vgl. z.B. Weber 1986; siehe auch Hennis 1987 oder Schluchter 1988), die jedoch von ihm leider nicht systematisch entfaltet wird. Das hat z.B. dazu geführt, daß „Lebensführung" oft mit „Lebensstil" gleichgesetzt wurde, was jedoch wichtige Differenzierungsmöglichkeiten verschenkt und letztlich auch nicht durch Weber zu decken ist. Auch an anderer Stelle wird derzeit die Kategorie „Lebensführung" reaktiviert (z.B. in Brock 1991 oder Vetter 1991) aber in anderer Bedeutung verwendet, als es hier geschieht.

6 Vgl. zu diesen Kategorien z.B. Grathoff (1989), speziell zur Lebensweltkategorie Welter (1986).

7 Vgl. z.B. Lüdtke (1989 und 1990), Hörning/Michailow (1990), Müller (1989) und besonders ausführlich Müller/Weihrich (1990); s. auch den Vergleich der Begriffe Milieu, Subkultur und Lebensstil bei Hradil (1991).

8 Vgl. stellvertretend für die große Zahl von Arbeiten auf diesen Gebieten die Reader von Kohli/Robert (1984) und Mayer (1990); s. auch Abschnitt III in Berger/Hradil (1990).

budgetforschung oder die Chronogeographie achtet,[9] sondern vielmehr die *Form* des *Zusammenhangs* der Aktivitäten von Menschen. 4. Lebensführung kann auch als das individuelle *„System"* der Tätigkeiten des Alltags definiert werden: *Basis-Funktion* dieses Systems ist die Vermittlung der unterschiedlichen Lebenstätigkeiten; *Basis-Struktur* ist die Art der Verteilung der Tätigkeiten auf relevante soziale Bereiche. 5. Lebensführung ist kein passiver Reflex auf Zwänge der sozialen Lage. Sie ist vielmehr unaufhebbar eine aktive *Konstruktionsleistung* der Person. Sie wissen es meist nicht, daß sie es tun, aber sie tun es: die Menschen „führen" ihr Leben. 6. Obwohl Lebensführung ein Produkt der Person ist, besitzt sie eine funktionale und strukturelle *Eigenständigkeit* gegenüber der Person, mit der Folge, daß viele Befragte, fast resigniert, berichten, wie stark sie von ihrer Lebensführung abhängig sind und wie schwer es ist, sie zu verändern. 7. So sehr die „subjektorientierte" Perspektive, mit der dieses Konzept entwickelt wurde,[10] die individuelle Zuständigkeit für die alltägliche Lebensführung betont, so wenig wird unterschlagen, daß Lebensführung immer auch in vielfältiger Weise *vergesellschaftet* ist. 8. Auch wenn die Lebensführung in diesem Sinne ein Produkt der Person ist, so ist sie doch nicht einfach mit ihr identisch. So sehr sie sozial geprägt ist und soziale Formen aufweist, ist sie doch kein soziales System. Lebensführung ist vielmehr ein *System sui generis*, das zwischen Gesellschaft und Individuum vermittelt[11].

2. Alltägliche Lebensführung und soziale Ungleichheit – zwei Fallbeispiele

In den empirischen Arbeiten mit dem Konzept der „Alltäglichen Lebensführung" wurden in vielfältiger Form Aspekte sozialer Unterschiede zwischen den Personen, insbesondere Aspekte sozialer Über- und Unterordnung oder sozialer Benachteiligungen bzw. Privilegierungen erkennbar. Wie eingangs schon angedeutet, entziehen sich diese Aspekte jedoch systematisch einer zumindest einfachen Schematisierung, etwa im Sinne des Schichtparadigmas. Wie „soziale

---

9 Vgl. als Überblick zur Zeitbudgetforschung Blass (1980) oder Harvey u.a. (1984); vgl. als Überblick zu den auch für die Soziologie potentiell sehr interessanten, aber leider bisher kaum rezipierten, Ansätzen der Zeitgeographie Grundmann/Hölscher (1989).

10 Vgl. programmatisch zur „subjektorientierten" Forschungsperspektive Bolte (1983).

11 Vgl. zu den beiden letzten Funktionen von Lebensführung ausführlicher Voß (1991b).

Ungleichheiten" aus der spezifischen Perspektive des Konzepts der „alltäglichen Lebensführung" in den Blick geraten, soll nun anhand von zwei Fallbeispielen aus den empirischen Materialien des Projekts verdeutlicht werden.

Es handelt sich um zwei Fälle, die sich beim ersten groben Hinsehen in wichtigen Dimensionen zu ähneln scheinen: gleich sind Geschlecht, Alter, Einkommen, Familienstand. Es sind zwei westdeutsche Männer, *Herr Stumpf* und *Herr Groß*, beide 33 Jahre alt, beide mit einem Monatseinkommen von ca. DM 3300 netto, beide sind verheiratet und haben Familie – Herr Stumpf eine dreijährige und eine fünfjährige Tochter, Herr Groß eine sechsjährige Tochter. Damit sind allerdings bereits so ziemlich alle Gleichheiten zwischen diesen beiden Männern erschöpfend behandelt.

Beim *zweiten* Hinsehen, geleitet von klassischen analytischen Dimensionen der Ungleichheitsforschung, wird erkennbar, daß Herr Stumpf – im Vergleich zu Herrn Groß – offensichtlich der „underdog" ist. Der gebürtige Niederbayer Herr Stumpf wohnt heute noch in dem kleinen Dorf, in dem er als Sohn einer eher armen bäuerlichen Familie aufgewachsen ist. Ganz selbstverständlich mußte er während der ganzen Kindheit auf dem Hof mithelfen, ebenso war seine Schulausbildung mit dem Hauptschulabschluß zu Ende. Danach folgte eine Maurerlehre und zwölf Jahre harte Arbeit in einem kleinen Betrieb im Nachbarort, unterbrochen lediglich durch einen kurzen „Ausflug" über die Grenzen des Dorfes hinweg als Bundeswehrsoldat. Trotz eher bescheidener Ansprüche gelang es Herrn Stumpf nie, mit der Arbeit am Bau genug zu verdienen, so daß er sich insbesondere seit der Familiengründung zur Schwarzarbeit am Abend und am Samstag gezwungen sah. Zudem war die Tätigkeit körperlich sehr belastend. Deshalb beschloß er etwa ein halbes Jahr bevor wir ihn kennenlernten, sich um eine Stelle in einer Papierfabrik zu bewerben.

Hier arbeitet er nun als abhängig beschäftigter angelernter Arbeiter in einem komplizierten rollierenden Voll-Kontischicht-System: seine Arbeitszeit sieht so aus, daß er z.B. von Montag bis Donnerstag Frühschicht hat, Freitag und Samstag Spätschicht, Sonntag bis Dienstag frei, Mittwoch und Donnerstag wieder Frühschicht, dann vom Freitag bis zum darauffolgenden Donnerstag Nachtschicht, dann Freitag bis Sonntag frei, um dann wieder Montag und Dienstag Spätschicht zu haben. Dieser Rhythmus gilt mit Ausnahme von Weihnachten und Ostern rund ums Jahr. Das Schichtsystem ist so kompliziert, daß Herr Stumpf den Schichtplan braucht, um sich seine Arbeitszeiten, die voll vom Betrieb vorgegeben sind, überhaupt klarmachen zu können. Zu den belastenden zeitlichen Arbeitsbedingungen kommt ein wenig attraktiver Arbeitsplatz hinzu: innerhalb der Papierfabrik ist er auch in der betriebsinternen Hierarchie „unten" und hat einen der belastendsten Arbeiten. Herr Stumpf sitzt tagein, tagaus mutterseelenallein bei Neonlicht und immensem Lärm in einer Glaskabine und beobachtet, wie Baumstämme auf einem Förderband an ihm vorbeirollen und entrindet werden. Seine Aufgabe besteht darin zu kontrollieren, ob eventuell noch Rinde am Baumstamm ist und – ca. einmal pro Viertelstunde – eine Klappe per Knopfdruck zu betätigen, damit die nicht voll entrindeten Stämme aussortiert und nochmal entrindet werden.

Ganz anders dagegen der zweite Mann, der selbständige Akademiker Herr Groß. Herr Groß wächst auf als Sohn eines Landarztes in einer großen Familie in der Oberpfalz, darf selbstverständlich das Abitur machen und zieht dann zum Studium nach München. Im Rahmen des Romanistikstudiums verbringt er ein Jahr im Ausland und hat zunächst das Ziel, Lehrer zu werden. Aufgrund der Lehrerschwemme beendet er das Studium aber im Alter von 27 Jahren mit dem Magister-Abschluß, ungefähr zur gleichen Zeit kommt seine Tochter zur Welt. Es folgen sechs Jahre, in denen Herr Groß die unterschiedlichsten Arbeiten übernimmt und dabei viel lernt. Er arbeitet als Übersetzer und Lektor, freiberuflich für Filmgesellschaften und Rundfunkanstalten als Journalist, in der Erwachsenenbildung u.v.a.m. Gelegentlich macht er außerdem sein Hobby – die Musik – zum Beruf, indem er Unterricht erteilt und als Musiker auftritt. Nicht nur die Arbeitsinhalte von Herrn Groß, sondern auch seine Arbeitszeiten sind – verglichen mit Herrn Stumpf – privilegiert: er hat zwar einige fixe Termine (z.B. Abgabetermine für journalistische Produkte oder Kurstage), ansonsten bleibt es aber völlig ihm selbst überlassen, wann er wieviel Arbeit verrichtet.

Beim ersten Hinsehen handelt es sich also um zwei Personen, beide in wichtigen Dimensionen „gleich": gleich alte Männer, in ähnlichen Familienkonstellationen mit gleich hohem Einkommen. Das zweite Hinsehen – geleitet vom Blick der „klassischen" Ungleichheitsforschung auf Dimensionen wie Herkunftsmilieu, Bildung, Stadt/Land-Unterschiede, Arbeitsplatzbedingungen, Arbeitszeitregelungen und dergleichen – zeigt erwartungsgemäß, daß die beiden Gleichen so gleich nicht sind: Herr Stumpf hat es „schlechter" getroffen im Leben. Es lohnt jedoch, aus der Perspektive der alltäglichen Lebensführung ein *drittes* Mal hinzusehen. Aus dem bisher klaren Tableau, aus dem eindeutig hervorgeht, wer im Leben rundum vermeintlich den Kürzeren gezogen hat, wird dann ein *Vexierbild*, also ein verwirrendes Bild, bei dem es nicht nur eine Sichtweise gibt. Das bisher Gesagte vom Underdog Herr Stumpf und dem ihm gegenüber privilegierten Journalisten Herr Groß wird dadurch nicht falsch; es ist aber auch nur die halbe Wahrheit. Werden die Betroffenen selbst nämlich nach ihrer Lebensführung gefragt, so fällt zunächst einmal auf, daß sich der Schichtarbeiter Herr Stumpf als außerordentlich zufrieden präsentiert – ganz im Gegensatz zu Herrn Groß, der seine Situation mindestens als ambivalent und punktuell als fast unerträglich bezeichnet. Daß es sich hierbei nicht nur um Manifestationen von „falschem Bewußtsein" handelt, wird daran ersichtlich, daß beide sehr gute Sachargumente vorbringen können, warum sie ihre aktuelle Lebenssituation so und nicht anders bewerten.

Herr Stumpf verweist z.B. völlig zu Recht mit Stolz darauf, wie weit er es gebracht hat. Er hat sich – nicht zuletzt dank seiner Eltern, die ihm ein Grundstück zur Verfügung gestellt haben – ein großzügiges Eigenheim mit Garten bauen können, das inzwischen schuldenfrei ist. Das zweite Haus für die Töchter wird bereits geplant. Auf dem Dorf wachsen seine Kinder in einer gesunden Umwelt auf und können sich nach Herzenslust austoben, mit einem Minimum an Betreuungsaufwand für die Eltern. Kinderbetreuung wie überhaupt das Thema Haus- und Familienarbeit sind aber für Herrn Stumpf ohnehin kein Thema. Denn er ist „reich" an zwei entscheidenden „Ressourcen", die Herrn Groß ganz fehlen: zum einen hat er eine traditionell orientierte Frau geheiratet, die ihre Teilzeitarbeit vor allem zur Abwechslung vom Alltagstrott der Familie verrichtet und die Haus- und Familienarbeit zu 100% als ihre Angelegenheit betrachtet, zum zweiten wohnen die Großeltern nebenan, die jederzeit gern einspringen, um die Enkel zu beaufsichtigen.

Auch deshalb ist Herr Stumpf vergleichsweise „reich" in einer anderen Dimension: reich an wirklich ungebundener freier Zeit zur eigenen Verfügung. Wenn er keine Schicht hat, kann er seinen Freizeitinteressen nachgehen, wobei seine ungewöhnlichen Arbeitszeiten ihm durchaus auch manche Möglichkeiten eröffnen. Er kann z.B. unter der Woche viel Zeit mit seinen Kindern verbringen und nutzt seine freien Tage, um mit ihnen gemeinsam Ausflüge zu machen. Weil der Posten Miete im Familienbudget entfällt, und weil die Lebenshaltungskosten in Niederbayern vergleichsweise niedrig liegen, kommen auch Freizeitaktivitäten in Frage, die ziemlich kostspielig sind. Herr Stumpf ist passionierter Sportler, fährt Ski im Winter, Kajak im Sommer, und dafür ist diese Arbeitszeitregelung gut.

Aber nicht nur im Hinblick auf außerberufliche Bedingungen geht es Herrn Stumpf in mancher Hinsicht besser als Herrn Groß. In bestimmten Dimensionen ist auch seine Berufssituation nicht *nur* schlechter. Er hat z.B. einen sicheren Arbeitsplatz und eine gesicherte berufliche, auch eine vergleichsweise sichere ökonomische Perspektive. Er kann zuversichtlich auf seinen Lebensabend schauen, denn zum Eigenheim kommt die staatliche wie eine großzügige betriebliche Altersversorgung hinzu. Die betrieblichen Bedingungen in seiner Firma sind insgesamt – verglichen mit den am Ort vorhandenen Alternativen – überaus gut, so daß er von seinen ehemaligen Kollegen aus dem Bauunternehmen beneidet wird: um den Urlaub, den er im firmeneigenen Ferienhaus im Gebirge verbringen kann, um das gute Betriebsklima und die gute Personalbetreuung, um die betrieblichen Sozialleistungen und um das für die Gegend hervorragende Einkommen, das zur Folge hat, daß er heute nicht mehr Schwarzarbeiten muß u.a.m. Sein *relativer* sozialer Status im Freundeskreis ist entsprechend hoch: im Dorf hat es Herr Stumpf weit gebracht. Gemessen an seinem früheren biographischen Erfahrungen, am harten Leben seiner Eltern und auch im Vergleich zu seinen Freunden ist ihm ein deutlicher Sprung nach vorne gelungen. „Es geht mir besser wie früher, wir haben alles, was will man mehr", sagt er im Interview.

Ganz anders Herr Groß. Seine Wohnsituation ist beengt: die Tochter wächst nicht in einem Haus mit Garten am Waldrand auf, sondern an einem belebten Platz in München, wo die Familie Groß mit einer befreundeten Familie in einer 5-Zimmer-Wohnung eine Wohngemeinschaft gegründet hat. Anders käme die Familie bei den Münchener Mieten nie über die Runden: ihr Mietanteil in der Wohngemeinschaft liegt bereits bei 1000 DM kalt. Die Wohngemeinschaft ist zugleich die entscheidende Ressource für die Kinderbetreuung. Jeder der vier Erwachsenen hat einen „Kindertag" pro Woche, an dem er sich nachmittags um die beiden kleinen Mädchen kümmert. Denn zu Herrn Groß' Selbstverständnis gehört, daß er sich aktiv und intensiv um die Betreuung seiner Tochter kümmert. Seine Frau hat zudem selbst studiert und will trotz Familie beruflich am Ball bleiben. Verwandte, die zur Kinderbetreuung einspringen könnten, gibt es hier nicht. Auseinandersetzungen über die angemessene Arbeitsteilung zwischen Frau und Mann sind entsprechend an der Tagesordnung.

Die wirklich ungebundene „freie" Zeit, die Herrn Groß zur Verfügung steht, ist deshalb begrenzt: entweder arbeitet er für den Beruf oder er kümmert sich um Kinder und Haushalt. Hinzu kommt aber, daß ein Großteil seiner Zeit vor allem darauf verwendet wird, die Voraussetzungen dafür zu schaffen, daß er überhaupt berufstätig sein kann. Er muß immer hinter den nächsten Aufträgen her sein, ständig Kontakte zu potentiellen Auftraggebern knüpfen und halten, immer mehrere „Eisen" gleichzeitig im Feuer haben. Beruflich abschalten kann er eigentlich nie. Wieviel er arbeitet und wann er arbeitet, ist zwar theoretisch ihm selbst überlassen, aber er ist noch nicht so gut etabliert, daß er sich leisten könnte Aufträge abzulehnen. Phasen von zu großer Belastung wechseln sich deshalb mit Phasen ab, in denen er gern mehr Arbeit hätte, die aber auf sich warten läßt. Die Nutzung der Freizeit, sofern vorhanden, ist auch ziemlich eingeschränkt: in München kann man mit diesem Einkommen keine allzu großen Sprünge machen, und wenn Herr Groß mal Zeit hat, kann es gut sein, daß seine Frau gerade beruflich voll eingespannt ist.

Von der Arbeitsplatzsicherheit von Herrn Stumpf kann Herr Groß nur träumen: er weiß nicht, wovon er in sechs Monaten leben wird. Auch hat er als „Freier" (als „frei" für den Rundfunk arbeitender Journalist) bislang noch keinerlei Vorkehrungen für das Alter getroffen. Weder kommen ihm irgendwelche betrieblichen Vergünstigungen zugute noch hat er sichere berufliche Perspektiven. Entsprechend schlecht bewertet er seine Lebenssituation, wenn er Bilanz ziehen muß. Sechs Jahre nach dem Examen vergleicht sich Herr Groß mit seinen Studienkollegen und kommt zum Ergebnis, er selbst habe es nicht besonders weit gebracht. Im Gegenteil: gemessen an seinen eigenen Aspirationen muß er sich eingestehen, daß die angestrebte Autonomie als freier Journalist wohl eine Fiktion war. Realität ist dagegen, sowohl arbeitsinhaltlich als gerade auch ökonomisch ständig von der Gunst irgendwelcher Redaktionen abhängig und dabei so knapp bei Kasse zu sein, daß jeder Ausflug zum Tierpark mit der Familie wohlüberlegt sein muß.

3. Lebensführung als integrative Perspektive zur Thematisierung sozialer Ungleichheit

Es stellt sich nach diesen Beschreibungen natürlich die Frage, was mit solchen Vexierbildern gewonnen ist. Handelt es sich hier nicht nur um ein unvermeidbares Unschärfeproblem, das darin besteht, mit zunehmender Nähe zum Gegenstand immer neue Differenzierungen, immer neue Dimensionen und Faktoren sozialer Ungleichheit (und deren „Inkonsistenzen") zu entdecken?

Unseres Erachtens verweisen diese Vexierbilder auf ein tieferliegendes generelles Problem, das nicht nur (aber auch) in der Ungleichheitsforschung immer deutlicher zutage tritt: Man konzentriert die Analysen bislang auf die Bestimmung von sozialen Bedingungen oder Faktoren für die interessierenden Phänomene. Unterstellt wird, daß diese Faktoren irgendwie auf die Betroffenen wirken, z.B. die Personen sozial unterschiedlich mit Vor- und Nachteilen ausstatten und dadurch deren Stellung im vertikalen Gefüge der Gesellschaft bewirken. *Was* diese Faktoren jedoch ganz konkret auf Ebene der Betroffenen bedeuten, d.h. danach, *wie* sie dort eigentlich genau eine Wirkung entfalten, wird nicht näher (wenn überhaupt) gefragt.

Die beiden Beispiele wurden vorgestellt, um zu zeigen, daß es eben *nicht* ohne weiteres möglich ist, *direkt* von sogenannten „objektiven" Indikatoren sozialer Lagen auf die jeweilige Ausprägung der persönlichen Lebenssituation und damit eine eindeutige soziale Privilegierung oder Benachteiligung der jeweiligen Person in allen Lebensbereichen zu schließen. Eine solche unmittelbare lineare Verknüpfung von sozialen Ursachen und sozialen Folgen führt tendenziell zu einem Kurzschluß: wichtige Komplizierungen, die durch die Personen ins Spiel kommen, werden unterschlagen.

Erst beide Seiten des Vexierbilds, die sich unseres Erachtens nicht widersprechen, sondern ergänzen, ergeben ein schlüssiges Gesamtbild der Erfahrung von Privilegierung oder Diskriminierung. Man erlebt sich mit Blick auf einige Dimensionen des Alltagslebens und einzelne Lebensbereiche als privilegierter als im Hinblick auf andere und ist es objektiv auch. Denn dies ist, wie uns nicht zuletzt die Befragten selbst immer wieder deutlich machen, nicht nur eine Frage des subjektiven Erlebens. Ungleichheitserfahrungen werden widersprüchlich und fragmentiert präsentiert, weil sie Bestandteil eines objektiv fragmentierten Alltagslebens sind, das von der Personen in der alltäglichen Lebensführung erst „zusammengebracht" werden muß. Erforderlich ist deshalb, wie wir meinen, eine Sichtweise, die es ermöglicht, die sehr unterschiedlichen, fragmentierten und zudem immer differenzierter werdenden Einflüsse auf die Menschen systematisch *dort* und *so* zu thematisieren, wie sie wirklich wirksam werden: nämlich auf Ebene des konkreten alltäglichen Lebens und zwar so, daß erkennbar wird, daß und wie die Menschen nicht passiv von Bedingungen geprägt werden, sondern *aktiv* mit diesen umgehen.

Anhand von zwei thesenhaften Überlegungen zum Stellenwert des Konzepts der „Alltäglichen Lebensführung" für die Thematisierung sozialer Ungleichheit soll dieser Gedanke etwas näher erläutert werden:

3.1 Lebensführung als Ebene der praktischen Intergration ungleichheitsrelevanter sozialer Faktoren

Die erste Überlegung soll verdeutlichen, daß ungleichheitsrelevante Faktoren nicht als solche, jeder für sich, Wirkungen bei den Personen hat. Die beiden dargestellten Beispiele zeigen eine Vielzahl von Momenten, die sich bei Herrn Groß und Herrn Stumpf eben ganz anders auswirken. Dies liegt daran, daß die so verschiedenartigen Momente (wie etwa die Bezahlung oder ob man eine Großmutter nebenan hat oder nicht, inwieweit man in die familiale Arbeit eingebunden ist oder nicht usw.) nicht jeweils für sich Bedeutung haben, sondern dadurch, wie sie *zusammentreffen*. Und dabei bilden die einzelnen Momente nicht eine schlichte Summe, sondern ein komplexes Gemenge, in dem sie sich gegenseitig beeinflussen; sie *interferieren*, um einen von Mayntz (1991) in die sozialwissenschaftliche Diskussion gebrachten Begriff zu benutzen. Diese Interferenzen erzeugen mehr oder weniger *kontingente* Wirkungen, also Wirkungen, die nicht mehr, zumindest nicht „linear", aus den Bedingungen selbst abzuleiten sind. Und je komplexer und dynamischer die Lebensbedingungen von Menschen werden, um so krasser werden natürlich solche Interferenzeffekte. Folge ist, daß man immer weniger von den Faktoren auf die Wirkungen schließen kann.[12]

---

12 In der marxistischen Theorie, in der ja am vehementesten die Determinationskraft objektiver Lagen behauptet wird, wurde dafür der interessante Begriff der „Überdetermination" verwendet. Nach wie vor wird danach zwar immer noch eine „Determination" durch gesellschaftliche Bedingungen, insbesondere durch Widersprüche, unterstellt, die aber komplizierter gedacht wird, als im Modell der linare Determination (vgl. Althusser, z.B. 1968).

Erst die Gesamtwirkung, oder genauer: die *Resultante* aus den interferierenden Faktoren bildet dann etwas, was man unter dem Gesichtspunkt von sozialer Benachteiligung und Privilegierung und damit der Stellung in einem Ungleichheitsgefüge beurteilen könnte. Dabei kann freilich auch – dies zeigen die vorgestellten Beispiele – ein nicht nur eindeutig zu beurteilendes Bild entstehen. Die alltägliche Lebensführung ist genau der Ort, an dem dieses nicht ableitbare Zusammenwirken alltagspraktisch stattfindet. Sie ist das praktische Forum, auf dem die höchst unterschiedlichen (sich nicht selten sogar widersprechenden) Wirkungen aus den verschiedenen Lebensbereichen einer Person zusammentreffen und (gesehen aus der Perspektive der Bereiche) unerwartete Wirkungen ausbilden.

Als *These* formuliert heißt dies: In der alltäglichen Lebensführung laufen die verschiedenen ungleichheitsrelevanten Faktoren aus dem sozialen Lebensumfeld von Personen zusammen, woraus nicht direkt daraus ableitbare sondern relativ kontingente Interferenzeffekte für soziale Benachteiligungen oder Privilegierungen der Betroffenen entstehen.

3.2 „Lebensführung" als aktive Verarbeitung ungleichheitsrelevanter Momente

Dieser Gedanke kann und soll hier aber noch eine Stufe weiter geführt werden: Das Bild des interferenten und dadurch kontingenten Zusammenwirkens der unterschiedlichen „Faktoren" aus der sozialen Lage oder dem Milieu der Person suggeriert immer noch, daß diese (nun etwas komplexer gedachte) Gesamtwirkung für soziale Ungleichheit quasi automatisch eintritt. Die „Faktoren" wirken zwar zusammen und beeinflussen sich, aber letztlich „wirken" sie doch, so wie sie sind. Das heißt, sie „determinieren" immer noch, wenn auch ein wenig komplizierter und mit gewissen Unschärfen. Es sind die „Faktoren", die etwas bewirken. Eine solche Sicht ist jedoch immer noch problematisch, weil sie systematisch den Zusammenhang von sozialen Bedingungen und deren Folgen für die Person verkürzt. Nach wie vor wird hier von einer mechanistischen Vorstellung der Wirkung sozialer Zusammenhänge ausgegangen. Der Schluß von sozialen Momenten auf die Person bleibt auf eine simple Mechanik reduziert, die nach dem kausalen Schema „A" erzeugt „B" angelegt ist, auch wenn jetzt „A" etwas komplizierter gedacht werden darf. Es ist immer noch ein Kurzschluß, der die Person systematisch als „black box" behandelt und konstitutive Vermittlungen, die in der „black box" ablaufen nicht zum Thema machen kann.

Dagegen soll hier betont werden, daß (gerade auch für die Frage nach der sozialen Ungleichheit) soziale Faktoren eben nicht determinierende „Faktoren" sind, sondern Randbedingungen für das alltägliche praktische Leben von Menschen. Das bedeutet zum einen, daß die Bedingungen, denen Menschen in ihrem Alltag ausgesetzt sind für diese *Anforderungen* darstellen, deren `harte' Bedeutung überhaupt nicht zu leugnen ist. Sie stellen zum anderen aber auch *Möglichkeiten* dar, auf die sie im Rahmen mehr oder weniger großer Spielräume reagieren müssen und reagieren können. Bei diesen Bedingungen handelt es sich also um *Optionsräume*, deren Grenzen zwar abgesteckt sind, die aber dennoch in diesem Rahmen von den Personen genutzt und gestaltet werden. Die Personen reagieren nicht in einem passiv mechanischen Sinne, sondern sie müssen sich die Bedingungen aktiv „aneignen". Mehr noch: sie müssen sie praktisch *verarbeiten* und damit ihr Leben im Rahmen des vorgegebenen Optionsraums faktisch erst herstellen. Die Bedingungen wirken nicht von alleine und nicht automatisch, sondern sie werden erst durch die aktiven „Vermittlungen" in der und durch die alltägliche Praxis der Personen wirksam.

Erst im praktischen Alltagshandeln der Menschen, konkret: in ihrer alltäglichen Lebensführung, treten die sozialen Verhältnisse real in Erscheinung, werden aus ‚toten' Faktoren ‚lebendige' Bedingungen des Lebens. Wie die Bedingungen konkret wirksam werden, hängt nicht nur, aber eben *auch* davon ab, was die Menschen mit ihnen oder aus ihnen im Alltag *machen*. Das bedeutet keineswegs, daß die Menschen machen können, was sie wollen; im Gegenteil: es ist eine wichtige Frage, was sie nicht machen können, wo ihre jeweiligen Grenzen sind. Sehr wohl ist aber damit impliziert, daß innerhalb des bestimmten gegebenen Rahmens immer auch unterschiedliche Gestaltungsstrategien der Lebensführung verfolgt werden, und daß diese Strategien von den Personen aktiv entwickelt und betrieben werden müssen – so gering auch im Einzelfall die Gestaltungsmöglichkeiten sein mögen.

Um dies noch einmal an einem Beispiel zu verdeutlichen: Herr Anton, ein Kollege des Herrn Stumpf in der Papierfabrik, hat sich aus bestimmten Gründen dafür entschieden, aus der dörflichen Kontrolle seiner Herkunftsfamilie auszubrechen. Deshalb zieht er mit seiner Familie in eine Mietwohnung in die Kreisstadt. Die Möglichkeit zum Bau eines Eigenheimes auf dem Grundstück der Schwiegereltern ist damit vertan. Statt dessen benutzt er das Einkommen, das die meisten seiner Kollegen wie Herr Stumpf in ihre Häuser investieren, für eine für dieses Milieu aufwendige Urlaubsgestaltung. Diese Entscheidung hat weitreichende Konsequenzen auch für die Lebensführung seiner Frau. Denn durch die räumliche Entfernung zu den Verwandten, die potentiell in die Kinderbetreuung eingebunden werden könnten, ist es Frau Anton nicht möglich berufstätig zu sein. Dies schlägt sich in einem niedrigeren Gesamteinkommen der Familie nieder, was wiederum Konsequenzen für die mögliche Gestaltung des Alltags hat. M.a.W.: Aus objektiv sehr ähnlichen Lebenslagen konstruieren die beiden Kollegen Herr Anton und Herr Stumpf deutlich verschiedene Muster der Lebensführung.

Ein anderes Beispiel aus der Gruppe der Journalisten: Im Gegensatz zu Herrn Groß, der seine Freiheitsgrade auf dem Arbeitsmarkt dadurch einschränkt, daß er einen nennenswerten Teil der familialen Arbeit übernimmt, wehrt sein Kollege Herr Hohl die Ansprüche seiner Frau auf mehr Beteiligung an der Kindererziehung weitgehend ab. Versprochene Zugeständnisse, die Betreuung der Tochter tageweise zu übernehmen, werden ständig zurückgenommen, so daß sich allmählich eine Lebensführung etabliert, in der Herr Hohl immer mehr Zeit in den Beruf und immer weniger Zeit in die familiale Arbeit investiert. Durch die Verfolgung dieser Strategie der Lebensführung verbessert er zwar seine beruflichen Chancen als Journalist, in dem er dem Arbeitsmarkt immer stärker ohne Einschränkungen zur Verfügung steht. Dafür nimmt er aber deshalb entstehende Konflikte mit seiner Frau in Kauf. Er konstruiert ebenfalls aus objektiv sehr ähnlichen Lebenslagen ein von seinem Kollegen Herrn Groß deutlich verschiedenes Muster der Lebensführung, mit anderen subjektiven und objektiven Konsequenzen.

Die aktive Verarbeitung von Momenten der Lebenssituation geschieht also nicht nur (wenn überhaupt) so, daß man auf jede Anforderung einzeln und gesondert reagiert. Die Verarbeitung der lebensrelevanten Bedingungen aus dem sozialen Umfeld der Personen geschieht im *Verbund*, geschieht in einer komplexen Form der alltagspraktischen *Vermittlung*. Man reagiert nicht vorwiegend punktuell, sondern hat eine Gesamtstrategie, in der die Einzelreaktionen verbunden sind: nicht unbedingt bewußt aber faktisch. Bezugspunkt dieser Gesamtstrategie der Verarbeitung sozialer Bedingungen für den Alltag ist die Lebensführung. Die Lebensführung ist damit nicht nur der „Ort", an dem verschiedene Faktoren Interferenz zusammenwirken, sondern sie ist die praktische „*Methode*" für die aktive Verarbeitung vorgefundener Bedingungen, sie ist diese Gesamtstrategie.

Dies gilt auch für die Verarbeitung von „Bedingungen", die ungleichheitsrelevante Bedeutung haben. Wie das Gehalt von Herrn Stumpf oder Herr Anton für ihre Lebenssituation wirkt, ob und wie dies objektiv für sie relative Nachteile oder Vorteile gegenüber anderen mit sich bringt, hängt in Teilen auch davon ab, welche praktische Rolle das Einkommen im Rahmen der jeweiligen Lebensführung erhält. Wie das Einkommen konkret ungleichheitsrelevant wird hängt auch davon ab, wie es von Herrn Stumpf oder Herrn Anton in der alltäglichen Lebensführung eingesetzt oder verwendet wird: z.B. für Hausbau oder Urlaub. Mehr noch: daß sie ein solches Einkommen in dieser Höhe haben, können sie zwar nicht mehr beliebig ändern, dies ist aber trotzdem weitgehend Ausdruck von Weichenstellungen für die Gestaltung der Lebensführung aus früheren biographischen Phasen. Und völlig deutlich wird dies, wenn man die subjektive „Wahrnehmung" (etwa Zufriedenheitsaspekte) anschaut: diese ist hochgradig durch einerseits biographische Vorerfahrungen und andererseits durch die anderen Momente der Lebensführung geprägt.

Die *These* ist hier also, daß in der alltäglichen Lebensführung ungleichheitsrelevante Aspekte aus der objektiven Lebenslage von den Personen aktiv verarbeitet werden. Wie soziale Faktoren soziale Ungleichheit bedingen, hängt als Folge dessen nicht allein und nicht direkt von den Faktoren ab, sondern *auch* davon, wie die Personen mit ihnen in der Lebensführung konkret umgehen. In diesem Sinn – und nur in diesem Sinn – kann man davon sprechen, daß die Personen, so gering ihre Gestaltungschancen auch sein mögen, den vertikalen „Ort" in einem Gefüge sozialer Ungleichheit immer auch *teil-weise* selbst produzieren. Das soll zum einen heißen, daß die relativen Vor- oder Nachteile, die Personen gegenüber anderen haben, in *Teilen* – nämlich bezogen auf bestimmte Dimensionen ihres Lebens und je nach Dimension möglicherweise sehr unterschiedlich – von ihnen selbst gestaltet werden. Das soll zum zweiten bedeuten, daß sie auch in gewisser *Weise* – nämlich in Abhängigkeit von der jeweiligen Art, wie in diesen Dimensionen die vorgefundenen Lebensbedingungen praktisch verarbeitet und so konkret ungleichheitsrelevant wirksam werden – von ihnen selbst gestaltet werden.

Zum Abschluß zwei Folgerungen aus diesen Thesen: eine forschungspraktische und eine politische Implikation.

Forschungspraktisch bedeuten diese Thesen ein Plädoyer für die Untersuchung der alltagspraktischen Verfahren, mit denen Handelnde auf Bedingungen ihrer sozialen Lage reagieren und damit für eine Abwendung von einem faktoriell reduzierten Erklärungsschema sozialer Ungleichheit. Soziale Strukturen sind dann nicht mehr ausschließlich in den Bedingungen des Lebens der Menschen zu suchen, sondern auch in den Methoden und konkreten Praktiken, wie sie dieses Leben betreiben. Heißt das eine, Strukturen in Bedingung-Folge-Korrelationen zu suchen und dann gegebenenfalls nach deren Prozeßcharakter, nach deren Entwicklung, zu fragen, geht es im zweiten darum, soziale Regelmäßigkeiten in den Prozessen der praktischen Vermittlung von Bedingungen und Folgen aufzudecken; kurz gesagt, nicht nur die Analyse des Prozesses von Strukturen, sondern auch die der Struktur von Prozessen.

Die vorgestellten Überlegungen berühren aber nicht nur die Forschung über soziale Ungleichheit, sondern haben auch Implikationen für deren *politische* Thematisierung. Eine Analyse sozialer Ungleichheit, die nicht nur im Elfenbeinturm analytischer Kontemplation bleiben will, wird angesichts der gesellschaftlichen Entwicklung immer differenziertere politische Argumentationsmuster anbieten müssen. Sie wird versuchen müssen, die in der politischen Diskussion immer noch so beliebten schlichten Ungleichheitsmodelle nach dem Muster „ihr da oben, wir da unten" zu überwinden. Ziel wird statt dessen sein, soziale Privilegierung und Diskriminierung komplizierter zu denken und zu berücksichtigen, daß die Betroffenen weder Marionetten sozialer Verhältnisse noch in allen Dimensionen ihres Lebens in gleicher Weise benachteiligt oder privilegiert sind.

Eine Analyse der Methoden und Praktiken und damit schließlich der unterschiedlich verteilten Freiheitsgrade der Personen in der Gestaltung ihres täglichen Lebens enthält unseres Erachtens hierfür eine politische Chance. Denn damit geraten nicht nur objektiv begrenzte Handlungsspielräume, sondern auch die mehr oder weniger erfolgreichen Versuche der Subjekte zur Veränderung ihrer Lebenslage in den Blick.

Literatur

Althusser, L. (1968): Für Marx. Frankfurt a.M.
Behringer, L./Bolte, K.M./Dunkel, W./Jurczyk, K./Kudera, W./Rerrich, M.S./ Voß, G.G. (1989): Auf dem Weg zu einer neuen Art der Lebensführung? In: Mitteilungen 1 des Sonderforschungsbereichs 333. München
Berger P./Hradil, S. (1990): Lebenslagen, Lebensläufe, Lebensstile (Sonderband 7 der Sozialen Welt). Göttingen
Blass, E. (1980): Zeitbudget-Forschung. Eine kritische Einführung in Grundlagen und Methoden. Frankfurt a.M./New York
Bolte, K.M. (1983): Subjektorientierte Soziologie – Plädoyer für eine Forschungsperspektive. In: Bolte, K.M./Treutner, E. (Hg.): Subjektorientierte Berufs- und Arbeitssoziologie. Frankfurt a.M./New York
Brock, D. (1991): Der schwierige Weg in die Moderne. Umwälzungen in der Lebensführung der deutschen Arbeiter zwischen 1850 und 1980. Frankfurt a.M.
Grathoff, R. (1989): Milieu und Lebenswelt. Einführung in die phänomenologische Soziologie und sozialphänomenologische Forschung. Frankfurt a.M.
Grundmann, M./Hölscher, U. (1989): Zeitgeographie. Ein systematischer Überblick gegenwärtiger Ansätze (IMU-Informationsdienst Jhg. 7/Nr. 1). München
Harvey, A.S./Szalai, A./Elliott, D.H./Stone, Ph.J./Clark, S.M. (1984): Time Budget Research. Frankfurt a.M./New York
Hennis, W. (1987): Max Webers Fragestellung. Studien zur Biographie des Werkes. Tübingen
Hörning, K.H./Michailow, M. (1990): Lebensstil als Vergesellschaftungsform. Zum Wandel von Sozialstruktur und sozialer Integration. In: Berger. P.A./Hradil, S. (Hg.): Lebenslagen, Lebensläufe, Lebensstile (Sonderband 7 der Sozialen Welt). Göttingen
Hradil, S. (1990): Milieu, Subkulturen, Lebensstile – Alte Begriffe und neue Strukturen. In: Vaskovics, L. (Hg.): Subkulturen und Subkulturkonzepte. Opladen.
Kohli, M./Robert, G. (Hg.) (1984): Biographie und soziale Wirklichkeit. Neue Beiträge und Forschungsperspektiven. Stuttgart
Kreckel, R. (Hg.) (1983): Soziale Ungleichheit (Sonderband 2 der Sozialen Welt). Göttingen

Lüdtke, H. (1989): Expressive Ungleichheit. Zur Soziologie der Lebensstile. Opladen

Lüdtke, H. (1990): Lebensstile als Dimensionen handlungsproduzierter Ungleichheit. Eine Anwendung des Rational-Choice-Ansatzes. In: Berger, P.A./Hradil, S. (Hg.): Lebenslagen, Lebensläufe, Lebensstile (Sonderband 7 der Sozialen Welt). Göttingen.

Mayer, K.U. (Hg.) (1990): Lebensverläufe und sozialer Wandel (Sonderheft 31 der KZfSS). Opladen

Mayntz, R. (1991): Naturwissenschaftliche Modelle, soziologische Theorie und das Mikro-Makro-Problem. In: Zapf, W. (Hg.): Die Modernisierung moderner Geselschaften. Verhandlungen des 25. Deutschen Soziologentages in Frankfurt am Main. Frankfurt a.M./New York

MEW Marx, K./Engels, F. (1956): Werke (hg. vom ZK der SED; ab 1956 fortlaufend). Berlin (Ost)

Müller, H.P. (1989): Lebensstile. Ein neues Paradigma der Differenzierungs- und Ungleichheitsforschung? In: KZfSS, 41 (1) S. 53-71

Müller, H.P./Weihrich, M. (1990): Lebensweise und Lebensstil. Zur Soziologie moderner Lebensführung. In: dies.: Lebensweise – Lebensführung – Lebensstile (Forschungsberichte der Universität der Bundeswehr Neubiberg). München

Rerrich, M.S. (1990): Ein gleich gutes Leben für alle? Über Ungleichheitserfahrungen in familialen Alltag. In: Berger, P.A./Hradil, S. (Hg.): Lebenslagen, Lebensläufe, Lebensstile. (Sonderband 7 der Sozialen Welt). Göttingen

Rerrich, M.S. (1991): Seine Lebensführung + ihre Lebensführung = gemeinsame Lebensführung? Empirische Befunde und kategoriale Überlegungen. In: Voß, G.G. (Hg.): Die Zeiten ändern sich – Alltägliche Lebensführung im Umbruch (Sonderheft II des SFB 333). München

Schluchter, W. (1988): Religion und Lebensführung (2 Bde.). Frankfurt a.M.

Vetter, H.R. (Hg.) (1991): Muster moderner Lebensführung. Ansätze und Perspektiven. München

Voß, G.G. (1991a): Lebensführung als Arbeit. Über die Autonomie der Person im Alltag der Gesellschaft. Stuttgart

Voß, G.G. (1991b): „Lebensführung" als integratives Konzept für die Soziologie. In: Voß, G.G. (Hg.): Die Zeiten ändern sich – Alltägliche Lebensführung im Umbruch (Sonderheft II des SFB 333). München

Weber, M. (1986): Gesammelte Aufsätze zur Religionssoziologie I. Tübingen

Welter, R. (1986): Der Begriff der Lebenswelt. Theorien vorwissenschaftlicher Erfahrung. München

Werner Kudera

Wie Geschichte in den Alltag eindringt

Zusammenfassung

Historische Veränderungen auf der Ebene des staatlichen und gesellschaftlichen Systems von der Art des „Transformationsprozesses" schlagen nicht unmittelbar und direkt durch auf die Ebene des Alltagshandelns und der Lebensgewohnheiten. Was gesellschaftlich relevant erscheint, muß nicht ebenso relevant sein im jeweils individuellen Bezugsrahmen alltäglichen Lebens. Veränderte Arbeits- und Lebensbedingungen werden vielmehr in einem selektiven Prozeß der subjektiven Wahrnehmung, Deutung und Aneignung verarbeitet und gestaltet. Dadurch entsteht eine eigene Dimension sozialer Wirklichkeit auf der Ebene alltäglicher Lebensführung. In der derzeitigen Übergangsphase dominieren in den Neuen Bundesländern zwei Strategien im Umgang mit der jüngsten Geschichte: „Abwarten" oder „Neubeginn". Beide Strategien verhelfen nicht nur auf ihre jeweils eigene Art zum individuellen Überleben unter neuen und unübersichtlichen Handlungsbedingungen, sie erzeugen vielmehr gleichzeitig Kontinuität und Stabilität als subjektives Element gesellschaftlicher Ordnung.

Große Ereignisse, sagt man, werfen ihre Schatten voraus. Gegenwärtig machen wir die gegenteilige Erfahrung, wie ein großes Ereignis rasch zum Schatten seiner selbst geworden ist und nur noch die zögerlich sich enthüllende, peinliche Vorgeschichte sowie die politischen, wirtschaftlichen und sozialen Folgen das öffentliche Bild bestimmen. Was sich vor nunmehr vier Jahren als nahezu einmaliges historisches Geschehen Bahn brach und als Revolution gefeiert wurde, der Zusammenbruch eines Gesellschaftssystems, ausgelöst durch friedliche Demonstrationen und massenhaften Exodus, unblutig und bemerkenswert rasch im Ablauf – die Rede ist natürlich von der „Wende" und dem darauffolgenden Beitritt der DDR zur Bundesrepublik Deutschland – dieses Ereignis von historischer Tragweite ist für einen erheblichen Teil der Menschen in der nunmehr größer gewordenen Bundesrepublik zur eher lästigen Selbstverständlichkeit geworden. Einer Selbstverständlichkeit, auf die – wenn nicht überhaupt mit Gleichgültigkeit – einerseits mit Schönrednerei, andererseits mit Aggression reagiert wird. Diese Aggression wird aufgeheizt durch in bestimmten Medien verbreitete, wechselseitig projizierte Vorurteile und Vorwürfe, Ängste und Schuldzuweisungen wie:

- Die „Ossis" sind an ihrer Lage – marode Betriebe, verseuchte Böden, verkommene Städte, vergiftete Umwelt sowie an der entsprechenden Arbeitslosigkeit und Wohnungsnot – selber schuld. Schließlich haben sie das alles selber produziert und sollen jetzt auch selber sehen, wie sie damit fertig werden.
- Die „Wessis" wiederum sind überheblich. Lange Jahre haben sie alle möglichen Versprechungen gemacht. Jetzt wollen sie sich um ihre Einhaltung drücken und nutzen wie Kolonialherren die Notlage im Osten schamlos zur eigenen Bereicherung aus.

Was jenseits solcher Vorurteile als ärgerliche Tatsache der Vereinigung übrig geblieben ist, sind die ökonomischen und politischen, kulturellen und psychologischen Folgen – und angesichts dieser Folgen für jedermann die Notwendigkeit, individuell eine Beziehung zwischen großer, allzu vergänglicher Geschichte und kleinem, aber stets gegenwärtigem Alltag herzustellen und sich im Denken und im Handeln mit der neuen Lage zu arrangieren.

1. Was ist Geschichte?

Geschichte kann sein, was war. Dann ist sie eine vergangene Folge von Ereignissen, der retrospektiv eine Ordnung unterschoben wird. Diese Vergangenheit wird damit in eine gedachte Kontinuität eingereiht und normalisiert. Geschichte kann aber auch sein, was gerade geschieht. Dann wird einem aktuellen Ereignis historische Bedeutung zugeschrieben und zwar deshalb, weil es als Zäsur oder Wendepunkt aus der unterstellten Kontinuität und Normalität herausfällt.

Geschichte kann öffentlich sein oder privat. Als öffentliche steht sie für die Geschichte einer Gesellschaft, sie ist deren Historie. Als private steht sie für die einer Person, sie ist deren Biographie. Historie und Biographie sind weder identisch noch verlaufen sie synchron oder gleichgerichtet. Aber es gibt zwischen beidem eine Schnittstelle – und diese Schnittstelle ist die alltägliche Lebensführung der Person. Im System individueller Lebensführung treffen gesellschaftliche Bedingungen und individuelle Lebensentwürfe aufeinander und werden im täglichen Handeln auf mehr oder weniger stabile und kontinuierliche Weise abgeglichen. Hier ist der Ort, wo Geschichte in den Alltag eindringt.

Die Vereinigung ist beides: Historisches Ereignis und Vergangenheit, öffentliche und private Geschichte zugleich. Vergangenheit deshalb, weil das Besondere des historischen Ereignisses inzwischen zur Normalität geworden ist und über sie längst zur Tagesordnung anderer aktueller Probleme übergegangen worden ist. Diese haben mit den Folgen der Vereinigung und deren Vorgeschichte zu tun, mit Folgen freilich, die inzwischen für sich selber zu stehen scheinen, abgelöst von der Geschichte, die sie erzeugt haben. Diese Folgen bestimmen die Gegenwart und an diesen Folgen und fast ausschließlich an ihnen bemißt sich, was Geschichte für den Alltag bedeutet.

Öffentlich und privat deshalb, weil die Geschichte der Vereinigung insbesondere für die Bürger der Neuen Bundesländer Probleme nicht nur in Gestalt von dramatisch veränderten Lebenslagen erzeugt hat, die in der individuellen Lebensführung aufgefangen werden müssen. Sondern auch deshalb, weil sie Probleme hat darin entstehen lassen, daß sich individuelle Biographie und alltägliches Handeln nicht umstandslos – parallel zum Zusammenbruch der DDR – um die eigene Geschichte bereinigen lassen, die sich in der habitualisierten Lebensführung zum System verfestigt hat. Bei dem Prozeß der Transformation von Lebenslagen, Biographie und Lebensführung kommt es nicht nur darauf an, das Leben individuell wieder auf die Reihe zu bringen und zu normalisieren, es macht vor allem für die Bürger der Neuen Bundesländer einen großen Unterschied, wer als Folge des öffentlichen Prozesses der Vereinigung individuell gewinnt, wer draufzahlt.

Bedenklich ist dabei, daß sich mehrheitlich der Eindruck festzusetzen scheint, daß alle nur draufzahlen – bis auf einige Geschäftemacher und Seilschaften, die legal oder am Rande der Legalität die Situation ausnutzen und kräftig absahnen. Bedenklicher noch ist, daß die Geschichte der politischen Vereinigung und gesellschaftlichen Anpassung zweier Staaten fast ausschließlich in terms von Kosten diskutiert wird. Die Abwicklung der Folgen geschieht geschäftsmäßig – eine Diskussion von weiterführenden Perspektiven findet nicht statt.

Das ist mehr als nur Ernüchterung nach einer Phase der Euphorie. Darin drückt sich eine Distanz aus, die nachträglich deutlich macht, daß die Geschichte der Vereinigung, die für viele naturwüchsig abgerollt ist, nicht die eigene, nicht eine selbstgemachte, vielleicht nicht einmal eine selbstgewollte Geschichte ist. Darin drückt sich aber auch Enttäuschung aus, an der abzulesen ist, was an überschüssigen Erwartungen auf dieses Ereignis projiziert worden ist, die von der realen Entwicklung plattgewalzt wurden. Bis jetzt jedenfalls scheint die Vereinigung in den Augen vieler Bürger, zumal der westlichen, nur Kosten zu verursachen, denen kein wirklicher Gewinn gegenübersteht.

Kein Zweifel, die Vereinigung kostet Geld, viel Geld. Zu bezahlen ist einerseits ein politischer Preis, den alle Bürger, ob Ost ob West, entrichten müssen. Zu bezahlen ist andererseits ein historischer Preis, den vor allem die Betroffenen in den neuen Bundesländern dadurch zahlen, daß ihre Arbeits- und Lebenssituation durch den Zusammenbruch des gesellschaftlichen, politischen, ökonomischen und kulturellen Systems der DDR unübersichtlich, unsicher und unkalkulierbar geworden ist. Und dieser Preis ist nicht allein in Geld auszudrücken.

2. Die Geschichte der Vereinigung: Umbruch und Kontinuität

Angesichts des allgemeinen Vergessens kann es nicht schaden, sich noch einmal vor Augen führen, was geschehen ist, um sich zu vergegenwärtigen, was es bedeutet. Der am 3.10.1990 vollzogene Beitritt der DDR zur Bundesrepublik Deutschland bedeutete die gespenstisch geräuschlose und klägliche Selbstauflösung eines Staates und seiner Wirtschafts- und Sozialordnung, die Einführung von Demokratie und sozialer Marktwirtschaft, den Neuaufbau von öffentlicher Verwaltung, von Parteien und Verbänden, schließlich eine Veränderung des geltenden Rechts sowie einen Wandel von Werten, eingeübten Spielregeln und kulturellen Selbstverständlichkeiten, von öffentlicher Meinung und politischer Kultur. Für die Bürger der Neuen Bundesländer ist mit der Vereinigung nicht nur *eine* Welt zusammengebrochen, die alte, vertraute, die Welt der DDR – für sie ist *eine weitere* Welt zusammengebrochen, die ihnen vorgegaukelte, ihnen verheißene schöne neue Welt nach dem Vorbild der Bundesrepublik. Für ihren Erfahrungshorizont und für ihr individuelles Schicksal heißt dieser Zusammenbruch ganz konkret plötzlich und radikal sich verändernde Arbeits- und Lebensbedingungen, mit denen sie völlig unvorbereitet konfrontiert werden. Er bedeutet die Bedrohung von bislang gesichertem Arbeitsplatz und gesellschaftlichem Status, von bislang gesichertem Ein- und Auskommen; er bedeutet das abrupte Verschwinden der Verläßlichkeit von Lebensumständen und kalkulierbarer Zukunft; er bedeutet schließlich eine Krise bislang handlungsleitender und identitätsstiftender Werte, Orientierungen und Normen. Wie schlecht auch immer das alte System gewesen sein mochte, man hatte sich im Alltag arrangiert und wußte immerhin, woran man war.

3. Der Alltag der Vergangenheit[1]

3.1 Staatliche Planung von Ausbildung und Beruf

In der DDR hatte infolge der staatlichen Planung und Kontrolle der Ausbildungs- und Berufsgänge sowie infolge des chronischen Mangels an Wohnungen das alltägliche Leben insgesamt stark stationäre Züge. Individuelle Berufsbiographie und Berufsverlauf waren durch zentrale Steuerung weitgehend vorprogrammiert, ein Arbeitsplatz durch das verfassungsmäßige Recht auf Arbeit nicht nur prinzipiell garantiert, sondern auch real gesichert, wie die gleichermaßen hohe Erwerbsquote von Männern und Frauen deutlich macht. Das enthob die Bürger der DDR zum einen in hohem Maße der Notwendigkeit, ihre Ausbildung individuell zu organisieren und sich um einen Arbeitsplatz Sorgen zu machen. Im Zusammenhang mit der staatlichen Wohnungszuteilung waren sie zum anderen bei einem beträchtlichen Maß an Sicherheit und Berechenbarkeit nicht nur tendenziell zeitlebens an einen Beruf und an einen Wohnort gebunden – sie konnten sich auch im Prinzip darauf verlassen, bei entsprechendem Wohlverhalten durch die paternalistische Fürsorge von Staat und Partei mit Arbeit und Wohnraum versorgt zu werden. Diesem Gefühl, daß im Prinzip für einen gesorgt sei, entsprachen freilich nur sehr begrenzte Optionen für individuelle Selbstentfaltung und Mobilität.

3.2 Das System der „Kompensation"

Angesichts einer chronischen Mangelsituation war es für den einzelnen jedoch notwendig, individuelle Strategien der Beschaffung von knappen und seltenen Gütern und Dienstleistungen zu entwickeln, die sich zu einem informellen System wirtschaftlichen Handelns eigener Art – zum System legaler, halblegaler und illegaler Kompensation – verfestigten. Als alltägliche Überlebensstrategien waren ausgefeilte Systeme des „Organisierens", des Naturaltauschs und der Improvisation weit verbreitet. Komplementär dazu fungierten die verschiedenen „Kollektive" bis hin zu den Führungskadern sowie die informellen sozialen Netzwerke unterschiedlichster Art in Gestalt von dichten Verwandschaftsbeziehungen, Nachbarschaftskontakten und betrieblichen Netzen als Beziehungs-, Beschaffungs- und Mundpropagandakanäle und repräsentierten damit ein Sozialkapital von erheblicher Bedeutung. Solche sozialen Beziehungen formierten sich um den Betrieb, der in weit höherem Maße als im Westen Dreh- und Angelpunkt auch des geselligen Lebens war, sowie um Gewerkschaft und Partei par-

---

1 Vgl. dazu ausführlich: Kudera (1993). In diesem Beitrag ist bis 1991 verfügbare Literatur verarbeitet und belegt, auf sie stützen sich die folgenden Beispiele.

allel zu einer privatistischen Lebensweise, für die jenseits der eigenen Wohnung die Refugien „Datsche" oder Schrebergarten als Symbol und erstrebenswertes Ziel zugleich fungierten.

3.3 Zeitbudget und Freizeit

Die formelle Freizeit war angesichts einer Regelarbeitszeit von nahezu 44 Wochenstunden knapp. Und auch die verfügbare Freizeit war nur in Grenzen frei verfügbar. Sie wurde, gerade wenn man sich als Aktivist auszeichnen wollte, durch Betrieb, Partei und Staat sowie durch die Institution der sog. „gesellschaftlichen Arbeit" absorbiert. Sie wurde aufgezehrt durch Wegezeiten und Warteschlangen beim Einkaufen, durch Kompensationsgeschäfte und durch Reparaturarbeiten, für die in der Regel Handwerker nur schwer zu bekommen waren. Hinzu kam insbesondere für verheiratete Frauen und alleinerziehende Mütter der notwendige zusätzliche Zeitaufwand für Hausarbeit und Kinderbetreuung. Denn trotz der hochgradigen Integration der Frauen in den gesellschaftlichen Produktionsprozeß und trotz der beachtlichen Bemühungen des Staates um die Betreuung der Kinder in Krippen, Kindergärten, Schulen, Jugendorganisationen und Sportverbänden war die zumindest formelle Gleichstellung der Frau im Bereich der Arbeitswelt keineswegs begleitet von einer entsprechenden Entlastung in Haushalt und Familie. Das weiterhin vorherrschende traditionale Frauenbild zementierte vielmehr eine erhebliche Ungleichheit des Zeitbudgets von Frauen und Männern.

3.4 Zeitnischen

Leerzeiten sowohl wegen ineffektiver Organisation als auch wegen der tendenziellen Überkapazität von Personal in den Betrieben führten dazu, daß auch private Angelegenheiten ganz selbstverständlich während der regulären Arbeitszeit erledigt wurden. Auf diesem Weg wurde das ausgelastete, individuelle Zeitbudget sozusagen hintenherum wieder entlastet. „Nach eins ist meins" als Devise war die individuelle, kollektiv geteilte Ratifizierung dieses Zustandes. Das eröffnete Nischen individueller Freiheit und individuell verfügbarer Freizeit innerhalb eines Produktionsprozesses, der mit Hilfe des „Prinzips des demokratischen Zentralismus" von oben her bürokratisch durchorganisiert war. Ebensowenig war es verwunderlich, wenn komplementär zu einer solchen individuellen Zeitentnahme aus der Betriebszeit angesichts der Mangelsituation an materiellen Ressourcen das Wort von Honecker, aus den Betrieben herauszuholen, was herauszuholen ist, nur allzu wörtlich genommen wurde.

3.5 Familie

Familiale Lebensführung wiederum – wegen des Rückgangs der Bevölkerungszahl durch sinkende Geburtenrate und durch „Republikflucht" von dringend benötigten Arbeitskräften als Lebensform gesellschaftlich durchaus hocherwünscht und durch Familienförderungsmaßnahmen in beachtlichem Ausmaß unterstützt – war in der Realität durch hohe Scheidungsquoten stets auch gefährdet. Familiale Lebensführung war in der DDR wesentlich dadurch geprägt, daß neben den Männern auch die Frauen in der Regel einer Vollerwerbstätigkeit nachgingen. Und obgleich entgegen der programmatischen Gleichberechtigung der Frau sowohl das Lohnniveau als auch die Aufstiegschancen für Frauen geringer waren als bei Männern, war dennoch die ökonomische Selbständigkeit von Frauen nicht nur im Prinzip gesichert – sie wurde auch konkret durch das umgreifende System der staatlichen Kinderversorgung abgestützt. Das erklärt nicht nur die hohe Zahl der Scheidungsanträge gerade von Frauen, sondern auch die der alleinerziehenden Mütter. Überhaupt folgte das generative Verhalten einem biographischen Modell, in dem die familiale Phase bereits sehr früh, noch während der beruflichen Ausbildung, einsetzte und entsprechend in einem früheren Alter als im Westen eine von Kinderbetreuung entlastete Lebensführung ermöglichte.

Solche hier nur angedeuteten Charakteristika von Bedingungen des Alltagslebens in der DDR verdichteten sich – bei allen internen Differenzierungen – zu einem Muster von Lebensführung, in dem Wohlverhalten, eingeschränkte Selbstentfaltung, eingeübte Fügsamkeit gegenüber der Autorität von Staat und Partei mit einhüllender Sicherheit zusammenfielen. Dieses Muster von Anpassung und Geborgenheit ist durch die aktuelle Geschichte aufgebrochen und entwertet. Offen ist die Frage, wie dieser historische Bruch individuell eingeholt und in der alltäglichen Lebensführung verarbeitet wird.

4. Der Alltag der Gegenwart

Glaubt man den Medien, so regieren im Moment in den neuen Bundesländern Unsicherheit, Orientierungslosigkeit, Mißtrauen und Angst, die sich mit Trotz, Wendigkeit und Wehleidigkeit zugleich verbinden: die Angst, im Vergleich mit den westlichen Mitbürgern als Bürger zweiter Klasse abzuschneiden; die Angst, den Arbeitsplatz zu verlieren, der den Unterhalt sichert; die Angst schließlich, die Miete nicht mehr zahlen zu können und demnächst auf der Straße zu sitzen.

Charakteristisch für die gegenwärtige Situation scheint eine Polarisierung der Reaktionsweisen zu sein: Affektiv schwankend zwischen Zweckoptimismus und Depression, zwischen Trotz und Aggression. Kognitiv umherirrend zwischen Desorientierung, Verdrängung, Normalisierung und Überidentifikation mit westlichen Normen und Werten. Schließlich strategisch mäandrierend zwischen Abwarten und forcierter Geschäftigkeit. Interviews, die wir im Rahmen einer vergleichenden Untersuchung in der Region Leipzig durchgeführt haben, erhärten diese Vermutungen, machen jedoch gleichermaßen deutlich, daß zumindest in der gewohnten Art alltäglicher Lebensführung in den Neuen Bundesländern sich viel weniger geändert hat, als man hätte vermuten können.

Der Begriff „Alltägliche Lebensführung" - wie er hier verwendet wird - bezieht sich auf die Tatsache, daß jede Person ihr Leben individuell, in Abstimmung mit anderen Personen und in Auseinandersetzung mit den gegebenen Arbeits- und Lebensbedingungen, Tag für Tag auf die Reihe bringen muß. Dabei entsteht im Laufe der Zeit eine gewisse Ordnung und Regelmäßigkeit, die selber wiederum dem alltäglichen Handeln Richtung und Kontur verleiht. Diese Ordnung der alltäglichen Lebenspraxis nimmt in der Regel die Gestalt von mehr oder weniger dauerhaften Arrangements an, in deren Rahmen die widerstreitenden Anforderungen aus individuellen Ansprüchen und Bedürfnissen, aus gegebenen Optionen und Ressourcen sowie aus dem gesellschaftlichen Umfeld im praktischen Alltagshandeln ausbalanciert werden. Dieses Alltagshandeln formiert sich zwischen den Polen von Traditionalität und Reflexivität, von Herrschaft und Aushandlung, von Routine und Innovation, von Situativität und Strategie. Damit repräsentieren solche Arrangements von Lebensführung, solange sie einigermaßen funktionieren, Kohärenz und Kontinuität auf der Ebene alltäglichen Lebens in einer permanent hergestellten und reproduzierten praktischen Verbindung aus Stabilität und Dynamik.

In der Tat scheinen in den Neuen Bundesländern trotz der allgemeinen gesellschaftlichen Veränderungen die bislang eingespielten Arrangements individueller Lebensführung im Großen und Ganzen auch jetzt noch durchaus zu funktionieren und damit sowohl ihr Stabilisierungspotential als auch ihre Widerstandsfähigkeit gegen historische Veränderungen zu demonstrieren. Freilich ist derzeit nicht leicht zu entscheiden, wieweit dies darauf zurückzuführen ist, was man die Macht der Gewohnheit nennt - wieweit es Ausdruck einer Situation ist, in der aus politischen Gründen das volle Durchschlagen der entstandenen Probleme zunächst einmal hinausgeschoben oder verdeckt wird. Insbesondere die arbeitspolitischen Maßnahmen haben auch die Funktion eines sozialpolitischen Moratoriums, um unauffällige Normalität soweit zu sichern, daß das öffentliche Bild von Ruhe, Ordnung und Optimismus nicht gestört wird. Mit dem endgültigen Auslaufen der immer wieder prolongierten „Null-Stunden-Kurzarbeit", der „Warteschleifen" und der ABM-Stellen, mit dem Anstieg der Mieten, dem Abbau der staatlichen Kinderversorgung und dem Erreichung der vollen Funktionsfähigkeit der neu sich formierenden öffentlichen Verwaltung wird diese Übergangsphase ihr Ende finden. Was dann geschieht, ist Gegenstand von düsteren Phantasien und Zweckoptimismus, von Kassandrarufen und Gesundbeterei eher als von gesichertem Wissen.

5. Tendenzen

Mit der Einführung der Marktwirtschaft und der dramatisch steigenden Arbeitslosigkeit ist die Sorge um einen Arbeitsplatz und die Last der individuellen Steuerung der Berufsbiographie auf die Personen selber übergegangen. Damit ist ein *Individualisierungsschub* in Gang gekommen, auf den die Bürger der Neuen Bundesländer kaum vorbereitet sind. Nicht nur müssen sie sich dem für sie bisher eher ungewohnten Problem stellen, die Planung und Organisation ihrer beruflichen Qualifikation und die Suche nach einem Arbeitsplatz selbst in die Hand zu nehmen, sie werden darüber hinaus mit normativen Erwartungen wie Leistungskonkurrenz und Karriereverhalten konfrontiert, die für sie bislang keineswegs selbstverständlich waren und individualistische Strategien der Selbstvermarktung nahelegen. Auch war die Verteilung von Arbeit, Wohnraum und Konsumgütern und die Erziehung von Kindern und Jugendlichen bislang weitgehend obrigkeitsstaatlich reguliert – mit allen Problemen, aber auch mit der Gewißheit, daß man bei Wohlverhalten im Prinzip mit einer angemessenen Versorgung und Entlastung rechnen konnte. Dieses dirigistische Muster staatlicher Vorsorge ist dem transplantierten Marktmechanismus gewichen – mit Folgeproblemen, deren Lösung nunmehr ebenfalls der jeweils individuellen Initiative überantwortet ist.

Der einsetzende Individualisierungsdruck auf der Ebene der praktischen Organisation von Berufsbiographie und Lebensführung wird dadurch verstärkt, daß jeder nicht nur zunächst einmal überhaupt für sich selbst sorgen, sondern auch mit sich selbst zurechtkommen muß. Betroffen sind nicht allein die bisher habitualisierten Alltagskompetenzen und entsprechenden alltagspraktischen Handlungsroutinen, betroffen ist auch die eigene, individuelle Geschichte und Identität. Wie wirksam dieser Druck bereits jetzt ist, zeigt sich in dem immer wieder zu hörenden Vorwurf des Egoismus, in den Klagen über soziale Kälte sowie in biographischen Krisen, die in Über-Anpassung, Verdrängung oder Leugnung der neuen Realität ihren Ausdruck finden. Gleichzeitig schwindet die Verankerung in bislang intakten sozialen Kontexten, die sich aufzulösen beginnen, drohen die „Kollektive" und informellen Beziehungs- und Beschaffungsnetzwerke als ein bislang wesentlicher Typus sozialer Beziehungen teilweise ihre Funktion zu verlieren. Sie erweisen sich darüber hinaus wegen der allmählich ans Tageslicht geholten Verwicklungen einer unüberschaubaren Zahl möglicher Freunde und Bekannter in das System der Staatssicherheit als doppelbödig. Beide Tendenzen, Individualisierungsdruck und Zerfall sozialer Kontexte, produzieren die Gefahr von sozialer Atomisierung und Zerrüttung der sozialen Identität.

Verschärft wird diese Entwicklung durch eine *Krise bisher geltender und handlungsleitender Orientierungen.* Die DDR beruhte – im Gegensatz zur Bundesrepublik und ihrem Wertepluralismus sowie der für sie charakteristischen individualistischen Moral – auf einem einheitlichen Normen- und Wertesystem, in dem die Leitbilder der sozialistischen Moral und Lebensweise, des Kollektivs und der sozialistischen Persönlichkeit eine wichtige Rolle spielten. Sozialistische Moral und Lebensweise waren um Arbeit als gesellschaftliche Pflicht und Verantwortung gegenüber der Gemeinschaft zentriert, die Kollektive verkörperten das Ideal solidarischer Beziehungen, die sozialistische Persönlichkeit schließlich zeichnete sich durch widerspruchsfreie sozialistische Weltanschauung, hohe Arbeitsmoral und Unterordnung gegenüber den Direktiven von Staat und Partei aus. Wie immer solche Leitbilder individuell adaptiert und umgesetzt wurden, sie waren als offizielle Verpflichtung auf allen Ebenen der sozialistischen Gesellschaft stets gegenwärtig.

Das alltägliche Denken und Handeln war demgegenüber freilich weit mehr durch „Zwiedenken" (G. Orwell) und Schlitzohrigkeit, Schlendrian und politische Apathie bestimmt. Dieses Zwiedenken drückte sich darin aus, daß im Bereich der Öffentlichkeit gegenüber den politischen Institutionen Loyalität demonstriert, Selbstverpflichtungen gutgeheißen, sozialistisches Bewußtsein an den Tag gelegt und Subalternität kultiviert wurde – und zwar im Rahmen von öffentlichen Ritualen, mit denen zwar die offizielle Geltung der Leitbilder jeweils bekräftigt wurde, die mit dem privaten Denken und Handeln jedoch nicht immer viel zu tun hatten. Der private Alltag war vielmehr bestimmt durch Rückzug auf einen von Staat und Partei abgeschotteten privaten Bereich, für den Geschick bei der Beschaffung knapper Ressourcen, herkömmliche Arbeits- und Lebensorientierungen, eine eher kleinbürgerlicher Lebensstil und eine traditionelle Rollenverteilung zwischen Mann und Frau charakteristisch waren.

Wie immer solche Arrangements des Nebeneinander von öffentlichem und privatem Denken und Handeln individuell im einzelnen ausgesehen haben mögen: der eine Teil dieses individuellen Systems alltäglicher Schizophrenie und Anomie ist mit dem Zusammenbruch der DDR in sich zusammengefallen, nämlich die offizielle Ideologie samt ihren Leitbildern – und damit ist gleichzeitig die bisherige Balance zwischen öffentlich bekundetem und privatem Bewußtsein aus den Fugen geraten. Gleichzeitig werden die Bürger der ehemaligen DDR mit anderen und neuen Wertvorstellungen und Erwartungen konfrontiert, während sowohl bisherige Lebenspläne als auch im privaten Alltag vorherrschende Selbstverständlichkeiten, Gewißheiten und Handlungsstrategien an Boden verlieren. Daraus entsteht eine Orientierungskrise in doppelter Hinsicht: Fraglich ist zum einen, was überhaupt an die Stelle der bisherigen kulturellen Selbstverständlichkeiten, Horizonte und ideologischen Leitbilder rückt. Fraglich ist zum anderen, ob die alten Leitbilder lediglich gegen neue ausgetauscht werden, alltägliche Schizophrenie als Bewußtseinsstruktur erhalten bleibt und sich in anderen Ritualen öffentlicher und privater Kommunikation äußert oder ob neue Werte und Orientierungen in einem neu sich bildenden, kognitiv und normativ kohärenten Bewußtsein – einer Mentalität-Ost neuen Typs – integriert werden.

6. Aktuelle Befunde

Diese Fragen umreißen ein unübersichtliches Feld von alltagspraktischen Problemlagen, die für die Bewohner der Neuen Bundesländer im Zuge der Geschichte der Vereinigung neu entstanden sind. Und diese neuen Problemlagen wiederum sind anscheinend alles, was von der Geschichte der Vereinigung übrig geblieben ist. Auf Basis einer von uns durchgeführten empirischen Studie läßt sich zumindest die Richtung erkennen, wie individuell mit diesen Problemlagen umgegangen wird. Die entsprechenden Analysen stützen sich auf ca. 100 ausführliche und intensive Interviews, die 1991/1992 im Rahmen einer Untersuchung zu Problemen alltäglicher Lebensführung in der Region Leipzig durchgeführt wurden, zusätzlich gestützt durch Beobachtungen und eine Reihe von Experteninterviews mit Journalist(inn)en sowie Vertretern von Betrieben und der kommunalen Selbstverwaltung.

Die Befunde sind, obwohl ganz unterschiedliche Kategorien von Personen befragt wurden, nicht im statistischen Sinne repräsentativ. Zudem muß bei ihrer Darstellung, die sich auf das besonders Auffällige konzentriert, auf die eigentlich angebrachten und notwendigen Differenzierungen verzichtet werden. Sie können aber gleichwohl als mehr denn zufälliger Ausdruck einer allgemeinen Stimmungslage gedeutet werden, gerade auch deshalb, weil sich über alle individuellen Reaktionsweisen hinweg insgesamt sehr typische, gemeinsame Muster zeigen

In den Interviews wurde vor allem zur Sprache gebracht, wie das historische Ereignis der Wende und der Vereinigung samt seiner Vorgeschichte und seinen Folgen von den Betroffenen in den Neuen Bundesländern erfahren und retrospektiv bewertet wird und wie die neu entstandenen Probleme individuell in der alltäglichen Lebensführung wahrgenommen und verarbeitet werden. Dabei bedeutet ganz offensichtlich der Zusammenbruch des alten Systems, der die Geschichte der Vereinigung vorbereitete, auf individueller Ebene im wesentlichen die Auflösung von bislang eingespielter Normalität, Stabilität und Berechenbarkeit der Lebensumstände. Insbesondere bestätigte sich, daß der gesellschaftliche Umbruch individuell tatsächlich jene Art von Krisen ausgelöst hat, wie sie vorher als allgemeine Tendenzen formuliert wurden: nämlich Krisen der Biographiekonstruktion und Identität, Krisen der bisher geltenden Orientierungen und Selbstverständlichkeiten, Krisen der bisher funktionalen Alltagskompetenzen und Alltagspraktiken, Krisen schließlich in der Verfügung über Ressourcen. Gleichzeitig werden aber auch zwei sehr charakteristische Strategien sichtbar, mit denen zunächst noch experimentell den krisenhaften Veränderungen begegnet wird. Sie lassen sich als „Abwarten" und „Neubeginn" charakterisieren (vgl. Teil 7). Ob, wieweit und wie lange sie letztlich Erfolg versprechen, ist angesichts des immer noch unberechenbaren und vermutlich langwierigen Prozesses der realen Vereinigung freilich im Moment noch schwer auszumachen.

6.1 Gesellschaftlicher Umbruch als biographische Krise

Gegenwärtig ist besonders auffällig, daß der gesellschaftliche, politische und wirtschaftliche Umbruch in den Neuen Bundesländern von den befragten Personen primär als Krise der Biographie, der bisher verbindlichen Werte und Orientierungen sowie der Lebensperspektiven erfahren wird, weniger als Krise der alltäglichen Lebensführung. Die Biographie ist zur Ressource und Hypothek zugleich geworden, das alltägliche Leben dagegen scheint bislang im wesentlichen der gleichen Logik zu folgen wie bisher, auch oder obwohl sich eine ganze Reihe von praktischen Details im konkreten Arrangement der Lebensführung verändert hat (vgl. Weihrich 1993).

Biographisch bedeutet in der Retrospektive der Umbruch für die Betroffenen: Was man bisher war, soll auf einmal nichts mehr sein; was man bisher für richtig hielt, soll auf einmal nicht mehr gelten; worauf man sich bisher verlassen konnte, ist auf einmal weggebrochen; worauf man bisher sein Leben ausrichtete, hat sich im Nebel ungewisser Zukunft verflüchtigt. Mit einem Satz: die Vergangenheit ist – zumindest in bestimmten Teilen – verloren, verpfuscht oder entwertet.

Bezogen auf die aktuelle Situation bedeutet der Umbruch Desorientierung, Zweifel am eigenen Lebenskonzept und die Erschütterung der eigenen Identität. Mit einem Satz: der Gegenwart droht der Sinn zu schwinden, sie gerät in Gefahr, auf den Horizont bloßen Überlebens zu schrumpfen.

Prospektiv auf die Zukunft bezogen schließlich bedeutet der Umbruch ein Schicksal mit nicht überschaubarer Route, unkalkulierbaren Bedingungen und ungewissem Ausgang. Auch hier mit einem Satz: die Zukunft steht in den Sternen.

Diese Risse in der Konstruktion der eigenen Geschichte verbinden sich mit der für viele sehr realistischen Erwartung von Arbeitslosigkeit; mit der beklemmenden Sorge, den neuen Anforderungen und Spielregeln, insbesondere der

Leistungskonkurrenz nicht gewachsen zu sein; schließlich mit der Furcht, demnächst die Miete nicht mehr zahlen zu können und auf der Straße zu sitzen. Das Schreckbild der Obdachlosigkeit, der Verlust von Wohnung und Heim als Zentrum des alltäglichen Lebens, sitzt vielen in den Knochen – mehr noch als die Drohung der Arbeitslosigkeit, die angesichts der bis zur Wende ungetrübten Erfahrung von Arbeitsplatzsicherheit und des darauf folgenden, sozialpolitisch implementierten Hinauszögerns realer Arbeitslosigkeit durch Nullstunden-Kurzarbeit sowie durch ABM-Maßnahmen erst jetzt voll durchzuschlagen beginnt.

6.2 Rückzugsort Familie

Gesicherte Arbeit als Garant eines bestimmten Lebensstandards, der Betrieb und eine Reihe staatlicher oder von der Partei getragener Institutionen als Kontexte sozialen Lebens, Familie, Wohnung und Datsche als Ort privaten und geselligen Lebens waren die Eckpfeiler der bisherigen Lebensführung in der DDR. Stürzen einige dieser Eckpfeiler zusammen, wie dies im Zusammenhang mit der aktuellen Entwicklung der Fall ist, gerät das ganze System der Lebensführung ins Wanken. Droht der Verlust des Arbeitsplatzes und ein Absinken des Lebensstandards, droht der Verlust der Wohnung, ist die Familie der letzte und einzige Halt, der noch Sicherheit und Ordnung in der alltäglichen Lebensführung garantiert. Das ist der Grund dafür, weshalb die Familien als eine Art Notgemeinschaft enger zusammenrücken, dies ist auch vermutlich mit ein Grund dafür, weshalb sich an der eingeübten Praxis der bisherigen Lebensführung bislang so wenig geändert hat. Im Wandel der bisher vertrauten Lebensumstände bedeutet das Festhalten an der Familie und den eingeübten Alltagspraktiken und Lebensgewohnheiten eine Insel von Stabilität und Kontinuität inmitten eines Meeres von Ungewißheit.

6.3 Veränderungen der familialen Arbeitsteilung

Auch wenn sich im Prinzip an der Konstruktion alltäglicher Lebensführung bisher erstaunlich wenig geändert hat, so gibt es doch eine ganze Reihe praktischer Anforderungen und Probleme, die ein zumindest partielles Umarrangement erforderlich machen. Solche veränderten Arrangements spiegeln sich im wesentlichen in modifizierten Verteilungen von Rechten und Pflichten und in Umgruppierungen des Zeitbudgets, ohne daß freilich die bisher wirksamen Prinzipien und eingespielten Praktiken der Alltagskonstruktion in Frage gestellt würden.

In der Regel waren in der DDR Mann und Frau gleichermaßen vollerwerbstätig, die Kinder befanden sich den größten Teil des Tages über in staatlicher Obhut: sie wurden im Normalfall ab dem zweiten Lebensjahr werktags am Morgen in die Kinderkrippe, den Kindergarten oder die Schule gebracht und gegen Abend wieder abgeholt. Das fand in den Interviews seinen Ausdruck darin, daß das Problem der „Kinderbetreuung" – im Westen ein kardinales Problem der Organisation familialer Lebensführung – im Osten weder bei Ehefrauen noch bei alleinerziehenden Müttern ein Thema war. Dem korrespondierte – wiederum im Kontrast zur Situation im Westen, wo im häufigsten Fall der Mann vollerwerbstätig ist, die Ehefrau sich entweder voll auf Haushalt und Familie konzentriert oder allenfalls einer Teilzeitarbeit nachgeht – ein ganz bestimmter Zuschnitt der Lebensführung. Trotz ganztägiger Erwerbstätigkeit waren in der Regel die Frauen nicht nur für die konkreten Arbeiten im Haushalt allein zuständig, die sie weitgehend morgens noch vor ihrer beruflichen Tätigkeit und abends nach der Rückkehr von der Arbeitsstätte erledigten, sondern auch für die Planung und Organisation all dessen, was mit Haushalt, Familie und Kindern zusammenhing. Dafür war und ist die „Mutti" eine alles beherrschende Imago, Zentrum nicht nur eines ordentlichen und sauberen Haushalts, sondern auch Garant der Gemütlichkeit privater Lebensführung.

Zwar hatten auch die Männer ihre familialen Aufgaben, aber diese erstreckten sich im wesentlichen auf typisch männliche Domänen wie Beschaffung von Ressourcen, Reparaturen und Erledigung von schweren körperlichen Verrichtungen. Dieses verbreitete Muster familialer Arbeitsteilung, erstaunlich angesichts einer lange Zeit herrschenden sozialistischen Programmatik und im übrigen – trotz anderer Bedingungen – auch in den Alten Bundesländern noch immer dominant, beginnt jetzt auszufransen. Ist der Ehemann arbeitslos geworden und kann entsprechend über reichlich Zeit selbst verfügen, übernimmt er Aufgaben, die vorher die Partnerin erledigt hat, ohne daß vorerst die prinzipielle Zuständigkeit der Partnerin damit aufgekündigt wäre. Ist die Ehefrau arbeitslos geworden, macht sie im Rahmen von Haushalt und Familie das gleiche wie bisher und übernimmt zusätzlich Aufgaben, die bisher in der Zuständigkeit des Partners lagen. Das ist zunächst Ausdruck einer pragmatischen Lösung. Ob daraus auch neue Modelle familialer Arbeitsteilung entstehen oder die alten reproduziert werden, wird wesentlich davon abhängen, ob der Arbeitsmarkt es den Frauen erlaubt, auch weiterhin einer Vollerwerbstätigkeit nachzugehen und ob es gelingt, die bisherige, umfassende, staatlich organisierte Kinderbetreuung auf privater Basis zu sichern.

Augenblicklich sieht es freilich so aus, als wäre der bisherige Normalfall der Vollerwerbstätigkeit von Frauen in Frage gestellt, als würden durch die Entwicklung auf dem Arbeitsmarkt primär Frauen aus dem Erwerbsleben hinausgedrängt. Wenn Frauen jedoch den für sie bisher selbstverständlichen Anspruch auf berufliche Selbständigkeit nicht mehr realisieren können, aber auch, wenn der männliche Partner arbeitslos wird und die Frau Alleinverdienerin, brechen Beziehungsprobleme und Konflikte auf, von deren Lösung die künftige Stabilität familialer Lebensformen abhängen wird.

6.4 Veränderungen im Umgang mit Zeit

Die Übernahme des westdeutschen Modells der Organisation von Staat, Wirtschaft und Gesellschaft hat auch die allmähliche Etablierung von neuen Zeitstrukturen zur Folge. Die zu erwartende Anpassung der Regelarbeitszeiten, der Wegfall der bislang durch Betriebsfeiern und „gesellschaftliche Arbeit" absorbierten Freizeit und die Reduktion des zeitlichen Aufwandes für die Beschaffung von inzwischen überall auf dem Markt zugänglichen Ressourcen schlagen sich in Umgruppierungen des jeweiligen individuellen Zeitbudgets nieder. Solche Umgruppierungen ergeben sich zum einen daraus, daß die ehemals in Blökken gesellschaftlich synchronisierten Arbeits-, Geschäfts- und Kinderbetreuungszeiten auseinanderfallen und nunmehr individuell synchronisiert werden müssen. Sie resultieren zum anderen aus veränderten sachlichen Anforderungen. Mußte man früher jeweils die aktuell richtige Verkaufsstelle finden, in der gerade knappe und seltene Waren angeboren wurden, und sich in die rasch entstandenen Warteschlangen einreihen, so ist es heute die Notwendigkeit, Preisvergleiche vorzunehmen, um zum günstigsten Preis einzukaufen, die zu erheblichem zeitlichem Aufwand zwingt. Lag früher vieles, was behördenmäßig zu regeln war, weitgehend in der Hand der staatlichen und betrieblichen Verwaltung, so muß heute der Papierkrieg selbst geführt und die jeweils richtige Behörde gefunden und aufgesucht werden. Mußte man früher im Rahmen von Kompensationsgeschäften viel Zeit auf die informelle Beschaffung von knappen Gütern und Dienstleistungen aller Art verwenden, muß man heute viel Zeit für die Suche nach einem Arbeitsplatz aufbringen. War früher eine öffentliche Versorgung mit Essen garantiert, an der nicht nur die Kinder im Rahmen der Ganztagseinrichtungen und die Erwerbstätigen im Rahmen der Werksverpflegung partizipierten, sondern auch die Rentner, muß man dafür nunmehr selber privat Sorge tragen. Verbrachten früher Kinder und Jugendliche den größten Teil des Tages in den Einrichtungen des staatlichen Bildungs- und Erziehungssystems sowie in den Jugendorganisationen, nämlich bei den Jungen Pionieren und der FDJ, so müssen sie heute mit viel größerem zeitlichem und sachlichem Engagement von den Eltern betreut werden. Dies alles gelingt nicht von einem Tag auf den anderen, dies alles muß erst mehr oder weniger mühsam gelernt und eingeübt werden.

Charakteristisch für die gegenwärtige Lage scheint zu sein, daß zugleich mehr und weniger Zeit verfügbar ist. Mehr, da die im Vergleich zum Westen bislang erheblich längeren, durch Erwerbsarbeit und gesellschaftliche Arbeit gebundenen Zeiten schrumpfen. Weniger, da die vielfältigen neuen Anforderungen ihrerseits in erheblichem Maße Zeit beanspruchen. Aus all dem entsteht die Notwendigkeit eines veränderten, effektiveren Umgangs mit Zeit, die zunächst ihren Ausdruck in dem Gefühl findet, daß das Leben komplizierter, anstrengender und hektischer geworden sei.

Ein besonderes Problem scheint darin zu liegen, mit dem neuen zeitlichen Rhythmus, seiner Verdichtung und Intensivierung zurechtzukommen. Bisher war ein zeitlicher Rhythmus charakteristisch, der sich weniger durch Hetze als durch Gemächlichkeit auszeichnete. Auf jeden Fall war er nicht durch das für den Westen typische Kalkül: „Zeit ist Geld" geprägt, sondern folgte eher einer utilitaristischen Orientierung, die sich im löchrigen System offizieller Zeitordnungen erfolgreich Nischen für private Zecke verschaffen konnte. Obwohl und vielleicht gerade weil viel Zeit durch Erwerbsarbeit, Reproduktionsnotwendigkeiten und Beschaffung knapper Güter gebunden war, wurde Zeit weniger als etwas zu Gestaltendes erfahren denn als Ressource, die man mit Schlauheit und Geschick mehren konnte und mußte. Hierin spiegelt sich eine gesellschaftliche Organisation von Arbeit, die nicht auf Konkurrenz, sondern auf bürokratischer Planung und Improvisation als Korrektiv der Planungsmängel basierte und den Zusammenhang von Arbeit und Leben nicht in erster Linie über das Versprechen einer beruflichen Karriere herstellte, sondern über die offizielle Beschwörung von Planvorgaben und von sozialistischer Moral, der als individuelle Handlungsstrategie das situative Ausnutzen der jeweiligen Gegebenheiten entsprach.

6.5 Leerräume im Alltagsleben und Schwund sozialer Verankerung

Der Verlust des Arbeitsplatzes hat über die Drohung sozialen Abstiegs und die Notwendigkeit, sich um einen anderen Arbeitsplatz kümmern zu müssen, hinaus weitere Folgen spezifischer Art. In der DDR waren Betriebe in weit höherem Ausmaß als im Westen Dreh- und Angelpunkt nicht nur des Arbeitslebens, sondern auch des sozialen Lebens. Wegen betrieblichen Leerlaufs konnte viel Zeit für einen Schwatz verwendet werden, mangels privaten Telefons wurden Verabredungen im Betrieb getroffen, eine ganze Reihe von Freizeitaktivitäten war im und um den Betrieb herum organisiert, auch die Urlaube wurden zum größten Teil in den preisgünstig zur Verfügung gestellten, betriebseigenen Erholungsstätten verbracht. Mit dem Bankrott und Ausverkauf von Betrieben geht für viele nicht nur der Arbeitsplatz verloren, sondern bröckelt gleichzeitig ein wichtiger sozialer Kontext ab. Auch dies ist ein Aspekt von Individualisierung, freilich auch hier zunächst eher im Sinne weiterer Vereinzelung als im Zuwachs von Chancen autonomer Gestaltung des eigenen Lebens.

Die sich auftuende Leere eines bislang mit institutionalisierten Beziehungen und Aktivitäten ausgefüllten sozialen Raumes ist nicht nur ein psychologisches

Problem, das sich als Gefühl der Bedrohung äußert, sie ist ein praktisches Problem insofern, als sie durch andere und anders organisierte Aktivitäten und Beziehungen neu gestaltet werden muß. In diesem Zusammenhang gewinnen bestehende soziale Netzwerke einerseits als sozialer Rückhalt an Bedeutung, andererseits besteht gleichzeitig die Gefahr, daß sie diese Funktion auch wieder verlieren. Soweit sie sich nämlich im wesentlichen als Beziehungs-, Beschaffungs- und Informationsnetzwerke konstituiert hatten, waren sie an strategisch wichtige Positionen, an Betriebe und an deren abzweigbare Ressourcen gebunden. Diese funktionale Voraussetzung ist infolge der allgemeinen, politischen und wirtschaftlichen Umwälzungen in bestimmten Bereichen und bei bestimmten sozialen Gruppen gegenstandslos geworden.[2]

Aber auch bisher bestehende Freundschaften drohen darüber in die Brüche zu gehen, daß jeder genug damit zu tun hat, für sich selber klar zu kommen und keine Zeit für die Pflege solcher Beziehungen erübrigt. Jenseits dessen erscheinen die sozialen Beziehungen generell – und dies ist eine unterschwellige, aber viel grundsätzlichere Gefährdung – durch Mißtrauen und Verdrängung infolge des „Stasi-Komplexes" vergiftet, wird den noch bestehenden sozialen Netzwerken moralisch der Boden entzogen. Es finden sich Anzeichen dafür, daß auf diesen Erosionsprozeß bisheriger sozialer Beziehungen und Kontexte mit privatistischem Rückzug und Verdrängung geantwortet wird. Es finden sich aber auch Hinweise auf Versuche, neue Beziehungen auf neuer Grundlage zu knüpfen und sich neue soziale Kontexte selbst zu schaffen. Freilich, soziale Beziehungen und Kontexte sind in der Regel gewachsen, sie lassen sich weder aus dem Nichts schaffen noch rasch etablieren. Daraus entsteht aktuell eine Umkehrung des Problems und eine neue Anforderung: Statt Rückhalt aus sozialen Ressourcen zu beziehen, wenn man ihn am nötigsten hätte, müssen solche sozialen Ressourcen aus einer Situation der Vereinzelung heraus individuell erst mühsam wieder produziert werden.

Weitere soziale Leerräume im Alltagsleben sind dadurch entstanden, daß offizielle Rituale und Veranstaltungen der sog. gesellschaftlichen Arbeit wie Versammlungen, Schulungen und Mach-mit-Schichten weggefallen sind, die keines-

---

2 Auch wenn gerade um alte Führungskader herum gruppierte Netzwerke sich als „Seilschaften" erneut an strategisch wichtigen Stellen zu etablieren versuchen, um gegenüber der Masse der anderen bestimmte Vorteile zu wahren und die eigenen Interessen gegenüber anderen Gruppierungen durchzusetzen zu können. Auch hierin wird im übrigen schlaglichtartig deutlich, daß weder ein Austausch der Eliten noch eine Umstrukturierung der bisherigen sozialen Schichtung stattgefunden hat. Jedenfalls ist von vielen Befragten immer wieder zu hören: wer bisher privilegiert war, ist es – mit Ausnahme einiger politischer Symbolfiguren, die gerichtlich belangt werden – geblieben; wer bisher „unten" gewesen ist, ist auch weiterhin „unten" geblieben.

wegs immer als Zwang empfunden, sondern auch als Angebot und als Entlastung genutzt wurden. Auch sie fungierten, ähnlich wie die Betriebe mit ihren Arbeitskollektiven, als institutionalisierte Kristallisationskerne für bestimmte Arten sozialen Lebens. Gibt es diese Institutionen nicht mehr, droht auch hier ein soziales Vakuum und auch dieses Vakuum muß nunmehr individuell ausgefüllt und gestaltet werden, was freilich keineswegs bedeuten muß, daß dabei völlig neue Formen entwickelt werden. So ist die Tatsache, daß das ehedem öffentliche Ritual der „Jugendweihe" nunmehr häufig als nur noch familiales Ritual reproduziert wird, ein gutes Beispiel dafür, wie sich Kontinuität durch Umfunktionierung herstellen läßt.

6.6 Alltägliche Lebensführung als stabilisierender Faktor

Wie bereits angedeutet, bleibt trotz der Veränderung einer ganzen Reihe konkreter Arbeits- und Lebensbedingungen bislang die alltägliche Lebensführung im Prinzip unerwartet unbeeindruckt. Im Gegenteil, bewußt oder unbewußt werden die gewohnten Formen alltäglichen Lebens weiter praktiziert, wird gleichzeitig der Versuch gemacht, veränderte Anforderungen in diese bewährten Formen zu integrieren. Hier wird ein Zusammenhang von Biographie und Lebensführung deutlich, der für die Stabilität und Kontinuität individuellen Lebens insgesamt von erheblicher Bedeutung ist.

Die individuelle Biographie wird im alltäglichen Handeln produziert und reproduziert. Ein eingespieltes System alltäglicher Lebensführung ist Medium und Rückhalt für die Umsetzung eines biographischen Programms auf der Ebene alltagspraktischer Wünsche und Notwendigkeiten. Eine stabile und kontinuierliche Biographie wiederum stützt die Ordnung des Ablaufs von Alltagsprogrammen. Konsistenz, Kontinuität und Stabilität der individuellen Lebensführung entstehen aus einer Balance des Zusammenspiels von biographischer Entwicklung und routinisiertem Alltag, der Sinn des biographischen Konzepts und der Sinn des täglichen Lebens fallen im geglückten Arrangement alltäglicher Lebensführung zusammen.

Genau diese stets prekäre Balance von Lebensführung und Biographie markiert eine weitere zentrale Einbruchsstelle von Geschichte in den Alltag. Das Eindringen der Geschichte einer abrupten gesellschaftlichen Transformation in den Alltag individuellen Lebens kann – wie deutlich geworden ist – seinen Ausdruck in einer Krise der persönlichen Geschichte finden. Und gerade im Fall einer solchen biographischen Krise scheint die Fortführung einer eingespielten und geregelten Lebensführung die vom Zerfall bedrohte Biographie zusammenzuhalten und den Sinn der gesamten Lebenskonstruktion dadurch zu bewahren, daß einfach einmal so weitergemacht wird wie bisher. Die Reproduktion der gewohnten alltäglichen Lebensführung sichert zunächst einmal auch biographische Kontinuität angesichts eines Bruchs mit der Vergangenheit und angesichts einer ungewissen Zukunft – und sei es nur für eine mehr oder weniger lang anhaltende Phase des Übergangs.

Dies gilt im übrigen auch für den inzwischen für viele Personen zur Regel gewordenen Fall von offener oder verschleierter Arbeitslosigkeit. Auch hier – und das deckt sich mit allgemeinen Erkenntnissen der Verarbeitung von Arbeitslosigkeit und ihrer Verlaufskurven – wird zunächst einmal das Leben so weitergeführt, als ob nichts geschehen wäre. Die plötzlich massenhaft zur Verfügung stehende Zeit wird zur Erledigung überständiger Dinge genutzt und damit normalisiert: Die Wohnung wird renoviert, der Schrebergarten extensiv bearbeitet, ein Hobby intensiviert, der Haushalt perfektioniert. Für manche ist diese Situation die erste Gelegenheit in ihrem Leben, aus ihrem unmittelbaren Wohnquartier herauszukommen und sich die Stadt und die neu gefüllten Schaufenster anzuschauen. Aber was bleibt zu tun, wenn das immer wieder Aufgeschobene endlich erledigt ist, der Nachholbedarf gestillt, alles bislang liegengebliebene aufgearbeitet, wenn die Wohnung neu ausgemalt und neu ausgestattet ist, das neue Auto zum xten Mal geputzt, die Augen stumpf vom Fernsehen, die Nerven strapaziert von einem Familienleben, das in viel größerem Ausmaß als früher in Anspruch nimmt und organisiert werden muß? Was geschieht, wenn all die bisher verhinderten, aufgeschobenen und unerledigten Dinge getan sind, eine Normalisierung im bisherigen Rahmen nicht mehr möglich ist und der beschäftigungstherapeutische Charakter solcher Aktivitäten offensichtlich wird? Dann wird die freie Zeit zum Problem, dann breitet sich Leere aus, dann quellen Aggressionen auf, dann droht das bisherige System der Verschränkung von Lebensführung und Biographie auseinander zu brechen.

7. Der Umgang mit der neuen Situation

Die individuelle Bewältigung von Geschichte als Krise von Biographie und Lebensführung läßt sich als Krisenmanagement interpretieren, das besonderer und bisher unüblicher Anstrengungen bedarf. Dabei werden der beobachtbare Rückzug auf die Familie und die individuellen Bemühungen um Sicherung von Erwerbsarbeit und um die Sicherung der Zukunft vielfach als Ausdruck einer nunmehr sich ausbreitenden, egoistischen Moral interpretiert, nach der jeder sich selbst der Nächste ist. Ob dies früher unter den Auspizien einer sozialistischen Moral wirklich anders war oder ob die Verfolgung individueller Interessen in der jetzigen Situation nur eine andere Form angenommen hat, bedarf einer eigenen Untersuchung. Auf jeden Fall aber fließt eine solche Deutung zusammen mit einer negativen Bewertung der aufkommenden Leistungskonkurrenz, der gegenüber die bisher verpflichtenden Leitbilder der „Solidarität" und des „Kollektivs" als nostalgisch überhöhte Gegenhorizonte aufgeboten werden. Manche Bürger der Neuen Bundesländer beginnen auch hier wieder neu zu entdecken, daß das alte System auch seine guten Seiten hatte.

Im Rahmen des individuellen Krisenmanagements auf der Ebene privater Lebensführung ist es notwendig, eine angemessene Form des Umgangs mit immer noch gegenwärtiger Vergangenheit, aktueller Gegenwart und ungewisser Zukunft zu entwickeln. Das daraus resultierende Dilemma: Sicherung von Kontinuität oder Bruch ist bei allen von uns befragten Personen virulent, auch wenn sie im Einzelfall in durchaus unterschiedlicher Weise betroffen sind und in unterschiedlicher Form auf sie reagieren. Trotz solcher Unterschiede werden zwei typische Bewältigungsstrategien erkennbar, die abschließend charakterisiert und anhand je eines typischen Beispiels illustriert werden.

7.1 Bewältigungsstrategie: Abwarten

Herr P. ist Facharbeiter in einem Industriebetrieb, Mitte vierzig, verheiratet, und lebt mit seiner Ehefrau und einer fast erwachsenen Tochter in einer Trabantensiedlung von Leipzig. Zum Zeitpunkt des Interviews befand er sich in einer für viele Arbeiter in den Neuen Bundesländern typischen Lage: dem Betrieb, in dem er einen großen Teil seines Arbeitslebens verbracht hat, droht die Schließung, ihm selber – zur Zeit noch im Status eines Nullstunden-Kurzarbeiters – droht im Zusammenhang mit der ungewissen Zukunft des Betriebes Arbeitslosigkeit. Dieses Menetekel trifft den Nerv seiner Existenz insofern, als er sein bisheriges Leben ganz um Arbeit und Familie, Betrieb und Heim herum organisiert und vom allgemeinen politischen Geschehen nach Möglichkeit abgekoppelt hatte.

Mit einem Satz: Er ist unpolitisch, während Betrieb und Familie seinen ureigensten Aktions- und Erfahrungskontext umreißen. Auf ihn bezieht sich sein auf konkrete Erfahrung fixiertes Denken und sein auf konkrete Situationen ausgerichtetes Handeln vor allem: Betrieb und Familie repräsentieren das ihm vertraute Terrain, in dem er sich gut etabliert hatte, in dem er sich gut auskannte und in dem er bislang gut zurechtgekommen war. Dabei war und ist für ihn gleichermaßen wichtig, daß der Betrieb reibungslos läuft und sein Familienleben harmonisch verläuft. Für alles, was sich jenseits dieses unmittelbaren Handlungs- und Erfahrungskontextes vollzieht, fühlt er sich nicht zuständig.

Für das öffentliche Geschehen trugen und tragen vielmehr nach seiner Überzeugung die „oben" die Verantwortung.[3]

Staat, Gesellschaft und Politik nimmt er, soweit ihn etwas interessiert, über Personen wahr, die in diesen Bereichen entscheiden und handeln, etwas gut machen oder schlecht, sich für die richtige Sache einsetzen oder für ihren eigenen Vorteil. Insofern stellt er die Verbindung zur Sphäre der „Oberen" über den Mechanismus der Personalisierung her.[4] Gleichzeitig reproduziert er mit seinem personalisierenden Denken in terms von „oben" und „unten" kognitiv das bislang vorherrschende Muster sozialer Schichtung in der DDR – nämlich die Teilung der Gesellschaft in Führungskader, die entscheiden und die Masse der Werktätigen, die diesen Entscheidungen unterworfen ist und ansonsten ihrer Arbeit nachgeht.

Komplementär dazu pflegt er einen arbeits- und familienzentrierten Lebensstil, eingebettet in ein überschaubares soziales Netz von Freunden, Kollegen und Bekannten, und er hat bislang auf diese Weise als willige Arbeitskraft funktioniert, die sich auf ihrem Gebiet auskennt, etwas leistet und sich ansonsten nicht um etwas kümmert, was sie nichts angeht. Diese Art zu denken, zu arbeiten und zu leben, ist abgepuffert durch eine optimistisch getönte Lebenseinstellung mit einer Fixierung auf das Hier und Jetzt, die sich in Verbindung mit seiner unpolitischen Haltung zu einem in sich geschlossenen Arrangement privatistischer Lebensführung verschlingt: Er hat sich in einer Nische von Privatheit eingerichtet. Zentrale Orientierung für dieses Arrangement ist eine Maxime, die er selber so charakterisiert: „Abwarten und rankommen lassen". Nach dieser Maxime ist er bisher verfahren, nach dieser Maxime verfährt er auch weiterhin. Denn, „wie die Zukunft aussieht, das weiß keiner".

In dieser abwartenden Haltung bestärkt ihn eine Mischung aus realistischem Kalkül, Zweckoptimismus und einer Deutung von Geschichte als Kontinuität: „Ich sage mir, irgendwann, mal sehen, es muß ja weitergehen. Und selbst wenn

---

3 Diese Scheidung der Gesellschaft in ein „Oben" und „Unten" ist unschwer als Residuum eines für die Tradition der deutschen Arbeiterschaft insgesamt typischen, dichotomen Gesellschaftsbildes zu erkennen (vgl. Kudera 1979).

4 Diese Art der personalisierenden Wahrnehmung der Sphären von politischer und wirtschaftlicher Macht, Herrschaft und Gewalt ist gewiß auch Reflex der Tatsache, daß solche gesellschaftlichen Bereiche jenseits von Auswirkungen, die von ihnen ausgehen, in der Regel überhaupt erst über die Medien der eigenen Erfahrung zugänglich und hauptsächlich über die Bilder von Personen vermittelt werden. Ganz zu schweigen von den Ritualen öffentlicher Auftritte, in denen sich die „führenden Persönlichkeiten" wechselseitig ihrer Bedeutung und Verantwortung versichern. Gerade wenn jemand wie Herr P. seine Wahrnehmungen und sein Denken auf konkrete Erfahrung ausrichtet, ist er notgedrungen im Bereich öffentlichen Geschehens auf jene Erfahrung aus zweiter Hand verwiesen, wie sie in den Medien produziert wird.

dann eine Arbeitslosigkeit käme – ich meine, es ist ja erstmal noch ein Jahr letzten Endes abgefedert – und in der Zeit muß ich dann natürlich aktiv suchen. Aber solange, wie noch Hoffnung besteht, daß es bei uns weitergeht, will ich nicht suchen. Weil, ich bin mit dem Betrieb vertraut. Momentan bemühe ich mich nicht, etwas anderes zu finden, weil man muß erstmal abwarten, was ist". Darüber hinaus, „was soll ich machen, soll ich da deshalb jetzt auf die Straße gehen, demonstrieren, daß mein Arbeitsplatz jetzt erstmal erhalten bleibt, obwohl ich noch gar nicht weiß, ob er vielleicht wegkommt oder nicht?".

Das einzige Fenster zum Bereich öffentlicher Ereignisse war das Fernsehen – und durch dieses Fenster hat er auch die Geschichte der Vereinigung als Zuschauer erlebt. Unter dieser Zuschauerperspektive hat er sie im Rahmen seiner Deutung von Geschichte als kontinuierlicher Bewegung als Beschleunigung wahrgenommen, ist die gesellschaftliche und politische Wende wie ein Naturereignis in seinen Lebenszusammenhang eingedrungen: „Das war wie eine Lawine, die immer schneller wurde, die uns ja dann letzten Endes überrollt hat. Am nächsten Tag, da waren wir schon wieder fünf Schritte weiter wie am vorhergehenden". Dabei ist ihm auch die Bedeutung der Montagsdemonstrationen zwar allmählich aufgegangen, aber die vage Absicht, selbst einmal „mitzulaufen", wurde ihm immer wieder von anderen Ereignissen durchkreuzt, indem es gerade „goß" oder er in „Schicht gearbeitet" hat. Was ihn eigentlich – wie viele andere auch – überrascht und beeindruckt hat, war das Tempo der Entwicklung.

Im übrigen hat er die Wende und die anschließende Vereinigung in erster Linie als Einführung der Marktwirtschaft betrachtet und diese als Korrektiv gegenüber der früheren Art des Wirtschaftens und als Motor für einen wirtschaftlichen Aufschwung durchaus begrüßt. Denn die Marktwirtschaft mit ihren Konsequenzen greift spürbar in seine konkreten Arbeits- und Lebensbedingungen ein, wie sie für ihn durch den Betrieb, seinen Arbeitsplatz und seine bisherige Lebenshaltung markiert waren. Hier ist er nicht nur Zuschauer, sondern unmittelbar Betroffener. So ist die aktuelle betriebliche Misere mit ihrer Unkalkulierbarkeit die eigentliche Einfallspforte der Geschichte in seinen Erfahrungskontext. Infolge der Vereinigung ist die Weiterführung seines Betriebes gefährdet, im Zusammenhang mit dem möglichen Ende des Betriebes droht ein Eckpfeiler seiner bisherigen Lebensführung zu zerbröckeln, nämlich die Sicherheit von vertrautem Arbeitsplatzes und Einkommen.

Diese Situation prägt seine Gegenwart, und hier, auf der Ebene von Betrieb, Arbeit und Geld wird ihm die über seinem Kopf abrollende Geschichte unmittelbar greifbar, stellt er einen Zusammenhang von persönlichem Schicksal, Schicksal seines Betriebes und Schicksal der DDR her. Hier sieht er auch in der historischen Bewegung eine logische Konsequenz. Im wirtschaftlichen Niedergang seines Betriebes spiegelt sich für ihn der erwartbare Zusammenbruch der DDR insgesamt. Denn was die wirtschaftliche Lage anlangt, „wurde es in den letzten Jahren hier immer mieser. Daß es so nicht weitergehen konnte, war klar. Ich meine, wenn wir Großreparatur hatten im Betrieb, da haben wir dann eben 10, teilweise 12 Stunden oder sogar noch länger eben da gehangen und gearbeitet – und die Parteifreunde, die machten dann ihre Versammlung während der GR, alles schwitzt Blut und Wasser. Und die unterhielten sich darüber, was sie denn für Anstrengungen unternehmen können, damit die GR ordentlich durchgezogen wird. Die haben eben bloß darüber gesprochen, und wir mußten arbeiten. Wir mußten viel improvisieren, damit es eben weiterging. Man kriegte einfach das Material nicht und die Zeiträume für die GR wurden immer kürzer. Ich meine, daß einem das auf die Dauer natürlich auch auf den Nerv geht, das ist Fakt. Ich meine, irgendwann frustriert einen dann, wenn man sieht, es geht nicht weiter. Es war klar, daß es so nicht mehr weitergehen kann. Irgendwann gibt's einen Knall und dann ist der Bankrott da, also das war schon logisch".

Angesichts dieser Situation hat er sich von der Einführung der Marktwirtschaft nicht nur die Beseitigung der Mängel der Produktion, sondern auch einen Schub wirtschaftlicher Prosperität durch Investitionen aus dem Westen erwartet. So sagte er sich: „Ein Kapitalist, der fragt sich ja, wo kann ich das meiste verdienen und wenn das Lohngefüge niedrig ist, hätte er ja eigentlich einen größeren Gewinn. Ich habe gedacht, die steigen ein, weil die Gewinnspanne dann wesentlich größer wäre". Diese optimistische Erwartung sieht er durch die aktuelle Entwicklung enttäuscht. Denn das Gegenteil scheint der Fall: „Man will's wahrscheinlich noch billiger haben. Irgendwie läuft es ja bald so, eine lästige Konkurrenz umzubringen". Die Verantwortung dafür sucht er, wie es für sein hierarchisches Denken typisch ist, „oben", nämlich beim Wirtschaftsminister und bei der Treuhand, die auf dirigistischem Wege einen Wandel verhindern: „Na, früher wurde diktiert, jetzt wird aber auch bloß diktiert. Ich meine, das ist, Marktwirtschaft ganz gut und schön – und wie gesagt, da sind wir wieder beim Möllemann, wenn der diktiert und letzten Endes die Marktwirtschaft unterbindet. Was momentan mit den Betrieben los ist, dort wird diktiert, ob von der Treuhand oder von anderen." Insofern bedeutet die Entwicklung für ihn Kontinuität, keinen Bruch. Denn in seiner Sicht hat sich weder auf wirtschaftlichem Gebiet bislang etwas zum besseren gewendet noch auf betrieblicher Ebene, insbesondere, wenn er in Rechnung stellt, daß auch in der betrieblichen Leitungsstruktur selber nahezu alles beim alten geblieben ist und die gleichen Leute weiterbestimmen und auf ihren eigenen Vorteil aus sind, die nach seiner Ansicht für die Misere mitverantwortlich sind.[5]

---

5 Dabei hätte es durchaus die Möglichkeit gegeben, das Führungspersonal abzuwählen. Aber hier kam wiederum das eingeübte Instanzendenken in der Weise zum Tragen, daß sich die Arbeiter nicht zutrauten, aus ihren eigenen Reihen jemanden zu finden, der in die betriebliche Leitung hätte aufrücken können.

Von dem möglichen Verlust des Arbeitsplatzes abgesehen, was schlimm genug ist, hat nach seiner Erfahrung die Wende für ihn und seinen privaten Lebensbereich bis jetzt nichts prinzipiell Neues gebracht, im Gegenteil, für ihn überwiegt bei allen Veränderungen auch hier Kontinuität, nämlich das, was gleichgeblieben ist. Sein bisheriges Arrangement privatistischer und situativ ausgerichteter Lebensführung war bislang gut überschaubar und recht stabil gewesen. Es beruhte auf einem sicheren Arbeitsplatz, einem vertrauten Arbeitskontext, einer familialen Arbeitsteilung traditionellen Zuschnitts, auf relativ bescheidenen Ansprüchen, einem zufriedenstellenden Lebensstandard und einem, angesichts der knappen Freizeit und der körperlich anstrengenden Arbeit keineswegs verwunderlichen, nicht sehr umfangreichen Repertoire an Freizeitaktivitäten sowie der bislang erfahrungsgestützten Hoffnung, daß alles im Prinzip irgendwie seinen Gang weitergehen werde. So hat er – trotz gehöriger Verunsicherung, trotz der Erwartung, „daß das ein ganz schöner Patzen ist, der auf einen zukommt" und trotz der Sorge, wenn es mit der Arbeit nicht klappen sollte, sozial „abzurutschen" – bislang wenig Grund, dieses Arrangement privaten Lebens selber aufzukündigen, immerhin solange nicht, wie Arbeitslosigkeit für ihn nicht eine definitive Realität geworden ist.

Jedenfalls hat er seine bisherige Lebensführung kaum geändert, sondern macht im wesentlichen weiter wie zuvor. Für ihn ist auch jetzt „im Prinzip ein Tag wie der andere". Das hängt zum einen damit zusammen, daß er auch vorher keine größeren Wünsche hatte bis auf den einen, einmal ein „ordentliches" Auto zu besitzen – und diesen Wunsch hat er sich – wie viele andere auch – ziemlich rasch nach der Vereinigung erfüllt. Es hat zum anderen damit zu tun, daß sich in seiner Sicht auch an den Lebensbedingungen selber nichts so grundlegend geändert hat, daß es den routinehaft ablaufenden Alltag aus der Reihe bringen könnte: „Bloß das Angebot ist größer, daß ich mein Auto hab und ja, aber ansonsten -. Zwar bekommt man jetzt im Prinzip alles, aber wenn man was Spezielles braucht, muß man auch suchen. Nur jetzt geht manche Zeit eben drauf, rumzusuchen, wo ist es am billigsten". Was ihm jedoch stinkt, ist die neue und unangenehme Erfahrung, „daß wir auf jeden Fall eine höhere Bürokratie haben wie vorher. Für jeden Mist braucht man jetzt ein Scheinchen – na gut, früher wurde das eben viel von den Betrieben mitgemacht, da brauchte man sich nicht drum zu kümmern. Jetzt muß man sich um jeden Mist selber kümmern".

Sich um mehr selber kümmern zu müssen, darauf schrumpft auf der Ebene alltagspraktischen Handelns zusammen, was wir Individualisierung nennen. Dies wird für ihn auch im Betrieb bemerkbar. Auch hier ist es für ihn eine neue und mißliche Erfahrung, „daß es nicht mehr so, sagen wir einmal, so gemütlich auf Arbeit zugeht, wie es eben ging. Früher war eine wesentlich größere Kollegialität da, weil man sich gegenseitig brauchte. Es war nicht so eine Ellenbogen-Gesellschaft. Wir hatten ein gutes Verhältnis zum Meister und allen – und jetzt wird es sehr so Herrschertyp wieder. Wenn man mal früher mit dem Meister nicht einverstanden war, da hat man eben zum Meister gesagt, Du kannst mich mal. Das kann man jetzt nicht mehr sagen, da liegt man auf der Straße. Er sitzt jetzt am längeren Hebel". Diese neue Erfahrung konfrontiert ihn mit den konkreten Schattenseiten der Marktwirtschaft und er beginnt zu spüren, wie ihm vom Arbeitsmarkt her ein eisiger Wind ins Gesicht bläst: „Ich meine, ich bin 42. Es steht ja immer drinne, junge, dynamische Mitarbeiter bis 25 oder 35, ja? Am besten noch mit 50jähriger Berufserfahrung". Wie er damit umgehen soll, weiß er noch nicht. Seine Reaktion ist auch hier: „Abwarten, ja?".

Was seine eigene Vergangenheit und die der DDR insgesamt anlangt, ist er keineswegs bereit, sie als etwas abzustreifen, was besser der Vergessenheit anheimzugeben wäre. Auch hierin bestätigt sich seine Deutung von Geschichte als Kontinuität. Im Vergleich scheint ihm das, was früher war, per Saldo gar nicht so ungünstig abzuschneiden: „Es ist ja eben nicht meine Meinung, daß jetzt auf einmal alles schlecht ist, was wir an der sog. DDR damals hatten. Es gab viel schlechtes, es gab natürlich auch vieles, was besser war wie in der BRD. Wie gesagt, die soziale Abfederung. Jedenfalls, bis dahin, wo es zusammengebrochen ist, hatte jeder Arbeit, es gab eben keine Arbeitslosigkeit. Die Kindergärten, ja? Daß das auch gesichert war, die Kinderkrippen!" Auch „gab es ja in der ehemaligen DDR in Prinzip alles, man mußte bloß wissen, wo und wann". Darüber hinaus ist er stolz auf die Leistungen, die unter den strukturell benachteiligten Bedingungen der DDR erbracht wurden. „Wir mußten das Fahrrad neu erfinden, ich meine, das hat uns alles gekostet. Ich hab immer gesagt, wir mußten aus Scheiße Bonbons machen. Wir können stolz sein, was wir geschaffen haben, ich meine, unsere Artikel. Neckermann hat sie gekauft und jetzt auf einmal....".

In diesem Produzentenstolz, der ihn im übrigen mit seinen westdeutschen Kollegen verbindet (vgl. Kudera W. et al., a.a.O.), fühlt er sich gekränkt, sieht er seine Identität als Facharbeiter angegriffen, gerade wenn er sich mit Klischees auseinandersetzen muß, die darauf hinzielen, „daß wir eben sozusagen als dämliche Ossis dastehen. Ich meine, es kommt ja egal so raus, die sind ja zu blöd zum arbeiten. Daß wir aber laufend den halben Ostblock nebenbei noch miternährt haben, das sieht keiner. Und dann sind wir angeblich zu blöd eben zum arbeiten". Dieser Stolz verbietet es ihm auch, sich – wie es das Vorurteil von der „Versorgungsmentalität" will – staatlich alimentieren zu lassen: „Denn ich meine, es würde mich nicht befriedigen, vom Arbeitsamt mein Geld zu bekommen und das war's. Ich meine, dafür gibt es viel zu viel zu tun". Mit dieser Bereitschaft, weiterhin sinnvoll zu arbeiten und etwas zu leisten, demonstriert er nicht nur, daß er Arbeiter ist, der arbeiten kann und will und der nichts geschenkt haben möchte, sondern stellt auch gleichzeitig Kontinuität in seiner Biographie her: Leistungsbewußtsein und Produzentenstolz bilden die Brücke zwischen seiner Vergangenheit und seiner Zukunft als Facharbeiter. Diese Zukunft sieht er, wie es bereits oben anklang, mit Hoffnung und Skepsis zugleich. „Wie es weitergehen wird? Na, ich hoffe, daß wir alle beide Arbeit haben und dann sehe ich die Zukunft eigentlich nicht schwarz. Aber wenn das nicht fruchtet - ich meine, Umschulungsmaßnahmen letzten Endes, das ist ja auch bloß Hinausgezögere – wenn das nicht.... dann ist im Prinzip ja der Abstieg vorprogrammiert".

Weiterbeschäftigung oder sozialer Abstieg, auf diese Alternative zieht sich für Herrn P. die Geschichte der Vereinigung letzten Endes zusammen. Das sind die beiden Pole, zwischen denen er in der gegenwärtigen Situation sein persönliches Schicksal und damit seine eigene Geschichte verortet. Charakteristisch für die Art und Weise, in der er mit dieser Situation fertig wird, ist, daß er vor dem Hintergrund des historischen Zusammenbruchs der DDR keinen Bruch mit seiner Vergangenheit vollzieht. Vielmehr gelingt es ihm, Kontinuität in dreifacher Weise herzustellen und damit den Umbruch für sich zu normalisieren. Zum einen wahrt er in seinem Denken Kontinuität dadurch, daß er als „kleiner" Arbeiter auch die Verantwortung für die Wende, ihre Vorgeschichte und ihre Folgen „oben" sucht. Zum anderen sichert er biographische Kontinuität über sein Leistungsbewußtsein und seinen Produzentenstolz als Facharbeiter. Zum dritten schließlich hält er die alltagspraktische Kontinuität seiner Lebensführung dadurch aufrecht, daß er weitermacht wie bisher und abwartet – und im übrigen darauf vertraut, daß es schon irgendwie weitergeht. Über Skepsis und Besorgnis, die ihn angesichts der ungewissen Zukunft bedrücken, helfen ihm momentan sein Optimismus und eine Philosophie hinweg, die in dem Wahlspruch besteht: „ Leben und Leben lassen. Und sich selber nicht zu ernst nehmen, denn wer über sich selber noch lachen kann, der kommt auch noch über anderes hinweg". Von der Entwicklung des Arbeitsmarktes wird es abhängen, ob es ihm dieses Lachen verschlagen wird oder nicht.

7.2 Bewältigungsstrategie: Neuanfang

Herr F. war bis zur Vereinigung Offizier bei der NVA, ist verheiratet mit einer bis dahin berufstätigen Akademikerin, hat zwei Söhne und wohnt in einer Dienstwohnung mit 4 Zimmern. Mit 35 Jahren hatte er den Rang eines Majors erreicht, was ihm einen für die Verhältnisse der DDR privilegierten Lebensstil ermöglichte: „Ich kann nicht klagen, was die letzten Jahre betrifft. Das Einkommen hat ausgereicht, um uns gemessen am DDR-Schnitt einigermaßen vernünftig einzurichten, technisch auszustatten, immer ein Auto zu fahren, jedes Jahr mindestens einmal zu verreisen, meistens zweimal, das immer dazu gereicht, sich vernünftig zu kleiden, auch nicht überlegen zu müssen, ob man jetzt eventuell mal in ein gutes Lokal geht, oder sich irgendwelche anderen Dinge leistet – wir haben ein bißchen von der Hand in den Mund gelebt, so daß wir die Mark nicht umgedreht haben".

Als Motor seiner Lebenskonstruktion fungieren der Ehrgeiz, voranzukommen und hohe Ansprüche an Arbeit und Leben, die sich mit seiner Intelligenz, seinem Anpassungsvermögen und seinem Sicherheitsbedürfnis zu einer strategischen Haltung verbinden, die auf Erfolg ohne unkalkuliertes Risiko programmiert ist.[6]

Er selber faßt dieses biographische Programm in der Maxime zusammen: „Lieber der Erste im Dorf als der Dritte in der Stadt" und demonstriert in der Summe seiner bisherigen Biographie Flexibilität: „Ich habe am Ende das genommen, was ich kriegte, und war im Prinzip nie erpicht: Du mußt jetzt unbedingt das und das haben, nein, wenn nicht heute, dann morgen".

Vehikel seines Ehrgeizes war und ist der Beruf, den er „nicht nur als Mittel zum Gelderwerb, sondern irgendwo auch als Lebensinhalt" begreift. Da es ihm gleichwohl nicht darauf ankam, beruflich etwas ganz bestimmtes zu werden, sondern darauf, überhaupt etwas „Überdurchschnittliches" zu werden, schlug er die Laufbahn des Polit-Offiziers ein, die rasches Vorankommen versprach. Ideologische Gründe spielten bei dieser Entscheidung keine Rolle, vielmehr nahm er aus Karrieregründen die entsprechende Ideologie in Kauf. Seine damalige berufliche Aufgabe, die ihm nach seinen eigenen Worten Selbständigkeit und Verantwortungsbewußtsein abverlangte, vergleicht er – in Adaptation eines westlichen Begriffs – mit der Funktion eines „Feldgeistlichen" und sieht sich dabei selbst in der Rolle eines „Beichtvaters", nicht als Kontrolleur oder ideologischen Einpeitscher.

Seine Fixierung auf beruflichen Erfolg findet ihr Korrelat in einer gut funktionierenden Familie, die er strategisch als sein „Hinterland" definiert und die er mit Einsatz von Autorität lenkt, wo es sein muß. Entsprechend traditional ist auch die familiale Arbeitsteilung organisiert, was freilich auch dadurch begünstigt war, daß sie sich wegen seiner im Vergleich zu seiner Frau größeren beruflichen Belastungen von Anfang an gewissermaßen naturwüchsig so eingespielt hatte.

Der Habitus, den er präsentiert, ist geprägt durch Aufgeschlossenheit und intellektuelle Ansprüche. Er zeigt sich sowohl politisch als auch historisch interessiert. So hat er sich bereits zu einem Zeitpunkt mit Perestroika beschäftigt, als dies noch verpönt war und hat es verstanden, berufliches und historisches Interesse in der Weise zu verbinden, daß er einen erheblichen Teil seiner Freizeit in das private Studium der regionalen Militärgeschichte investierte. Sich

---

6 Unterstrichen wird dies dadurch, daß er uns auch im Interview seine Geschichte als Erfolgsstory präsentierte und über andere Dinge, die wir von ihm wissen wollten, höchst irritiert war.

selbst begreift er – möglicherweise auch, um Anschluß an den akademischen Status seiner Frau zu halten – als Intellektuellen und grenzt sich als solcher, obwohl oder gerade weil er selber proletarischer Herkunft ist, von den Arbeitern als der für den „Arbeiter- und Bauernstaat DDR" immerhin ideologisch zentralen, gesellschaftlichen Gruppe ab: „Ich glaube, daß ohnehin ein Unterschied zwischen Intellektuellen und dem normalen Arbeiter auch hier schon immer gewesen ist, der viel mehr auf den Konsum im Prinzip ausgerichtet war in seinem Leben". Gleichwohl, auch wenn er sich vom Konsumismus des normalen Arbeiters distanziert, er selbst hat immer darauf geachtet und wegen seiner beruflichen Position erfolgreich darauf achten können, daß die frühzeitig angeschaffte Tiefkühltruhe stets gefüllt war – und zwar vom Besseren, denn Qualität ist für ihn wichtig, von „Billigprodukten" hat er nie etwas gehalten. Insgesamt hatte er sich nicht nur beruflich, familiär und gesellschaftlich auf einem Niveau etabliert, das seinen Ansprüchen entsprach, sondern sich auch ideologisch durch Identifikation „mit dem Lande und dem Staat" und den „Ideen von Marx und Engels" in das System der DDR bruchlos integriert.

Die Wende kam ihm nun insofern nicht nur gelegen, als er sich ohnehin in seinem weiteren Fortkommen kaltgestellt sah, sie war für ihn als reflektierenden Menschen auch keine besondere Überraschung: „Naja, wissen Sie, ich habe mich mit diesen Dingen ja beschäftigt, das ist ja nicht abrupt gekommen. Und so eng haben wir ja auch die Welt nicht betrachtet. Daß es nicht mehr so weitergehen konnte, wußte man – das hatten wir auch schon früher erkannt – wir haben aber nichts dagegen getan. Gut, es hätte unsere Existenz gekostet, wenn man aktiv etwas dagegen getan hätte. Aber die Entwicklung, wie sie jetzt gekommen ist, die haben wir auch garantiert nicht gewollt, zu dem Zeitpunkt. Was mir wahrscheinlich den Übergang erleichtert hat gegenüber vielen anderen, ist, daß ich mich politisch befaßt habe mit den Dingen – die Unzulänglichkeiten und Unmöglichkeiten der letzen Jahre begriffen habe, so daß der Bruch nicht so hart kam". War für ihn also die Wende vorhersehbares Ende eines unaufhaltsamen Prozesses des Niederganges, an dem er selber nicht aktiv beteiligt war, so erlebt er deren Geschichte subjektiv als Übergang von einer prekären Vergangenheit in eine so auch wieder nicht gewollte Zukunft.

Was er sich, als der Zusammenbruch nicht mehr aufzuhalten war, vorgestellt hatte, war eine Veränderung des Systems der DDR nach dem Modell des „Dritten Weges", nicht die Vereinigung. „Wir haben eigentlich diese Vereinigung nicht gewollt, war auch nicht absehbar. Was wir gewollt haben, ist eine demokratische DDR und eine Leistungssteigerung mit jüngeren, agileren Führern an der Spitze". Dies blieb freilich ein abstrakter Wunsch, denn die Dynamik der Entwicklung, die er auch wieder nur reflektierend begleitete, hat diese Erwartung überholt, das Modell des Dritten Weges wurde nicht realisiert. So erfährt auch er letzten Endes das historische Ereignis des Zusammenbruchs der

DDR und die Geschichte der Vereinigung als ein Geschehen, das über ihn hinweggegangen ist. Auch er ist letzten Endes nur Objekt der Geschichte, freilich eines, das aufmerksam beobachtet und anpassungsfähig ist.

Auf die mit der Vereinigung in Gang gekommene Veränderung der Arbeits- und Lebensbedingungen reagiert er in der Weise, daß er seine bisherige Lebensführung weitgehend umpolt, und zwar genauso strategisch und kalkuliert, wie er bislang verfahren war. Was den Beruf anlangt, denkt er erst gar nicht daran, sich um eine Übernahme in die Bundeswehr zu bemühen, sondern hat sich ausgerechnet: „Wenn wir eine andere Gesellschaftsform annehmen, ist es nicht denkbar, daß die Träger der alten Ideologie übernommen werden". Freilich scheidet er nicht sofort aus der NVA aus, sondern bereitet systematisch seinen Rückzug vor: „Wissen Sie, ich habe von vornherein gesagt, ich verlasse nicht das Alte, solange ich nichts Neues habe. Irgendwo ist ja dann auch die Verantwortung gegenüber der Familie usw. und ehe ich mich jetzt auf dem Arbeitsamt rumtreibe oder irgendwo im freien Raum schwebe ..." Dank seiner Wendigkeit hat er die Zeichen der neuen Zeit rasch erkannt und sich ebenso rasch und konsequent für einen Neubeginn entschlossen: „Wir müssen alle umlernen und müssen umdenken, müssen vor allen Dingen - muß jeder für sich eine andere Einstellung zum Job gewinnen. Sagen wir mal die freie Marktwirtschaft. Daß dort ein höherer Erfolgsdruck da ist, habe ich in relativ kurzer Zeit begriffen - und daß man viel mehr selber entscheidet, wie man sich entwickelt, was man vor allen Dingen dann für einen finanziellen Spielraum hat. Daß das von einem selber abhängt - und da gibt es nur einen Weg, entweder ich gehe den oder ich gehe den nicht. Entweder ich gehe den bequemen Trott weiter - da wäre ich möglicherweise bei meinen Kollegen in irgendeinem Umschulungslehrgang - oder ich geh den Weg, den ich sehr zeitig erkannt habe, einen Neuanfang".

Bei diesem Neubeginn hat er zwar anfänglich mit dem Gedanken gespielt, nach dem Westen zu gehen, hat davon aber wieder aufgrund folgenden Kalküls Abstand genommen: „ Hier habe ich größere Chancen, irgendwo im Materiellen und Beruflichen über den Durchschnitt sich zu erheben. Die Chance habe ich hier, weil der Durchschnitt relativ niedrig ist. Wenn ich zu Ihnen komme, bin ich ein armer Ossi, bin ziemlich tief eingeordnet vom Job her, fang ich ziemlich tief unten an, ist also schwerer. Hier habe ich größere Chancen bei der möglichen Entwicklung, die in zwei, drei Jahren beginnend sich dann weiter hier fortsetzen wird - dieser Boom dann. Mit diesem Boom die Möglichkeit zu haben - weil ich ganz einfach davon ausgehe, wer wendig ist, also sprich, sich jetzt anpaßt, auch mal Härten durchsteht, intelligent genug ist, kann hier viel mehr machen als wenn ich jetzt rübergehe". Entsprechend kauft er zunächst einmal alle erreichbaren Zeitungen und studiert die Annoncen, um dann eine Reihe von Bewerbungen zu schreiben: bei Banken, Versicherungen, der Wach- und Schließgesellschaft. Schließlich entscheidet er sich für eine Branche, die gerade boomt und geht als Vertreter zu einer Versicherung, weil die sowohl finanziell am meisten bietet ist als auch eine kostenlose Ausbildung garantiert.

Auch was seine Orientierungen anlangt, hält er sich an seine neue, den veränderten Umständen angepaßte Maxime „Umlernen und Umdenken" und steigt nicht nur praktisch, sondern auch ideologisch total auf die Marktwirtschaft und ihre Standards um und adaptiert den entsprechenden Jargon. Die bisher für ihn verpflichtende sozialistische Moral deutet er in eine Betreuungsideologie um, Überzeugungsarbeit leistet er nunmehr nicht mehr bei seiner Truppe, sondern bei seinem Klientel, sein neues Zentralorgan wird die FAZ.

Basis dieser Umorientierung ist eine biographische Bilanz, die es ihm erlaubt, stufenweise seine eigene Vergangenheit zu rechtfertigen, den Kern seiner Identität aufrecht zu erhalten und seinen Neubeginn zu begründen. So gesteht er zunächst ein, „daß wir Fehler gemacht haben und daß wir uns vielleicht auch für die falsche Sache engagiert haben – oder zumindest so, wie sie dann gemacht worden ist, nicht einmal von der Idee her. Ich sage nach wie vor, die Idee, die der Marx und der Engels gemacht haben, war von der Grundlage her nicht falsch, aber zu dem Zeitpunkt nicht machbar – und vor allen Dingen, wie sie gemacht worden ist. Sie ist verfälscht worden, ist von Leuten mißbraucht worden". Daß die Idee einer sozialistischen Gesellschaft an sich richtig, jedoch von anderen verfälscht worden war, ist die eine Seite seiner Rechtfertigung. Daß nicht nur er allein Fehler gemacht hat, sondern sich dabei in guter Gesellschaft befunden hatte, die andere. Darüber hinaus hatte er ohnehin schon mit Nachdruck anklingen lassen, daß es die Existenz gekostet hätte, etwas aktiv gegen das System zu unternehmen. Die Gegenbeispiele, die in Gestalt der Regimekritiker öffentlich immer präsent gewesen waren und seine Rechtfertigung entkräften könnten, entwertet er mit dem Argument: „Wer hat denn wirklich etwas gegen das System der DDR getan? Eine Handvoll Leute, Intellektuelle, die zum Teil dann meistens schon so abgehoben waren, auch materiell gesättigt waren, daß sie sich das leisten konnten, also nicht davon abgehangen haben, von der Gnade oder Ungnade des Regimes und die ja gewußt haben, wenn sie rübergehen, werden sie auf dem goldenen Schild getragen". Zu denen, die es sich hätten leisten können, öffentlich Kritik zu üben, zählt er sich nicht. Daß er dennoch wie viele andere eine private Form des Widerstandes übte, belegt er damit, daß „die meisten im Geheimen oder im stillen Kämmerlein geschimpft haben, im Freundeskreis, über Unzulänglichkeiten".

Als nächste Stufe seiner Bilanz führt er nach zugestandenen läßlichen Fehlern seine Rechtfertigung damit fort, daß er sich immer um Unabhängigkeit seiner Meinung und seines Handelns bemüht und in gutem Glauben gehandelt habe: „Von dem, was ich bisher getan habe, gibt es Sachen, die ich bereue, aber im Großen und Ganzen nicht. Ich habe bis jetzt aktiv, denke ich, gelebt, bewußt gelebt, aber immer versucht, irgendwo die Welt zu verstehen, mir meine eigene

Meinung zu bilden, die hab ich mir nie nehmen lassen – ich habe geglaubt, einer guten Sache meine Arbeitskraft zur Verfügung zu stellen, ohne mir jetzt völlig die eigene Meinung nehmen zu lassen". Damit beharrt er auf seiner Identität als autonomer, reflektierender Mensch und auf einer Moralität, die immer das beste gewollt habe.

Sein Anspruch auf Unabhängigkeit im Denken ermöglicht es ihm nun auch, aus Fehlern zu lernen, aus Einsicht umzudenken und sich den veränderten Verhältnissen genauso anzupassen, wie er sich den alten Verhältnissen angepaßt hatte: „Daß dort Fehler gemacht worden sind, daß man vielleicht einer falschen Sache gedient hat: alles o.k., ich bin auch bereit, persönlich und auch jetzt vom politischen Denken her umzudenken und mich in andere Dinge zu fügen". Dies fällt ihm um so leichter, als neben seinem Anspruch auf Autonomie Anpassungsfähigkeit ohnehin zentraler Bestandteil seiner Identität ist: „Ich bin anpassungsfähig, ich glaube nicht, daß ich engstirnig bin, ob dies im privaten oder gesellschaftlichen Bereich ist – und ich bin ehrgeizig, ein bißchen schlitzohrig". Die eigene Unabhängigkeit und Anpassungsfähigkeit dienen als Scharnier, biographisch Kontinuität und Neubeginn zu vermitteln; sein Ehrgeiz ermöglicht es ihm, diesen Neubeginn mit Entschlossenheit und Konsequenz durchzuziehen. Seine „Schlitzohrigkeit" schließlich macht es ihm leicht, seine politische Vergangenheit auf dem Wege des Umdenkens als Ballast abzuwerfen, der bei der neuen Karriere nur stören könnte und das obsolet gewordene Kapitel seiner bisherigen Biographie mit dem Fazit abzuschließen: „Man ist von bestimmten Leuten, von bestimmten Mächten mißbraucht worden – und jetzt habe ich die Nase voll davon. Politisch läßt Du Dich nirgendwo mehr ein, Finger verbrannt, Hände weg davon, denn das Leben geht weiter". Er zeigt sich als lernfähiges Opfer, das seine Lektion gelernt hat.

Und so kann das Leben weitergehen. Herr F. hat wieder einen neuen Beruf, der Erfolg verspricht, hat sich wieder mit den neuen materiellen Gegebenheiten und normativen Standards arrangiert, er verdient bei überdurchschnittlichem Arbeitseinsatz auch nun wieder überdurchschnittlich gut und auch die Familie dient wieder, nunmehr wegen der Arbeitslosigkeit seiner Frau in noch verstärktem Umfang, als Hinterland für sein berufliches Reussement. Die Geschichte der Vereinigung ist für ihn letzten Endes ein Übergang, den er mit Bravour genommen hat.

Diese Darstellung mag – auch wegen der notwendigen Verkürzung – denunziatorisch klingen, aber auch Herr F. tut nur auf seine Weise, was er kann, um mit der neuen Lage fertig zu werden und gleichzeitig Kontinuität in seiner Identität und Lebensführung zu wahren. Es gelingt ihm dadurch, daß er in einem Prozeß des Umlernens und Umdenkens den ideologischen Überbau austauscht, sich mit einem biographischen „Neubeginn" strategisch den neuen Bedingungen anpaßt und dabei trotzdem der bleibt, der er immer war. Er reproduziert das Modell Chamäleon: das Alte im neuen Gewande.

8. Schlußfolgerung

Man stelle sich vor, beide, Herr P. und Herr F., hätten es nicht geschafft, auf ihre jeweils eigene Art biographisch und in ihrer Lebensführung Kontinuität zu sichern, ihr jeweiliges, eingespieltes und austariertes System alltäglicher Lebensführung wäre zusammengebrochen und dies würde zum massenhaften Phänomen. Das wäre nicht nur Desintegration und Kollaps auf der Ebene individuellen Handelns, dann hätten wir den wirklichen Zusammenbruch von gesellschaftlicher Ordnung vor Augen. Denn was konstituiert gesellschaftliche Ordnung, wenn nicht der alltagspraktisch regulierte Zusammenhang berechenbarer individueller Lebensführung?

Daß trotz des Zusammenbruchs des institutionellen Rahmens der DDR die in der habitualisierten Lebensführung repräsentierten individuellen Handlungssysteme ihrer Bürger zunächst weitgehend stabil geblieben sind, hat damit zu tun, daß makrohistorische Prozesse gesellschaftlicher Transformation und mikrohistorische Prozesse der Transformation individueller Lebensführung in der Regel weder synchron noch gleichgerichtet verlaufen. Das ist nicht Ausdruck eines cultural lag, sondern Niederschlag dessen, daß gesellschaftliche und individuelle Reproduktion nicht in eins fallen: Die Geschichte von Gesellschaft und individuelle Geschichte folgen einem unterschiedlichen Rhythmus und einer unterschiedlichen Logik.

Personen wollen in der biologisch gegebenen Spanne ihres Lebens überleben, gut leben und richtig leben und organisieren dies biographisch im Rahmen gesellschaftlicher Lebenslaufregimes. Die individuell generierte alltagszeitliche Ordnung, in der dies tagtäglich umgesetzt wird, ist ihr jeweiliges System der Lebensführung. Gesellschaften hingegen leben nicht und haben keinen natürlichen Zeithorizont, keinen natürlichen Anfang und kein natürliches Ende, sondern repräsentieren den allgemeinen Rahmen und die allgemeine Form, in der sich das Leben der Gesellschaftsmitglieder vollzieht.

Unter den Bedingungen von Normalität – und das heißt von gesellschaftlicher Stabilität und Kontinuität – stellt sich Alltagsgeschichte tendenziell als Wiederkehr des Immergleichen dar, die ihre Form in individuellen Systemen mehr oder weniger routinisierter Abläufe alltäglichen Handelns findet. Freilich sind auch bei stabilen gesellschaftlichen Rahmenbedingungen weder die Personen noch ihre individuellen Lebenslagen gleich noch gleich stabil. Daraus resultieren Unterschiede in den Formen von Lebensführung zwischen den Polen von

Routine, wo ein Tag wie der andere ist, und Offenheit, wo kein Tag wie der andere ist. Deren jeweiliges Flexibilitätspotential erweist sich in der Fähigkeit, Störungen von Normalität und Kontinuität situativ oder strategisch auffangen und integrieren zu können.

Gesellschaften sind jedoch niemals statisch, sie befinden sich in einem permanenten Prozeß schleichender oder abrupter Transformation. Nimmt dieser Prozeß den Charakter eines schockartigen Zusammenbruchs bestimmter gesellschaftlicher Teilsysteme an, bedeutet dies für individuelle Lebensführung Unberechenbarkeit, Instabilität und Diskontinuität von Handlungsbedingungen. In solchem Zusammenhang gewinnen habitualisierte Systeme von Lebensführung mit ihrer Funktion der Stabilitäts- und Kontinuitätssicherung im Rahmen alltagszeitlichen Handelns besondere Bedeutung. Denn durch die individuellen Bemühungen um Stabilität und Kontinuität in der Lebensführung entstehen inmitten der Kontingenz oder Anomie des gesellschaftlichen Wandels Kernbereiche von Ordnung, die durch ihre Vernetzung mit den Systemen alltäglicher Lebensführung anderer Personen über den unmittelbaren individuellen Handlungskontext weit hinausreichen. Dieser gesellschaftliche Zusammenhang alltäglicher Lebensführung markiert eine Ebene gesellschaftlicher Ordnung und Integration, die auf dem berechenbaren Alltagshandeln von Personen basiert, einem Handeln, das – individuell reguliert – gleichzeitig nichtintendiert gesellschaftliche Ordnung produziert.

Das Beispiel der zwei dargestellten Fälle läßt erkennen: Was wir szientifisch als Geschichte konstruieren, löst sich auf der Ebene alltäglicher Lebensführung auf in einen Fluß von repetitiven Ereignissen und Anforderungen, während das, was wir historische Ereignisse nennen, als Diskontinuität, Instabilität und Unberechenbarkeit wirksam wird. Wenn es sich um ein historisches Ereignis von der Tragweite des Zusammenbruchs eines Gesellschaftssystems und seiner Transformation handelt, bedeutet dies für alltägliche Lebensführung die Notwendigkeit, sowohl die persönliche Geschichte als auch das praktische Handeln auf die neuen Umstände einzustellen. Transformation individueller Lebensführung bedeutet, Vergangenheit, Gegenwart und Zukunft permanent biographisch in einen sinnenhaften Zusammenhang zu bringen und auf der Ebene alltäglichen Handelns umzusetzen. Dies kann wiederum die Notwendigkeit einer Transformation von Orientierungen, Alltagskompetenzen und Alltagsroutinen einschließen, sonst könnte alltägliche Lebensführung ihrer Funktion der stetigen Ausbalancieren von individuellen Ansprüchen und jeweils gegebenen Bedingungen nicht mehr genügen. Worauf sich die Transformation der individuellen Systeme alltäglicher Lebensführung erstreckt, in welchem Tempo sie erfolgt, wie deren neue Gestalt aussieht, ob und wie dabei Kontinuität mit Innovation verbunden werden kann, hängt davon ab, auf welcher Basis und unter welchen Bedingungen bisherige Arrangements funktioniert haben und wie die konkreten neuen Optionen, Zwänge und Chancen aufgenommen und verarbeitet werden. Zwei typische derartige Möglichkeiten haben die beiden exemplarischen Fälle aufgewiesen. Unser Material läßt erkennen: Es gibt auch andere. Diese sind gleichwohl nicht zufällig und nicht unbegrenzt, wie unsere weiteren Analysen zeigen werden. Wieweit neu entstehende Arrangements von alltäglicher Lebensführung ihrerseits auf die Richtung der gesamtgesellschaftlichen Prozesse einwirken, ist eine Frage, die künftig Aufmerksamkeit verdient.

Literatur

Jurczyk, K./Rerrich, M.S.(Hg.) (1993): Die Arbeit des Alltags. Beiträge zu einer Soziologie der alltäglichen Lebensführung. Freiburg
Kudera, W. et al. (1979): Gesellschaftliches und politisches Bewußtsein von Arbeitern. Eine empirische Untersuchung. Frankfurt a.M.
Kudera, W. (1993): Eine Nation, zwei Gesellschaften? Eine Skizze von Arbeits- und Lebensbedingungen in der DDR. In: Jurczyk/Rerrich (Hg.), S. 133-159
Weihrich, M. (1993): Lebensführung im Wartestand. Veränderung und Stabilität im ostdeutschen Alltag. In: Jurczyk/Rerrich (Hg.), S. 210-234

Margit Weihrich

Wenn der Betrieb schließt. Über alltägliche Lebensführung von Industriearbeitern im ostdeutschen Transformationsprozeß

Zusammenfassung

Der Beitrag ist die redaktionell leicht überarbeitete Fassung eines Aufsatzes zu einer qualitativen Paneluntersuchung über alltägliche Lebensführung in Ostdeutschland (Weihrich 1998). Es wird gezeigt, daß in einer Gesellschaft im Umbruch, in der nichts mehr sicher scheint, die etablierte alltägliche Lebensführung überraschenderweise aufrechterhalten wird und – so die These – die Auseinandersetzung mit neuen Situationen anleitet. Dies wird anhand von wiederholten Interviews mit drei Industriearbeitern exemplifiziert, die im selben Betrieb arbeiteten und sich zum Zeitpunkt des ersten Interviews in Null-Stunden-Kurzarbeit befanden. Es wird rekonstruiert, wie deren alltägliche Lebensführung vor der Wende, in der Zeit der Null-Stunden-Kurzarbeit und zum Zeitpunkt des zweiten Interviews, als dieses Moratorium bereits abgelaufen war, ausgesehen hat; Ergebnis ist, daß die Art und Weise, wie die drei ihr Leben organisieren, über all diese Situationen hinweg dieselbe geblieben ist. Das freilich hat Konsequenzen: Während die Aufrechterhaltung der alltäglichen Lebensführung über den Umbruch hinweg dem Einzelnen eine Orientierungshilfe bietet, bestimmt sie gleichzeitig die soziale Lage unserer Interviewpartner im neuen System mit und erweist sich so als Ressource oder Restriktion bei der Auseinandersetzung mit den neuen Bedingungen.

1. Einleitung

Nach der alltäglichen Lebensführung in einer Situation zu fragen, in der auch noch der Arbeitsplatz verloren geht inmitten einer Gesellschaft, deren Institutionen, Normen und Werte durcheinandergewirbelt worden sind, mag auf den ersten Blick paradox erscheinen. Ist das Ostdeutschland nach der Wende denn nicht eine Gesellschaft im Ausnahmezustand, die durch das Nichtalltägliche viel besser zu charakterisieren wäre? Detlef Pollack sieht Dornröschen wachgeküßt (Pollack 1990: 292), die soziologische Literatur zum Transformationsprozeß beschreibt einhellig das Aufeinanderprallen einer Gesellschaft mit Modernisierungsrückstand auf die modernisierteren Institutionen des Westens: Verhaltensmuster der Akteure werden aus der Funktionsweise der Institutionen der DDR abgeleitet, innerhalb derer man sich einrichtete; dieses Einrichten in den an ihrer Ausdifferenzierung gehinderten Teilsystemen einer Organisationsgesellschaft (Pollack 1990) habe charakteristische Mentalitäts- und Verhaltensmuster nach sich gezogen, die als vormodern, demodern (Srubar 1991) und unmodern (Geißler 1992) charakterisiert werden und nun auf eine Gesellschaft träfen, in der „subjektive Individualisierung" (Hradil 1992) angesagt ist.

Ich habe nun eine umgekehrte, nämlich eine subjektorientierte Forschungsperspektive gewählt und gefragt, wie denn der Umgang mit den alten und den neuen Institutionen aus der Perspektive individueller Akteure aussieht und ausgesehen hat. Schließlich ist es die Person, die sich mit den alltagspraktischen Auswirkungen der Gesellschaftsorganisation auseinandersetzen muß. Aus ihrer Perspektive betrachtet, hat sie es sich nicht leisten können, wie Dornröschen zu schlafen, sondern hat auch zu DDR-Zeiten ihr Leben führen müssen. Und sie muß nun ihr Leben weiterführen, auch unter dramatisch veränderten Bedingungen. Herr Tikovsky, ein Interviewpartner, der inmitten des Umbruchs in Null-Stunden-Kurzarbeit ist, sieht überraschenderweise in erster Linie Kontinuität: *„Nun wird alles ein bißchen anders. Aber ich glaube, sehr wesentlich anders auch nicht"*, meint er.

Den Überlegungen, die ich hier vorstellen will, liegt eine qualitative Paneluntersuchung zugrunde (Weihrich 1993, 1996, 1998), die im Arbeitszusammenhang des Teilprojekts A1 in Kooperation mit einem Leipziger Schwesterprojekt seit dem Frühjahr 1991 durchgeführt wurde (vgl. z.B. Dietzsch/Hofmann 1993, 1995; Kudera 1994 in diesem Band). Aus den ca. 100 InterviewpartnerInnen, habe ich 12 Personen ausgewählt und nach ein bzw. zwei Jahren ein zweites Mal interviewt.

Ich will im Folgenden danach fragen, wie es denn Akteure alltagspraktisch vermögen, in und mit fremden Institutionen sinnvoll zu agieren. Wenn unsichere und unvertraute Rahmenbedingungen vorherrschen, woran orientiert der Einzelne dann sein Handeln? Welchen Regeln folgt er bei der Organisation seines Alltags? Und an welchen Hintergrund können die neuen Institutionen anschließen, sollen sie funktionieren?

Diese Fragen will ich exemplarisch am Beispiel dreier Industriearbeiter verfolgen, nämlich am Beispiel von Herrn Tikovsky und zwei seiner Kollegen, Herrn Belzow und Herrn Pattermann. Alle drei arbeiteten seit fast zwei Jahrzehnten im gleichen Leipziger Industriebetrieb, wurden im Januar 1991 in Null-Stunden-Kurzarbeit geschickt und verfuhren auf ganz unterschiedliche Weise mit dieser Situation. Es geht mir dabei nicht um die Analyse von Gemeinsamkeiten in der Lebensführung einer Berufsgruppe. Für die Auswahl dieser Interviewpartner war weniger die Tatsache wichtig, daß sie Industriearbeiter sind als die, daß sie sich in der gleichen Situation befinden. Mein Thema ist der Zusammenhang zwischen den Handlungen von Personen und den Restriktionen und Chancen, an denen sie sich abarbeiten müssen bzw. die sie ergreifen können – eine Fragestellung also, die gerade nicht nach Gemeinsamkeiten von Strategien, Mentalitäten und Situationsdefinitionen fragt, sondern die Erklärung von Unterschieden sucht, die sich, wie ich zeigen werde, selbst bei Männern gleichen Alters, ähnlicher Familiensituation und gleicher Berufsarbeit im Arrangement mit ein und derselben Situation ergeben. Ich frage nach der Leistung, die ein Akteur zu erbringen hat, will er sein Leben unter veränderten Bedingungen 'auf die Reihe kriegen', und nach ihren Voraussetzungen und ihren Folgen.

Um nachzuzeichnen, wie Herr Tikovsky und seine Kollegen ihr Leben regeln, ziehe ich das Konzept der alltäglichen Lebensführung heran, das quasi zwischen Gesellschaftsanalyse und individuellem Handeln angesiedelt ist. Dieses Konzept geht davon aus, daß die Person ihre einzelnen Tätigkeiten, die sie in verschiedenen sozialen Sphären unternimmt, zu einem Arrangement binden muß. Handlungstheoretisch gesprochen führt eine Person eine Handlung in einer bestimmten Situation im Hinblick auf ein gesetztes Ziel durch, indem sie bestimmte Mittel einsetzt. Ziele und Mittel sind allerdings in den verschiedenen sozialen Sphären des Alltags wie etwa Erwerbsarbeit, Freizeit, Familienleben, nicht dieselben. Innerhalb der Erwerbsarbeit beispielsweise verdiene ich meinen Lebensunterhalt, indem ich innerhalb einer bestimmten Zeit die Leistungen erbringe, die mein Geldgeber von mir erwartet. Mittel hierzu ist meine berufliche Qualifikation. Im Bereich der Familienarbeit werden andere Ziele verfolgt (Hausarbeit, Versorgung der Kinder, Aufrechterhaltung von Beziehungen); meine berufliche Qualifikation taugt hierzu nicht als Mittel. In der Freizeit kann das Ziel z.B. die Befriedigung persönlicher Ansprüche sein, vielleicht läge es darin, mir ein bestimmtes Erlebnis zu verschaffen: wieder ein anderes Ziel, wieder andere Mittel. Wir wissen vor allem aus der Frauenforschung, daß die Vereinbarkeit dieser Bereiche keineswegs problemlos ist. Freilich ist es für niemanden eine Selbstverständlichkeit, diese Vereinbarkeit herzustellen. Jede Person muß ihre Tätigkeiten – welche immer das sein mögen – zu einem Arrangement binden; dieses Arrangement wird als 'alltägliche Lebensführung' bezeichnet und „arrangiert in gewisser Weise, wo, wann und wie lange, mit welchem Inhalt, mit wem, warum und mit welchen Hilfsmitteln man in den verschiedenen Bereichen tätig ist" (Voß 1991: 76). Alltägliche Lebensführung meint also etwas Ganzheitliches: Nicht die Tätigkeiten in den einzelnen Bereichen des alltäglichen Lebens stehen im Mittelpunkt des Konzepts, sondern die Art und Weise, wie diese Tätigkeiten miteinander verbunden werden.

Dieses Tätigkeitsarrangement ist demnach zum einen eine aktiv von der Person zu erbringende Leistung, die in Abarbeitung mit bestimmten Restriktionen und unter Rückgriff auf bestimmte Ressourcen ihr Muster erhält. So kann man Lebensführungsmuster ausmachen, in denen die einzelnen Tätigkeiten bspw. über Tradition verbunden werden: Man macht es so, wie es auch schon die Eltern gemacht haben. Desgleichen kann man auch – sozusagen als Gegenstück – sein Leben methodisch führen, indem die einzelnen Tätigkeiten nach ihrer Effektivität im Hinblick auf bestimmte Ziele angelegt werden. Lebensführung bekommt so eine bestimmte Form, der eine bestimmte Logik unterliegt. Zum andern nehmen wir an, daß solche Arrangements systemischen Charakter haben, also eine gewisse Selbstläufigkeit von einmal erzielten Arrangements besteht. „Es hat sich so ergeben", wie unsere Interviewpartner sagen, daß bspw. jemand sein Leben mit Hilfe strikter Planung organisiert, also die Abläufe in den verschiedenen Lebensbereichen vorher fixiert werden, eine berufliche Perspektive stringent verfolgt wird und im Privatleben ebenso streng geplant wird. Es ist dann aber nicht mehr so einfach, auf nicht planbare Zwischenfälle spontan zu reagieren. Lebensführung ist demnach als ein System zwischen Person und Umwelt zu betrachten. Sie dient der Person zum einen als Ressource, z.B. als Erleichterung der Bewältigung von Anforderungen durch Routinisierung, kann aber andererseits auch eine Restriktion darstellen; sie zählt dann mit zu den Bedingungen, an denen sich die Person abarbeiten muß. Eine einmal etablierte Lebensführung kann ja nicht so ohne weiteres außer Kraft gesetzt werden, selbst wenn die Person das möchte.

Wie haben solche Arrangements zu DDR-Zeiten nun ausgesehen und was geschieht im gesellschaftlichen Umbruch mit ihnen? Wird die ganze Lebensführung auf den Kopf gestellt oder ist es gerade umgekehrt: Kann die angenommene Selbstläufigkeit von Lebensführung vielleicht gerade in einem gesamtgesellschaftlichen Umbruchprozeß solchen Ausmaßes, wie er in Ostdeutschland vor sich geht, die Orientierung erleichtern, also Stabilität inmitten von Chaos ermöglichen? Und welche Auswirkungen hätte das dann?

2. Drei Beispiele

Sehen wir uns also an, wie Herr Tikovsky, Herr Belzow und Herr Pattermann ihr Leben führen.

Die drei sind Mitte bis Endedreißig, haben berufstätige Partnerinnen, Kinder im Alter zwischen 9 und 18 Jahren, und alle drei arbeiteten im selben Industriebetrieb; zum Zeitpunkt des ersten Interviews im Frühsommer 1991 waren Herr Tikovsky und Herr Belzow seit fünf Monaten in Null-Stunden-Kurzarbeit, Herr Pattermann hatte eine offizielle Arbeitszeit von 0,8 Stunden am Tag. Die Firma produzierte nicht mehr; die Treuhand suchte einen Käufer, und die Erfolgsaussichten wurden von Geschäftsführung, Betriebsrat und Belegschaft sehr schlecht eingeschätzt. Aber auch im Falle des Verkaufs würde der Betrieb nur einen Bruchteil der Belegschaft halten können. Die Arbeiter, die in diesem Falle übernommen werden sollten, wußten dies bereits. Herr Tikovsky, Herr Pattermann und Herr Belzow gehörten dieser Gruppe an.

Die Null-Stunden-Kurzarbeit zieht demnach eine paradoxe Situation nach sich: Obgleich praktisch arbeitslos, ist man dem Betrieb weiter formal zugehörig und dementsprechend Lohnempfänger. Trotz der pessimistischen Einschätzung der Zukunft des Betriebs wird die Illusion kontinuierlicher Beschäftigung institutionell gestützt: durch die Zusage, bei Produktionsaufnahme weiterarbeiten zu können und durch die entsprechende Nichtzulassung zu Umschulungsmaßnahmen seitens des Arbeitsamts; schließlich ist man ja nicht arbeitslos. Erst einmal abzuwarten, was passiert, wäre aufgrund der Logik der Situation ein durchaus rationales Verhalten.

Diese Situation stellt ein Moratorium dar zwischen einem 'Nicht mehr' und einem 'Noch nicht', und wenn es denn eine gewisse Selbstläufigkeit von Lebensführung gibt, müßte sie gerade in einer so konstruierten Situation sichtbar werden, in der vertraute Rahmenbedingungen verschwunden, aber noch nicht durch neue ersetzt worden sind.

Herr Tikovsky

Herr Tikovsky hat in seinem Betrieb in der Konstruktionsabteilung gearbeitet, wegen eines körperlichen Handicaps im Normalschichtbetrieb. Seine Frau, sein Vater und zwei seiner Geschwister arbeiteten ebenfalls in diesem Betrieb, das Haus, in dem Herr Tikovsky seit seiner Geburt wohnt, ist in der Nähe. Familie, Hausgemeinschaft, Verwandtschaft und Kollegen – der *„große, große Freundeskreis"* – bildeten einen weiten Raum für enge Kontakte. Man sah sich häufig, machte mit Freunden zusammen regelmäßig Urlaub am immer gleichen Ort, veranstaltete gesellige Abende auf dem Balkon und im Schrebergarten. Tikovskys gingen oft mal Essen und ins Kino. Herr Tikovsky spielte mit seinen Arbeitskollegen Skat und trank hin und wieder ein Bier mit ihnen in der Eckkneipe.

Frau Tikovsky hatte sich weiterqualifiziert und war daher beruflich stärker in Anspruch genommen als ihr Mann; Haus- und Familienarbeit teilte man sich auf oder machte sie gemeinsam, *„ohne ganz große strenge Planung"*, wie Herr Tikovsky sagt. Sonntag vormittag während des Fernsehens, erzählt er, *„hat eben meine Frau sich die Kartoffeln reingeholt und dabei schon geschält oder ich hab'n Rosenkohl geputzt, hat mein Kollege gesagt um Himmels Willen, auch oftmals die Frauen seltsamerweise, das könnt ich mit meiner Frau nie machen in der Stube"*.

In der Partei war Herr Tikovsky nur kurz: *"Das ging ganz schnell, daß wir aneinandergeraten sind. Ich konnte während der Parteiversammlung sagen, das ist Mist und das ist Mist. Aber dann stand genau's Gegenteil in der Zeitung und zu meinen Kollegen durft ich das gleich gar nicht sagen. Na und dann hab ich gesagt, ihr spinnt doch".* Das an ihn herangetragene Ansinnen, eine Parteikarriere einzuschlagen, erboste ihn: *"Da reden sie immer von der herrschenden Arbeiterklasse, und sobald sie einen halbwegs intelligenten Arbeiter entdecken, ziehen sie ihn raus und verblöden ihn. Und da hab ich gesagt, das mach ich nicht. Wir brauchen auch a paar linke Leute, die Arbeiter bleiben, basta".*

Herr Tikovsky hat sich immer ausgiebig für Politik interessiert und vor der Wende Kontakt zum Neuen Forum gehabt; dann war er jedoch bestürzt über die Begleitumstände der Vereinigung. *"Den Wahlkampf hätten Sie hier erleben müssen. Das war so häßlich und widerwärtig. Sobald du was gegen die deutsche Einheit gesagt hast, warst du gleich Stasispitzel oder ein rot-grünes Schwein, so böse sind die Menschen aufeinander gewesen. Dieselben, die vorher zum 1. Mai gegangen sind, wollten uns alle verprügeln, also gegen Einmischung der Westpolitiker hatten ma da a bissl protestiert. Wollten uns gleich die Fahne in den Mund stecken. Spruchbänder hab ich da gesehen, da konnten dir die Tränen kommen: Helmut – werd ich nie vergessen – nimm uns an der Hand und führe uns ins Wunderland. Lauter ernst erwachsene Menschen, die haben vor Rührseligkeit geheult, wie der Kohl da oben stand vor der Oper. So und jetzt, vor zwei Wochen, da stehen sie nu wieder und bläken Helmut weg. Und uns wollten sie verprügeln damals, bloß weil wir nicht gleich gejubelt haben".* Auch das neue Forum hat ihn enttäuscht; die, die er kannte, *"sind nämlich alle Steuerberater geworden".* Sein politisches Interesse haben diese Vorfälle jedoch nicht geschmälert; ausgiebig verfolgt er die politischen Entwicklungen. Zum Zeitpunkt des Interviews ging er regelmäßig zu den IG-Metall-Demos, die zu dieser Zeit in Leipzig stattfanden.

Vieles hat sich verändert im Leben von Herrn Tikovsky:

Herr Tikovsky ist seit fünf Monaten zu Hause, seine Frau hat einen neuen Arbeitsplatz. Er übernimmt jetzt die ganze Hausarbeit, aber *"selbst wenn ma viel zu tun hat, auch mit zwei Kindern, ist es nicht so, daß ma nu unbedingt von früh bis abend rundum beschäftigt is, is ne Sache der Einstellung oder Einteilung, was weiß ich".* Er hat deshalb Zeit, sich morgens erst mal mit Zeitungen einzudecken; manchmal fährt er auch in die Stadt, um sich in ein Café zu setzen, was er auch früher gern gemacht hat oder hört laut Rockmusik, was seine Frau stört, wenn sie zu Hause ist. Mittags gibt's meist ein Fertiggericht, eine Errungenschaft des Umbruchs, die er als Vorteil ansieht; manchmal kommen die Kinder zum Essen nach Hause, dann wird richtig gekocht. *"Wenn kaum noch was anfällt, dann schlaf ich ein Stündchen, oder lese, das ist gut, ich komm mal wieder richtig zum Lesen, gucke mir um 13 Uhr die Tagesschau an, dann, wenn schönes Wetter is, geh ich in den Garten. Und dann ist es eigentlich a bissl, das ist eigentlich die langweiligste Zeit, nachmittags, wenn schlechtes Wetter ist. Das hören manche Frauen vielleicht nicht gern, aber Hausfrau sein, das ist ein langweiliges Leben".*

Die Kontakte zu seinen Kollegen vermißt er: *„Aber das geht fast allen so, daß denen das fehlt, unsere Blödelei immer. Das war eigentlich, was sie sich immer gewünscht haben unsere Politiker, das war bei uns fast so. Auf Arbeit waren wir doch immer ein gutes Kollektiv, das fehlt. Das fehlt schon. Also mir persönlich, fehlt's sehr. Meine Frau sagt immer, mittwochs hab ich die beste Laune, da ist nämlich immer Betriebsversammlung".* Anschließend an diese Betriebsversammlung geht er dann mit einigen Kollegen in die Eckkneipe, wo er früher immer jemanden getroffen hat, was jetzt nicht mehr der Fall ist. *„Man muß das dann organisieren"*, sagt er, während man früher nach der Arbeit sich einfach noch kurz dort zusammensetzte. So wartet Herr Tikovsky sehnsüchtig darauf, daß seine Frau abends nach Hause kommt, um sich mit ihr zu unterhalten. *„Passiert ja zur Zeit jeden Tag was, worüber man sich unterhalten muß. Ich erzähl meiner Frau, wieviele wieder auf der Demo waren und was der Politiker gesagt hat, und sie erzählt mir, was im Betrieb wieder war".* Nur – seine Frau ist müde von der Arbeit und geht in der Regel lange vor Herrn Tikovsky schlafen.

Obgleich er sich als Optimisten bezeichnet – (*„Blieb mir gar nischt anderes übrig. Als Behinderter mußt du optimistischer sein als andere")* –, macht ihm die allgemeine Unsicherheit natürlich zu schaffen: Wie es mit dem Betrieb weitergeht, weiß er nicht; seine Frau ist noch in der Probezeit; die Besitzer des Hauses, in dem er wohnt, haben sich gemeldet. Daneben hat sich auch noch das Schulsystem geändert, Entscheidungen über die Zukunft der Kinder stehen an.

Und was nimmt sich Herr Tikovsky explizit vor? Er will seinen Lebensrhythmus beibehalten und glaubt, daß ihm dies auch gelingen kann. *„Nun wird alles ein bißchen anders. Aber ich glaube, sehr wesentlich anders auch nicht. Also mal jetzt von den finanziellen Sachen abgesehen, die da auf uns einstürzen, aber vom Lebensrhythmus her ham ma uns vorgenommen, man weiß es nicht, also nicht groß zu ändern".*

Dieser Lebensrhythmus ist gekennzeichnet durch die Bedeutung sozialer Beziehungen im Leben des Herrn Tikovsky. So war ihm der Inhalt seiner Arbeit nicht so wichtig. Wichtig war die Atmosphäre im Kollektiv. Im Betrieb *„hast du einen ganzen Tag gebraucht, um dich von allen zu verabschieden"* – damals, als die Produktion eingestellt wurde. Als seine Frau kürzlich auf einer mehrwöchigen Fortbildungsveranstaltung war, *„hat uns das ganz schön aus'm Rhythmus gebracht. Wenn du da so reingewachsen bist und dann einen längeren Zeitraum getrennt, also das ist uns allen dreien* (ihm und den beiden Kindern, M.W.) *sehr schwer gefallen".* Die Familie, die Hausgemeinschaft, die Gartenfreunde, die Kollegen, sein *„großer großer Freundeskreis"* sind das ganze Interview über gegenwärtig, und gleichzeitig die Orte dieser Beziehungen: Wohnung, Garten, Eckkneipe und Betrieb. Sie werden ihren Funktionen noch gerecht, wenn auch zum Teil mit erheblichen Einschränkungen. Herr Tikovsky pflegt seine sozialen Beziehungen, so gut es geht, und sein gesellschaftspolitisches Interesse bekommt durch die sozialen Beziehungen seinen Sinn und seine Dynamik: Er diskutiert leidenschaftlich gern im Bekanntenkreis über Politik und kann aufgrund seiner guten Informiertheit auch Verhaltensratschläge geben und *„so die andern ein bißchen aufbauen"*.

Herrn Tikovskys Vorstellungen vom guten Leben haben sich durch die Wende nicht geändert: *„Eigentlich will ich viel mit Freunden zusammensein, relativ gut leben, am Essen und Trinken nicht sparen, und wenn man sich's leisten kann, auch mal wegfahren. Eigentlich braucht ma ja fast nicht mehr, meiner Meinung nach. Wenn ma noch Erfüllung im Beruf hat, das fehlt mir natürlich. Ich bin eigentlich zum Leben da, deswegen sag ich, die Mentalität der Franzosen gefällt mir oder die der Ungarn. Höchstens ein Bruchteil vom Verdienst in die Wohnung stecken, s'restliche Geld verleben. Ich möchte einfach schön leben"*.

Herr Belzow

Die alltägliche Lebensführung seines Kollegen Belzow nun sieht ganz anders aus. Auch er hat eine berufstätige Partnerin und ein Kind, und auch er ist seit fünf Monaten in Null-Stunden-Kurzarbeit. Die ganzen Monate über ist Herr Belzow allerdings beschäftigt gewesen, *„voll beschäftigt"*, wie er sagt, *„ich hab immer zu tun"*. Er hat in seiner Wohnung und bei Bekannten gehandwerkert, Gegenstände aller Art repariert, in seinem Schrebergarten die Laube renoviert und zusammen mit den anderen Schrebergartenbesitzern einen Wasseranschluß gelegt, den Zaun gestrichen usw. *„In so nem Garten ist immer was zu tun. Auch wenn ma mal fertig ist"*. An seinem Tagesablauf habe sich, sagt er, *„eigentlich nichts geändert. Wenn ich jetzt was mache, was baue, da fang ich früh an. Ist noch genauso jetzt wie früher der Ablauf. Ich komm nach Hause, das Auto ist kaputt, und dann muß das gemacht werden"*.

Die alltägliche Lebensführung von Herrn Belzow ist durch die handwerkliche Tätigkeit bestimmt. *„Ich sitz nu nicht da und tu Zeitung lesen. Wenn ich was gemacht habe, will ich ein Objekt sehn. Und das muß sich drehn oder laufen"*. Zeitung lesen, für Herrn Tikovsky stundenfüllend und spannend, ist für Herrn Belzow unproduktive Faulenzerei. Was Produktives muß es sein, und diese Orientierung bestimmt auch seine sozialen Beziehungen. Seine Gartengemeinschaft ist eine Arbeitsgemeinschaft: *„Wir verstehn uns bombig, weil wir alle zusammen gebaut ham"*. Der Hauptgrund seiner Verbitterung gegenüber seinem Betrieb ist denn auch der, daß die wenigen, die da noch arbeiten, alles die guten Freunde seines Meisters seien, die noch nie was gearbeitet hätten, dafür aber in der Partei gewesen wären. Gute Facharbeiter wären nirgends gefragt, hat er bei seinen Bewerbungen erfahren, man suche ungelernte Leute fürs Band, was Herrn Belzow fassungslos macht.

Freizeit und Familienleben sind streng getrennt von seiner Handwerkerei, Familienleben bedeutet in erster Linie Freizeit, die hedonistisch genossen und mit einem Übergangsritual eingeleitet wird: Herr Belzow trinkt *„ein Bierchen"*. Daß bei Belzows beim Fernsehen gemeinsam Gemüse geputzt wird, ist schwer vorstellbar, zumal Herr Belzow im Haushalt lediglich die *„schweren und die technischen Sachen"* macht, *„die man von einer Frau nicht machen lassen kann"* – also wieder die handwerklichen Sachen.

Die produktive handwerkliche Tätigkeit war Herrn Belzow schon immer wichtig. Nach seiner Lehre wollte er an der Ural-Trasse mitbauen, wovon ihn allerdings seine Partnerin abgehalten hat. Er hat dann in seinem Betrieb in einer Leistungsbrigade gearbeitet, in der eine Anlage in einer bestimmten Zeit gefertigt werden mußte. War man schneller, bekam man Zulage. *„Da war jeder bestrebt, gut zu wirtschaften, gut zu arbeiten"*, sagt Herr Belzow, und *„deshalb ham wir uns alle gut verstanden"*. Die Handwerkerei für Freunde und Bekannte hat es für das handwerkliche Allroundtalent auch schon immer gegeben. Die Gegenleistung bestand und besteht in der Mithilfe bei seinen eigenen Projekten oder zumindest in Herrn Belzows Vertrauen darauf, also *„wenn ich weiß, der hilft mir, wenn ich ihn brauche"* – für Herrn Belzow das Kennzeichen einer guten Beziehung.

Wichtig für die Zukunft nun ist Herrn Belzow vor allem eines: handwerklich tätig sein, am liebsten in der Metallbranche. Dafür würde er auch seine familialen Beziehungen hintanstellen; er stellt sich darauf ein, in die alten Bundesländer pendeln zu müssen, weil es in Leipzig nichts für ihn gibt.

Herr Pattermann

Nun zu Herrn Pattermann. Er gehört einem Typus an, der in der Transformationsforschung als 'Existenzgründer' gehandelt und ausgiebig beforscht wird; das überdimensionale Forschungsinteresse an dieser Personengruppe liegt zweifelsohne daran, daß sie als Transmissionsriemen des wirtschaftlichen Aufschwungs gesehen wird. Herr Pattermann also, auch Ende dreißig, Partnerin und Kinder, geht fast täglich – obgleich er eine Arbeitszeit von 0,8 Stunden am Tag hat – freiwillig den halben Tag in seine alte Firma, besetzt das Telefon und schreibt Angebote aus. *„Wenn ich überhaupt ne Überlebenschance für den Betrieb seh, dann auf jeden Fall nur dann, wenn wir auch da sind"*. Wenn Herr Pattermann mittags nach Hause kommt, geht es freilich erst richtig los: *„Umziehn, in Anzug reinschmeißen, Finanzberatung"*. Herr Pattermann macht bei einer Finanzberatungsgesellschaft eine betriebsinterne Ausbildung, die jetzt kurz vor dem Ende steht. Er hat bereits einen festen Kundenstamm zu betreuen und wirbt weiter an. Darüber hinaus hat er mit einem Partner ein Gewerbe im Bereich der Industrievertretung angemeldet. Er hat den städtischen Bereich übernommen, wo am meisten investiert wird und hat daher auch das meiste zu tun: Er betreut Kunden, schreibt Angebote aus und handelt sich immer mehr Arbeit ein. Da es um Großprojekte geht, von denen bisher noch keines realisiert wurde, hat Herr Pattermann auch noch nichts dabei verdient. Wenn er mal einen freien Abend hat – was selten ist, weil die Kundenbetreuungen ja auch abends stattfinden –, was macht er dann? *„Dann setz ich mich nu endlich hin und mache für mein Studium was und schreibe meine Arbeit"* – seit fünf Jahren studiert Herr Pattermann nämlich auch noch ein ingenieurwissenschaftliches Fach; er könnte seine Abschlußarbeit, wie er sagt, besser machen, wenn er mehr Zeit hätte. Die Hausarbeit macht seine Frau alleine. Sie hat in ihrem Betrieb gekündigt, um eine Weiterbildung machen zu können, und ist damit halbtags beschäftigt. Darüber hinaus hilft sie ihrem Mann beim Tippen seiner Angebote. Herrn Pattermann ist es schon klar, daß seine Frau zuviel Arbeit im Haushalt hat; seine Lösung des Problems sieht so aus: *„Wenn ich's Zepter in der Hand habe"* – das war kürzlich so, als seine Frau auf Kur war – *„werden die Kinder eingespannt. Wir hatten eine Männerwirtschaft, das florierte. Also es ging nur dadurch, daß ich die Arbeit verteilt habe"*. Delegieren würde er auch sonst recht gern, ist aber dabei noch nicht weit gekommen: Er will eine Mitarbeiterin für seine Finanzberatung suchen, will seinen Firmenpartner mehr einspannen und *„würde gern einen anderen in's Lager schicken, der so dumm ist wie ich und weiter in den Betrieb geht"*. Das tut aber keiner.

Fürs Familienleben bleibt ihm keine Zeit mehr; er lobt seine Frau dafür, daß *„sie mir meine Ruhe läßt"* und ihm nur manchmal Familientermine setze. Streit wäre nicht gut, schließlich könne er ja nicht *„mit so nem Gesicht"* zu seinen Kunden kommen.

Herr Pattermann hat zum *„Ziel seit eh und je",* sein *„eigener Herr zu sein"*. So hat er seine berufliche Laufbahn schon zu DDR-Zeiten selbst in die Hand genommen. Er arbeitete sich mühevoll in eine neue Tätigkeit in seiner Firma ein, für die er die Qualifikation gar nicht hatte, um nicht Schichtarbeit machen zu müssen, *„weil die Maschine den Ton angibt"*; er ging lieber auf Montage, *„da haben wir oft 10, 12 Stunden gearbeitet, also ich bin noch nie irgendwann um 16 Uhr nach Hause gekommen, habe mich dann hingesetzt und habe gewartet, was der Tag mit mir macht"*. Schließlich betrieb er den Umzug vom Dorf in die Stadt, um sein Studium durchführen zu können, womit er dann über fünf Jahre hinweg die Abende verbringt. Dafür wechselte er im Betrieb nochmals den Bereich und war zuletzt in der Abteilung für Ersatzteillieferung beschäftigt, einer Tätigkeit, die ihn frustrierte. *„Unsere Sachen kannte ich ja, ich wußte nur nicht, daß wir nichts hatten"*. Er versucht, im Kleinen umzuorganisieren, die Lagerhaltung abzubauen, hat damit aber nur wenig Erfolg. Hier mag der Grund zu suchen sein, warum er weiter in seinen alten Betrieb geht, kann er doch jetzt schalten und walten, wie er es für richtig hält. Seine Phantasien beschäftigen sich damit, wie es wäre, würde er den nötigen Kredit erhalten und den ganzen Betrieb übernehmen können. In der Partei war Herr Pattermann nicht. *„Damit die mir auch noch erzählen, wie ich mich zu verhalten habe, um Gottes Willen ne. Das wär's letzte gewesen"*. Er sei, wie er sagt, *„zu Hause schon so erzogen worden, daß wir in keine Partei gehen. Wir haben ne Christenlehre besucht, das war unter Ulbricht ein halbes Verbrechen"*. Und er sei *„immer wieder angeeckt, wenn ich gegängelt worden bin"*.

Jetzt endlich kann Herr Pattermann machen, was er sein Leben lang versucht hat: sein Leben in die Hand nehmen. Es sieht so aus, als habe er alle Optionen wahrgenommen, die ihm das neue System bot, um selbständig arbeiten zu können. Sein Organisationstalent kommt ihm dabei zupaß und macht auch vor der – aus seiner Sicht – optimalen Organisation des Familienlebens nicht halt. Nur ist er jetzt an der Grenze seines Arbeitsvermögens angelangt, was er auch weiß: *„Ich muß mich irgendwann mal finden, muß also sagen, Schluß, irgendwas muß ich sein lassen"*. Nur – er kann sich nicht entscheiden. Das bisher ungekannte Ausmaß der Optionen, sein Unternehmungsdrang – er bezeichnet sich selbst als *„richtigen Unruheverbreiter"* – und wohl auch die bisher nicht vorhandene Existenzangst lassen ihn in alle erdenklichen Richtungen laufen.

Ein Leben im Moratorium

Die Art und Weise nun, wie unsere drei Interviewpartner ihr Leben in diesem Moratorium führen, ist trotz ähnlicher Rahmenbedingungen offensichtlich recht unterschiedlich. Sie hat sich allerdings auch schon zu DDR-Zeiten voneinander unterschieden. Was bisher gleich geblieben ist, ist die Logik der Lebensführung, aufgrund derer Handlungsmuster etabliert werden, die nicht so einfach durch den Transformationsprozeß außer Kraft gesetzt werden. So hat sich auch aus der Sicht unserer Interviewpartner überraschenderweise an ihrem Alltag soviel nicht geändert. Herrn Tikovskys *„Lebensrhythmus"* ist noch derselbe, Herr Belzow sagt, daß sich in seinem Tagesablauf eigentlich gar nichts geändert hätte, und Herr Pattermann geht ohnehin weiter in den Betrieb und verbringt die verbleibende Zeit, wie immer schon, mit zusätzlicher Arbeit, die allerdings viel mehr geworden ist.

Diese Strukturen der Lebensführung bilden Ressourcen, mithilfe derer sich die Person mit den neuen Gegebenheiten auseinandersetzen kann. Man kann sie sich vielleicht als die Verstrebungen eines Gerüstes vorstellen, anhand dessen sich die Einzelnen an dem neu entstehenden Gesellschaftsgebäude festhalten können, um nicht selbst zusammenzubrechen; sie tragen so dazu bei, Stabilität im alltäglichen Handeln zu gewährleisten.

Unsere drei Interviewpartner haben allerdings ganz unterschiedliche Gerüste zur Verfügung:

Herr Tikovsky, dessen entspannter Lebensrhythmus von Familie, Freundeskreis und vertrauten Räumlichkeiten abhängig ist, wartet ab mit der Hoffnung, daß sich das Vertraute erhalten oder wiederherstellen wird und ist aufgrund seiner Interessen und seines Netzwerkes imstande, die viele Zeit, die er nun hat, zumindest einigermaßen zu genießen. Herr Belzow, der in seiner handwerklichen Tätigkeit aufgeht, bemüht sich, wieder eine ebensolche zu finden – er stellt sich aufs Pendeln ein, ist aber in der Lage, die Zeit, in der er Kurzarbeitergeld bekommt, mit Handwerkern für sich sinnvoll auszufüllen. Herr Pattermann hingegen, der *„Unruheverbreiter",* ist in seinem Unternehmungsdrang nicht zu bremsen, da er meint, nun endlich sein eigener Herr sein zu können, und das heißt: selbständig arbeiten.

Welche Auswirkungen aber haben die etablierten Lebensführungsmuster für die Person, wenn das Moratorium abgelaufen ist? Passen sie zu dem, was zwischen dem ersten und zweiten Interview passiert ist, nämlich die sich über mehrere Etappen hinziehende endgültige Betriebsschließung? Muß sich die Lebensführung jetzt ändern?

Schließlich müssen die drei nun Äquivalente für ihren Betrieb finden, zuallererst als Existenzsicherung, aber auch für die anderen Funktionen, die der Betrieb hatte: Stellte er für Herrn Tikovsky eine wichtige Grundlage seiner sozialen Beziehungen dar, ermöglichte er Herrn Belzow die Ausübung und Anerkennung seines speziellen Könnens. Herr Pattermann hatte eine Position erreicht, in der er zumindest ansatzweise selbständig arbeiten konnte und die ihm die Durchführung seines Studiums garantierte. So gesehen war die Arbeit im Betrieb auch ein Mittel zur Realisation seiner Weiterbildung. Wie geht es jetzt weiter?

Nach einem Jahr ...

Ein Jahr später war folgendes passiert:

Herr Pattermann hat, gleich nachdem er von seiner bevorstehenden Kündigung erfahren hatte, eine neue Stelle bei einem Kundendienst gefunden und ist dabei in ganz Sachsen unterwegs. Seine Finanzberatungstätigkeit hat er etwas zurückgeschraubt, was heißt, daß er keine neuen Kunden mehr annimmt, die alten aber weiterbetreut. Sein Studium hat er abgeschlossen, und sein Herzblut hängt an seiner eigenen Firma, die *„meine Zukunft werden"* soll. *„Dort muß ich hin und da will ich hin",* beschreibt er den Unterschied zwischen dem Kundendienst und der eigenen Firma. Sein Entscheidungsproblem kann er, wie er denkt, kognitiv lösen. Er definiert, was wichtiger ist, und benutzt daher die Tatsache, daß er seine Arbeitswege und seine Arbeitszeit variieren kann, zur Betreuung der Kunden seiner eigenen Firma – wie wir das ja schon von ihm kennen: Er setzt die Restriktion, ein regelmäßiges Einkommen über eine ungeliebte Erwerbsarbeit erzielen zu müssen, als Mittel zur Erreichung seines eigentlichen beruflichen Ziels ein, von dem alleine er und seine Familie noch nicht leben können. Auch seine Familie wird instrumentalisiert: Sie arbeitet *„als Hinterland"* eifrig an der Computerisierung von Herrn Pattermanns Unternehmen, und *„man sieht sich wenig"*.

Etwas anderes als den Weg in die eigene Firma wird es für Herrn Pattermann *„nicht geben. Ich brauch irgendwo meine eigene Strecke"*. Der Preis allerdings ist hoch: Es ist *„immer ein Nicht-fertig-werden"*. Auf die Frage, wann er sich am wohlsten fühle, bringt er die Logik seiner Lebensführung selbst auf den Punkt: *„Wenn ich mal abschalten kann und dann feststelle, daß ich doch nicht abschalten kann. Dann weiß ich, daß ich wieder weitermachen muß"*.

Herr Belzow lehnte eine ABM-Stelle – zum Aufräumen des Betriebes – ab und arbeitet in den alten Bundesländern. Er macht die Innenausstattung einer Supermarktkette und ist alle paar Wochen in einer anderen Stadt. Er hat innerhalb dieser Tätigkeit den Arbeitgeber gewechselt und ist sehr stolz darauf, abgeworben worden zu sein. *„Der sagt, gute Leute brauch ich. Und ich kann ja jetzt meine Arbeitskraft verkaufen. Früher haben sie gesagt, du kriegst den und den Stundenlohn. Mehr biste nicht wert. Und heutzutage kann ich was fordern, ich kann sagen, ich mach die Arbeit für das und das Gehalt. Und ich werde dann auch so akzeptiert, daß ich was bin"*. Die Arbeit gefällt ihm, zumal es auch die Belzowsche Arbeitsbrigade wieder gibt: *„Die sind alle aus'm Osten hier. Die sind froh, daß sie Arbeit ham. Wir verstehn uns blendend"*.

Die Anerkennung der Fähigkeiten durch andere, die er selbst am meisten an sich schätzt, stärkt sein Selbstbewußtsein; und *„das Geld, das ich erarbeite, mit dem kann ich was anstellen"*. Es wird auch reichlich ausgegeben. War früher die Freizeit der Lohn nach getaner Arbeit, ist es jetzt der Konsum. Man hat zwei Autos, eine neue Wohnungseinrichtung, war in Spanien und plant jetzt eine Tunesienreise. Nur – Herr Belzow kommt am Wochenende, nach langer Fahrt, nur kurz nach Hause, und manchmal muß die Heimfahrt auch ausfallen. Für ihn stellt sich das eingeschränkte Familienleben indes nur in der Hinsicht als problematisch dar, *„weil da nischt mehr viel gemacht wird. Malern und so"*.

Und Herr Tikovsky? Im Sommer nach unserem Interview gab es Motivations- und Computerlehrgänge im Rahmen der Null-Stunden-Kurzarbeit, für deren Verlängerung im Rahmen einer Beschäftigungsgesellschaft er sich auch engagierte. Die Lehrgänge machten ihm Spaß, besonders das Psychologische, und er war wieder unter seinen Kollegen. In den letzten Monaten gab es keine Lehrgänge mehr, und Herr Tikovsky ist kurz vor dem zweiten Interviewtermin auch offiziell arbeitslos geworden. Er lebt mit großer Empathie die Probleme seiner Frau und seiner Freunde am Arbeitsplatz durch, die in erster Linie gekennzeichnet sind durch einen hohen psychischen Druck, den Arbeitsplatz zu verlieren. Mit seiner eigenen Arbeitssuche geht es nicht voran. Einige Möglichkeiten scheiterten an seiner Behinderung, der Einstieg in eine Umschulung im sozialen Bereich an seiner geringen formalen Bildung, und Herr Tikovsky räumt darüber hinaus seinen eigenen Vorbehalten großen Raum ein: Er meint zu merken, wenn Mitbewerber intrigieren und gibt dann gleich auf, er lehnt kirchliche Organisationen als Arbeitgeber ab, weil er nicht dahinter steht und versucht insgesamt, seine Situation zu relativieren: *„Ja was nützt mir denn eine Arbeit, wenn wir wieder ein rechter Staat werden und uns nicht um die dritte Welt kümmern. Mir geht's ja noch gut. Das ist für mich wichtig, wieder Arbeit zu kriegen, ohne Zweifel. Aber es gibt wirklich viel wichtigere Sachen"*.

Die wichtigen Sachen in Herrn Tikovskys Alltag jedenfalls gibt es noch: Den Freundeskreis, das gute Leben, worunter Herr Tikovsky im Café sitzen, ein Bier trinken und Billard spielen versteht und auf was er um keinen Preis verzichten würde, die politischen Diskussionen, die IG-Metall mit ihren Aktionen, wo er sich weiter engagiert. Er ist nicht zufrieden mit seiner Situation, aber noch immer in der Lage, der vielen freien Zeit auch etwas abzugewinnen.

3. Schlußbemerkungen

Die Fortsetzungsgeschichte zeigt, daß – wie das die Stabilitätsthese vermuten läßt – die Logik der Lebensführung auch nach dem Ende des Moratoriums beibehalten wird, das Integrationsprinzip also dasselbe bleibt. Herr Tikovsky praktiziert das aushandlungs- und diskursgeleitete Agieren in seinem sozialen Netzwerk und überträgt es auch auf die Arbeitssuche, Herr Belzow hat sein handwerkliches Talent beruflich umsetzen können, und Herr Pattermann arbeitet weiter daran, sein *„eigener Herr"* zu werden. Nur läuft die etablierte Lebensführung jetzt innerhalb eines ganz anderen gesellschaftlichen Rahmens ab, und ich möchte abschließend zwei Implikationen diskutieren, die die Persistenz der Lebensführungslogik im neuen Institutionengefüge hat.

Erstens: Die etablierte Lebensführung kann unter den neuen Bedingungen nicht mehr leisten, was Lebensführung leisten muß, nämlich das Arrangement der einzelnen Tätigkeiten einer Person in den verschiedenen Sphären des Alltags. Sie verändert ihre Form.

Herr Pattermann und Herr Belzow gehen fast ausschließlich ihrer Erwerbsarbeit nach, andere Lebensbereiche kommen kaum mehr vor. Herrn Pattermanns Familie ist zum Familienbetrieb mutiert, und er hat noch sein einziges Hobby, das Briefmarkensammeln, an seine Sekretärin delegiert. Herr Belzow sieht seine Familie kaum noch, hat keine Zeit mehr zum heimischen Handwerkern und ersetzt die Freizeit durch die Anschaffung teurer Konsumartikel. Die

Form der Lebensführung unterliegt der Logik der Erwerbsarbeit, die anderen Sphären des Alltags bleiben auf der Strecke. Genauer gesagt werden sie von den Partnerinnen mitübernommen, ohne die die beiden ihr Leben anders organisieren müßten. Herr Tikovsky hat den Arbeitsplatz verloren; er findet sich in der Rolle des Hausmanns wieder und teilt damit das Schicksal vieler ostdeutscher Frauen, für die das neue System plötzlich eine Alternativrolle bereit hält, die es vorher nicht gab. Er ist draußen aus dem Erwerbsleben. Den Beruf, den Betrieb, das Kollektiv gibt es nicht mehr.

In der Organisationsgesellschaft DDR lagen die einzelnen Lebensbereiche näher beieinander, übrigens auch räumlich: Alle von uns befragten Arbeiter wohnten in der Nähe ihres Betriebes. Die Lebensführungsarbeit, die ja in der Integration dieser Bereiche liegt, wurde vor allem dadurch erleichtert, daß, folgt man Detlef Pollack, die gesamte Gesellschaft als eine Organisation eingerichtet war. Gingen die persönlichen Ansprüche in den gegebenen Lebensführungsmöglichkeiten auf – das allerdings ist Voraussetzung – war (zumindest für Männer) die Vereinbarkeit von Beruf, Familie und Freizeit wenig problematisch, da die Eigenlogik der Bereiche stark gebremst war.

Nun findet reduzierter Alltag statt, die 'kapitalistische Verwertungslogik' hat zugeschlagen. Herr Pattermann beschreibt, was passiert ist: *„Es ham sich hier zwei Sorten von Menschen herausgebildet, die een, die Arbeit ham, die ham enorm viel zu tun, die ham für andere keene Zeit mehr und andere, die nicht mehr gebraucht werden, die keener mehr haben will, die haben zu viel Zeit. Aber kein Geld. Und das ganze System richtet sich reinweg nur nach den Finanzen. Der Kapitalismus is ne glashärte Sache. Man baut auf Geld auf, man richtet nach Geld, ich bin fast soweit zu sagen, man hat seine Freunde nach'm Geld. Wir kannten's anders".*

Zweitens: Unsere Interviewpartner befinden sich auf einmal in ganz unterschiedlichen sozialen Lagen.

Herr Tikovsky, der zu denen zählt, die Zeit haben, aber keinen Arbeitsplatz, hat – durchaus rational – nicht in die Bereiche investiert, die jetzt zählen. Er hat sich nicht weiterqualifiziert, weil die 8. Klasse ausgereicht hatte, einen Arbeitsplatz zu bekommen, und weil seine Lebensführung eine andere war als die von Herrn Pattermann und Herrn Belzow: Für seine Ziele brauchte er soziales Kapital, das es ihm ermöglichte, die Beziehungen zu erhalten, die ihm wichtig sind. Dieses soziale Kapital allerdings ist unter den neuen Verhältnissen nicht mehr kompatibel. Er bekommt damit keinen Arbeitsplatz; nun plötzlich zählt formale Bildung, und eine körperliche Behinderung wird zum unüberwindlichen Hindernis in der Metallbranche. In der DDR war beides in dieser Hinsicht überhaupt kein Problem. Im Gegenzug erweist sich Herrn Tikovskys soziales Kapital zuweilen als Handicap: Er versetzt sich in die Lage potentieller Mitbewerber und schreckt vor der Konkurrenz zurück. Und mit räumlicher

Mobilität kann er gar nichts anfangen. Der örtliche Dreh- und Angelpunkt seiner Lebensführung steht nicht zur Disposition: *„Wenn ich von hier weggehen würde, dann müßte etwas, was ich mir nicht vorstellen kann, passieren"*, sagt er. Was Herr Tikovsky tut, ist mit seiner Lebensführung kompatibel, nicht aber mit der Logik des neuen Systems.

Herr Pattermann hingegen hatte zu DDR-Zeiten eine einzige Schiene zur Verfügung, auf der er sein Leben vorantreiben konnte, nämlich die Weiterbildung. Die Konzentration darauf zog zwar den Wohnungswechsel und den Abteilungswechsel im Betrieb nach sich, hatte aber kaum Einfluß auf seine soziale Position im Gesellschaftsgefüge. Zuvor waren seine beruflichen Unterfangen kanalisiert worden, jetzt muß er sie in einem ersten Schritt selbst kanalisieren, was er nicht gelernt hat. Dies hat zur Folge, daß er *„eigentlich viel zu viel macht"*, wie er selber sagt. Allerdings hat er sich dadurch mehrere berufliche Standbeine und eine vergleichsweise gute Position auf dem Arbeitsmarkt verschafft.

Auch Herr Belzow hat einen beruflichen Aufstieg hinter sich: Bemüht, in erster Linie seine handwerkliche Tätigkeit fortzuführen, nimmt er das Pendeln und die langen Abwesenheiten von zu Hause in Kauf; seine eigene Wertschätzung produktiver Arbeit erfährt plötzlich gesellschaftliche Wertschätzung in Form von Geld, *„mit dem ich mir was kaufen kann"*.

Gerade der Umstand, daß die Logik der Lebensführung gleichgeblieben ist, hat die sozialen Positionen unserer drei Interviewpartner im Vergleich zueinander verändert. Sie alle drei hatten, wie wir gesehen haben, unterschiedliche Lebensführungsmuster etabliert, die allerdings innerhalb des DDR-Systems keinerlei Statusunterschiede nach sich zogen. Für die Position im Gesellschaftsgefüge waren sie nicht wichtig. Jetzt ist die Situation völlig anders geworden: Die etablierten Lebensführungsmuster werden zu Ressourcen oder zu Restriktionen für die Partizipation am Arbeitsmarkt und leiten damit ganz neue soziale Ungleichheiten ein.

Herr Pattermann und Herr Belzow sind übrigens in dieser Hinsicht keineswegs ganz eindeutig auf der Gewinner-, Herr Tikovsky auf der Verliererseite. Die Ressourcen der beiden Erwerbstätigen können sich auch als Restriktionen erweisen: Herr Pattermann überfordert sich, kann nicht mehr abschalten und in keiner Weise sicher sein, daß er nicht in eine Sackgasse läuft. Herr Belzow ist bereits in einer Krise. Er ist auf seiner Arbeitsstelle aufgrund eines Mißverständnisses des Diebstahls bezichtigt worden, es droht ein Hausverbot in der Supermarktkette, für die er ausschließlich arbeitet, und er setzt voll in das Vertrauen seines Chefs, der *„ja gute Leute braucht"*, wie Herr Belzow sagt. Er vertraut weiter auf seine handwerklichen Fähigkeiten und darauf, daß aus gutem Zusammenarbeiten Vertrauensbeziehungen entstehen und denkt, damit jedes Problem lösen zu können. Und schließlich bietet Herrn Tikovskys Lebensführung auch eine wichtige Ressource: Er hält seine Sozialkontakte aufrecht, lernt über sein politisches Engagement und durch seine Kontaktfreudigkeit neue Leute kennen und verfügt damit über ein Netz von sozialen Beziehungen, das die beiden anderen nicht mehr haben. In seiner spezifischen Situation ist es nicht ausgeschlossen, daß dieses Netzwerk eine Ressource für den Wiedereinstieg in die Erwerbsarbeit darstellt, auch wenn Herr Tikovsky seine sozialen Beziehungen ausdrücklich nicht instrumentalisiert.

Herr Tikovsky, Herr Belzow und Herr Pattermann machen, wie wir sahen, ihre eigene Geschichte, und sie machen sie nicht unter selbstgewählten Verhältnissen. Das galt für ihr Leben in der DDR, und das gilt für ihr Leben jetzt.

Innerhalb des Institutionensystems der DDR hatten sie versucht, sich so einzurichten, wie es ihren persönlichen Präferenzen noch am ehesten entsprach. Sie nutzten die gegebenen Ressourcen und stellten sich auf die Restriktionen ein. Ergebnis waren kulturspezifische Lebensführungsmuster, die allein durch die Organisation der Gesellschaft der DDR nicht zu erklären sind: Der „Eigensinn" der Lebensführung bestimmt sich durch das Zusammenspiel von individuellen Präferenzen und institutionalisierten Angeboten und Zwängen.

Mit der soziopolitischen Wende wurden neue Regeln eingeführt – man steht vor der Aufgabe, das Leben unter diesen neuen Bedingungen 'auf die Reihe zu kriegen'. Man muß sich neu einrichten; das bedeutet eine Menge Arbeit und eine Menge Kosten. Der etablierte Eigensinn der jeweiligen Lebensführungsmuster allerdings wird dabei keinesfalls ohne weiteres außer Kraft gesetzt.

Dornröschen hat das Schloß gewechselt. Der Prinz mag sie zwar geküßt haben, aber Dornröschens Lebensführung werden er und sein neuer Hofstaat genauso wenig festlegen können, wie das vorher der Feenzauber vermochte. Dornröschen wird weiterhin versuchen, sich so einzurichten, wie es ihren Präferenzen und Gewohnheiten am ehesten entspricht. Vielleicht gelingt ihr das gut, vielleicht wird es auch sehr schwierig – und vielleicht muß sich auch die Organisation des Hofstaates verändern.

Literatur

Dietzsch, I./Hofmann, M. (1993): Einfach so weiter leben ... oder? Ostdeutsche Lebensführung zwischen Stabilität und Wandel. In: Mitteilungen 6 des SFB 333, S. 48-53
Dietzsch, I./Hofmann, M. (1995): Zwischen Lähmung und Karriere. Alltägliche Lebensführung bei Industriearbeitern und Berufsumsteigern in Ostdeutschland. In: Lutz, B./Schröder, H. (Hg.): Entwicklungsperspektiven von Arbeit im Transformationsprozeß. München/Mering

Geißler, R. (1992): Die Sozialstruktur Deutschlands. Ein Studienbuch zur Entwicklung im geteilten und vereinigten Deutschland. Opladen

Hradil, S. (1992): Die „objektive" und die „subjektive" Modernisierung. Der Wandel der westdeutschen Sozialstruktur und die Wiedervereinigung. In: Aus Politik und Zeitgeschichte, B 29-30, 10.7.92, S. 3-14

Kudera, W. (1994): Wie Geschichte in den Alltag eindringt. In: Berliner Journal für Soziologie, Heft 1 (Abdruck in diesem Band)

Pollack, D. (1990): Das Ende der Organisationsgesellschaft. Systemtheoretische Überlegungen zum gesellschaftlichen Umbruch in der DDR. In: Zeitschrift für Soziologie, Jg. 19, Heft 4, S. 292-307

Srubar, I. (1991): War der reale Sozialismus modern? Versuch einer strukturellen Bestimmung. In: KZfSS, Jg. 43, Heft 3, S. 415-432

Voß, G.G. (1991): Lebensführung: ein integratives Konzept zur Analyse alltäglichen Lebens. In: Voß, G.G. (Hg.): Die Zeiten ändern sich. Alltägliche Lebensführung im Umbruch. Sonderheft II der Mitteilungen des SFB 333, München, S. 69-85

Weihrich, M. (1993): Lebensführung im Wartestand. Veränderung und Stabilität im ostdeutschen Alltag. In: Jurczyk, K./Rerrich, M.S. (Hg.): Die Arbeit des Alltags. Beiträge zu einer Soziologie der alltäglichen Lebensführung. Freiburg

Weihrich, M. (1996): Alltag im Umbruch? Alltägliche Lebensführung und berufliche Veränderung in Ostdeutschland. In: Diewald, M./Mayer, K.U. (Hg.): Zwischenbilanz der Wiedervereinigung. Strukturwandel und Mobilität im Transformationsprozeß. Opladen

Weihrich, M. (1998): Kursbestimmungen. Eine qualitative Paneluntersuchung der alltäglichen Lebensführung im ostdeutschen Transformationsprozeß. Pfaffenweiler

3.
Geschlecht und Lebensform

Karin Jurczyk

Zwischen Selbstbestimmung und Bedrängnis.
Zeit im Alltag von Frauen

Zusammenfassung

Durch die doppelte Einbindung von Frauen in Familie und Beruf partizipieren sie an verschiedenen Zeitordnungen, was für ihr privates wie öffentliches Leben von Vorteil sein könnte, doch unter den gegebenen Umständen führt dies zu konfligierenden Anforderungen. Kämpfe um Zeit entstehen durch einen komplexer werdenden Alltag, für dessen Bewältigung ein bewußter Umgang mit Zeit wichtig wird. In der Argumentation wird unterschieden zwischen dem sozialen Konstrukt von 'weiblicher Zeit' als 'Zeit für andere' und den empirischen Zeiterfahrungen von Frauen. Dabei werden die ambivalenten Wünsche von Frauen als die subjektive Seite gesehen, die dem sozialen Konstrukt 'weiblicher Zeit' korrespondiert. Abschließend werden einige Bedingungen für einen gelingenden Umgang mit Zeit skizziert. Die Ausführungen basieren auf einer empirischen Untersuchung über 'alltägliche Lebensführung'.

> *Nichts, was ich in dieser Zeit anfing,*
> *war je fertig, immer war es dem Zufall*
> *ausgesetzt, dem Läuten der Hausglocke.*
>
> Louis Aragon

Die Zeit, in der ich diesen Text schreibe, könnte nicht besser und zugleich nicht schlechter dafür ausgesucht sein. Besser nicht, weil mich die eigene Lebenssituation neben der theoretischen Reflexion einmal mehr auch zur praktischen Expertin in Sachen Zeit macht: Durch den Umzug in eine fremde Stadt muß ich alle Zeiten neu organisieren und aufeinander abstimmen, meine eigenen, die der Kinder, der Betreuungsinstitutionen und -personen, die des Lebensgefährten sowie – seit einigen Monaten zusätzlich – auch die Zeiten meiner schwerkranken Mutter, die eineinhalb Autostunden entfernt lebt. Deshalb könnte gleichzeitig diese Situation für das Schreiben eines Textes schlechter nicht sein, weil der Prozeß der Umgewöhnung und des Neu-Einpendelns zeitlicher Strukturen selbst viel Zeit braucht und einen großen Teil meiner Aufmerksamkeit in Anspruch nimmt. Neue zeitliche Engpässe und Reibungen, aber auch unerwartete Leerzeiten tauchen auf. In solch einer Phase wird erfahrbar, daß zeitliche Muster des Alltags, Routinen, Gewohnheiten fest etabliert sein müssen, damit konzentriertes Arbeiten innerlich wie äußerlich möglich ist; sie sind die meist nicht bewußte Grundlage unseres Handelns. Das Austarieren einer neuen Zeitordnung – notwendig durch einen Umbruch in der alltäglichen Lebensführung – führt zeitliche Zwänge, aber auch Spielräume deutlicher als sonst vor Augen. Es läßt auch die Schwierigkeiten eines selbstbestimmten Umgangs mit Zeit deutlich werden: Denn das Arrangement mit den von außen vorgegebenen Zeitzwängen ist nur das eine Erfordernis, das andere besteht in der vorausgehenden, bewußten Entscheidung, wofür überhaupt Zeit verwendet werden soll. Sicherlich bietet meine Arbeitssituation als freischaffende Wissenschaftlerin hier mehr zeitliche Freiheiten als viele andere: Ich kann entscheiden, wann ich wieviel arbeite, wieviel „freie" Zeit ich mir selber gönne, wieviel ich für Freunde und Familie einräume. Dennoch stellen sich heute Fragen nach der Zeitverwendung, wenn auch mit unterschiedlichen Freiheitsgraden, prinzipiell allen, nicht nur den zeitsouverän und selbständig Arbeitenden – denn in dieser Gesellschaft haben sich die Bedingungen der Verkürzung der erwerbsgebundenen Zeit und der Verringerung der quantitativen Beanspruchung durch familiale Arbeit, sowie der Lösung aus ständischen oder totalitären Abhängigkeiten und der Grundsicherung der Existenz weitgehend, wenn auch nicht für alle, durchgesetzt.

Es besteht jedoch eine fatale Tendenz, im „normalen" Alltag diese Fragen erst gar nicht mehr aufkommen zu lassen. Zwar entlastet dies davon, über Prioritäten im Leben ständig neu entscheiden zu müssen. Doch verstecken wir uns auch hinter Zeitzwängen, über die wir gleichzeitig klagen. Das Sich-Ergeben in Zeitzwänge vermeidet die Frage, was wir mit unserer Zeit „eigentlich" anfangen wollen.

Sind diese teilweise selbstproduzierte Zeitnot sowie der Mechanismus der Verdrängung der dahinterstehenden Fragen ein Frauenproblem? Sicher nicht, aber auch wenn Männer Zeitnot und die Verdrängung von Sinn-Fragen als Problem ebenso kennen, sind deren Gründe und deren Gestalt doch verschieden, denn die Konstellationen, in denen sie bei Frauen auftauchen, sind andere als die in der Lebensführung von Männern. Um diese „typischen" Alltagskonstellationen von Frauen soll es im folgenden gehen. Die Basis, auf der ich argumentiere, ist eine empirische Untersuchung zur „alltäglichen Lebensführung" von Frauen und Männern in unterschiedlichen Arbeitszeitsystemen. Daß der Schwerpunkt meiner Überlegungen sich auf diejenigen Frauen bezieht, die in die Sorge für andere eingebunden sind, liegt sicherlich in der eigenen Situation begründet.

Das Thema Zeit wird in den philosophischen, historischen, sozial- und erst recht naturwissenschaftlichen Diskursen hingegen meist als universales, geschlechtsloses Phänomen behandelt. Obgleich die Zeitsoziologie Zeit seit längerem als soziales Konstrukt begreift, bleiben die geschlechtsspezifischen Implikationen dieses Konstrukts vernachlässigt (Davies 1990: 15). Inwieweit auch die Zeit ein Geschlecht hat, ist weder theoretisch noch empirisch hinreichend untersucht, mit einer signifikanten Ausnahme: Unter dem spezifischen Aspekt der „Doppelbelastung" werden seit Entstehen der Frauenforschung die zeitlichen Implikationen der Arbeitsteilung zwischen den Geschlechtern intensiv diskutiert (Raehlmann u.a. 1993, vgl. auch Stahn-Willig/Bäcker 1984, Born/Vollmer 1983, Rudolph 1982, Weg 1984). Am Beispiel „frauentypischer" Arbeitszeitformen, v.a. der Teilzeitarbeit sowie sog. flexibler Arbeitszeitmodelle, die sich in den letzten Jahrzehnten verbreiteten, wird die besondere zeitliche Inanspruchnahme der Frauen durch Hausarbeit und Beruf deutlich gemacht. Meist wird der ausbeuterische Charakter der geschlechtsspezifischen Arbeitszeitformen analysiert, zum Teil aber werden Teilzeitarbeit, Heimarbeit u.a.m. auch als – unter den gegebenen Umständen – günstige Arbeitszeiten für Familienfrauen angesehen (so Gerzer u.a. 1985). Entsprechend variieren die politischen Folgerungen: Die einen propagieren den Abbau der Nachteile „frauenspezifischer" Arbeitszeitformen durch rechtliche und tarifpolitische Maßnahmen (ebd.), die anderen deren notwendige Ausdehnung auf beide Geschlechter – z.B. mit der Devise „6-Stunden-Tag für alle" (Geissler/Pfau 1989, Kurz-Scherf/Breil 1987) –, die nächsten fordern um der Chancengleichheit willen eher die Anpassung der Frauen an die auf das männliche Lebensmodell zugeschnittenen beruflichen Strukturen (Weg 1984) und kritisieren die enge Bindung der Frauen an die Familie. Die für die Frauenforschung bereits klassische, von Beck-Gernsheim und Ostner 1978 formulierte Frage „Frauen verändern – Berufe nicht?" hat auch im Hinblick auf die Arbeitszeiten ungebrochene Aktualität.

In den Untersuchungen wird jedoch die doppelte zeitliche Beanspruchung nicht nur als empirisch besondere Zeiterfahrung von Frauen sichtbar gemacht. Aus der Beschreibung der Realität wird oft auf spezifische genuin weibliche Zeitbedürfnisse und Zeitstile geschlossen, oder diese werden vorab unterstellt. Meist ist damit eine „Mütterperspektive" impliziert, die Frauen immer als Sorgende für die jüngere oder ältere Generation sieht. Als Ausnahmen deuten Ekkart (1990) und Nowotny (1989) einen anderen Zugang zum Thema „Frauen und Zeit" an: Sie weisen auf Zeitbedürfnisse von Frauen hin, die nicht an den Aufgaben der Versorgung anderer Personen orientiert sind. Wie die überwiegend männlichen „Zeitpioniere", die in der Studie von Hörning u.a. (1990) beschrieben werden, beanspruchen hier Frauen Zeit „für sich" und füllen diese nicht sofort mit anderen Aktivitäten – für andere Personen – wieder an. Sie versuchen im Gegenteil, sich dem Diktat der ständigen sinnvollen Nutzung der Zeit zu entziehen: Zeit zu haben, nicht „für etwas", „Eigenzeit" (Nowotny 1989), gilt als Wert an sich. Dieser nicht familienbezogene Zugang eröffnet eine neue

Perspektive: Er befreit die Frauen aus der selbstverständlichen Identifizierung mit der ihnen zugewiesenen Versorgungsarbeit. Beginnen Frauen tatsächlich, ein Verhältnis zur Zeit zu entwickeln, das jenseits der dominierenden Doppelbelastung liegt, oder ist ihre Zeit immer noch die Zeit anderer, eine Ressource, auf die alle einen Zugriff haben? Haben Frauen in den letzten Jahrzehnten begonnen, sich neue Räume und – damit in Zusammenhang – neue, eigene Zeiten zu erobern? Welche Rolle spielt dabei die in den vergangenen Jahrzehnten selbstverständlicher gewordene Berufstätigkeit: Hat sie den Umgang der Frauen mit Zeit verändert? Sind Frauen sogar, bedingt evtl. durch ihre familialen Erfahrungen, zu Zeitpionierinnen geworden, Vorkämpferinnen für eine andere Zeitordnung, die, wie Andrea Maurer schreibt, das „Unbehagen an der modernen Zeitkultur pointiert zum Ausdruck bringen" (Maurer 1992: 25)? Oder passen sie sich, im Gegenteil, an den etablierten beruflichen Zeit- und Leistungsdruck übermäßig an und treten uns eher als die ewig Gehetzten gegenüber, die vor lauter Tun für andere und anderes für nichts mehr wirklich Zeit haben? Zeitknappheit ist ein (absurdes) Syndrom der Moderne: Es vermittelt – nicht nur – Frauen heute subjektiv um so mehr das Gefühl von Teilhabe an der Gesellschaft, das Gefühl, „dazuzugehören", je gedrängter ihr Terminkalender ist (Jurczyk 1992). Bestätigt wird dieses Gefühl durch das Gegenteil im Schreckbild der Erwerbslosigkeit. Werden Frauen aber so nicht zu Nachzüglerinnen in einem Prozeß, wo andernorts[1] – gleichzeitig zur Konjunktur des Zeitmanagements – wieder die Kunst der Langsamkeit und Muße geübt wird, wenn sie versuchen, auf den Zug der perfekten Zeit-Bewirtschaftung aufzuspringen, der doch schon abgefahren scheint?

Viele Fragen und – wie nicht anders zu erwarten – ein komplexes Bild.

Spreche ich mit Frauen meiner Generation und meiner Lebenssituation – qualifiziert berufstätige Mutter zweier Kinder –, so erfahre ich, daß ihr Verhältnis zur Zeit ebenso wie meines überaus widersprüchlich ist. Auch Frauen ohne Kinder berichten von zeitlichen Konflikten und Ambivalenzen. Diese Widersprüche, die als Spannung zwischen Selbstbestimmung und Bedrängnis gefaßt werden, lassen sich in ihren einzelnen Bestandteilen beschreiben und in ihrer Bedingtheit erklären. Es stellt sich zunächst das schwierigere Problem, daß bereits bei der berufstätigen Mutter, die im Gegensatz zu mir in rigide Erwerbszeiten eingebunden ist, sich das Verhältnis zwischen zeitlicher Selbstbestimmung und Bedrängnis anders darstellt. Inwieweit kann es also überhaupt gerechtfertigt sein, verallgemeinernd von „den" Zeiterfahrungen von Frauen zu sprechen, wo diese doch je nach Alter, Beruf, Milieu, Familienstand, kulturel-

---

1 Vgl. als skurrile Blüte die Gründung von „Tempus. Verein zur Verzögerung der Zeit" in Klagenfurt/Österreich.

lem Hintergrund höchst unterschiedlich sind? Welchen Sinn macht es, von „typisch weiblichen" Zeiterfahrungen und Umgangsformen mit Zeit, von Frauenzeit und Männerzeit zu reden, wenn wir nicht ein weiteres Mal zur patriarchalen Mythen- und Ideologiebildung beitragen wollen, die die Geschlechterdualität weiblich-männlich immer schon vorab unterstellt?

Diese Fragen nach der Problematik der Kategorie „weiblich" sollen einleitend diskutiert werden. Im zweiten Schritt geht es um den Zusammenhang von Zeit, Raum und Macht. Drittens werden Zeitstrukturen von Frauen in ihrer Widersprüchlichkeit empirisch dargestellt. Daran schließt sich ein Resümee an, in dem einige Umgangsformen mit Zeit skizziert und „Bedingungen des Gelingens" genannt werden.

1. Frauen und „Weibliche Zeit"

Weiblichkeit und Männlichkeit, das duale Geschlechterverhältnis, werden in der feministischen Sozialwissenschaft seit einigen Jahren als soziales Konstrukt thematisiert (vgl. Gildemeister/Wetterer 1992). Damit wird betont, daß eine der markantesten Trennlinien dieser Gesellschaft, die des Geschlechts, sozial hergestellt ist und nicht als „natürlich" gegeben angesehen werden kann.[2] Der dekonstruktivistische Ansatz ermöglicht es, unter die Oberfläche einer Welt zu schauen, die sich auf den ersten Blick immer als zweigeteilte, eine weibliche und eine männliche, präsentiert; er stellt die Übermacht der Kategorie Geschlecht in Frage. Damit wird, auf dieses Thema bezogen, deutlich, daß die empirisch sichtbaren geschlechtsspezifischen Zeiten erst im Prozeß des „doing gender" entstehen. Das Ergebnis dieses Prozesses, die Existenz „weiblicher Zeit" wird transparent, wenn gezeigt wird, daß, wie und warum Frauen sich über gesellschaftliche Zuweisungsprozesse bestimmte Zeitsegmente und -stile aneignen. Damit wird mehr als die Besonderheit des „Weiblichen" veranschaulicht. Dieses Vorgehen setzt einen Denk-Schritt früher ein, indem es deutlich macht, daß in der und durch die Dimension Zeit, wie durch andere gesellschaftliche Dimensionen auch, erst „typisch Weibliches" hergestellt wird. Weibliche Zeit ist eine der vielen Facetten im Erscheinungsbild des Konstruktes Weiblichkeit, das eben

---

2 In diesem Text sollen – im Gegensatz zum radikal-dekonstruktivistischen Ansatz – gewisse primäre körperliche Unterschiede zwischen Frauen und Männern und damit die Existenz zumindest zweier verschiedener Geschlechter nicht geleugnet werden; alles, was hierüber hinausgeht, vor allem aber, was aus diesen nur bedingt und situativ relevanten körperlichen Unterschieden abgeleitet wird, ist das Ergebnis gesellschaftlicher Definitionsprozesse. Es gibt keinen a priori zu setzenden Reinzustand der Natur jenseits von Gesellschaft.

nicht als zweite, vielleicht sogar erste Natur von Frauen anzusehen ist (vgl. Ravaioli 1987), sondern als historisch und soziokulturell bedingt.

Karen Davies will mit dem von ihr verwendeten Begriff der gesellschaftlich dominierenden „männlichen" Zeitordnungen den patriarchalen Charakter des Konstrukts der herrschenden Zeitordnung verdeutlichen (1990: 15). „Männliche" Zeit ist dabei nicht identisch mit der Zeit der Männer; es können auch Gruppen von Männern von der „männlichen" Zeitordnung unterdrückt werden. Analog zu dieser Argumentation meine ich mit „weiblicher Zeit" nicht die zeitlichen Realitäten der Frauen, sondern eine bestimmte Konstruktion der Zeit von Frauen. Diese deckt – wie zu zeigen ist – nur einen Teil der Zeiterfahrung von Frauen ab, sie ist, orientiert an den Konstruktionen von Weiblichkeit, selektiv. Weibliche Zeit geht aufgrund der Zuweisungsprozesse von Arbeit zu den Geschlechtern immer von der Unterstellung aus, daß Frauen für andere sorgen, daß ihre Zeit deshalb stets „gebundene Zeit" (Hernes 1988) ist. Andere Zeiterfahrungen und -interessen bleiben ausgespart.

Die begriffliche Unterscheidung zwischen weiblicher Zeit und der Zeit von Frauen ist im folgenden wichtig: Sie ermöglicht es, Handlungsspielräume zwischen beiden aufzuzeigen und die „Zeitkämpfe" von Frauen auch als Auseinandersetzung mit den als typisch weiblich bezeichneten Zeitstrukturen sichtbar zu machen.[3] Diese Zeitstrukturen sind in Teilen verinnerlicht, aber auch ein Gegenüber, auf das Frauen bewußt, ablehnend oder zustimmend, Bezug nehmen können.

Auch ich werde mich in weiten Teilen des folgenden Textes auf die Frauen beziehen, die Verantwortung für die Versorgung anderer übernommen haben und die damit dem Muster typisch „weiblicher" Zeiterfahrung nahekommen. Mich interessieren ihre Problemkonstellationen, ihre Auseinandersetzungen mit „weiblicher Zeit", ihre Motive und Wünsche. Diese Frauen nenne ich im folgenden „Familienfrauen", weil sie, wenn auch in unterschiedlichen Formen von Familie, oft auch zusätzlich zu einer Berufstätigkeit, die Arbeit der materiellen und emotionalen Versorgung anderer übernehmen. Dabei habe ich die „traditionelle" Konstellation von Frau, Mann, Kindern im Auge, aber auch Alleinerziehende, Personen, die ältere Angehörige versorgen etc.. Kurz werde ich die zeitlichen Konflikte von Frauen streifen, die nicht familiär eingebunden leben, um die Effekte auseinanderhalten zu können, die aus dem Faktor „Versorgungs-

---

3 Diese Überlegungen folgen der Strukturierungstheorie von Giddens (1988) sowie dem Ansatz der Subjektorientierung (Bolte/Treutner 1983), die beide das Spannungsverhältnis von erzeugten Strukturen und Personen in den Blick nehmen. Strukturen, zu denen auch die Konstruktion z.B. weiblicher Zeit zählt, stehen Personen zwar zu einem bestimmten Zeitpunkt „gegenüber", diese müssen sich dann mit ihnen auseinandersetzen, gleichzeitig sind sie das Ergebnis interaktiver Prozesse, damit auch veränderbar. Akteure bleiben die Personen.

arbeit" und die, die aus dem Faktor „Frau-Sein in dieser Gesellschaft" stammen. Daß sich die beiden Faktoren immer wieder verknüpfen, versuche ich in der Argumentation zu zeigen.

2. Zeit, Raum und Macht: Verbindungen mit neuer Brisanz?

Zeitsoziologische Konzepte betonen die – nach Luckmann „automatische" (1983: 16) – Zeitlichkeit und Räumlichkeit aller Handlungsbezüge. Handlungstheoretisch ist Zeit ein zentraler Mechanismus des individuellen und sozialen Lebens. „Zeit und Raum gehören auf der gesellschaftlichen Mikro- wie Makroebene zu den wichtigsten Organisatoren und Regulatoren des sozialen Zusammenlebens" (Schaffer 1993: 15). Auch in systemtheoretischer Perspektive ist Zeit – immer in Verknüpfung mit der Dimension des Raums – eine der basalen gesellschaftlichen Strukturdimensionen. Gesellschaft läßt sich als Geflecht von Raum-Zeit-Pfaden von Individuen betrachten.[4] Über die Bedeutung dieser Dimensionen besteht innerhalb der Soziologie also weitgehend Einigkeit – welche Folge hat es, sie mit den Dimensionen Macht und Geschlecht zusammenzudenken?

Für die folgende Argumentation ist die Unterscheidung zwischen öffentlichen und privaten Räumen als Sphären der Gesellschaft wichtig. Denn gesellschaftlich relevante Macht im Sinn von Gestaltungs- und Entscheidungsmacht kann nur im öffentlichen Bereich ausgeübt werden; Macht im Privatbereich beschränkt sich auf die hierarchisch strukturierte Interaktion zwischen vereinzelten Individuen, die nur mittelbaren Einfluß auf die Gestalt öffentlichen Lebens hat. Öffentliche Räume, ob nun berufliche oder politische, kulturelle oder sonstige, können nur betreten werden, wenn dort entsprechend Zeit investiert wird.[5] Wenn wir Zeit verausgaben, bestimmen wir gleichzeitig den gesellschaftlichen Ort, an dem wir uns befinden. Diese Orte sind mit unterschiedlicher Macht ausgestattet.

---

4 Vgl. den Ansatz der Zeitgeographie von Hägerstrand 1975.

5 Hier geht es zunächst nur um bestimmte Zeitquanten, nicht um Zeitstile oder -umgangsformen. In diesem Text werden die verschiedenen Dimensionen von Zeit wie Zeitverwendung, -bewußtsein, -erfahrung, -stil, -umgangsform, -horizont etc., sowie die Unterscheidung von sozialer und individueller Zeit nicht theoretisch dargelegt, sondern ad-hoc benutzt. Deren genauere Entfaltung und Definition werden in der derzeit entstehenden Arbeit der Autorin zum Thema „Moderne Lebensführung und der Umgang mit Zeit" vorgenommen. Begriffliche und konzeptionelle Bestimmungen obiger Dimensionen finden sich z.B. bei Plattner (1990) und Nassehi (1993).

Die Teilhabe an öffentlichen Sphären verläuft in industriellen Gesellschaften vorrangig über den Beruf. Daneben gibt es die Möglichkeit, sich über den Mechanismus des Interesses, nicht des Gelderwerbs, zu engagieren, z.b. in einem Ehrenamt. Dieses Engagement hat für Frauen in bestimmten Bereichen wie der sozialen Arbeit Tradition. Doch diese „frauenspezifischen" Ehrenämter sind meist in (hausarbeitsnahen) Grenzbereichen zwischen Privatheit und Öffentlichkeit angesiedelt, die, obgleich hier oftmals wichtige gesellschaftliche Aufgaben erfüllt werden, kaum mit Ressourcen ausgestattet und eher machtlos sind. Was bedeutet es für die Verteilung von Macht, wenn auch Frauen über den Weg des Berufs zunehmend öffentliche Räume betreten? Zunächst stärkt eine Berufstätigkeit die Machtposition von Frauen innerhalb des privaten Bereichs, in dem sie leben. Ehrenamtliche Tätigkeiten haben gegenüber der Berufstätigkeit mehr Freiwilligkeits- und weniger formal verpflichtenden Charakter, auf dessen Einhaltung kaum nach außen hin, so wie z.b. bei einem einmal eingegangenen Arbeitsverhältnis, gepocht werden kann. Geht es um die Verteilung des Zeitbudgets in der Familie, die leidige Frage, wer wann welche Arbeit zu übernehmen in der Lage ist, ist diejenige Person in der besseren Verhandlungsposition, die feste Termine und klare, extern geforderte Aufgaben vorweisen kann, wenn möglich sogar noch die Notwendigkeit des Geldverdienstes. Sich gegenüber anderen, Angehörigen, v.a. aber Mann und Kindern auf die mit dem Arbeitgeber vertraglich fixierten Pflichten berufen zu können, um die Abwesenheit von zu Hause zu begründen, ist ein machtvolleres Argument als persönliche Interessen, die von den anderen Familienmitgliedern meist als disponibel wahrgenommen werden. Einmal eingegangene berufliche Pflichten sind unabweisbare Pflichten, mit deren notwendiger Einhaltung der tägliche Begründungszwang für das Gehen eigener Wege – und sei es nur bis an den Arbeitsplatz – entfällt.

Die Stärkung der Verhandlungsposition, die aus beruflichem Engagement resultiert, läßt sich – negativ gewendet – nochmals an den Frauen mit Familie nachvollziehen, die selbständig und mit der Möglichkeit weitgehend freier Zeiteinteilung arbeiten.[6] Haben Frauen auch noch ihren Arbeitsplatz zuhause (Büro, Werkstatt etc.), so wird ihre Zeit als verfügbar für die Familie wahrgenommen, sie selbst nehmen dies auch häufig so wahr. Sie müssen, da die Grenzen nach außen nicht durch fixierte Vorgaben wie Arbeitszeiten klar gezogen sind, ihren Beruf verteidigen gegen die Ansprüche der anderen Familienmitglieder: Vermeintliche Freiheiten werden zum Bumerang (vgl. Jurczyk 1993: 246f.). Aller-

---

6 Dies ist eine der Beschäftigtengruppen, die wir im Rahmen des Forschungsprojektes zur „Alltäglichen Lebensführung" untersucht haben. Es handelt sich um freie Mitarbeiterinnen aus dem Medienbereich mit großer individueller Zeitsouveränität, aber nur eingeschränkter Sicherheit des Beschäftigungsverhältnisses. (Diese Anmerkung ist im Vergleich zum Original gekürzt, zu den weiteren Beschäftigtengruppen vgl. Kudera/Voß in diesem Band).

dings sind Frauen offen gegenüber solchen Ansprüchen, aufgrund einer doppelten Orientierung auf Beruf und Familie und eigener Ambivalenzen bezüglich ihrer verschiedenen Tätigkeiten empfinden sie diese, zumindest teilweise, als berechtigt.

Ansprüche von Mann und Kindern[7] verbinden sich immer wieder auf schwer durchschaubare Weise mit eigenen Wünschen: Das Ergebnis ist ein Konglomerat von schlechtem Gewissen, Phasen harter Durchsetzungskämpfe, alltäglichem Jonglieren, Sich-Selbst-Disponibel-Halten.

Berufliche Zeiten – i.d.R. Abwesenheitszeiten – verhelfen also dazu, familiale Beanspruchungen – für einen bestimmten Zeitraum – mit objektiv legitimierten und subjektiv als „gut" empfundenen Gründen abweisen zu können. Für Frauen können sie dadurch zu „eigenen" Zeiten werden, und sei es nur in dem begrenzten Sinn, daß sie frei von Familienpflichten sind.

Neben der Chance der Stärkung der innerfamilialen Macht von Frauen durch Berufstätigkeit, ermöglicht diese zweitens die Teilhabe an den im Vergleich zum Privatbereich mächtigeren gesellschaftlichen Sphären. Auch hier wird der Zusammenhang von Zeitaneignung und Raumaneignung (Schaffer 1993: 89) deutlich. Zeit zu haben, sich Zeit zu nehmen jenseits von Familie ist eine fundamentale Voraussetzung für die Gestaltung öffentlicher Räume: Solange Frauenzeit „gebundene Zeit" ist, verhindert bzw. schränkt dies die Möglichkeiten der Eroberung öffentlicher Macht ein.[8] Zeit zu haben ist eine der zentralen Ressourcen für die Gestaltung von Gesellschaft und bedeutet – in Kombination mit Bildung, Geld etc. – strukturelle Macht. Die Verfügung über die eigene Zeit ist eine notwendige, wenn auch nicht hinreichende Bedingung für

---

7   Solche Ansprüche sind nicht einheitlich, sie lassen sich auch nicht als gleichermaßen als berechtigt bezeichnen. Objektiv ließe sich sagen, daß ein Kleinkind von 2 Jahren legitimerweise andere Ansprüche hat als ein Kind mit 12 Jahren; ebenso können einem erwachsenen Mann jegliche Ansprüche auf Versorgung abgesprochen werden. Doch unterliegt dies offensichtlich sowohl den Abkommen, die innerhalb einer Familie getroffen werden, als auch den subjektiven Interpretationen von Frauen, was sie selbst als berechtigt empfinden. Wie groß die Variationen sind und daß es keine objektiv „richtigen" Ansprüche gibt, sehen wir am unterschiedlichen Umgang auch mit den Ansprüchen von Kleinstkindern mütterlicherseits. Das strukturelle Problem besteht darin, daß Frauen auch jenseits ihres eigenen Verhaltens und ihrer eigenen Ansprüche immer wieder mit solchen, auf dem Hintergrund wirksamer Traditionen verselbständigten, Ansprüchen der Familienmitglieder konfrontiert werden.

8   Ein Beispiel hierfür ist die Marginalisierung von weniger qualifizierten TeilzeitarbeiterInnen. Sie werden über formelle und informelle betriebliche Regelungen an der Gestaltung beruflicher Strukturen eher gehindert, so z.B. durch Erschwernisse beim Aufstieg bis zu Barrieren bei zeitlich geteilten Führungspositionen.

Autonomie; die Verfügung über die Zeit anderer bedeutet darüber hinaus individuelle und soziale Macht.

Je höher die soziale Position einer Person ist, um so mehr hat sie das Recht, andere warten zu lassen, für die Zeit anderer nicht zur Verfügung zu stehen, sehr wohl aber über deren Zeit disponieren zu können. Wie selbstverständlich auf die Zeit von Frauen zugegriffen wird, wie sehr ihre Anwesenheit und Verfügbarkeit vorausgesetzt wird, ist ein Phänomen, über das Frauen sich bislang kaum laut genug empört haben. Auch dies ist zum einen damit erklärbar, daß Frauen sich teilweise mit den Ansprüchen an sie identifizieren. Zum anderen aber ist es der Ausdruck struktureller Macht, deren Grad sich v.a. in der Fraglosigkeit des Zugriffs auf die Zeit von Frauen ausdrückt, der sowohl institutionell, z.b. von Seiten der Schulen und Kindergärten, als auch individuell vonstatten geht.

Die zunehmende Berufstätigkeit und -motivation von Frauen in den vergangenen Jahrzehnten kann auch so gelesen werden, daß sie die Bedeutung der Ressource Zeit für ihre Autonomie und für gesellschaftliche Partizipation für sich erkannt haben. Allenthalben auftauchende Auseinandersetzungen in Familien und Beziehungen darüber, wem welche Zeit wofür gehört, sind ein Indiz hierfür. Der Machtkampf zwischen den Geschlechtern verläuft derzeit häufig als Kampf um Zeit. Männer versuchen die Selbstverständlichkeit ihres beruflichen Engagements gegen die Ansprüche ihrer Partnerinnen auf mehr Übernahme familialer Arbeit zu behaupten; und diese Auseinandersetzung geht in Familien oft aufgrund des höheren Verdienstes des Mannes tendenziell zuungunsten der Frauen aus. Dieser Disput zwischen den Geschlechtern wird dort komplizierter, wo sich Qualifikationen angleichen und Verdienste annähern, und dehnt sich auf Freizeitaktivitäten, politisches oder sonstiges Engagement, auf Zeit für sich selbst aus. Ein Teil der Frauen beginnt zu „feilschen" um eigene Zeiträume; was so kleinlich wirkt, hat für die Selbstbestimmung im Alltag der Frauen – nicht nur denen mit Kindern – große Bedeutung. Doch immer noch haben Männer zumeist, so ein Ergebnis auch unserer Untersuchung, trotz ihrer zeitlich größeren beruflichen Beanspruchung, mehr wirklich freie Zeit für Hobbys, zum Ausspannen als Frauen. Diese wird ihnen von ihren Frauen zum Teil auch eingeräumt: Wir haben Frauen gefunden, die ihren Männern ganz bewußt „den Rücken freihalten", nicht nur für ihren Beruf, sondern auch für die notwendige Erholung. Umgekehrt haben wir das selten gehört. Wenn es Frauen gelingt, Zeiten für sich jenseits von Beruf und Familie zu etablieren, haben sie sich solche Freiräume oft gegen den Widerstand der Familienmitglieder erobert.

Vieles an den grundlegenden Mustern der geschlechtsspezifischen Verteilung von Zeit, Raum und Macht ist im Zusammenhang mit der Arbeitsteilung zwischen den Geschlechtern bekannt. Aus welcher Quelle speist sich aber dieses sichtbarer werdende Feilschen von Frauen um eigene Zeit, woher kommt die neuerliche Brisanz der Auseinandersetzung um Zeit? Meine These ist, daß Zeit nicht nur als Ressource zur Eroberung von Macht unabdingbar ist – und diese somit im Zuge des Geschlechterkampfes einen aktuellen Stellenwert hat –, sondern darüber hinaus wichtiger wird zur Bewältigung eines komplexer werdenden Alltags. Im Kontext veränderter Rahmenbedingungen des Alltagslebens spielt die Verfügung über Zeit und die Fähigkeit zu einem bewußten Umgang mit ihr eine immer wichtigere Rolle. Was sich gesellschaftlich in immer mehr Bereiche mit unterschiedlichen Logiken ausdifferenziert, muß von den Personen wieder zusammengebracht werden. Eine Ursache ist auch, daß einige der – zumindest für einige Jahrzehnte – relativ fest etablierten Strukturen erodieren wie z.B. Arbeitszeiten, Lebensformen, Bildungswege, Lebensverläufe, manche Normen. So hat die Entwicklung der Auflösung fester zeitlicher Vorgaben, die Tendenz zur „Rund-um-die-Uhr-Gesellschaft" (Rinderspacher 1991) im letzten Jahrzehnt rasant zugenommen (für die Erwerbsarbeit vgl. Groß u.a. 1989). Wenn solche gesellschaftlichen Strukturmomente weniger eindeutig und allgemeingültig vorgegeben sind, muß das Was und Wie des eigenen Lebens von den Personen immer wieder aufs neue entschieden werden. Handlungsoptionen wachsen, wenn auch nicht gleichermaßen die sozialen Chancen, diese Optionen zu realisieren. So entsteht die „Arbeit des Alltags" (Jurczyk/Rerrich 1993: 11ff).

An dieser Stelle gerät die Dimension Zeit aktuell in den Blick. Die sich verändernden Strukturen des Alltagslebens lassen die Beherrschung von Zeit und Raum wichtiger werden: Räumliche Differenzierung – d.h. die Ausformung von immer mehr Teil-Räumen, z.B. in der Stadt – und Erweiterung – d.h. die Möglichkeit, durch neue Technologien Entfernungen immer leichter zu überwinden – erfordern in hohem Maß Mobilität und die Fähigkeit, sich in öffentlichen Räumen zu bewegen. Die Erosion fester Zeitordnungen, die Existenz verschiedener Zeitlogiken nebeneinander, die Einbindung in unterschiedlichste Aktivitätsbereiche und daraus resultierende Zeitknappheit, die Beschleunigung des Tempos des Alltagslebens sowie der gesellschaftliche Druck zur stets effektiven, zweckrationalen Nutzung der Zeit machen einen bewußten Umgang mit Zeit notwendig. Der souveräne Umgang mit Zeit wird ein Mittel zur Reduktion der Komplexität des Alltags. Es gibt auch in diesem Prozeß GewinnerInnen und VerliererInnen; die Zeit erweist sich als relevante Dimension sozialer Ungleichheit. Die Kompetenz, mit Zeit umgehen zu können, sie richtig einzusetzen und nicht unterzugehen im Strudel der Anforderungen, den richtigen Mittelweg zwischen Planung und die Dinge-auf-sich-zukommen-Lassen zu finden, entscheidet unter diesen Bedingungen mit über einen gelingenden Alltag, auch über den Lebensverlauf. Die Verbreitung von Zeit-Management-Seminaren und Ratgeberliteratur, über deren Sinn und Erfolg man streiten kann, sind nur ein Indiz für den Problemlösungsbedarf.

Die aktuelle Thematisierung der Zeit ist ein Ausdruck dafür, daß Zeit als wichtige und knappe Ressource, mit der gezielt und bewußt umzugehen ist, wahrgenommen wird. Was lange als selbstverständlich galt, daß die Begrenztheit und Vergänglichkeit der Zeit eine Begleiterscheinung allen sozialen Lebens sind, weicht einem intensiven Diskurs – eben auch einem Diskurs um Macht. Daß dieser Diskurs heute auch geschlechtsspezifisch geführt wird, hat, trotz aller Einschränkungen und Rückschläge, mit dem gewachsenen Selbstbewußtsein und zunehmender gesellschaftlicher, v.a. beruflicher Partizipation von Frauen zu tun. Zeit, hier in zweifachem Verständnis: als Verfügung über Zeit und als bewußter Umgang mit Zeit, ist ein Bestandteil sozialer Ungleichheit geworden. Wer hier gewinnt, gewinnt Autonomie und Einflußchancen. An welchem Punkt sind Frauen diesbezüglich angekommen? Was bedeutet es, daß Frauen nach wie vor überwiegend für die Arbeit der „Sorge für andere" zuständig gemacht werden, sich auch (oft) zuständig fühlen?

In Teil drei und vier sollen die widersprüchlichen Zeitstrukturen und -umgangsweisen von Frauen skizziert werden.

3. Selbstbestimmung und Bedrängnis – Zeitstrukturen von Frauen

Frauen sind heute in vielerlei Hinsicht „zwischen den Zeiten": Weder haben sie berufliche und familiale Zeitverhältnisse revolutioniert – was als qualitative Veränderung der industrialisierten, zweckrationalisierten Zeitmuster, als Ablösung vom Diktat der Zeitknappheit und der effektiven Zeitnutzung gedacht werden könnte, als mehr Selbstbestimmung in der Sorge für andere – , noch sich ihnen ganz angepaßt. Sie bewegen sich zwischen beiden, ohne daß diese ihnen allerdings jeweils wirklich zur eigenen Verfügung stünden. Sie praktizieren weniger ein souveränes Pendeln, als einen verworrenen Zeitmix. Unterschiedliche Gruppen von Frauen machen dabei unterschiedliche Zeiterfahrungen und sie gehen verschieden mit Zeit um. Für die Unterschiede sind als Voraussetzung zunächst v.a. ausschlaggebend, inwieweit Frauen in die zeitlichen Strukturen des Berufslebens eingebunden sind, ob diese eher rigide oder flexibel sind und inwieweit sie auf der anderen Seite für weitere Personen, Kinder, ältere Personen etc. zu sorgen haben. Daneben spielt ihr Alter, ihr Milieu, ihre Qualifikation eine Rolle.[9]

Ich werde mich auf Frauen der mittleren Generation konzentrieren und dabei vor allem einen Typus hervorheben: die erwerbstätige „Familienfrau"

---

9 Vgl. z.B. Leccardi (1991) zu den Zeitstilen junger Frauen, Schaffer (1993) zu denen älterer Frauen.

(s.o.). Nur mit der Absicht der Ergänzung und der Suche nach der „anderen", nicht typisch weiblichen Zeit von Frauen beziehe ich die nicht durch Versorgungsarbeit gebundene erwerbstätige Frau ein. Beide sind eher Ideal- als Realtypen, bei und zwischen beiden gibt es im Konkreten vielfältige Schattierungen und Übergänge, z.b. werden Menschen ganz unterschiedlicher Bedürftigkeit versorgt. Der Focus der Typisierung ist jedoch die Übernahme der Verantwortung für die kontinuierliche Versorgung anderer. Die gleiche Frau wechselt im Laufe ihres Lebens meist zwischen beiden Typen hin- und her: Die Beschreibungen beziehen sich deshalb auf Lebensphasen. Scheint der erste Typus in dauernd zeitknapp zu sein, so ist der zweite prinzipiell eher zeitprivilegiert. Bei beiden existiert – in unterschiedlicher Weise – eine Spannung zwischen Selbstbestimmung und Bedrängnis. Was haben Frauen im Hinblick auf die Verfügung über Zeit in den letzten Jahrzehnten gewonnen oder verloren, was wollen sie erreichen?

3.1 Zeitliche Bindung durch Sorge für andere: Familienfrauen

Der Typus der erwerbstätigen, in verschiedener Weise familial gebundenen Frauen hat die Versorgungsarbeit zumindest in die gegenwärtige Phase ihres Lebens ohnehin eingeplant. Wie sieht bei ihnen das Verhältnis von zeitlicher Selbstbestimmung und Belastung aus? Ihre Zeit-Widersprüche haben eine besondere Gestalt: Einerseits von chronischer Zeitnot geplagt, können sie andererseits an den Vor- und Nachteilen der verschiedenen Zeitordnungen (mindestens) zweier gesellschaftlicher Bereiche teilhaben: Familie und Beruf (vgl. auch Bekker-Schmidt u.a. 1982, Krüger-Müller u.a. 1987).

Ich werde im folgenden drei Aspekte der zeitlichen Struktur ihres Alltags herausgreifen: den Zeitdruck, die unterschiedlichen Zeitlogiken, die zeitliche Synchronisation. Auch hier argumentiere ich eher idealtypisch und auf der Anforderungsebene; die in individuellen Interessen und Ambivalenzen begründete Bereitschaft der Frauen, diese Anforderungen anzunehmen, ist die korrespondierende, subjektive Seite, die dem Konstrukt „weiblicher Zeit" erst zum Leben verhilft.

a) Zeitdruck

Sowohl im Beruf wie in der Familie, in gesellschaftlichen Institutionen wie der Schule etc. wird im Prinzip davon ausgegangen, daß Frauen jeweils mit ihrer ganzen Person und ihrer ganzen Zeit zur Verfügung stehen. Aus dieser mehrfachen Inanspruchnahme und Alleinzuständigkeit, bedingt durch die Abwesenheit der Väter in den Familien, ergibt sich eine chronische Zeitknappheit. Zusätzlich sind ihre Zeiten zerstückelt, aufgeteilt in kleine Blöcke, unterbrochen durch

Kinder abholen, Essen kochen, Kinder wegbringen, „mal schnell" und „nebenher" bei den Hausaufgaben helfen. Es ist dieses „vermischte Tun" (Ostner/Pieper 1980), dieses Beiläufige und stets Schnelle, das zum Zeit-Stress im Alltag führt, weil oft gleichzeitig unterschiedliche Tätigkeiten und diese unter Druck verrichtet werden. Die „unterbrochenen Handlungsbögen" (Sichtermann 1982: 94ff) und die Belastung, die mit ihnen verbunden ist, charakterisieren die Zeitstruktur der Hausarbeit. Bei den von uns befragten, auf den ersten Blick privilegierten Journalistinnen, die häufig zuhause arbeiten, kumulieren diese Probleme: Ihr Stress ist nicht nur der der „Doppelbelastung", sondern ebenso die enge, auch räumliche Verzahnung von Beruf und Familie, die mit häufigen Unterbrechungen und kurz-zyklischen Arbeiten verbunden ist. Allerdings: der Zeitdruck vermittelt das (auch wohltuende) Gefühl, dauernd gefragt, dauernd in Aktivität zu sein. Dies kann zu einer Art Lebenselexier werden – die Möglichkeit der Muße bekommt eher einen beunruhigenden Charakter.

b) Unterschiedliche Zeitlogiken

Im Alltag von Familienfrauen treffen die verschiedenen zeitlichen Logiken des beruflichen, familialen und anderer öffentlicher und halb-öffentlicher Bereiche aufeinander. Idealtypisch ist häufig die Zweckrationalität und Zeitökonomie des beruflichen Handelns dem affektiv geleiteten Handeln im familialen Kontext, das sich durch mehr Körpergebundenheit, Wiederholung, Endlosigkeit, Unkalkulierbarkeit auszeichnet, gegenübergestellt worden (Ostner 1978). Diese Kontrastierung verliert zunehmend an Substanz und zwar in dem Maß, wie Elemente zweckrationalen Handelns „nachholend" (vgl. Maurer 1993) verstärkt in alltagsweltliche und familiale Bereiche eindringen, was sich am Beispiel des Umgangs mit Kindern, aber auch der Nahrungszubereitung diskutieren ließe. Der Charakter der familialen Arbeit selbst hat sich geändert. So geht es z.B. bei meist nur noch ein oder zwei Kindern in der Familie weniger darum, die wechselnden Rhythmen von Kleinkindern zu beachten, sondern dem Kind, oft verbunden mit langen Wegen, Kindheit über den Kontakt mit anderen Kindern überhaupt zu ermöglichen, dies zu planen und organisieren. Die „andere" Qualität der Arbeit mit Kindern, ihre Natur- und Körpergebundenheit und die damit verbundenen spezifischen Zeitstrukturen spielen innerhalb der familialen Arbeit eine immer geringere Rolle.

Die Zeitstruktur im Haushalt ist, idealtypisch betrachtet, an den Bedürfnissen der zu versorgenden Personen ausgerichtet, nicht an der Person, die die Hausarbeit leistet. Auch die Endlosigkeit der immer gleichen Tätigkeiten, die, kaum sind sie getan, bereits wieder aufs neue anfallen, sind der Arbeit als solcher inhärent. Gleiches gilt für die Schwierigkeit, zeitliche Grenzen zu ziehen: Kinder weinen auch in der Nacht und wollen auch am Wochenende versorgt sein. So selbstbestimmt vielleicht die Entscheidung für ein Leben mit Kindern war, ein selbstbestimmter Umgang mit Zeit ist zumindest phasenweise fast unmöglich. Doch das Resultat ist nicht nur Zeitnot, sondern auch Zeitverschwendung: Es entstehen „Zeitblasen", Zeit, die nicht genutzt werden kann, zumindest nicht für das, was man gerne tun möchte – und sei es nur, mal ein Buchkapitel zuende zu lesen. Andererseits gibt es jedoch, wenn die grundlegende Abhängigkeit von den Bedürfnissen anderer akzeptiert ist, in der Hausarbeit Dispositionsfreiheiten, Freiräume der zeitlichen Selbstbestimmung im Alltag, selbst wenn dies nur kleine Zeitinseln sind. Hier ist gleichzeitig mehr und weniger Freiheit als in der Erwerbsarbeit, die ein äußeres Zeitkorsett und eine Kontrolle vorgibt.

Es ist sowohl Privileg als auch Belastung, aus der einen vereinseitigten Zeitlogik, der Zeitökonomie des Berufs, in die andere, spezifisch anders beschränkte Zeitlogik, in die zerfließende, endlose Zeit des Haushalts wechseln zu können.[10] An guten Tagen, und wenn die Rahmenbedingungen stimmen, läßt sich dies genießen, bedeutet es einen Reichtum. Doch auch der Wechsel selbst bräuchte Zeit, und die ist oft nicht gegeben. Es fehlen Zeitpuffer für die Umstellung, die Wechsel sind zu häufig und zu schnell, so daß die unterschiedlichen Zeit-Qualitäten in ihrer Eigenheit nur begrenzt zur Geltung kommen. Nicht nur die Nachteile, auch die Vorteile beider Welten können sich wechselseitig aufheben, wenn Frauen als Sorgende und Erwerbstätige ihre „Scharnierfunktion" zwischen Produktionsbereich- und Reproduktionsbereich wahrnehmen. Sie sind zuhause, in der Familie, gehetzt: Die kleinen Zeitinseln werden weniger, und auch Dispositionsfreiheit ist angesichts des insgesamt knapper gewordenen Zeitbudgets weniger gegeben, weil die Dinge hochgradig organisiert, hinter- und oft nebeneinander erledigt werden müssen. Und im Beruf drängen sich die Anforderungen auf eine oft verkürzte Arbeitszeit, und für die kleinen alltäglichen Privilegien, die Tasse Kaffee, das Gespräch mit der Kollegin, bleibt kaum Zeit. Das berufliche Zeitbudget ist eng, sei es durch die vorweggenommenen, zwischengeschobenen oder sich direkt anschließenden Familienaufgaben, sei es durch die faktisch kürzere Arbeitszeit, in der trotzdem gleiche Leistungen erwartet werden und Frauen diese auch von sich selber erwarten.

c) Synchronisation von Zeiten

Die dritte Besonderheit der Zeitstruktur von Familienfrauen besteht darin, daß sie die unterschiedlichen Zeiterfordernisse der Familienmitglieder synchronisie-

---

10 So schildert eine Frau ihre Schwierigkeit, als stark beruflich geprägte Person sich auf die Langsamkeit, das Bummeln ihrer Kinder einzustellen. Sie konnte in ihrer Arbeit immer ein schnelles und selbstbestimmtes Tempo vorlegen und war an effizientes Arbeiten gewöhnt. Dies Beispiel macht die Kraft der Sozialisation in berufliche Zeitmuster deutlich.

ren. Sie erstellen den „Fahrplan" der Familie, sowohl für die einzelnen als auch für die Gruppe; sie haben die Termine aller im Kopf und versuchen, diese Vielfältigkeit zu einem stimmigen Ganzen zusammenzufügen, bei dem Zeit bleibt für Gemeinsamkeit. Solche Fahrpläne sehen oft kompliziert aus: Sie berücksichtigen Schul- und Arbeitszeiten, regelmäßige nachmittägliche Termine der Kinder wie Sport oder Musikkurse, Arztbesuche, Besuche von Veranstaltungen und FreundInnen sowie die dazugehörigen, durch veränderte räumliche Strukturen immer häufigeren und unberechenbareren Wegezeiten. Solche Familien-Fahrpläne werden um so komplizierter, je mehr die Arbeitszeiten der Eltern – etwa in Schichtsystemen –, oder auch die Ausbildungs- und Freizeitaktivitäten der Kinder von den etablierten gesellschaftlichen Standards abweichen. Doch nicht nur die „fixen" Zeiten sind einzuplanen, es muß auch Platz sein für die „Wechselfälle des Lebens" (Sichtermann 1987: 35 ff), wie etwa – aufgrund des nicht familiengerechten Schulsystems – für die ausfallenden Schulstunden, den wegen Krankheit geschlossenen Kindergarten. Frauen und ihre Zeit werden zum „Zeitpuffer" für die ganze Familie, zu der entscheidenden Ressource in der Not. Die zeitlichen Muster der einzelnen Familienmitglieder streben mit der weiteren Individualisierung ihrer Interessen und mit der Ausdifferenzierung der gesellschaftlichen Subsysteme von Erwerbs-, Ausbildungs- und Freizeitbereich tendenziell auseinander: Mütter stehen dann vor der Aufgabe, sowohl die zeitlichen Anforderungen der einzelnen im Kopf zu haben und zu koordinieren als auch Zeitnischen für Gemeinsamkeit zu schaffen. Sie vollbringen dabei oft management-ähnliche, logistische Hochleistungen, auf die sie zu Recht stolz sind, für die sie sich Anerkennung wünschen, die ihnen allerdings auch eine nicht zu unterschätzende Machtposition in der Familie geben.

Was haben Frauen in dieser Situation gewonnen? Ihr Gewinn besteht nur selten in „Eigenzeit", sondern bescheiden und dennoch wichtig genug, im Gewinn von familienfreier Zeit. Welch großes Privileg es ist, die Wohnung verlassen, die Tür hinter sich zu machen zu können und sich auf eine Sache zu konzentrieren, gleichzeitig um die zeitliche und sachliche Begrenztheit der Aufgabe zu wissen, wissen Männer nur allzu genau. Sicher ist dieses Privileg um so größer, je qualifizierter und selbstbestimmter die berufliche Tätigkeit ist. Doch auch von uns befragte Frauen, die seit vielen Jahren in der gleichen Abteilung als Verkäuferinnen arbeiten, genießen die Möglichkeit der Abgrenzung von ihren privaten Beziehungen, der Unterbrechung des täglichen Trotts ihres familialen Alltags. Gerade die permanente direkte – auch zeitliche – Abhängigkeit von anderen ist es, die Frauen aus den Familien heraus in die Berufe hineindrängen läßt. Frauen lernen Berufstätigkeit zunehmend als Privileg schätzen. Denn berufliche Zeiten sind, obgleich fremdbestimmt, gleichzeitig wahrnehmbar als eigene Zeiten, die im Vergleich zum Privatbereich einen weniger absoluten Zugriff auf die Person bedeuten. Sie erlauben, sich abzugrenzen gegen nicht enden wollende Anforderungen; sie sind strukturierte Zeiten.

Durch die Reklamation beruflicher Zeiten für sich gewinnen Frauen selbstbestimmte oder -bestimmbare Zeiträume, die die Möglichkeit eröffnen, öffentliche Räume zu betreten und diese gegebenenfalls sogar zu „besetzen" (vgl. Abschnitt 2). Daß die Möglichkeit, zwischen den Welten zu wechseln, ein Vorteil ist, sehen wir noch bei den älteren Frauen: Die beobachtbare größere Aktivität und Selbständigkeit eines Teils der heutigen Generation älterer Frauen scheint stark damit zu korrespondieren, wieweit sie sich in den Jahrzehnten zuvor darin geübt haben, auch eigenen – sei es beruflichen oder sonstigen – Interessen nachzugehen und sich außerhalb des eigenen Privaten frei zu bewegen. Diejenigen, die gelernt haben, Zeit, auch freie Zeit, selbst zu gestalten, profitieren davon bis ins hohe Alter (vgl. Schaffer 1993).

So könnten Familienfrauen durch ihre doppelte Orientierung eine Variante von Zeitpionierinnen sein, indem es ihnen gelingt, sich weder dem beruflichen noch dem privaten Bereich ganz unterzuordnen, sondern von beiden zu profitieren. Und doch legen gerade sie heute weder in der Familie noch an ihrem Arbeitsplatz die stolze Haltung von Pionierinnen an den Tag. Sie sind nicht selbstbewußt genug, für ihre jeweils andere Beanspruchung einzutreten, sondern zeigen sich im Gegenteil wegen der notgedrungen auftretenden Probleme eher schuldbewußt, als ob ihre Situation ihr persönliches Versagen sei, und versuchen in beiden Bereichen ihr „geteiltes Leben" wieder wettzumachen. Die meisten arrangieren sich individuell mit den jeweiligen Bedingungen, mehr oder weniger gut, meist unter Inanspruchnahme (mindestens) einer dritten Person im Haushalt – solange bis das fragile Alltagskonstrukt wieder einmal zusammenbricht. Schuldbewußtsein statt Selbstbewußtsein: Dies kann aus Resignation, aus faktischer Alleinverantwortlichkeit, z.B. für zu versorgende Kinder, aus dem Gefühl, abzuweichen von der weiblichen Rolle, resultieren. Es kann aber auch die Schwierigkeit sein, sich die Vorteile und die Befriedigung offen einzugestehen, die in der Übernahme von Verantwortung für andere liegen, im Gefühl von Unverzichtbarkeit und Macht. Über den Mechanismus der (prinzipiell) allzeitigen Verfügung über Frauen, ihren Körper, ihre Zeit, ihre Arbeit, strukturieren sich zwar hierarchische Beziehungen zwischen Frauen und Männern, doch ist dies nur die eine Seite: Auch wenn Frauen die gesellschaftliche Botschaft verinnerlicht haben, daß ihre Zeit nicht ihnen selber gehört, ist es doch nicht nur ihr schlechtes Gewissen, was sie anfällig für die Ansprüche anderer sein läßt, sie haben auch etwas davon. Es verleiht das Gefühl von Wichtigkeit, zeitlich gebraucht zu werden, es entlastet von Gefühlen der Einsamkeit, der Sinnlosigkeit, vom Zwang zur Entscheidung, womit die Zeit gefüllt wird. Die wohl geschlechtsunspezifische Angst vor der leeren Zeit bzw. die vielleicht eher geschlechtsspezifische Angst vor der selbstbestimmbaren Zeit jenseits der weiblichen Rolle scheint auf diese Weise gebändigt.

Die Schwierigkeit der Analyse ebenso wie des konkreten Lebens dieser Frauen besteht darin, den äußeren Druck durch die gesellschaftliche wie individuelle Zuweisung von Verantwortung von den eigenen Interessen und Vorteilen, die damit verbunden sind, trennen zu können; sie vermischen sich zu einem schwer durchschaubaren Konglomerat. Ein zusätzliches Problem ist, daß die Zurückweisung von Verantwortung nicht ein einfacher Akt freier Entscheidung ist: Kinder, auch andere betreuungsbedürftige Angehörige können, einmal vorhanden, ja nicht wie ein Arbeitsvertrag wieder gekündigt werden. Die Entscheidung ist vorher getroffen worden, dies gilt um so mehr, wenn von institutioneller wie von Seiten des Partners wenig Entlastung kommt. Zwar kann im nächsten Schritt, über Trennungen, Suche eines neuen Partners, Delegation der Versorgungsarbeit versucht werden, Ansprüche an die eigene Person einzugrenzen, doch auch dies ist zumindest mit einer gewissen Übergangsphase verbunden. Ein drittes Problem kennen wir aufgrund unserer empirischen Untersuchung: Die Muster der alltäglichen Lebensführung haben durch das Zusammenwirken von Interessen, Gewohnheiten, Machtfaktoren, und der Mühe, den Alltag mehrerer Personen überhaupt aufeinander abzustimmen, eine starke Beharrungstendenz: Einmal eingespielt, werden sie nur unter extremem Veränderungsdruck wieder aufgegeben.

All diese Gründe führen zu der scheinbar paradoxen und unnötigen Haltung von Frauen, etwa dann, wenn die Kinder beim Vater, dem Kindergarten etc. „abgegeben" worden sind, sich eigentlich zeitlich frei fühlen zu können, dies jedoch innerlich noch lange nicht zu tun. Sie tragen die Belange der zu versorgenden Personen weiter mit sich herum. Frauen können ihre Bereiche wenig segmentieren, sie besetzen auf diese Weise manchmal auch „freie" Zeiträume innerlich. Mütter fühlen sich auch dann gehetzter, mehr unter Zeitdruck als Väter, wenn sie die gleichen Dinge tun wie diese. Sie könnten von Männern lernen, die sich sehr viel selbstbewußter, auch klarer nach außen hin, feste, längere Blöcke von Zeit für sich selbst und für ihre Arbeit nehmen. Die starke Identifikation von Frauen mit der Versorgung anderer führt zu einer oft überschüssigen Übernahme der Verantwortung, die zwar bisweilen durch die empirische Erfahrung unterstützt wird, daß Väter entgegen der Abmachungen tatsächlich nicht „funktionieren", die dies aber auch immer schon vorwegnimmt. Es ist nicht nur die Quantität der zeitlichen Anforderungen, sondern auch die psychische Konstellation von Frauen, die verhindert, daß sie ihre Zeit tatsächlich zu ihrer eigenen werden lassen.

Was Reichtum sein könnte, die Teilhabe an zwei unterschiedlichen Welten, wird unter den herrschenden Bedingungen oft zur Armut. Mit zunehmender Frauenerwerbsquote hat – trotz der Rationalisierung und Technisierung der

Hausarbeit und sinkender Kinderzahlen – die zeitliche Beanspruchung von Frauen insgesamt zugenommen, auch dann, wenn sie nicht ganztägig beschäftigt sind. Zum Aktivitätsspektrum der Frauen, abgesehen von denen, die wirklich für niemand sorgen, ist etwas hinzugekommen – doch von den traditionellen Aufgaben ist, auch wenn sich deren Gestalt ändert, kaum etwas entfallen. Frauen verarmen bei den Versuch, strukturell Unvereinbares individuell miteinander zu vereinbaren. Zeit für sich selbst, „Eigenzeit", ist das, was Frauen dabei am wenigsten haben – was sie sich einerseits wünschen und für das sie kämpfen und vor dem sie andererseits Angst haben, weil damit die traditionell klare Definition ihrer Zeitverwendung in Frage gestellt ist. Der Weg zwischen Bereicherung und Verarmung an Zeiträumen und Zeitqualitäten ist ein Grenzweg, der in direkter Abhängigkeit von den vorhandenen Ressourcen Geld, Raum, Infrastruktur, Netzwerken und nicht zuletzt sie aktiv unterstützenden Männern verläuft. Frauen können zu Zeitpionierinnen werden, wenn es ihnen bei reichlichem Vorhandensein solcher Ressourcen gelingt, neue Balancen zwischen Privatheit und Öffentlichkeit zu schaffen. Meist werden sie jedoch zu Zeitakrobatinnen, die ohne Netz und doppelten Boden eher waghalsige Übungen vollbringen. In der Auseinandersetzung mit der als typisch weiblich definierten Zeit geht die Suche nach dem „Neuen" oft verloren; eher haschen sie, um im Bild zu bleiben, nach den vorhandenen abgegriffenen Seilen, um nicht abzustürzen.

3.2 Ein Gegenhorizont: Die „neuen" Frauen – ungebunden?

Die Frauen des zweiten – allerdings hier am Rande stehenden – Typus gehören oft zu der Generation sog. „neuer Frauen" (Diezinger u.a. 1988), die stark beeinflußt von der Frauenbewegung der letzten zwanzig Jahre lebt. Auf den ersten Blick leben sie das prototypische Leben moderner Singles: „nur" arbeitsmarktabhängig, hauptsächlich sich selbst verantwortlich, mobil. Sie sind ungebunden insoweit, als sie zwar durchaus in Beziehungen leben können, aber diese nicht mit einer einseitigen Verpflichtung auf Versorgungsarbeit verknüpft sind. Auf sie wartet keine Person im Hintergrund, die auf ihr Erscheinen dringend angewiesen ist. Deshalb unterliegt ihr Leben nur in geringem Ausmaß Zeiterfordernissen privater Natur, die aus partnerschaftlichen und freundschaftlichen Bindungen resultieren. Sie haben Zeit für sich selbst, sie können sich diese selbstbestimmt einteilen, was mit Gefühlen von Autonomie, aber auch mit Gefühlen von Angst vor Selbstverantwortung und vor Einsamkeit verbunden sein kann. Arrangieren müssen sie sich mit den Zeitstrukturen des Erwerbsbereichs: mit der Zeitökonomie beruflicher Arbeit, die im Verlauf der Industrialisierung Zeit zu einem knappen und deshalb wertvollen Gut hat werden lassen. Dem Zeitdruck beruflicher Arbeit sind sie ebenso wie Männer ausgesetzt, und – so meine These – in mancherlei Hinsicht mehr als diese.

Denn hier setzt die Wirkung des Konstrukts Weiblichkeit ein: Frauen werden jenseits ihrer gewählten Lebensform, des gewählten Berufs, als Sorgende und Allzeitverfügbare wahrgenommen. Für Frauen gilt auf der Anforderungsebene die Regel der Zuständigkeit für die Belange anderer, die Unterordnung eigener Interessen unter die anderer. Diese Regeln bestehen unabhängig davon, ob Frauen sich mit diesen Zuschreibungen identifizieren, allerdings können sie erst durch die Einwilligung der Frauen zur Wirkung kommen. Deswegen besteht auch für Frauen, die nicht eingebunden in eine Familie leben, die Notwendigkeit, sich mit diesen Regeln auseinanderzusetzen, Zugriffe auf ihre Zeit abzuwehren. Oft werden sie als um so verfügbarer für die Ansprüche anderer Personen, sei es in Beruf oder Bekanntenkreis, wahrgenommen, nach dem Motto: „Sie hat doch sonst nichts zu tun". Zu dem Akt bewußter Verweigerung solcher Ansprüche gehören Selbstbewußtsein und Klarheit über eigene Ziele und Bedürfnisse, das Wissen, daß dies abweicht von den Regeln der Weiblichkeit und die Stärke, dies auszuhalten. Dies ist nicht immer einfach, denn das Lebensmodell der für sich selbst und sonst für niemand sorgenden Frau findet, wenn es nicht aus der Not geboren ist, nach wie vor wenig soziale Akzeptanz. Auch hier führt die Ambivalenz der Wünsche von Frauen selbst dazu, daß die traditionellen Zuweisungen leicht abrufbar sind. Vielleicht macht dies das „Nein-Sagen" so schwer. Ein Teil der Zeitkonflikte auch von „ungebundenen" Frauen resultieren, zugespitzt formuliert, aus der – wenn auch gebrochenen – Identifizierung mit den Anforderungen an das weibliche Geschlecht, aber auch aus den Verlockungen, die damit verbunden sind, Zeit für andere herzugeben.

Der Umgang von nicht in Versorgungsarbeit eingebundenen Frauen mit den zeitlichen Anforderungen des Berufssystems hat dementsprechend verschiedene Seiten. Die Normalität besteht vermutlich darin, sich den Männern im Beruf sehr ähnlich zu verhalten. Daneben gibt es zwei extreme Varianten: diejenige, sich an die männlich-berufliche Zeitlogik überanzupassen, vielleicht wiederum aus dem Bedürfnis, leere Zeit zu füllen, vielleicht aber auch aus dem unbewußten Bestreben, die Verweigerung der traditionellen Rolle mit besonderer Leistungsbereitschaft zu kompensieren und Männer in ihrer Verfügbarkeit für die Erwerbsarbeit noch zu überflügeln. Daneben sehen wir auch hier, bei vielen Zwischentönen, einen weiteren Versuch, als „Zeitpionierin" zu leben. Dies sieht so aus, daß mit den Anforderungen des Berufs selbstbewußt umgegangen wird, eine Abgrenzung gegen als übermäßig empfundene Ansprüche vorgenommen wird, ohne aber sich legitimieren zu können mit familiären Pflichten. Frauen wie Männer müssen sich mit meist ablehnenden Reaktionen, auch von betrieblicher Seite, auseinandersetzen (vgl. Hörning u.a. 1981). Sie wollen sich ein nicht vorab zielgerichtet definiertes „eigenes" Leben vor beruflichen Überbeanspruchungen bewahren.

Frauen (und Männer), die dies versuchen, könnten zu VorreiterInnen werden für eine neue Zeitordnung: Sie wehren sich ja nicht nur gegen traditionelle geschlechtsspezifische Zuweisungen, sondern auch gegen die Leistungsnormen des Berufs, sie fordern ein Recht auf „Eigenzeit", auf Zeit für sich selbst, jenseits der Leistungsanforderungen, die aus den verschiedenen gesellschaftlichen Bereichen gestellt werden. Für Frauen gar nicht selbstverständliche Voraussetzungen hierfür sind genügend Arbeitsplätze, deren Lohnniveau auch ihnen ein ökonomisch selbständiges Leben ermöglicht.

Frauen, die sich für das Nicht-Gebundensein durch Mann und Kinder entschieden haben, erfahren manchmal von anderer Seite zeitliche Beanspruchungen und rutschen unvermutet in die Lebenssituation der Familienfrauen hinein, wenn statt der eigenen Kinder z.b. plötzlich die Eltern einer Versorgung bedürfen. Da auch deren Pflege und Unterstützung traditionellerweise zum Aufgabenbereich von Frauen gehört und nur wenige das Geld haben, diese Pflege zu delegieren, oder sie auch ihre alten Eltern nicht in eines der oft unpersönlichen Heime abschieben wollen, schnappt die Zeitfalle für Frauen auch „vom hinteren Ende des Lebens zu". Angesichts der zunehmenden Zahl alter Menschen und der unveränderten geschlechtsspezifischen Arbeitsteilung wird dies ein gravierendes Problem auch für die „neuen" Frauen, zumindest für eine bestimmte Phase in ihrem Leben.

4. „Bedingungen des Gelingens": Ein optimistischer Ausblick auf einen „weiblichen" Umgang mit Zeit?[11]

Wie üben Frauen die Kunststücke des Seiltanzes? Wie und unter welchen Bedingungen gelingt es ihnen, mit ihrer Zeit zurechtzukommen? Dies soll kein Vorschlag für feministisches Zeitmanagement sein, sondern eine Sammlung solcher struktureller und subjektiver Faktoren, die sich bei den Frauen, deren Alltagsorganisation zumindest auf den ersten Blick zu gelingen scheint, auffällig häufen.

Ich formuliere eine so optimistisch getönte, pragmatische, am Jetzt-Zustand ansetzende Perspektive, weil meiner Meinung nach von den Aussagen vieler befragter Frauen eine Menge zu lernen ist. „Gelingen" soll hier nicht als bloßes Gegenbild zum Zusammenbruch des Alltags gedacht werden. Ich meine damit

---

11 Über diese „Bedingungen des Gelingens" habe ich mit Maria S. Rerrich viel diskutiert, es ist ihre Formulierung. Sie hat einen großen Anteil an den folgenden Überlegungen. Ich danke ihr für die vielfältigen Anregungen. Ebenso danke ich den Herausgeberinnen, Margrit Brückner und Birgit Meyer, für wichtige Hinweise bei der Überarbeitung.

ein Arrangement des Alltags, in dem Ansprüche und Interessen mit den vorhandenen Ressourcen und Bedingungen so in Übereinstimmung gebracht werden können, daß „unter dem Strich" eher subjektive Zufriedenheit herauskommt – auch, aber nicht nur im Hinblick auf den Umgang mit Zeit. Umgangsformen mit Zeit werden verstanden als Methoden der Strukturierung des Alltags, als die Praktiken, die die verschiedenen Zeitlogiken – des Berufs, der Familie, der Eigenzeit etc. – in einer subjektiven Zeitstruktur zusammenbringen.

Es läßt sich vielleicht einwenden, daß ein solches Gelingen nur für wenige, in vielfältiger Weise privilegierte Frauen möglich ist. Als Soziologinnen werden wir zudem mit dem Befund konfrontiert, daß für ein Gelingen des Alltags neben äußeren Ressourcen in erheblichem Ausmaß die Bedeutung persönlicher Fähigkeiten sichtbar wird, die sich als selbstbewußte Strategien, als Kunst der Lebensführung, als „Listen der Ohnmacht" (Honegger/Heintz 1981), aber auch als Fähigkeit zur Anpassung beschreiben lassen. Was ist Bedingung, was der Preis für das Gelingen?

Zur Anregung sollen nochmals Typen skizziert werden: die Zeitmanagerin, die entspannte Balanciererin sowie die Zeitkämpferin. Da sie entlang unserem Interviewmaterial gebildet sind, sind auch sie „Familienfrauen" – die Methoden des Management, der Balance und des Kampfes haben jedoch m.E. auch Geltung für „ungebundene" Frauen, wenn auch die spezifischen Probleme zum Teil andere sind. Selbstverständlich sind auch dies Idealtypen, und ebenso selbstverständlich gibt es in verschiedenen Variationen den Typus – bzw. die Lebensphasen –, wo die Zeitprobleme überhandnehmen – diese sind allerdings hinreichend beschrieben worden.[12]

a) Die Zeitmanagerin

Diese Frau überholt die Männer sozusagen von links. Unter Zuhilfenahme exakter Planung, strenger Regeln, Prioritätensetzung, fixer Zeitpläne und fester Terminierungen, in denen alle Dinge ihren unverrückbaren Platz haben, schafft sie es, ihre Vorhaben unterzubringen. In ihrem Alltag gibt es wenig Chaos, es ist „ein Netz mit doppeltem Boden" in Form von zusätzlichen Ressourcen (z.B. zusätzliche Kinderfrauen) vorhanden, die bei Bedarf abgerufen werden können. Sie hat ein strenges normatives Selbstkonzept, setzt sich klare Zielvorgaben. Geld, Raum und personale Ressourcen sind meist ausreichend vorhanden. Mit ihrem Partner existieren klare Absprachen und fixierte Arbeitsteilungen, neuerliche Aushandlungen werden nur als Reibungsverluste angesehen. Vielleicht ist die zweckrational – effizient und effektiv – handelnde Zeitmanagerin das Mo-

---

[12] Auch die genaue Untersuchung der Strategien von Frauen, um mit den Anforderungen des Alltags umzugehen, ist Gegenstand der Arbeit der Autorin (vgl. Anm. 5).

dell der Zukunft, weil ihre Methode unter den heutigen Bedingungen besonders erfolgversprechend scheint. Ihr Erfolg erfordert hohe Disziplin, auch von anderen, mit denen sie kooperiert. Größere Störungen, wie Krankheiten, dürfen eigentlich nicht vorkommen, denn sie stellen das ganze Modell in Frage. Der Preis ihrer Lebensführung ist oftmals Atemlosigkeit, fehlende Muße, Rigidität und Härte sich selbst gegenüber. Sie bewegt sich in einem selbstgeschaffenen Korsett, das sie vielleicht einengt, ihr aber andererseits, ist es einmal etabliert, eine Stütze ist und Spielraum für die stringente Verfolgung eigener Interessen ermöglicht.

b) Die entspannte Balanciererin

Sie ist die Frau, die zwar langfristig weiß, was sie will und sich auch die entsprechenden Bedingungen schafft, um ihre Interessen zu realisieren, aber die im alltäglichen Leben Dinge auch auf sich zukommen lassen kann. Sie muß die selbstgesteckten Ziele nicht alle sofort erreichen, oftmals reduziert sie – mehr oder weniger bereitwillig – für eine begrenzte Zeitspanne ihren Beruf, um für ihre Familie und manchmal auch für sich selbst noch genügend Zeit zu haben. Obwohl auch sie von ständigem Zeitmangel berichtet, von der Notwendigkeit von Planung und Organisation, gibt es doch „Zeit-Poren" in ihrem Alltag, die nicht vollgefüllt und vorab verplant sind. Ihre Balance kommt im wesentlichen von innen: Sie hat sich im Wissen um die unzureichenden Bedingungen entschieden, Familie und Beruf nicht gleichzeitig in vollem Ausmaß betreiben zu wollen. Sie ist in der Lage, zu reduzieren: z.B. auch den Freundeskreis, entlang der Frage, wer ihr wirklich wichtig ist. Wie groß bei diesen Entscheidungen Anteile der Resignation sind, ist schwer abzuschätzen, ebenso inwieweit berufliche und familiale Barrieren schon vorweggenommen werden. Sie berichtet zwar bisweilen davon, daß sie sich die Arbeitsteilung vor der Familiengründung anders vorgestellt hat, doch beherrscht sie die Kunst, diese Enttäuschung pragmatisch umzumünzen in ein tragfähiges Alltagsarrangement, weil sie der Meinung ist, daß ein Hadern das Leben nur schwerer mache. Sich selbst gegenüber verhält sie sich schonender als die „Super-Frau", die alles gleichzeitig schaffen will, schonender wohl auch gegenüber ihrem Mann und den Kindern. Daß jedoch langfristig berufliche Nachteile eintreten, ist zu erwarten. Auch dieser Typus greift – wie alle anderen – in einem mehr oder weniger großen Ausmaß auf die unabdingbare Unterstützung i.d.R. weiblichen Hilfspersonals für die familiale Arbeit zurück. Meist hat sie akzeptiert, daß sie den größten Anteil der Arbeit zuhause übernimmt, auch hier werden Aushandlungen und Auseinandersetzungen um die Arbeitsteilung eher als überflüssig empfunden.

c) Die Zeitkämpferin

Sie findet zwar eine Balance zwischen den verschiedenen zeitlichen Anforderungen, aber diese ist prekär; sie muß immer wieder neu hergestellt werden. Hier steht permanente Organisation im Vordergrund, die, wie es eine der Frauen formuliert, auch den größten Teil ihrer Zeit in Anspruch nimmt. Dies liegt auch daran, oft aufgrund innerer Ambivalenzen bzgl. ihrer Frauenrolle, daß sie wenig feste „Pflöcke" in ihrem Alltag gesetzt hat, daß z.B. Absprachen zur Betreuung der Kinder nicht kontinuierlich gegeben sind, daß Zuständigkeiten zwischen den Partnern nicht geklärt sind, bzw. nicht akzeptiert werden. Es gibt Schwierigkeiten bei der Delegation von familialer Arbeit an familienexterne Personen, sei es aufgrund von Geldknappheit, oder weil die Arbeit doch als „eigene" empfunden wird. Erwartungen zur Verbesserung der Situation richten sich häufig an den Mann, doch dieser entzieht sich tendenziell. Folge sind wiederkehrende Auseinandersetzungen um das Muster der häuslichen Arbeitsteilung. Es liegt eine „Patt-Situation" vor, die zwar immer wieder ad-hoc gelöst wird, doch um den Preis dauerhafter Anstrengung. Die Frauen dieses Typus haben sich nicht abgefunden mit den herrschenden Bedingungen, doch für die Aufrechterhaltung ihrer Ansprüche zahlen sie mit Unzufriedenheit und Überforderung. Es ist, als ob sie immer wieder mit dem Kopf vor eine Wand laufen, ihnen für die anstehenden Probleme aber subjektiv wie objektiv keine bessere Lösungsstrategie zur Verfügung steht.

Sollte ich ein „Rezept" für einen gelingenden Umgang mit Zeit für Frauen, die eingebunden sind auch in die Versorgung anderer, formulieren, so lautet es: feste Termine etablieren – auch Zeit für sich selber –, mehrere verläßliche Netzwerke aufbauen, Arbeitsteilungen verbindlich festlegen, Fähigkeit zur Delegation, Reduktion, Pragmatismus, Realismus sowie Flexibilität, auch beim unerwarteten Auftauchen von Problemen, Klarheit über die eigene Ziele und Prioritäten und v.a. Selbstdisziplin. Die Fähigkeiten zur Selbstregulierung, -motivation und -disziplin treten an die Stelle der Reglementierung des Alltagslebens durch klare, vorgegebene Strukturen der Arbeits- und Lebenswelt. Sie geben zunehmend den Ausschlag für das jeweilige Arrangement des Alltagslebens und sein Gelingen. Damit richten sich die Anforderungen verstärkt an die Person selbst, sie selbst bekommt die Verantwortung für das Gelingen ihrer Lebensführung.

Die Grundprobleme, „zwischen den Zeiten" zu sein, zwischen der Familien- und der Berufszeit, auf der Suche nach eigener Zeit, der Auseinandersetzung mit „weiblicher Zeit" als Zeit für andere sowie der chronischen Zeitnot als Schattenseite einer erweiterten gesellschaftlichen Teilhabe, bleiben jedoch für alle Frauen, unabhängig von den Strategien des Umgangs damit, bestehen. Die Lösung solcher Probleme liegt nicht in weiteren Sonderwegen für Frauen, z.B. wenn im Kontext der Arbeitszeitdiskussion „mütterfreundliche" Arbeitszeiten für Frauen gefordert werden. Eltern brauchen elternfreundliche Arbeitszeiten, Menschen brauchen Zeitstrukturen, die ermöglichen, Gleichgewichte für die verschiedenen Dinge des Lebens zu finden, aber auch, diese je nach Lebenslage und -phase verändern zu können, wo Zeiten extensiver beruflicher Arbeit sich mit denen der Muße abwechseln können.

Ein Mehr an eigener Zeit, auf den ersten Blick „unnütz" verbrachter Zeit ist der einzige Sonderweg, den ich für Frauen wünsche: Kein Ziel vor Augen zu haben, nicht immer schon die nächsten drei Schritte im voraus zu wissen und halb zu beginnen. Dies deshalb, weil Frauen heute auf dem besten Wege sind, entweder zu den noch besseren „Arbeitsbienen", zu optimal funktionierenden Zeitmanagerinnen zu werden, wo die „Wechselfälle des Lebens" keinen Raum und keine Zeit mehr haben, oder aber sich in chronischer Zeitnot zu verschleißen auf dem revolutionär gemeinten Weg, „alles zu wollen" und das sofort und gleichzeitig. Das Illusionäre dieses politischen Programms zu Beginn der Frauenbewegung der 70er Jahre ist heute deutlich. Es besteht die Gefahr, daß Frauen verlernen, die Verhältnisse in Frage zu stellen: durch Überanpassung oder durch Überanstrengung. Das Diktat der Moderne, das für beide Geschlechter gilt, Zeit immer nützlich zu verbringen, sollten besonders Frauen infragestellen: damit Raum, Zeit, Energie bleibt für Neues. Zeit, die zu nichts nütze ist außer einfach da zu sein, ist vielleicht die kreativste Zeit. Nicht zufällig hat ein Mann, Paul Lafargue, „das Recht auf Faulheit" deklariert. Für Männer scheint es selbstverständlicher, Zeit für sich, Zeit für Muße zu reklamieren. Ihre Zeit ist überwiegend Zeit für den Beruf, danach haben sie ihre Pflicht, sich selbst und anderen gegenüber, getan. Demgegenüber ist „weibliche Zeit" als Zeit für andere prinzipiell endlos.

Deswegen könnte ein wichtiger Schritt darin bestehen, sich sowohl dem Sog zur Überanpassung an herrschende Zeitnormen beiderlei Geschlechts (die männliche Norm der Zeitökonomie und die weibliche Norm der Allzeitverfügbarkeit) zu entziehen als auch dem Sog zur Überbeschäftigung. Dieser doppelte Sog spiegelt eine Anpassung an äußere Anforderungen: Er zeigt außerdem die gestiegenen Ansprüche von Frauen an sich selbst bei dem Bemühen, als Grenzgängerinnen zwischen den Zeiten und den verschiedenen Bereichen jeweils das Beste zu wollen und das Beste zu geben. Überanpassung und Überbeschäftigung sind andererseits auch eine Antwort auf die Angst vor Zeitleere, denn sie vermitteln das Gefühl, nicht nur „dabeizusein", sondern wichtig, sogar unersetzbar zu sein. Zu einem bewußteren Umgang mit Zeit gehört deshalb auch, sich die Vorteile einzugestehen, die in den jeweiligen Zeitordnungen liegen, sie sogar manchmal – auch die Zeit für andere – ganz bewußt zu genießen. Es wäre schon etwas gewonnen, wenn Frauen die Vorläufigkeit ihrer Unterfangen und ihr Tun als ein von Tag zu Tag neues Üben ohne stets eindeutige Zielvorgabe akzeptierten.

Die Frauen der jüngeren Generation sind vielleicht klüger geworden, vielleicht schauen sie auch erschrocken auf die abgekämpften „Super-Women"; aber sie können auch bereits auf einer Basis von Möglichkeiten aufbauen. Mir scheint, daß sie geschickter, selbstbewußter, gelassener, auch genußvoller ihre Kräfte und ihre Zeit einsetzen, um sichtbar zu werden.

Literatur

Beck-Gernsheim, E./Ostner I. (1978): Frauen verändern – Berufe nicht? Ein theoretischer Ansatz zur Problematik von „Frau und Beruf". In: Soziale Welt, Jg. 29, H. 3, 1978, S. 257-287

Becker-Schmidt, R. u.a. (1982): Nicht wir haben die Minuten, die Minuten haben uns. Bonn

Bolte, K.M./Treutner, E. (Hg.) (1983): Subjektorientierte Berufs- und Arbeitssoziologie. Frankfurt a.M.

Born, C./Vollmer, C. (1983): Familienfreundliche Gestaltung des Arbeitslebens. Schriftenreihe des Bundesministers für Jugend, Familie und Gesundheit (Hg.). Bd. 135. Stuttgart

Davies, K. (1990): Women, Time and the Weaving of the Strands of Everyday Life. Aldershot

Diezinger, A./Jurczyk, K./Tatschmurat, C. (1988): Kleine und große Experimente – Die Neuen Frauen. In: Deutsches Jugendinstitut (Hg.): Wie geht's der Familie? München

Eckart, C. (1990): Der Preis der Zeit. Eine Untersuchung der Interessen von Frauen an Teilzeitarbeit. Frankfurt a.M./New York

Geissler, B./Pfau, B. (1989): Die Arbeitszeit als Ansatzpunkt der Frauenförderung – Ein arbeitsmarktpolitisches Modell zur Vereinbarkeit von Elternschaft und Erwerbsarbeit. In: ifg Frauenforschung, Jg. 7, H. 11, S. 43-65

Gerzer, A./Jaeckel, M./Sass, J. (1985): Flexible Arbeitszeit – vor allem ein Frauenthema. Die Beispiele Ikea und Kaufhaus Beck. In: Schmid, Thomas (Hg.): Das Ende der starren Zeit. Berlin

Giddens, A. (1988): Die Konstitution der Gesellschaft. Grundzüge einer Theorie der Strukturierung. Frankfurt a.M./New York

Gildemeister, R./Wetterer, A. (1992): Wie Geschlechter gemacht werden. Die soziale Konstruktion von Zweigeschlechtlichkeit und ihre Reifizierung in der Frauenforschung. In: Knapp, G.-A./Wetterer, A. (Hg.): TraditionenBrüche. Freiburg

Groß, H./Thoben, C./Bauer, F. (1989): Ein Report zu den Arbeitszeiten und Arbeitszeitwünschen der abhängig Beschäftigten in der Bundesrepublik. In: Der Minister für Arbeit, Gesundheit und Soziales des Landes Nordrhein-Westfalen (Hg.): Arbeitszeit '89. Köln

Hägerstrand, T. (1975): Space, Time and Human Conditions. In: Karlquist, A. u.a. (eds.): Dynamic Allocations of Urban Space. Farnborough, Hunts

Hernes, H. M. (Hg.) (1988): Frauenzeit – Gebundene Zeit. Bielefeld
Hörning, K. H./Gerhard, A./Michailow, M. (1990): Zeitpioniere. Flexible Arbeitszeiten – neuer Lebensstil. Frankfurt a.m.
Honegger, C./Heintz, B. (Hg.) (1981): Listen der Ohnmacht. Zur Sozialgeschichte weiblicher Widerstandsformen. Frankurt a.m.
Jurczyk, K. (1992): Moderne Lebensführung und der Umgang mit Zeit. Antrag auf ein Habilitationsstipendium. Unveröff. München
Jurczyk, K. (1993): Bewegliche Balancen – Lebensführungsmuster bei „flexiblen" Arbeitszeiten. In: Jurczyk, K./Rerrich, M.S. (Hg.): a.a.O., Freiburg
Jurczyk, K./Rerrich, M.S. (Hg.) (1993): Die Arbeit des Alltags. Beiträge zu einer Soziologie der alltäglichen Lebensführung. Freiburg
Jurczyk, K./Rerrich, M.S. (1993): Alltägliche Lebensführung: der Ort, wo „alles zusammenkommt". Einführung. In: Jurczyk, K./Rerrich, M.S. (Hg.): a.a.O., Freiburg
Krüger-Müller, H. u.a. (1987): Privatsache Kind, Privatsache Beruf – „... und dann hab' ich ja noch Haushalt, Mann und Wäsche". Zur Lebenssituation von Frauen mit kleinen Kindern in unserer Gesellschaft. Opladen
Kurz-Scherf, I./Breil, G. (Hg.) (1987): Wem gehört die Zeit? Ein Lesebuch zum 6-Stunden-Tag. Hamburg
Lafargue, P. (1978, zuerst 1883): Das Recht auf Faulheit. Ohne Ortsangabe
Leccardi, C. (1990): Die Zeit der Jugendlichen: Was heißt männlich und weiblich in der Zeiterfahrung? In: du Bois-Reymond, M./Oechsle, M. (Hg.): Neue Jugendbiographie? Opladen
Luckmann, T. (1983): Lebensweltliche Zeitkategorien, Zeitstrukturen des Alltags und der Ort des historischen Bewußtseins. In: Cerquilini, B./Gumbrecht, H.U.: Der Diskurs des Literatur- und Sprachhistorie, Frankurt a.m.
Maurer, A. (1992): Zeit und Macht. In: Wechselwirkung, Jg. 14, H. 56, S. 22-25
Maurer, A. (1993): Herrschaft der Zweckrationalität. Formen und Funktionen geschlechtsspezifischer Zeitlogiken. Unveröff. Augsburg
Nassehi, A. (1993): Die Zeit der Gesellschaft. Auf dem Weg zu einer soziologischen Theorie der Zeit. Opladen
Nowotny, H. (1989): Eigenzeit. Entstehung und Strukturierung eines Zeitgefühls. Frankfurt a.M.
Ostner, I. (1978): Beruf und Hausarbeit. Die Arbeit der Frau in unserer Gesellschaft. Frankfurt a.M./New York
Ostner, I./Pieper, B. (1980): Problemstruktur Familie – oder: Über die Schwierigkeit in und mit Familie zu leben. In: Ostner, I./Pieper, B. (Hg.): Arbeitsbereich Familie. Umrisse einer Theorie der Privatheit. Frankfurt a.M./New York
Plattner, I. E. (1990): Zeitbewußtsein und Lebensgeschichte. Theoretische und methodische Überlegungen zur Erfassung des Zeitbewußtseins. Sanger
Raehlmann, E. u.a. (1993): Flexible Arbeitszeiten. Wechselwirkungen zwischen betrieblicher und außerbetrieblicher Lebenswelt. Opladen
Ravaioli, C. (1987): Die beiden Seiten des Lebens. Von der Zeitnot zur Zeitsouveränität. Hamburg
Rerrich, M. S. (2. Aufl. 1990): Balanceakt Familie. Zwischen neuen Leitbildern und alten Lebensformen. Freiburg

Rinderspacher, J. (1991): Die Kultur der knappen Zeit – Über Chancen und Grenzen individueller Zeitgestaltung. In: Voß, G. G. (Hg.): Die Zeiten ändern sich – Alltägliche Lebensführung im Umbruch. Sonderheft II des SFB 333, München

Rudolph, H. (1982): „Neue Arbeitszeitpolitik" – Schlechte Zeiten für die Frauen. In: Prokla, 12. Jg., H. 49, S. 90-98

Schaffer, H. I. (1993): Zeitwende im Alter. Individuelle Zeitstile älterer Frauen. Frankfurt a.M.

Sichtermann, B. (1982): Vorsicht, Kind. Eine Arbeitsplatzbeschreibung für Mütter, Väter und andere. Berlin

Sichtermann, B. (1987): FrauenArbeit. Über wechselnde Tätigkeiten und die Ökonomie der Emanzipation. Berlin

Stahn-Willig, B./Bäcker, G. (1984): 35 Stunden sind immer noch zuviel. Arbeitszeitprobleme im Lebenszusammenhang von Frauen. In: WSI-Mitteilungen, Jg. 37, H. 1. S. 14-23

Weg, M. (1984): Mehr Chancen für Frauen im Beruf durch Teilzeitarbeit und Arbeitszeitflexibilisierung? Oder: Bescheidenheit statt Gleichberechtigung. In: Mayer, C. u.a. (Hg.): Mädchen und Frauen. Beruf und Biographie. München

Maria S. Rerrich

Zusammenfügen, was auseinanderstrebt: zur familialen Lebensführung von Berufstätigen

Zusammenfassung

Während in der öffentlichen Debatte Individualisierung meist fälschlicherweise nur als Freisetzung des Einzelnen aus traditionellen Zwängen dargestellt wird, knüpft dieser Beitrag an die klassische Bestimmung von gesellschaftlichen Individualisierungsprozessen an: als ambivalente Einheit von Freisetzung und neuer Einbindung des Subjekts in gesellschaftliche Strukturen. Wie sich gesellschaftliche Individualisierungsprozesse in diesen beiden widersprüchlichen Dimensionen auf die alltägliche Lebensführung von Familien auswirken wird an Hand von empirischen Befunden des Projekts „Alltägliche Lebensführung" diskutiert.
Gezeigt wird, daß der Familienalltag zur zunehmend komplexen Gestaltungsaufgabe wird, in der Elemente wie Flexibilisierung und Rationalisierung immer bedeutsamer werden. Neue Anforderungen in der Arbeit des Alltags können je nach materiellen, kulturellen, sozialen aber auch persönlichen Ressourcen neue Chancen, aber auch neue Risiken für die Subjekte mit sich bringen. Erweiterte Handlungsspielräume sind eine ebenso mögliche Konsequenz wie das Gefühl der ständigen Überforderung und Hilflosigkeit.
Mit diesem Beitrag werden zentrale empirische Befunde des Projekts in den Kontext der (familien-)soziologischen Debatte um Individualisierung und neue Risiken gestellt. Die Analyse der alltäglichen Lebensführung zeigt typische aktuelle Entwicklungen in Familien in Richtung Individualisierung in ihrem Spannungsverhältnis von Freisetzung aus traditionellen Bindungen einerseits und Einbindung in neue, immer unübersichtlicher werdende Abhängigkeiten andererseits. Zugleich wird deutlich, wie sehr Familien heute dazu gezwungen sind, familiale Gemeinsamkeit im Alltag gegen die dominante Logik herrschender gesellschaftlicher Strukturen durchzusetzen.

In der Familiensoziologie unterscheidet man gern zwischen der Familie einerseits und gesellschaftlichen Umweltbedingungen der Familie andererseits. So hilfreich diese heuristische Unterscheidung manchmal sein mag: Sie kann auch irreführend sein. Denn sie unterstützt ein verzerrtes Bild von Familie, das auch im Alltagsbewußtsein vieler Menschen dominiert: die Familie als geschützter und beschützender Ort, angesiedelt irgendwo außerhalb der Gesellschaft.

Diese Vorstellung einer von der Gesellschaft mehr oder minder abgeschotteten Familie hat eine lange Tradition. Sie geht zurück auf Theoretiker wie Wilhelm Heinrich Riehl, dem großen konservativen Begründer der Familiensoziologie in Deutschland. Bereits Riehl beschrieb das Verhältnis von Familie und Gesellschaft in dichotomisierenden Kategorien: einerseits in der Öffentlichkeit der Gesellschaft die Kräfte der Bewegung, das Draußen der Welt, der Ort der Männer, andererseits in der Familie die Kräfte des Beharrens, das Drinnen des Heims, der Ort der Frauen. Ob diese polarisierende Betrachtungsweise je mehr war als die Wunschvorstellung eines bürgerlichen Kulturkritikers sei einmal dahingestellt. Für jede aktuelle Einschätzung von Familie scheint ein analytischer Zugang jedenfalls fruchtbarer, der von der gegenteiligen Annahme ausgeht: daß die Gesellschaft Teil der Familie ist und umgekehrt, daß Entwicklungen im Binnenraum der Familie weitreichende gesellschaftliche Konsequenzen nach sich ziehen können.

Dies gilt erst recht für gesellschaftliche Veränderungsprozesse, wie sie für die letzten Jahrzehnte typisch waren. Mit Arlie Hochschild und Ann Machung (1990) gesprochen, gingen diese gesellschaftlichen Umbrüche nicht einfach um die Institutionen Ehe und Familie herum, sondern mitten durch sie hindurch.

Hierfür gibt es viele Belege. Ein aktuelles, besonders drastisches Beispiel liefert derzeit der Geburtenrückgang in Ostdeutschland. 1991 war hier die Geburtenzahl nur halb so hoch wie Mitte der 80er Jahre (Statistisches Bundesamt 1992:48). Dies liegt nur teils an den in den letzten Jahren ausgeprägten Wanderungsbewegungen von Ost nach West, die vor allem die junge Generation betrafen. Die große gesellschaftliche Transformation von der DDR-Gesellschaft zu einem Teil der Bundesrepublik übersetzt sich vielmehr für viele im Osten lebende Paare in jeweils ganz persönliche Entscheidungen, zumindest vorerst auf ein Kind zu verzichten. Das Beispiel des ostdeutschen Geburtenrückgangs zeigt zugleich, wie Entscheidungen im familialen Binnenraum massiv auf die Gesellschaftsstruktur zurückwirken können: die Konsequenzen der vielen Einzelentscheidungen werden die Gesellschaftsstruktur der neuen Bundesländer noch lange prägen, etwa in Form von Schüler- und Lehrlingsmangel, Arbeitskräfteknappheit u.ä.m.

Seit den gesellschaftlichen Veränderungen, die in der soziologischen Diskussion mit dem Stichwort Individualisierung gekennzeichnet werden, wäre es weniger denn je plausibel, die Familie nur als mehr oder minder passive Integrationsinstanz gesellschaftlicher Einflüsse zu begreifen. Spätestens mit dem Aufkommen des Mottos „das Persönliche ist politisch" in der Neuen Frauenbewegung wurde die Familie erklärtermaßen zum Ort gesellschaftlicher Veränderung, denn wie Ilona Kickbusch (1987:24) schrieb: „In der Frage: 'wer kocht das Abendessen', steckt (heute) eine ganze politische Theorie."

Die familiensoziologische Diskussion gesellschaftlicher Individualisierungsprozesse im Anschluß an Ulrich Beck (1986) betonte zunächst (m.E. oft zu einseitig) die Dimension der Freisetzung von traditionellen Zwängen. So wurde verwiesen auf die schwindende Prägekraft traditioneller Geschlechterrollen, auf liberalisierte Wertvorstellungen im Hinblick auf Generationenbeziehungen, Sexualität und Erziehung, auf sinkende Eheschließungsziffern, auf die Zunahme neuer Familienformen u. dgl. mehr (vgl. zusammenfassend Beck/Beck-Gernsheim 1990). In der jüngeren Diskussion wird kritisch angemerkt, daß manche dieser Befunde nur für bestimmte gesellschaftliche Gruppen Gültigkeit beanspruchen können. So machen Hans Bertram und Christoph Dannenbeck (1990) auf die Bedeutung regionaler Differenzierungen aufmerksam. Angelika Diezinger (1993) zeigt, daß Individualisierung je nach Geschlecht Unterschiedliches bedeutet und spricht deshalb von der „gebundenen Individualisierung" der Frauen.

Der folgende Beitrag versucht, die Auswirkung gesellschaftlicher Individualisierungsprozesse auf die Familie auf einer anderen Ebene zu präzisieren. Auch hier geht es um Freisetzungsprozesse. Es geht aber ebenso um neue Einbindungen durch die jüngere gesellschaftliche Entwicklung – ein klassisches, aber oft ignoriertes Thema der Individualisierungstheorie. Es soll gezeigt werden, wie Individualisierung in den beiden Dimensionen Freisetzung *und* neuer Einbindung in der alltäglichen Lebensführung ganz durchschnittlicher Familien wirksam wird, und zwar aus der Perspektive der Betroffenen selbst.

Eine gemeinsame Lebensführung als Familie – so die These – ergibt sich immer weniger „von allein". Vielmehr ist es heute eine komplexe und voraussetzungsvolle Gestaltungsaufgabe, eine familiale Lebensführung zu etablieren und aufrechtzuerhalten. Dies gilt erst recht in Familien, in denen beide Eltern berufstätig sind, wie dies in den letzten Jahrzehnten zunehmend der Fall ist. Gefordert ist dabei nicht nur, Gemeinsamkeit in zeitlicher Hinsicht herzustellen in einer Gesellschaft, deren Zeitstrukturen immer weniger synchronisiert sind. (vgl. hierzu Garhammer/Groß 1991). Gefordert sind auch sachliche, soziale und sinnhafte Integrationsleistungen.

1. Die Organisation des Alltags: eine komplexe Gestaltungsaufgabe

Die empirische Grundlage der vorgestellten Überlegungen ist eine noch laufende Studie zu Veränderungen der alltäglichen Lebensführung. Untersucht wird dort, wie berufstätige Frauen und Männer die Tätigkeiten in den unterschiedlichen Lebensbereichen ihres Alltags koordinieren und organisieren. Wie bringen sie beispielsweise berufliche Arbeit und Hausarbeit, Kinder- und Altenbetreuung, Eigenarbeit und ehrenamtliche Arbeit, Hobbys, Schwarzarbeit, Nachbarschaftshilfe und was sie sonst noch zu tun haben mögen unter einen Hut?[1]

Hierzu wurde die alltägliche Lebensführung von Frauen und Männern in unterschiedlichen Berufen in Bayern untersucht. Gemeinsames Auswahlkriterium für alle war, daß sie in zeitlich flexiblen Arbeitsverhältnissen beschäftigt sind und (mindestens) ein Kind im Haushalt zu versorgen haben. Warum wurden Personen mit flexiblen Arbeitszeiten ausgewählt? Der Grund liegt darin, daß flexible Arbeitszeiten in Westdeutschland in den letzten 10 Jahren sprunghaft zugenommen haben.

Eine 1987 erschienene repräsentative Arbeitszeitstudie des ISO-Instituts in Köln ergab, daß nur noch 27 % aller abhängig Beschäftigten in der (alten) Bundesrepublik „normale" Arbeitszeiten haben (Groß/Prekuhl/Thoben 1987). Die anderen drei Viertel der westdeutschen ArbeitnehmerInnen leisten Wochenend- oder Schichtarbeit, haben regelmäßige Überstunden oder „normale" verlängerte Arbeitszeiten, sind von Kurzarbeit, Arbeit auf Abruf oder sonstigen Formen flexibler Arbeitszeitgestaltung betroffen, sind teilzeitbeschäftigt usw. Viele Beschäftigte sind von mehreren dieser Merkmale gleichzeitig (z.B. Wochenendarbeit *und* Schichtarbeit) betroffen.[2] Und der Trend setzt sich fort: 1989 sind es nur noch 24%, die im Rahmen sog. Normalarbeitszeiten erwerbstätig sind (Groß u.a. 1989).

Man könnte also pointiert sagen: Im Hinblick auf die Arbeitszeit ist, zumindest in Westdeutschland, heute die Ausnahme praktisch zur Regel geworden.

---

1   Für diese Fragestellung wurde in Anknüpfung an Max Webers Begriff der „Lebensführung" ein theoretisches Konzept der „alltäglichen praktischen Lebensführung" entwickelt (Behringer u.a. 1990, Voß 1991). Der Akzent liegt zum einen auf „alltäglich". Damit ist die Ebene angegeben, die theoretisch und empirisch im Zentrum steht: es interessiert nicht die synchrone Perspektive des Lebenslaufs, sondern die diachrone Perspektive des Alltags, wie er Tag für Tag gelebt wird. Betont wird zum zweiten das „praktische". Es interessiert also vor allem das konkrete Tun der Menschen: was tun sie und wie tun sie es? Schließlich wird die Lebens"führung" betont. Es wird davon ausgegangen, daß die Menschen ihre tagtäglichen Betätigungen, das also, was sie tagaus, tagein tun, in relativ stabilen Arrangements organisieren. Wie dieses Arrangement aussieht ist für die Personen nicht einfach vorgegeben. Dieses Arrangement muß vielmehr mehr oder weniger bewußt gestaltet und strukturiert, gegebenenfalls auch verändert werden.

2   Bei den Befragten der ISO – Studie arbeitet ein Drittel der Befragten regelmäßig an Wochenenden. Gleichfalls ein Drittel leistet regelmäßig Überstunden. In Schicht- und/oder Nachtarbeit arbeiten gut 15% der Beschäftigten. 14% aller ArbeitnehmerInnen sind teilzeitbeschäftigt, 90% davon sind Frauen. Ebenfalls 14% der Befragten dieser Studie haben gleitende Arbeitszeit, zwei Drittel davon mit der Möglichkeit zur Ansammlung von Zeitguthaben.

Nicht der Mensch, der entweder Schicht arbeitet oder auch samstags arbeitet oder Teilzeit arbeitet, irgendeine andere ungewöhnliche Arbeitszeit hat oder derzeit nur befristet beschäftigt ist, stellt heute die Ausnahme dar. Die Ausnahme ist heute der Mensch, der in seiner Lebensführung unserer nach wie vor geltenden Normalvorstellung entspricht: der jeden Tag morgens um 7 aus dem Haus geht und abends nach einem 8-Stunden-Tag nach Hause kommt, immer im gleichen Rhythmus Montag bis Freitag, Monat für Monat, Jahr für Jahr (vgl. ausführlich Bispinck 1988; Groß u.a. 1989).

Eine derart umfassende Deregulierung der Arbeitszeiten beeinflußt nun weit mehr als nur die Muster betrieblicher Zeitgestaltung. Sie berührt den zeitlichen Grundzuschnitt des gesellschaftlichen Alltagslebens in seiner Gesamtheit und hat weitreichende Konsequenzen in verschiedensten gesellschaftlichen Teilbereichen. Denn damit werden Muster nicht nur der Zeitverwendung, sondern auch der Lebensführung zum einen ausdifferenziert und pluralisiert: Immer mehr und immer unterschiedlichere Muster existieren gleichzeitig nebeneinander. Zum zweiten werden die Muster der alltäglichen Lebensführung durch die Vervielfältigung der Zeitrhythmen individualisiert: tendenziell können und müssen sich alle ihren ganz persönlichen „Alltagsfahrplan" zusammenstellen. Die Folgen dieser Entwicklung für die Familie sind ausgesprochen ambivalent. Es eröffnen sich für die Menschen zwar individuell mehr Möglichkeiten, in dem sie stärker zwischen unterschiedlichen Optionen wählen können. Gleichzeitig treffen individualisierte Zeit- und Lebensführungsmuster dort, wo sie sich in der Familie überlagern, vielfach konflikthaft aufeinander.

Die Einbindung der einzelnen Familienmitglieder in unterschiedliche Handlungsfelder und damit verschiedene Zeitordnungen bringt nicht nur eine Erweiterung der Handlungsspielräume sondern auch neue Aufgaben und Probleme mit sich. Der Alltag der untersuchten Berufstätigen ist in vielen Dimensionen grundverschieden je nach Schicht und Milieu, Arbeitsplatz, Haushaltsform, Region u.v.m. Und doch verbindet alle – über alle Differenzierungen hinweg – eine zentrale Gemeinsamkeit: sie müssen aktiv dafür Sorge tragen, daß eine familiale Lebensführung – was immer dies im konkreten Einzelfall bedeuten mag – zustandekommt. Sie müssen also nicht nur ein individuelles Arrangement der Lebensführung für sich selbst herstellen, sondern sie müssen die eigene Lebensführung mit der Lebensführung der anderen Familienmitglieder zu einer gemeinsamen Lebensführung verschränken. Diese Gemeinsamkeit im Sinne einer aufeinander abgestimmten, geteilten Lebensführung aller Familienmitglieder ergibt sich nun keineswegs „automatisch", im Gegenteil. Ob es ihnen bewußt ist oder nicht: die Menschen tun aktiv sehr viel dafür, daß sie als Familie zusammenkommen. Dabei nehmen sie auf sehr vielfältige, oft widersprüchliche Faktoren Rücksicht, und sie müssen das auch tun.

Viele gesellschaftliche Institutionen, die jeweils ihrer eigenen Logik folgen, greifen in den Familienalltag ein. Die Zeitregelungen von Kindergarten und Schule, die Arbeitszeiten von Frau und Mann, die Öffnungszeiten der Geschäfte, die Fahrpläne der öffentlichen Verkehrsmittel sind hierfür nur einige Beispiele auf der Ebene der Zeit. Derartige Faktoren geben *auch* den Rahmen dafür ab, was eine Familie als Ganzes aus ihrem Alltag machen kann. Flexible Arbeitszeiten und auch gewisse Veränderungen in der Arbeitsteilung zwischen den Geschlechtern verstärken dieselbe Tendenz: Je unterschiedlicher sich Lage und Rhythmus von Arbeitszeit und privater Zeit, von Werktag und arbeitsfreien Tagen für die Menschen gestalten, je stärker Frauen und Männer entscheiden können und müssen, welche Rolle berufliche und familiale Arbeit in ihrem Leben jeweils spielen sollen, desto mehr müssen die Personen ihr Alltagsleben mit komplexer werdenden Anforderungen abstimmen und eigenständig gestalten. Pointiert gesagt: das Alltagsleben wird der Tendenz nach immer mehr selbst zu einem Stück Arbeit.

2. Die Arbeit des Alltags: empirische Befunde

Was bedeutet das nun ganz konkret? Zu Beantwortung dieser Frage sollen im folgenden fünf Befunde der Studie herausgegriffen und jeweils an zwei Beispielen aus sehr unterschiedlichen Milieus in Westdeutschland erläutert werden.[3] Anschließend soll durch den Kontrast mit einem ostdeutschen Beispiel die Frage aufgeworfen werden, inwieweit diese Befunde auf die neuen Bundesländer übertragbar sind.

Erstens: Aus verschiedenen Gründen nimmt die Komplexität im Alltag zu. In der Folge wird auch die Etablierung und Stabilisierung eines Familienalltags zur komplexen Herstellungsleistung.

Das Spektrum der Tätigkeiten, die jedes einzelne Familienmitglied heutzutage an einem Tag typischerweise verrichten muß und/oder verrichten will, ist breit. Es gibt viele sehr verschiedenartige Dinge, für die im Alltag Raum geschaffen werden muß oder geschaffen wird, und manche passen eher schlecht als recht zusammen.

---

[3] Diese beiden Beispiele wurden auch ausgewählt, um die familialen Konsequenzen von vergleichsweise großer beruflicher Zeitsouveränität auf der einen Seite, starker Abhängigkeit von betrieblichen Flexibilisierungsstrategien auf der anderen Seite zu illustrieren.

Zum Beispiel bei der Mittelschichtfamilie der Rundfunkmitarbeiterin Sylvia *Grünert*.[4] Sylvia Grünert und ihr Mann Klaus leben mit ihren beiden Kindern nicht direkt in der Großstadt München, wo sie arbeiten. Wegen der hohen Mieten und der kinderfreundlicheren Lebensbedingungen sind sie, wie viele Familien mit Kindern in den letzten Jahren, in einen Vorort im S-Bahn-Bereich gezogen.[5] Für ihren Alltag als Familie bedeutet das, daß die Eltern jeweils 40 Minuten einfache Fahrzeit in Kauf nehmen, um zum Arbeitsplatz bzw. zurück zu kommen.[6] Sylvia Grünert arbeitet als freie technische Mitarbeiterin für einen privaten Rundfunksender, Klaus Grünert ist selbständiger Bauingenieur. Der achtjährige Alexander besucht die dritte Klasse der Grundschule im Ort, die elfjährige Judith das Gymnasium der nahegelegenen Kreisstadt.

Jedes Familienmitglied hat für seine Tätigkeiten also einen eigenen Zeitrhythmus und eigene Aufenthaltsorte. Herr Grünert kann als Selbständiger noch am ehesten über seine Zeit bestimmen, aber natürlich muß er mit seiner Terminplanung auf die Interessen seiner Klienten Rücksicht nehmen. Frau Grünert stimmt ihre Arbeitszeit mit den Sendeterminen der Redaktion ab. Es bliebt nicht aus, daß sie oft abends oder am Wochenende arbeiten muß, und sie steht zusätzlich unter dem Druck, wegen der Sendetermine immer 100% pünktlich sein zu müssen. Alexander und Judith besuchen verschiedene Schulen und kommen zu unterschiedlichen Zeitpunkten nach Hause. Hinzu kommen die regelmäßigen Freizeitaktivitäten (Fußballverein und Ballettstunde der Kinder, Tennisstunde und Saunaabend der Eltern) und die unregelmäßigen Termine (Zahnspangenkontrolle und Elternsprechstunde, Behördengänge und Fahrten zur Autowerkstatt).

Ganz anders und doch ähnlich komplex ist die Lebensführung der Familie der Billigmarktverkäuferin Paula *Borowsky* in der Kleinstadt Grundhausen. Paula Borowsky war vor der Geburt ihres heute siebenjährigen Sohnes Arzthelferin. Als mit der Einschulung des Kindes und dem Baubeginn eines Eigenheims der berufliche Wiedereinstieg für sie anstand, gab es in Grundhausen keine ausbildungsadäquate freie Stelle. Wegen der schlechten öffentlichen Verkehrsverbindungen in die Kreisstadt blieb Frau Borowsky nur übrig, das zu nehmen, was der regionale Arbeitsmarkt für sie hergab: eine Tätigkeit als Verkäuferin und Kassiererin einer Billigmarktkette. Hier arbeitet sie nun im Rahmen einer

---

4 Namen und einige Details wurden zur Gewährleistung der Anonymität geändert.
5 Zur Wohnsituation von Familien in Westdeutschland vgl. Vaskovics (1988), Müller (1991).
6 Vgl. zur Problematik der fortschreitenden Trennung von Wohn- und Arbeitsort Ott/Gerlinger (1992).

sog. KAPOVAZ-Regelung.[7] Mit ihrem Arbeitgeber ist eine wöchentliche Arbeitszeit von 24 Stunden nach gegenseitiger Absprache vereinbart. Die konkrete Praxis sieht freilich so aus, daß Frau Borowsky als KAPOVAZ-Kraft vom Betrieb ständig als Springerin eingesetzt wird, und zwar nicht nur in Grundhausen, sondern im gesamten Landkreis. Überstunden von 10-15 Stunden pro Woche sind nicht die Ausnahme, sondern die Regel, und teils erfolgen die Arbeitseinsätze so kurzfristig, daß Frau Borowsky z.B. am Montag manchmal noch nicht weiß, ob und wo sie am Dienstag arbeiten wird. Hinzu kommt, daß der kleine Florian als Erstkläßler einen völlig unregelmäßigen Unterricht und damit ebenfalls unkalkulierbare An- und Abwesenheitszeiten hat. Regelmäßig ist nur der Tagesablauf von Herrn Borowsky. Er ist als Elektriker von täglich 6.30 bis 18.30 außer Haus: zunächst an seinem Arbeitsplatz und anschließend auf diversen Baustellen von Bekannten, wo er sich schwarz zusätzliches Geld für den Bau des Eigenheimes der Familie dazuverdient.

Zweitens: Die alltägliche Lebensführung jedes einzelnen Familienmitglieds muß zunehmend flexibel sein. In der Folge wachsen die Anforderungen an Flexibilität auch in der Familie. Immer mehr müssen sich die Menschen an relativ schnell veränderliche Arbeits- und Lebensbedingungen anpassen, und entsprechend schnell muß auch die Familie im Stande sein, zu improvisieren und nach neuen Arrangements zu suchen.

Grundsätzlich versucht Frau *Grünert,* einen einigermaßen regelmäßigen Tages- und Wochenablauf für sich einzurichten. Sie muß aber ständig *auch* auf Unvorhergesehenes reagieren – wenn z.B. eine Lehrerin erkrankt und ein Kind deshalb früher nach Hause kommt. Ihre Schwiegermutter, die nebenan wohnt, sieht zwar bei Bedarf nachmittags bei den Kindern nach dem Rechten. Aber manchmal steht auch sie nicht zur Verfügung. Dann muß Frau Grünert nach Ersatz suchen, zum Beispiel im Netzwerk der Mütter in der Nachbarschaft, die gegenseitig füreinander einspringen.[8] Grundsätzlich ist auch Herr Grünert bereit, vergleichsweise viel Zeit in die Familie zu investieren. Wenn er aber verreisen muß, fällt er für die Kinderbetreuung aus. In letzter Zeit nehmen seine Aufträge zu, die mit längeren Aufenthalten in den neuen Bundesländern verbunden sind.

In Sylvia Grünerts Sendeanstalt ist es üblich, daß die Kolleginnen oft relativ kurzfristig füreinander einspringen. Wenn Frau Grünert eine Kollegin vertritt, wird nicht nur ihr eigener Alltag flexibilisiert, sondern es kommt eine Kette von Flexibilisierung und Improvisation in Gang: die Großmutter muß bereits am Mittwoch und nicht erst am Donnerstag, wie mit ihr verabredet war, für die

---

7 KAPOVAZ ist eine Abkürzung für „kapazitätsorientierte variable Arbeitszeit", auch bekannt unter der Bezeichnung „Arbeit auf Abruf".
8 Zu den Netzwerken von Frauen vgl. Mayr-Kleffel (1991).

Kinderbetreuung zur Verfügung stehen, der Mann muß abends die Kinder ins Bett bringen und deshalb den vereinbarten Tennistermin verschieben usw. Erst recht gilt, daß die Flexibilität des Arbeitseinsatzes von Paula *Borowsky* auf die Gestaltung ihres Familienlebens voll durchschlägt. Die Arbeitszeitregelung nach KAPOVAZ hat für den Familienalltag höchst problematische Konsequenzen. In den Augen ihres Sohnes wird Frau Borowsky z.b. zunehmend als unzuverlässig wahrgenommen, denn immer wieder muß sie versprochene Beschäftigungen mit dem Kind kurzfristig verschieben oder ganz absagen.

Drittens: Es lassen sich Tendenzen zur bewußten, rationalen Organisation des Alltags beobachten. Der Alltag wird häufig bewußt und planmäßig organisiert, und damit dringen Momente von Rationalisierung in die Lebensführung ein. Man überläßt weniger dem Zufall, plant vieles voraus, erledigt die Dinge weniger nach Lust und Laune. Das Alltagsleben wird nicht selten selbst zum Gegenstand kalkulatorischer Überlegungen.

Wie Frau *Grünert* ihren Tagesablauf gestaltet, ist hierfür ein ausgeprägtes Beispiel: alles funktioniert nur auf der Grundlage einer sehr rationalen Planung. Durch die Wohnsituation ist insbesondere die Abstimmung der Aufenthaltsorte aller Familienmitglieder inklusive Chauffeurdienste für die Kinder aufwendig. Natürlich kommt Frau Grünert nicht ohne Terminkalender aus. Hier trägt sie nicht nur die eigenen beruflichen Termine, sondern auch die Freizeittermine der Kinder und die An- und Abwesenheitszeiten ihres Mannes ein. Für jeden einzelnen Tag gibt es außerdem einen Zettel, auf dem sie – quasi als „Familienfahrplan" – die Aufenthaltsorte aller Familienmitglieder und Erledigungen auflistet, und zwar zum Teil in kürzesten Abständen:

- Julia: 15.00 Uhr Ballett,
- Alexander: 15.30 Uhr ins Schwimmbad (wird von Oma abgeholt),
- dazwischen Getränkeabholmarkt, Schuster, Apotheke,
- 16.15 Julia abholen,
- auf dem Heimweg Reinigung,
- zur Arbeit: S-Bahn 20.43 Uhr.

Dieser „Fahrplan", der in der Küche hängt, ist auch eine Art Infoblatt für die ganze Familie, denn alle wissen damit Bescheid, wo sich die anderen gerade aufhalten. Den „Fahrplan" bekommen auch Klaus Grünert bzw. die Großmutter in die Hand, wenn Sylvia Grünert einen Sendetermin hat. Dann wissen sie, was sie wann zu tun haben: Sie brauchen nur noch nach dem Plan vorgehen, den Frau Grünert vorher ausgearbeitet hat.

Auch Paula *Borowsky* kommt nicht ohne ähnliche Zettel aus, mit denen sie ihrem Mann und der eigenen Mutter über ihren Arbeitseinsatz Bescheid gibt. Da der Alltag der Familie Borowsky aber vergleichsweise statisch und weniger vielfältig ist – fast alle Aktivitäten finden in Grundhausen statt, und das Tätigkeitsspektrum ist nicht so groß – und auch der Tagesablauf des Sohnes weniger „Termine" enthält, ist der Bezugspunkt von Frau Borowskys Alltagskalkülen vorwiegend ein anderer. Ihr Hauptproblem ist, das umfangreiche und vergleichsweise anspruchsvolle Hausarbeitspensum zu schaffen, obwohl ihre Zeit ständig von Übergriffen des Betriebes gefährdet ist. Da sie nur drei bis vier halbe Tage pro Woche Zeit für den Haushalt hat, muß sie genau planen, um alles in der kurzen Zeit bewältigen zu können. Auch sie rationalisiert, in dem sie z.b. in großen Mengen vorkocht und das Essen einfriert. Zusätzlich hat Frau Borowsky Strategien entwickeln müssen, um sich vor den als maßlos empfundenen Ansprüchen des Betriebes zu schützen. So geht sie z.b. seit einiger Zeit nur dann selbst ans Telefon, wenn ein entsprechendes Klingelzeichen ertönt, das sie mit allen Freunden und Verwandten eigens vereinbart hat.

Viertens: In der Gestaltung komplexer Alltagsabläufe zeigen sich typische soziale Differenzierungen: Es lassen sich dabei „Gewinner" und „Verlierer" identifizieren. Je nach materiellen, kulturellen, sozialen, aber auch persönlichen Ressourcen können erweiterte und mehr selbstbestimmte Handlungschancen die Folge sein oder aber Hilflosigkeit und das Gefühl ständiger Überforderung.[9]

Die Familie *Grünert* gehört zu denjenigen, die mit einem komplexer und flexibler werdenden Alltag vergleichsweise gut fertig werden. Zum einen ist ein hohes Einkommen vorhanden, womit man viele Probleme lösen kann: z.B. ist gelegentliches Essengehen selbstverständlich. Zum zweiten sind die sozialen Ressourcen besser als in vielen anderen Familien. Nicht jede Familie kann auf die Hilfe einer rüstigen Großmutter zurückgreifen, nicht jede hat die sozialen Fähigkeiten, die nötig sind, um tragfähige Netzwerke in der Nachbarschaft aufzubauen, die den Alltag entlasten.

Wichtig ist auch, daß die einzelnen Familienmitglieder selbst erkennen, daß ein zufriedenstellender Alltag nur dann gelingen kann, wenn sie nicht gegeneinander arbeiten. Frau Grünert betont: „Unser Gleichgewicht ist sehr empfindlich, und jeder von uns weiß, daß das sehr empfindlich ist." Aber auch sie leidet unter der ständigen Organisation und Neu-Organisation des Alltags. Obwohl sie in einem relativ privilegierten gesellschaftlichen Milieu lebt, erfährt sie das ständige Zusammenfügen-Müssen der vielen Einzelteile des Familienalltags oft als erhebliche Belastung.

Erst recht problematisch ist dies in der Familie *Borowsky*, die über weniger kulturelle und materielle Ressourcen verfügt. Familienkonflikte sind auf der Tagesordnung, wenn allen wieder einmal der Alltag über den Kopf wächst: dann beispielsweise, wenn es Frau Borowsky mal wieder nicht schafft, die Ansprüche ihres Arbeitgebers auf noch mehr Arbeit abzuwehren und beide Eltern

---

9   Die Einteilung nach „Gewinnern" und „Verlierern" folgt dabei übrigens nicht immer den „klassischen" Dimensionierungen von Schicht und Klasse, auch wenn es für diese beiden konkreten Beispiele zutrifft (vgl. Rerrich/Voß 1992).

befürchten, daß der Sohn darunter leiden muß. In der finanziellen Zwickmühle, in die sich die Familie mit dem Hausbau manövriert hat, kann keiner der beiden Eltern beruflich zurückstecken: Frau Borowsky, die den Verlust des einzigen am Ort verfügbaren Arbeitsplatz befürchtet, ebensowenig wie Herr Borowsky, der den Löwenanteil des Geldes für den Neubau heranschaffen muß. Es bleibt ein resigniertes Sich-Fügen, wobei psychosomatische Erkrankungen nicht ausbleiben. Erträglich wird diese Situation nur durch die große, in diesem ländlichen geprägten Milieu nicht untypische Belastungsbereitschaft und durch nach wie vor stabile soziale Ressourcen. Die Familie ist eingebunden ist eine traditionelle bayerische Großfamilie am Ort, deren Unterstützung vieles abpuffert.

Es lassen sich, fünftens, charakteristische geschlechtsspezifische Unterschiede feststellen. Die Verantwortung für die Herstellung eines gemeinsamen Familienalltags liegt in den meisten Fällen bei den Frauen. Ständige Organisation und Neuorganisation inklusive der dazugehörigen Irritationen und kleinen Unfälle stellen nicht die Ausnahme in der alltäglichen Lebensführung von Müttern dar, sondern die Regel. Dieser Befund gilt für die untersuchten Väter nicht in gleicher Weise. Bei ihnen liegt vor allem nach wie vor trotz der Erwerbstätigkeit der Frauen die Verantwortung für das materielle Wohl der Familie.

Es gibt aber noch einen zweiten Grund für die Aussage, daß es vor allem Frauen sind, die tagtäglich Gemeinsamkeit herstellen. Dort, wo berufstätige Eltern mit flexibler Arbeitszeit kleinere Kinder haben, gelingt ein funktionierender Alltag meist nur dann, wenn noch mindestens eine weitere Frau – z.B. eine mithelfende Verwandte oder eine bezahlte Kinderbetreuerin – daran mitwirkt. Es ist nämlich keineswegs, wie man erwarten könnte, vor allem die Arbeitsteilung zwischen Frau und Mann, die sich umstrukturiert, wenn beide Partner in einer Familie berufstätig sind. Typischerweise sind eventuelle mehr oder weniger zaghafte Veränderungen hier überlagert von ausgeprägten neuen Mustern der Arbeitsteilung *zwischen* Frauen.

Herr *Grünert* versucht es sich z.B. einzurichten, daß er auf die Kinder aufpassen kann, wenn Frau Grünert am Wochenende berufsbedingt abwesend sein muß. Aber Frau Grünert denkt daran, daß dieses Problem auftreten wird und geregelt werden muß, sie sucht nach einer Regelung, und sie stellt notfalls ihre eigenen Pläne zurück, wenn keine befriedigende Regelung gefunden werden kann. Das ganze Arrangement funktioniert aber insgesamt nur deshalb einigermaßen, weil Oma Grünert, die verwitwet und Rentnerin ist, gern der jungen Familie zur Seite steht, mehrmals wöchentlich die Kinder betreut und auch sonst als „mobile Reserve" sehr flexibel einspringt, wenn Not am Mann ist. Zusätzlich beschäftigt die Familie an einem Tag in der Woche eine schwarzarbeitende Putzfrau, deren Anleitung ebenfalls bei Frau Grünert liegt. Schließlich hat Frau Grünert im Laufe der Jahre ein informelles Mütternetzwerk mitaufgebaut, in dem sich die Mütter, z.B. bei Fahrdiensten, gegenseitig unterstützen.

Herr *Borowsky* ist durch seine Arbeit im Beruf sowie durch die zusätzliche Schwarzarbeit und Eigenarbeit auf der Baustelle so sehr eingespannt, daß er für die Familie vorwiegend nur sonntags Zeit hat. Kinderbetreuung und Hausarbeit betrachtet aber die ganze Familie ohnehin als Sache der Frauen. Entsprechend beruht das Funktionieren des gesamten Systems der familialen Lebensführung nur auf der Grundlage der Kooperationsbereitschaft der Mutter und Schwester von Frau Borowsky, die direkt nebenan wohnen, sowie weiterer weiblicher Verwandten. Deren Hilfsbereitschaft ist Teil eines generationenübergreifenden Regelwerks, das einerseits Entlastung garantiert, andererseits aber auch Abhängigkeiten schafft. Denn die Bereitschaft von Frau Borowskys Mutter, selbstlos für den kleinen Florian zu sorgen und notfalls auch den Haushalt der Tochter mitzuerledigen, beinhaltet für die junge Familie die Verpflichtung, später ebenfalls ebenso selbstlos für die Großmutter da zu sein, wenn diese im Alter der Hilfe bedarf.

Wenn nach neuen Mustern der geschlechtsspezifischen Arbeitsteilung gesucht wird, ist deshalb nicht nur danach zu fragen, wer in Zukunft welche Tätigkeiten verrichten wird. Es wird auch danach zu fragen sein, ob sich parallel dazu auch neue Muster von Verantwortung und Verantwortlichkeit im Familienalltag durchsetzen und welche Verschiebungen in der Arbeit *innerhalb eines Geschlechtes* parallel dazu stattfinden. Noch hat es den Anschein, als wären die Verantwortlichkeiten (nicht unbedingt die Tätigkeiten selbst) trotz zunehmender Frauenerwerbstätigkeit nach wie vor ziemlich traditionell verteilt. Die ökonomische Verantwortung für die Familie liegt meist auch dann mehr oder weniger ungebrochen bei den Männern, wenn Frauen berufstätig sind. Umgekehrt bleibt das „Dasein für andere" (Beck-Gernsheim 1983), sprich für die Familie, nach wie vor Verantwortungsbereich der Frauen, wenn es auch manchen Frauen gelingt, einen Teil der damit verbundenen Tätigkeiten an andere zu delegieren: typischerweise größtenteils an andere Frauen (vgl. hierzu ausführlich Rerrich 1993).

Der Alltag von Familien heute gleicht oft einem Puzzle aus vielen unterschiedlichen kleinen Teilen, die häufig eher schlecht als recht zusammenpassen. Tag für Tag fügen Familien und darin insbesondere die Frauen mit manchmal enormen physischen und psychischen Kosten mehr oder minder erfolgreich etwas zusammen, was strukturell eigentlich auseinanderstrebt: ihren Beruf und seinen Beruf, die unterschiedlichen Tagesabläufe der Kinder, der Eltern, der Großmutter, der Kinderbetreuerinnen, die verschiedenen Freizeitaktivitäten und noch vieles mehr. Ständiges Jonglieren und Kompromisse – Finden ist die Folge. Das Puzzle ist nicht selten so diffizil, daß selbst so etwas Alltägliches wie die Erkältung eines Kindes den täglichen Handlungsablauf einer Familie völlig aus dem Lot bringen kann.

Nun sind derartige Störfälle immer schon Teil des Familienalltags gewesen. Und sicher war es immer schon, erst recht in gesellschaftlichen Krisenzeiten (vgl. etwa für die Nachkriegszeit Thurnwald 1948) mit Anstrengung verbunden, die Basis eines gemeinsamen Familienalltags herzustellen. Aber die heute typische Einbindung der einzelnen Familienmitglieder in unterschiedlich strukturierte, komplexer werdende Anforderungskontexte hat zur Folge, daß es inzwischen oft außerordentlich aufwendig ist, mit eigentlich banalen Störfällen umzugehen. Denn die heutige Situation von Familien ist gekennzeichnet durch eine besondere Paradoxie: in einer Zeit großer gesellschaftlicher Prosperität wird die Etablierung eines ganz gewöhnlichen Familienalltags zu einer Leistung, die die Familienmitglieder oft gegen den Widerstand mächtiger gesellschaftlicher „Zentrifugalkräfte" vollbringen müssen.

3. Transformation der Lebensführung in Ostdeutschland: ein Beispiel aus Leipzig

Kurz nach der Wende schrieben Bernd Giesen und Claus Leggewie (1991), man würde ab sofort in soziologischen Analysen zusätzlich zu den üblichen Variablen wie Schicht, Bildung, Geschlecht und Alter die „neue soziologische Basisvariable Ost bzw. West" hinzunehmen müssen. Dies gilt natürlich auch für die hier vorgestellten Überlegungen, die auf der Grundlage der Auswertung eines westdeutschen Samples gewonnen wurden.

Inwieweit lassen sich diese Aussagen auf die Lebensverhältnisse in Ostdeutschland übertragen? Eine ähnlich umfangreiche empirische Sozialforschung wie zur Situation westdeutscher Familien liegt für Ostdeutschland noch nicht vor. Außerdem sind unsere eigenen empirischen Erhebungen in den neuen Bundesländern noch nicht abgeschlossen. Hinzu kommt, daß sich die Gesellschaft Ostdeutschlands derzeit in einem durchaus widersprüchlichen Transformationsprozeß befindet, bei der jede Aussage, die heute getroffen wird, bis zur Drucklegung dieses Bandes möglicherweise bereits wieder überholt sein wird. Dennoch lassen sich nach unserem bisherigen, noch eher unsystematischen Eindruck die Befunde – zunehmende Komplexität, zunehmende Flexibilität, Zunahme von Elementen der Rationalisierung, soziale und geschlechtsspezifische Differenzierung – mit wichtigen Modifikationen auch auf die Verhältnisse im Osten seit der Wende übertragen.

Ähnlichkeiten, aber auch Differenzen sollen am Beispiel des veränderten Familienalltags von Anne Elbtaler, Kaufhausverkäuferin in Leipzig, verdeutlicht werden.

Auch in der Familie Elbtaler ist die gesellschaftliche Transformation in Ostdeutschland nicht um die Familie herum, sondern mitten hindurchgegangen. Frau Elbtaler, deren Mann zu den Leipziger Montagsdemonstrationen gegangen war, während sie zu Hause bei den Kindern blieb, muß heute damit fertig werden, was die Wende für ihre Familie real gebracht hat. Herr Elbtaler wurde von seiner Firma kurz nach dem Beitritt vor die Wahl gestellt, entweder arbeitslos zu werden oder aber hinfort nicht in Leipzig, sondern in Halle zu arbeiten. Er entschied sich für das tägliche Pendeln, mit der Konsequenz, daß er nun jeden Morgen um 6 Uhr die Wohnung verläßt und in der Regel nicht vor 20 Uhr nach Hause kommt. Auch Frau Elbtalers alltägliche Handlungsabläufe und die Zeitrhythmen ihres 13jährigen Sohnes Christian, der das Gymnasium besucht, haben sich völlig verändert. Nur der Tagesablauf der 8jährigen Michaela ist unverändert geblieben. Aus einem sehr regelmäßigen Leben, bei dem alle Familienmitglieder jeden Morgen etwa zur gleichen Zeit aus dem Haus gingen, ist ein komplizierter Alltag geworden, in dem der Mann für die Familie weitgehend ausfällt und Frau Elbtaler mit einem kontingentierten Arbeitszeitsystem, wie es in westlichen Kaufhäusern üblich ist, zurechtkommen muß.[10]

Die erhebliche Verwirrung, die diese veränderten Rhythmen in die familiale Lebensführung gebracht haben, beantwortet Frau Elbtaler mit einer Strategie, wie wir sie typischerweise auch bei westlichen Müttern vorgefunden haben. Auch sie schreibt nun Pläne, an denen sich alle Familienmitglieder zu orientieren haben. Auffallend ist, daß Frau Elbtaler mit großer Selbstverständlichkeit auch die Kinder zur durchaus nicht nur symbolischen Mithilfe im Haushalt einteilt.

Ihre Koordinationsarbeit ist in mancher Hinsicht noch komplizierter als für die Mütter im Westen. Denn Frau Elbtaler verfügt ebenso wenig wie ihre Schwiegereltern oder die eigenen Eltern über ein Telefon. Deshalb wird der Plan fotokopiert und auch in der Küche ihrer eigenen Mutter und in der Wohnung der Schwiegereltern aufgehängt. Wenn die familiale Hilfeleistung über die Generationen hinweg funktionieren soll, die hier wie dort typisch ist, muß schließlich der Informationsfluß funktionieren. Dazu ist der Arbeitsplan nur ein Mittel. Ein anderes besteht darin, daß die Verwandten füreinander Nachrichten hinterlassen in Frau Elbtalers Abteilung im Warenhaus. Dies geschieht etwa dann, wenn Frau Elbtaler wegen der Erkrankung ihrer Schwester für ein Wochenende deren Kinder betreuen soll.

Der auffallendste Unterschied in den neuen Bundesländern zeigt sich freilich darin, daß in dieser Familie – wie in anderen ostdeutschen Fällen – das Thema „tagtägliche Kinderbetreuung" aufgrund der dort (noch) existierenden Betreu-

---

10 Es werden ganze Arbeitstage nach einem ziemlich unregelmäßigen und nicht vorhersehbaren Rhythmus gearbeitet, und dazwischen gibt es immer wieder freie Tage.

ungseinrichtungen nicht besonders erwähnenswert ist. Komplexität und Flexibilität werden in die Lebensführung in Ostdeutschland durch die sich verändernden Gesamtumstände des täglichen Lebens hineingetragen, aber nicht dadurch, daß die grundsätzliche Regelung der täglichen Kinderversorgung Probleme aufwirft. Im auffallenden Kontrast zu den Befragten in Bayern, die die häufig äußerst komplizierte individuelle Regelung der Kinderbetreuung immer wieder thematisieren, wird die Kinderbetreuung, da (noch) umfassend institutionell geregelt, in ostdeutschen Familien kaum zum Problem. Es wird sich zeigen, ob es ostdeutschen Familien in den nächsten Jahren erspart bleiben kann, die „Lebensqualität" westdeutscher Familien auch diesbezüglich einzuholen.

4. Alltägliche Lebensführung zwischen Freisetzung und neuer Einbindung

Verläßt man die Ebene der konkreten empirischen Befunde, so liefern diese Ergebnisse deutliche Hinweise für das Doppelgesicht gesellschaftlicher Individualisierungsprozesse: für die alltägliche Lebensführung typisch ist ein spezifisches Spannungsverhältnis zwischen einerseits Freisetzung aus traditionellen Bindungen, andererseits aber auch Einbindung in neue Abhängigkeiten. Aktuelle Entwicklungsprozesse der Familie in Richtung Individualisierung wären demnach gründlich mißverstanden, würde man sie einseitig als Chance zur „autonomen Selbstverwirklichung" interpretieren.

Deutlich wird auch, das die Gestaltung eines Alltags mit Kindern im Rahmen einer Familie, aber auch die familiale Sorge für kranke und alte Menschen, zu Leistungen werden, die vielfach der dominanten Logik gesellschaftlicher Strukturen widersprechen und oft mit Mühe gegen sie durchgesetzt werden müssen. Zwischen Freisetzung und neuer Einbindung der Einzelnen bahnt sich damit ein gesellschaftlicher Mangel an, für den der Begriff „familialer Fürsorge-Notstand" nicht übertrieben erscheint. Dieser Mangel wird derzeit noch vor allem durch die Überlastung von Frauen mehr zugedeckt als gedeckt. Vieles spricht allerdings dafür, daß die Belastungsbereitschaft von Frauen künftig eine immer knapper werdende Ressource sein wird: künftig wird sie ebensowenig selbstverständlich vorausgesetzt werden können wie frische Luft und sauberes Wasser.

Literatur

Beck, U. (1986): Risikogesellschaft. Auf dem Weg in eine andere Moderne. Frankfurt a.m.

Beck, U./Beck-Gernsheim, E. (1990): Das ganz normale Chaos der Liebe. Frankfurt a.m.

Behringer, L./Dunkel, W./Jurczyk, K./Kudera, W./Rerrich, M.S./Voß, G.G (1989): Auf dem Weg zu einer neuen Art der Lebensführung? In: Mitteilungen 1 des SFB 333

Behringer, L./Dunkel, W. (1991): Wenn nichts mehr sicher ist – Formen von Lebensführung unter instabilen Arbeits- und Lebensbedingungen. In: Mitteilungen 3 des SFB 333

Bertram, H./Dannenbeck, C. (1990): Pluralisierung von Lebenslagen und Individualisierung von Lebensführungen. Zur Theorie und Empirie regionaler Disparitäten in der Bundesrepublik Deutschland. In: Berger, P.A./Hradil, S. (Hg.): Lebenslagen – Lebensläufe – Lebensstile. Soziale Welt, Sonderband 7. Göttingen 1990, S. 207-229

Bispinck-Hellmich, R. (1988): Daten und Fakten zur Arbeitszeit. WSI-Arbeitsmaterialien Nr. 18

Diezinger, A. (1993): Geschlechterverhältnis und Individualisierung: Ungleichheitsrelevanz primärer Beziehungen. In: Frerichs, P./Steinrücke, M.: Soziale Ungleichheit und Geschlechterverhältnisse. Opladen

Garhammer, M./Gross, P. (1991): Synchronisation von Sozialzeit: eine moderne Gestaltungsaufgabe der Familie. Forschungsforum der Universität Bamberg, Bamberg

Giesen, B./Leggewie, C. (Hg.) (1991): Experiment Vereinigung. Ein sozialer Großversuch. Berlin

Groß, H./Prekuhl, U./Thoben, C. (1987): Arbeitszeitstrukturen im Wandel. In: Der Minister für Arbeit. Gesundheit und Soziales des Landes Nordrhein Westfalen (Hg.): Arbeitszeit '87, Düsseldorf, Teil II

Groß, H./Thoben, C./Bauer, F. (1989): Arbeitszeit '89. Ein Report zu Arbeitszeiten und Arbeitszeitwünschen in der Bundesrepublik. Köln

Hochschild, A./Machung, A. (1990): Der 48-Stunden-Tag. Wege aus dem Dilemma berufstätiger Eltern. Wien

Jurczyk, K./Kudera, W. (1991): Verfügung über Zeit? Die ganz unterschiedlichen Auswirkungen flexibler Arbeitszeiten auf die Lebensführung. In: Flecker, J./Schienstock, G. (Hg.): Flexibilisierung, Deregulierung und Globalisierung. München/Mering (Abdruck in diesem Band)

Jurczyk, K./Rerrich, M.S. (Hg.) (1993): Die Arbeit des Alltags. Beiträge zu einer Soziologie der alltäglichen Lebensführung. Freiburg

Kickbusch, Ilona (1987): Laudatio anläßlich der Verleihung des Münchener Förderpreises für Frauenforschung und Frauenkultur. In: Landeshauptstadt München (Hg.): Verleihung des Münchener Förderpreises für Frauenforschung und Frauenkultur an den Verein zur Förderung einer Frauenakademie München F.A.M., München

Kudera, W./Voß, G.G. (1990): Lebensführung zwischen Routinisierung und Aushandlung. Die Arbeitsteilung der Person unter Veränderungsdruck. In: Hoff, E. (Hg.): Die doppelte Sozialisation Erwachsener. München

Mayr-Kleffel, V. (1991): Frauen und ihre sozialen Netzwerke. Auf der Suche nach einer verlorenen Ressource. Opladen

Müller, H.-U. (1991): Familie und Wohnen – Wohnung und Wohnumfeld. In: Bertram, H. (Hg.): Die Familie in Westdeutschland. Stabilität und Wandel familialer Lebensformen. DJI: Familien-Survey 1. Opladen

Ott, E./Gerlinger, Th. (1992): Die Pendlergesellschaft. Köln

Rerrich, M.S. (1990): Balanceakt Familie. Zwischen alten Leitbildern und neuen Lebensformen. Freiburg, 2. Aufl.

Rerrich, M.S. (1993): Auf dem Weg zu einer neuen internationalen Arbeitsteilung der Frauen in Europa? Beharrungs- und Veränderungstendenzen in der Verteilung von Reproduktionsarbeit. In: Schäfers, B. (Hg.): Dokumentation des 26. Deutschen Soziologentages in Düsseldorf 1993

Rerrich, M.S./Voß, G.G. (1992): Vexierbild soziale Ungleichheit. Die Bedeutung alltäglicher Lebensführung für die Sozialstrukturanalyse. In: Hradil, S. (Hg.): Zwischen Bewußtsein und Sein. Die Vermittlung „objektiver" Lebensbedingungen und „subjektiver" Lebensweisen. München (Abdruck in diesem Band)

Statistisches Bundesamt (Hg.) (1992): Datenreport 1992. Zahlen und Fakten über die Bundesrepublik Deutschland. Bonn

Thurnwald, H.(1948): Gegenwartsprobleme Berliner Familien. Berlin

Vaskovics, L. (1988): Veränderungen der Wohn- und Wohnumweltbedingungen in ihrer Auswirkung auf die Sozialisationsleistungen der Familie. In: Nave-Herz, R. (Hg.): Wandel und Kontinuität der Familie in der Bundesrepublik Deutschland. Stuttgart

Voß, G.G.(1991a): Lebensführung als Arbeit. Über die Autonomie der Person im Alltag der Gesellschaft. Stuttgart

Voß, G.G. (Hg.) (1991b): Die Zeiten ändern sich – alltägliche Lebensführung im Umbruch. Sonderheft II der Mitteilungen des SFB 333. München

4.
Arbeit und Betrieb

G. Günter Voß

Alltägliche Lebensführung im Umbruch. Eine Herausforderung für die betriebliche Personalführung

Zusammenfassung

Der Beitrag argumentiert, daß das betriebliche Personalmanagement zukünftig wesentlich stärker als bisher Mitarbeiter nicht nur als Arbeitskräfte, sondern als „ganze Personen" mit all ihren Aktivitäten und Interessen beachten muß. Als eine Perspektive, mit der dies geleistet werden kann, wird das Konzept der „Alltäglichen Lebensführung" vorgestellt. Der Beitrag präsentiert zudem empirische Befunde und zieht daraus Folgerungen für die zukünftige Entwicklung des Alltags in unserer Gesellschaft sowie daraus entstehende Konsequenzen für das Personalmanagement.

Wirtschaftsbetriebe sind umweltsensible Systeme, die nicht nur mit Blick auf interne Ziele und Strukturen, sondern umweltoffen geführt werden müssen, wobei zur „Umwelt" von Betrieben nicht nur ökonomische, technische und politische Gegebenheiten zu rechnen sind, sondern auch die Mitarbeiterschaft.[1] Nicht zuletzt die Debatte um den sogenannten „Wertewandel"[2] hat vielen Führungskräften noch einmal eindringlich vor Augen geführt, wie stark das betriebliche

---

1 Daß Betriebe „umweltoffene" Systeme sind, mag inzwischen banal erscheinen, mußte aber erst von einer fortgeschrittenen systemtheoretischen Organisationstheorie eingeklagt werden. Siehe als ein Überblick zu entsprechenden Konzepten Scott (1987, Kap. 4). – Paradigmatisch für eine auch organisationstheoretisch ausgerichtete, offene Systemtheorie in der deutschen Soziologie ist der Ansatz von Niklas Luhmann; vgl. z.B. seine immer noch sehr anregende frühe Organisationstheorie (1964) sowie dann vor allem sein Hauptwerk (1984). Luhmann ist es auch, der ausführlich das Paradox behandelt, daß Mitarbeiter Angehörige der Organisation und zugleich immer auch Teil ihrer „Umwelt" sind.

2 Vgl. zur Debatte um den Wertewandel z.B. Klages (1984); Klages u.a. (1991). Aus dem SFB 333 liegen zum Thema Wertewandel vor: Bolte (1987, 1991), Bolte/Voß (1988), Rosenstiel/Stengel (1987), Rosenstiel u.a. (1987, 1989), Voß (1990).

Geschehen von Lebensorientierungen, Arbeitseinstellungen, privaten Problemen und Erwartungen usw. berührt wird, die die Mitarbeiter von „außen" in den Betrieb mitbringen.

Die Wertewandeldiskussion gibt aber auch zu der Frage Anlaß, ob nicht (trotz verstärkt propagierter Führungskonzepte, die einen aufgeschlosseneren Umgang mit dem Personal fordern) immer noch viele Vorgesetzte nur bedingt in der Lage oder bereit sind, auch in bezug auf das *Personal* wirklich umweltoffen zu führen. Sonst hätten sich doch nicht so viele Führungskräfte irritiert zeigen dürfen, als sie durch die Wertedebatte erfuhren, daß bestimmte Probleme (etwa sinkende Mobilitätsbereitschaft, zunehmende Fluktuation, verstärkte innere Kündigungen, wachsende Freizeitorientierung usw.), die sie zunehmend mit manchen Mitarbeitergruppen[3] hatten, nicht zufällig auftraten, sondern aus tiefgreifenden Veränderungen von Arbeits- und Lebensorientierungen in der Bevölkerung resultierten. Offensichtlich hatte man nur selten versucht, wirklich systematisch zu verstehen, was bei den betreffenden Mitarbeitern tatsächlich hinter diesen Problemen steht.

Nach wie vor, so scheint es, verfahren nicht wenige Führungskräfte (zumindest außerhalb der mit Personalfragen betrauten Fachabteilungen) in ihrem praktischen Führungsverhalten faktisch immer noch nach der bequemen Devise: „Dienst ist Dienst und Schnaps ist Schnaps". Das außerbetriebliche Leben und die persönlichen Probleme und Orientierungen der Mitarbeiter liegen bei vielen Betrieben und Vorgesetzten nach wie vor eher im Schatten der Aufmerksamkeit – auch wenn auf Hochglanz gedruckte und in Seminaren trainierte Führungsgrundsätze oft anderes verheißen. Diese „Umwelt" der Betriebe gleicht genau genommen immer noch einer terra incognita!

Spätestens dann jedoch, wenn angesichts steigenden Produktionsdrucks mehr erwartet werden muß als bloß formeller Fleiß, Pünktlichkeit, Ordnung und Gehorsam, wenn zunehmend der Einsatz der ganzen Person verlangt wird, spätestens dann können Mitarbeiter nicht mehr optimal geführt werden, wenn sie nur als „Arbeitskräfte" gesehen werden. Natürlich: rechtlich gesehen hat der Betrieb die Nutzung des Arbeitsvermögens von Personen zu bestimmten Zeiten eingekauft – aber: was die Betreffenden dann dort wirklich machen, hängt stark davon ab, wer sie sonst noch sind und was sie sonst noch machen.

Es ist inzwischen eine breite Forschung zum langfristigen Wandel von Einstellungen und Orientierungen in der Bevölkerung entstanden,[4] die auch immer

---

3   Nicht zuletzt bei Gruppen, für die solche Probleme eher untypisch waren, z.B. Hochqualifizierte oder Führungskräfte.

4   Es zeigt sich z.B., daß die Ansprüche an die Arbeit gestiegen sind und sich inhaltlich verändert haben, daß verstärkt Interesse an Selbstentfaltung und Lebensgenuß besteht und klassische „Tugenden" (Fleiß, Ordnung, Gehorsam usw.) an Bedeutung verlieren (vgl. Bolte/Voß 1988, Böckler u.a. 1991).

öfter in der Praxis auf Resonanz stößt.[5] Die Frage ist jedoch: Was weiß man damit eigentlich und was steckt hinter solchen Entwicklungen?

Die folgenden Ausführungen möchten auf einen naheliegenden, aber bisher kaum beachteten Zusammenhang aufmerksam machen: Einstellungen und Orientierungen gegenüber dem Leben und insbesondere auch gegenüber der Arbeit hängen eng damit zusammen, wie Menschen praktisch ihr gesamtes alltägliches Leben gestalten – was man „tagaus-tagein" so alles tut, wie man es organisiert, welche Probleme man damit hat, wie man sich mit den anderen Menschen in den verschiedenen Bereichen des Lebens arrangiert usw. Das, was als sogenannter Wertewandel so nachhaltig irritiert, ist (so hier die Ausgangsthese) kein vom Himmel gefallener Wandel von Einstellungen, sondern in hohem Maße Ausdruck handfester Veränderungen im praktischen Alltag.

Über den so gegenwärtigen praktischen Alltag von Menschen und seine aktuellen Veränderungen weiß man jedoch (außer als Primärerfahrung, die jeder selbst damit hat) sowohl in der Wissenschaft als auch gerade in den Betrieben genau genommen nur wenig. Wissenschaftlich näher untersucht sind lediglich Teilbereiche des Lebens: die Arbeit, die Freizeit, die Familie usw. Der Zusammenhang der gesamten Alltagspraxis jedoch wurde bisher nicht systematisch betrachtet (vgl. Voß 1991a). Ähnlich ist es in den Betrieben: Man kennt die Mitarbeiter als Arbeitskräfte, als Kollegen, Untergebene oder auch als Vorgesetzte, aber wer sie sonst noch sind, was sie sonst noch machen und wie sie „Arbeit" und „Leben" miteinander verbinden, ist nur wenig von Interesse und oft sogar ein Tabu: „Das Privatleben der Mitarbeiter geht den Betrieb nichts an!" So bleiben die Mitarbeiter für den Betrieb nach wie vor das „unbekannte Wesen".

Der Grundgedanke des folgenden Beitrags ist, daß es für Betriebe in noch stärkerem Maße als bisher erforderlich sein wird, die Beschäftigten wirklich konsequent als ganze Menschen zu kennen und ernst zu nehmen. Das soll nicht heißen, daß Betriebe nun auch das Privatleben der Mitarbeiter steuern sollen; gemeint ist vielmehr, daß Personalführung immer mehr in der Lage sein muß, die gesamte alltägliche Lebenssituation ihrer Mitarbeiter systematisch zu verstehen – mehr noch: daß man lernen muß, verstärkt aktiv darauf Rücksicht zu nehmen. Der Grund dafür ist nicht nur, daß man die Beschäftigten als Person ernst nehmen muß, wenn man sie „ganz" (mit all ihren Fähigkeiten und Potenzen) für den Betrieb nutzen will. Der Grund ist mehr noch, daß sich Formen der Alltagspraxis in einem Veränderungsprozeß befinden, durch den man z.B. die Stellung der Berufstätigkeit im täglichen Lebenszusammenhang und damit das betriebliche Verhalten verändert werden. – Hierfür werden im folgenden

---

5 Vgl. z.B. den Versuch einer „Werteorientierten Personalpolitik" bei der BMW-AG (Wollert/Bihl 1983, Wollert 1986).

ausgewählte theoretische und empirische Forschungsergebnisse aus dem Forschungsprojekt „Alltägliche Lebensführung" vorgestellt, das Veränderungen der Alltagssituation von Berufstätigen in Reaktion auf sich verändernde Strukturen in der Arbeitswelt untersucht.[6]

In einem ersten Schritt (1.) wird das dort entwickelte Theoriekonzept der „Alltäglichen Lebensführung" skizziert. Danach (2.) werden ausgewählte empirische Befunde der Untersuchung vorgestellt, wobei drei grundlegende Typen alltäglicher Lebensführung näher betrachtet werden. Es folgen (3.) Thesen über den langfristigen Wandel der Formen alltäglicher Lebensführung und dessen Bedeutung für die Betriebe. In einem Resümee (4.) wird auf mögliche Folgerungen für die Personalführung hingewiesen.

1. Das Theoriekonzept der „Alltäglichen Lebensführung"[7]

Obwohl die Soziologie immer wieder einzelne Aspekte und Bereiche des Alltagslebens von Menschen untersucht hat, lag bisher genau besehen ein Konzept zur umfassenden Thematisierung des praktischen Alltags nicht vor. Bei Max Weber findet sich jedoch mit dem für ihn grundlegenden Begriff der „Lebensführung" eine fruchtbare Perspektive, auf die für ein solches Konzept zurückgegriffen werden konnte.[8] Max Weber versuchte mit der Thematisierung von Lebensführung die Entwicklung des spannungsreichen Zusammenhangs von Beruf und alltäglichem Leben im Prozeß der gesellschaftlichen Modernisierung in den Blick zu nehmen. Wenn heute der Begriff der „Lebensführung" wieder aufgegriffen wird, geht es um nichts anderes: die langfristige Veränderung der Bedeutung des Berufs für das Leben und umgekehrt des alltäglichen Lebens für die berufliche Tätigkeit und damit für die Wirtschaft.

Wenn hier im weiteren von „Lebensführung" die Rede ist, geht es, kurz gesagt, um den täglichen Zusammenhang aller menschlichen Betätigungen. Der Alltag von Menschen ist jedoch keine unstrukturierte Abfolge von Aktivitäten, sondern er weist eine Ordnung auf, die wissenschaftlich identifiziert werden

---

6 Vgl. zum Konzept des Projekts u.a. Jurczyk u.a. (1985), Kudera/Voß (1988) sowie Voß (1991a). Zui den bisherigen Forschungsergebnissen vgl. Kudera/Voß (1990), Behringer u.a. (1989), Kudera/Jurczyk (1991), Behringer/Dunkel (1991), Voß (1991b), Rerrich/Voß (1992).

7 Dieser Abschnitt ist gegenüber dem Originaltext stark gekürzt.

8 Der Begriff der „Lebensführung" wird von Weber an verschiedenen Stellen verwendet, besondere Bedeutung hat er jedoch in den religionssoziologischen Schriften (Weber 1986). Zur Bedeutung des Begriffs bei Weber vgl. z.B. Schluchter (1988) oder Hennis (1987).

kann. Die Tätigkeiten finden z.B. in verschiedenen sozialen Bereichen statt und die dort praktizierten Tätigkeiten unterliegen unterschiedlichen Rationalitäten. Der Kern der Lebensführung besteht darin, stabile Arrangements mit den jeweiligen Lebensbereichen zu finden, d.h. zu vereinbaren, wie man normalerweise dort tätig wird. Hinzu kommt, daß eine Art und Weise gefunden werden muß, wie man alle diese Tätigkeitsfelder miteinander koordiniert. Man kann dies als das individuelle Arrangement der Arrangements mit verschiedenen Lebensbereichen bezeichnen, das einen stabilen und stabilisierenden Rahmen für die Tätigkeiten des Alltags bildet. Eine Lebensführung in diesem Sinne ist einer Person nicht einfach gegeben, sondern sie muß, was meist nicht bewußt ist, von ihr aktiv hergestellt, erhalten und bei Bedarf auch wieder verändert werden.

Konzeptionell lassen sich Analogien zwischen Betrieben und individueller Alltagsorganisation, zwischen Unternehmens- und Lebensführung, aufzeigen[9]. Beide haben z.B. eine funktional differenzierte Struktur von produktiven Tätigkeiten, so daß die Lebensführung (wie ein Betrieb) als eine Form von Arbeitsteilung gesehen werden kann; im Unterschied zum Betrieb ist dies jedoch keine soziale Form der Arbeitsteilung (eine Verteilung von Funktionen auf die Tätigkeiten verschiedener Personen oder Personengruppen), sondern eine *personale Arbeitsteilung*, bei der Funktionen auf unterschiedliche Tätigkeitsfelder einer einzelnen Person verteilt sind (vgl. Voß 1991a). Bei beidem geht es zudem um die Gewinnung, Allokation und den Einsatz von Ressourcen sowie um deren Optimierung. Betrieb und Lebensführung sind nicht gleich (z.B. haben sie unterschiedliche Ziele), aber sie haben formal *Ähnlichkeiten*, was z.B. Konsequenzen dafür hat, wie sie sich aufeinander beziehen.

2. Empirische Befunde

Einige ausgewählte empirische Befunde aus den Arbeiten des genannten Forschungsprojekts sollen im folgenden etwas konkreter werden lassen, was eine alltägliche Lebensführung ist.

2.1 Ausgewählte Befunde zur Struktur und Logik von Lebensführung

So selbstverständlich auf den ersten Blick der Alltag erscheinen mag, die Befragungen zeigen, daß die Herstellung und Praktizierung einer funktionierenden Lebensführung eine anspruchsvolle *Organisationsleistung* ist. Wie kompliziert

---

9 Auch Weber vergleicht an manchen Stellen Lebensführung mit einem „Geschäftsbetrieb" (z.B. 1986: 54 oder 124).

diese Aufgabe ist, merkt man spätestens dann, wenn es Probleme mit der Lebensführung gibt und praktische Lösungen gefunden werden müssen, oder wenn eine Lebensführung vollständig umgestellt werden muß, weil man etwa den Wohnort oder den Beruf wechselt, eine Familie gründet oder weil die Ehe gescheitert ist usw. Ein charakteristisches Problem, für das Lösungen gefunden werden müssen, entsteht z.b. dadurch, daß viele Lebenssphären strukturell in Konkurrenz zueinander stehen: Folge ist, daß immer wieder diplomatisch austariert werden muß, wieviel vom Alltagsengagement z.b. der Beruf bekommt und wieviel der Lebenspartner, die Kinder, die Freunde, das Hobby, der Haushalt usw.

Daß die Lebensführung eine komplizierte Aufgabe ist, zeigt sich bei *allen* untersuchten Personen, bei Arbeitern und Verkäuferinnen genauso wie bei qualifizierten Ingenieuren oder Journalisten. Die Lebensführung ist, so kann man sagen, durchweg ein harter Job, und die Personen müssen fast ausnahmslos sehr geschickt sein und sich immer wieder etwas einfallen lassen, um ihren Alltag optimal im Griff zu behalten.

Alle Befragten haben zudem einen voll ausgefüllten Alltag, d.h. sie haben ständig etwas zu tun, und die meisten dieser Betätigungen sind für sie sehr wichtig, d.h. sie können nicht einfach auf sie verzichten. Muße ist für die meisten ein echter Luxus, den man sich nur gelegentlich gönnt, und nicht wenige klagen über *Zeitnot*.

Erstaunlich ist darüber hinaus, in wieviel *verschiedenen* Tätigkeitsfeldern die meisten Menschen aktiv sind. Die weit verbreitete Vorstellung, daß das Leben eines normalen Erwachsenen aus Berufstätigkeit und einem „Rest" von Familie und erholsamer Freizeit bestehe, trifft, wenn man genau hinschaut, auf keinen der Befragten zu. Der Lebensbereich außerhalb des Berufs ist durchweg mit höchst verschiedenartigen und in der Regel sehr konzentriert betriebenen Aktivitäten gefüllt: Ob es die allseits ungeliebten Haushaltspflichten und die Regelung der persönlichen Verwaltungsdinge sind, die Erziehung der Kinder, eine Weiterbildung oder diverse Hobbys, die Pflege der Verwandtschafts- und Freundschaftsbeziehungen oder sogar der Urlaub, alles ist tendenziell eine anspruchsvolle Aufgabe, die Aufmerksamkeit, Engagement, oft erheblichen Aufwand sowie oft sehr spezifische Fähigkeiten erfordert. Man muß *überall kompetent* sein, nicht nur im Beruf. Man muß sich auf alle Bereiche des Lebens, so unterschiedlich sie sind, voll *einstellen* und vor allem, man muß sich ständig *umstellen*, wenn man von einem Tätigkeitsbereich in den anderen wechselt (ein Problem besonders für berufstätige Mütter).

Besonders wichtig ist schließlich, daß und wie die Lebensführung *Stabilität* und *Regelmäßigkeit* bekommt. Es würde die Menschen völlig überfordern, wenn sie ständig ihr Leben neu arrangieren müßten. Mit vielfältigen Methoden versucht man daher, stabile Strukturen für den Alltag zu schaffen, die den Organisationsaufwand reduzieren und von Entscheidungsdruck entlasten (vgl. Behringer/Dunkel 1991). Ein zentrales Medium ist dabei der Einsatz von *Routinen*, d.h. von Festlegungen, wie man bestimmte Dinge üblicherweise macht – und das gilt für alle Bereiche des Lebens, nicht nur für den Beruf: Verkehrsmittelbenutzung, persönliche Verwaltung, Haushalt und Einkäufe, Hobbys und Urlaube, Umgang mit dem Lebenspartner, mit Kindern, Freunden und Verwandten usw. (vgl. Kudera/Voß, 1990).

Solche und andere Momente finden sich im wesentlichen bei allen Befragten, sind also weitgehend generelle Merkmale von Lebensführung. Im einzelnen zeigen sich jedoch erhebliche *soziale Differenzierungen*:

Augenfällig sind zum Beispiel nach wie vor *geschlechtsspezifische* Unterschiede. Im hohen Maße wird den Frauen in der Familie immer noch (sie berufstätig sind) die Hauptverantwortung für Haushalt und Kinder sowie häufig für die Organisation des gemeinsamen Alltags zugewiesen. Folge ist eine Fülle charakteristischer Unterschiede gegenüber männlichen Formen von Lebensführung, etwa eine geringer ausgeprägte Segmentierung von Lebensbereichen. – Wichtige Unterschiede zeigen sich auch zwischen *Stadt und Land*: Verwandtschaft, Freunde, Nachbarschaft und Vereine prägen z.B. im ländlichen Bereich wesentlich stärker den Alltag als in der Stadt. – Hinzu kommt, daß in verschiedenen *Lebensphasen* und (in Verbindung damit) bei verschiedenen Formen des *Zusammenlebens* die Formen von Lebensführung sich grundlegend unterscheiden: Kinder und Jugendliche, junge berufstätige Erwachsene, Personen in der Familienphase oder wieder danach, Rentner, junge und alte Alleinlebende usw. haben alle höchst unterschiedliche Formen des Alltags. – Deutlich ist zudem die Wirkung von *Bildungsunterschieden*: Wie der Alltag konkret organisiert wird (z.B. welchen persönlichen Lebensstil man pflegt), hängt erheblich von kulturellen Erwartungen und Standards ab, die im Bildungssystem erzeugt werden. – Besondere Bedeutung kommt schließlich nach wie vor der *Berufstätigkeit* zu: Vor allem Arbeitszeiten, Arbeitsort und Arbeitswege, Einkommensniveau, Qualifikation bzw. betriebliche Stellung und arbeitsplatztypische Belastungen sind von unübersehbarer Wirkung.

So wichtig solche Faktoren für die konkrete Beschaffenheit der Alltagsformen sind, ist doch zugleich deutlich, daß sie die Lebensführung nicht determinieren, sondern daß es wichtige *Kontingenzen* gibt, wie Personen in ihrer Lebensführung damit umgehen. Wie sich z.B. Arbeitszeiten auf die Lebensführung auswirken, hängt stark davon ab, welche Lebensführung unter welchen generellen Lebensbedingungen schon praktiziert wird: gleiche Arbeitszeiten können deshalb höchst unterschiedliche Folgen bei den Betroffenen haben (vgl. Jurczyk 1991, Kudera/Jurczyk 1991).

2.2 Traditionalität, Strategie und Situativität: basale Funktionslogiken von Lebensführung

Als ein zweites Beispiel für empirische Befunde sollen im folgenden drei Typen von Lebensführung vorgestellt werden, die aus den Interviewmaterialien herausgearbeitet werden konnten. Sie stellen grundlegende Formen des Arrangements verschiedener Tätigkeitsbereiche im Alltag und damit auch des Verhältnisses von Beruf und Privatheit dar. Sie unterscheiden sich vor allem in ihrer jeweiligen *Funktionslogik* und dabei insbesondere in der Art, wie Stabilität und Kontinuität im Alltag gebildet werden. Diese Typen existieren nicht mehr als reale Formen von Lebensführung, sondern sind stilisierte *Idealtypen* im Sinne Max Webers.[10]

a) Selbstverständlichkeit als Basis des Lebens: die traditionale Lebensführung

Fraglos geltende, traditionale Normen und ausgeprägte, kaum veränderliche Routinen sind zentrale Charakteristiken einer Form von Lebensführung, die man *traditional* nennen kann. Kern ihrer Logik ist die *Selbstverständlichkeit*. Man weiß, was ein ordentliches, was ein gutes Leben ist, wobei man sich stark am sozialen Umfeld orientiert. Man hat sich arrangiert und will sich auch arrangieren. *Sicherheit* und *Regelmäßigkeit* sind dabei zentrale Werte, in die man viel alltagspraktischen und symbolischen Aufwand investiert. Die Bedeutung des Berufs im Leben ist (für diejenigen, die erwerbstätig sind) klar festgelegt; er nimmt einen erheblichen Raum im Alltag ein, ist wichtig als Einkommensquelle und als Basis der Identität, aber er wird nur begrenzt als Karriere vorangetrieben. Und auch die anderen Bereiche des Lebens haben einen angestammten und bewährten Ort im Alltag.

Wer in diesem Sinne sein Leben gefunden hat, hat mit ihm sozusagen auch schon abgeschlossen – und das zum Teil auch schon mit Ende zwanzig. Es wird sich, wenn alles gut geht, nichts Grundlegendes mehr oder nur an festgelegten Zeitpunkten und mit festen Formen noch etwas ändern, zum Beispiel dann, wenn man in Rente geht. Die Tage und Jahre gleichen sich weitgehend. Man hat sein Auskommen und ist mehr oder weniger mit seinem Leben zufrieden; bestenfalls hofft man, daß es noch ein wenig aufwärts geht. Weitergehende Erwartungen hat man nur noch für die Kinder, die es einmal besser haben sollen.

Schwierig wird es jedoch, wenn unerwartet *völlig neue Anforderungen* auftreten, denn die Fähigkeit dieser Lebensführung, mit Veränderungen fertig zu werden, ist sehr begrenzt. Normale Probleme lassen sich in diesem sehr stabilen System gut abfangen, außergewöhnliche Probleme, die eine weitgehende Um-

---

10 Vgl. Weber (1968): Auf eine Konkretisierung durch Fallmaterial muß hier verzichtet werden, vgl. dazu z.B. Kudera/Voß (1990) oder Behringer u.a. (1989).

strukturierung des Alltags erfordern würden (Arbeitslosigkeit, Berufs- oder Betriebswechsel, Partnerverlust, ernste Krankheiten u.a.m.), drohen jedoch die Person aus der Bahn zu werfen.

b) Optimierung des Alltags durch rationale Organisation: die strategische Lebensführung

Eine völlig gegenläufige Logik zeigt eine als *strategisch* beschreibbare Form von Lebensführung. Sie beruht darauf, daß systematisch versucht wird, die Bedingungen des Lebens zu *berechnen* und aktiv zu *beherrschen* sowie den Lebensweg (vor allem den Berufsweg im Sinne einer „Karriere") langfristig zu *planen* und dadurch einen eigenen Lebensentwurf zu verwirklichen. Ziel der Lebensführung ist hier eine laufende Optimierung des Alltagsverlaufs und der alltäglichen Lebensqualität.

Wichtigstes Mittel dieser Lebensführung ist eine rigide zeitliche und sachliche *Organisation*, der bewußte Einsatz von optimierten Routinen sowie eine vorausschauende *Planung*. Organisationstechniken und technische Hilfsmittel (Haushaltsmaschinen, Kalender oder Zeitplaner, Telefon, Anrufbeantworter u.a.m.) werden selbstverständlich eingesetzt und erklärtermaßen als Rationalisierungsmittel gesehen. Ein Großteil der Anstrengungen des Alltags ist darauf gerichtet, mit den Ressourcen der Lebensführung, vor allem jedoch mit der Zeit, ökonomisch umzugehen. Jeder Bereich des Lebens (Beruf, Familie, Freizeit, Freunde usw.) wird in seiner jeweiligen Eigenlogik ernst genommen und optimiert. Eine Segmentierung des Alltags (vor allem in Arbeit und Freizeit) ist oft ein bewußtes Organisationsmittel.

Der Beruf ist bei Männern meist das erklärte Kernstück dieser Lebensführung, was sich oft in einer ausgeprägten beruflichen Identität äußert, während Frauen oft die bekannte Doppelstrategie (Familie und Beruf) versuchen. Der Beruf darf aber nicht die anderen Bereiche so weit dominieren, daß sie ausgezehrt würden, da man auf sie als Felder notwendiger Ressourcen angewiesen bleibt; es ist ein permanentes Problem, dem entgegenzuwirken.

Diese Lebensführung entspricht weitgehend einem Typus, den Max Weber als „methodische Lebensführung" bezeichnet hat und als die alltagspraktische Basis der protestantischen Ethik sah. Eine solche Lebensführung kann in gewisser Weise als „modern" bezeichnet werden, weil in ihr die typische moderne Logik der Zweckrationalität, die auf Planung, Organisation, Technisierung, Ökonomisierung usw. beruht, vorherrscht.

c) Flexibilität als Logik des Alltagslebens: die situative Lebensführung

In den empirischen Materialien zeigt sich neben den beiden vorgenannten Typen eine Form von Lebensführung, die weder einer traditionalen noch einer rigide zweckrationalen Logik entspricht. Angesichts komplizierter und dynamischer Lebensbedingungen sowie oft sehr komplexer Ansprüche an das Leben wird beides als wenig angemessen angesehen. Man läßt viele Dinge vielmehr auf sich zukommen, entscheidet bei Bedarf ad-hoc, oft eher intuitiv als kalkulierend, und pflegt ein mehr oder weniger raffiniertes Lavieren. Charakteristisch ist hier eine dynamische *Situativität*, eine hohe *Flexibilität* und *Reagibilität*, und der weitgehende Verzicht auf feste Planung und Ziele. Routinen sind durchaus vorhanden, aber sie stehen immer zur Disposition und werden sehr gezielt und flexibel eingesetzt. Auch diese Lebensführung braucht Stabilität, aber diese beruht weniger auf unverrückbaren Strukturen oder strikter Organisation als auf der Person selbst, auf ihren vielfältigen Kompetenzen und ihrem Selbstbewußtsein.

Der Beruf kann auch hier ein zentrales Moment der Lebensführung sein, er ist dann aber vom sonstigen Leben nur undeutlich abgetrennt – oft wird eine flexible Mischung von Arbeit und Leben betrieben. Der Beruf ist nicht das alles beherrschende Zentrum des Lebens, sondern Teil in einem Gesamtarrangement, das einer eigenen Logik folgt. Die Alternative „arbeiten um zu leben" oder „leben um zu arbeiten" greift hier nicht, typisch ist vielmehr eine dynamische Verbindung von beidem: Leben und Arbeiten.

Die Lebensführung erinnert in vielem an Elemente aus der Diskussion um die Postmoderne, z.B. der Verzicht auf feste Ziele oder die Relativierung einer zweckrationalen Effizienzlogik. Paßt zur strategischen Lebensführung die Bezeichnung „Organisation" des Lebens, dann hier (zumindest wenn es gut geht) eher der klassische Begriff der „Lebenskunst".

Alle drei genannten Typen von Lebensführung finden sich im empirischen Material in unterschiedlicher objektiver wie subjektiver Qualität, nicht zuletzt im Sinne von Lebensqualität. Am Beispiel der situativen Lebensführung soll dies durch die Gegenüberstellung einer *privilegierten* und einer *deprivierten* Variante verdeutlicht werden:

Wenn es gut geht und die Arbeits- und Lebensbedingungen (vor allem Bildungsstand, Einkommen, Arbeitszeiten, Wohnverhältnisse, Familiensituation usw.) günstig sind, dann kann eine situative Lebensführung erhebliche Gestaltungschancen und hohe Lebensqualität im Alltag ermöglichen. Situativ meint nicht den völligen Verzicht auf Sicherheit und Zukunftsperspektiven, sondern die Offenheit für kommende Möglichkeiten und Anforderungen. Dies erfordert gestalterische Leistungen und personale Stabilität, da bestehende Arrangements tendenziell ständig revidiert werden müssen. Charakteristisch ist nicht zuletzt eine hohe Zeitsouveränität, auch als intendiertes Kriterium für Lebensqualität, genauso wie die bewußte Vermischung von Arbeit und Leben. Bedürfnisse, ja selbst Wertorientierungen und Lebensprinzipien, werden mit Selbstbewußtsein flexibel gehandhabt und sind veränder- und aufschiebbar. Hier kann die Lebensführung tatsächlich den Charakter einer *ars vivendi* mit entsprechendem expressiven Lebensstil bekommen.

Mißlingt jedoch eine situative Strategie oder sind die Bedingungen schlecht (z.B. eine prekäre Berufssituation, niedriges Einkommen, sehr ungünstige Arbeitszeiten, Partnerschaftsprobleme), dann können schnell belastende und deprivierte Formen des Alltags entstehen. Charakteristisch ist dann eine überwiegende Reaktivität, in der die Verfügung über die eigene Zeit weitgehend von außen strukturiert wird. Man ist ständig damit beschäftigt, sich auf häufig wechselnde Bedingungen, etwa aus dem Beruf, einzustellen und muß sich mit schlechtem Gewissen permanent „durchwursteln". Ist die Vermischung von Arbeit und Leben im ersten Fall ein Moment von Lebensqualität, dann wird sie hier schnell zur Lebensqual: Man arbeitet nur noch. Atemlose Kurzfristigkeit ist typisch, der Alltag reduziert sich sozusagen auf ein Überleben unter den gegebenen Bedingungen, in einer tendenziell immer überforderten Gegenwart. Dies weniger aus echter materieller Not (auch das gibt es natürlich), als durch einen kaum strukturierten Wechsel von Zeitnot und Leere. Das, was oben vielleicht Lebenskunst heißen kann, hat hier den Charakter einer wenig kunstvollen Bastelei.

2.3 Die Typen der Lebensführung als historische Perspektive?

Die drei Typen von Lebensführung können die Frage nahelegen, inwieweit mit ihnen eine historische Perspektive verknüpft werden kann; ob z.B. unterstellt werden darf, daß es eine Entwicklung von traditionalen über strategisch effizienzorientierten zu zunehmend situativen Lebensführungen gibt? Eine solche Frage entsteht dadurch, daß in den Typen (in Anlehnung an Weber) ein Bezug auf das Paradigma der Moderne mit der Annahme einer fortschreitenden gesellschaftlichen *Rationalisierung* angelegt ist.[11] Hintergrund dessen ist die These, daß die Formen der Lebensführung analoge historische Entwicklungen durchlaufen wie andere gesellschaftliche Bereiche (z.B. die Betriebsorganisation) und mit einem Modernisierungskonzept beurteilt werden können. Eine historische Wendung der Typen darf dennoch nicht vorschnell rastern:

Mit großer Wahrscheinlichkeit ist zu unterstellen, daß es alle drei Formen (in anderer Ausprägung und Verteilung) auch in früheren Epochen gegeben hat: Immer schon wird es Gruppen gegeben haben, deren Lebensführung als situativ in einem positiven Sinne zu qualifizieren ist (z.B. im Adel oder als städtische Avantgarde) oder die in sehr deprivierter Form situativ leben mußten (z.B. Tagelöhner). Zumindest in kulturellen Blütephasen wird es zudem immer auch Eli-

---

[11] Vgl. ausführlich zum Begriff der „Moderne" unter Bezug auf Weber und Parsons die Arbeiten von Münch (z.B. aktuell 1991); siehe auch Becks Konzept der „reflexiven Modernisierung" (Beck 1986).

ten gegeben haben, die auf Basis einer mehr oder weniger entwickelten Bildung versuchten, ihr Leben tendenziell strategisch zweckrational zu betreiben. Das empirische Material des Projekts zeigt zudem, daß traditionale Formen von Lebensführung nicht historisch überholt sind, sondern (z.b. im ländlichen Raum) eine nach wie vor große Bedeutung haben. Hinzu kommt, daß sich situative Formen derzeit offensichtlich nicht breit durchsetzen, auch wenn vermutet werden kann, daß sie sich bei bestimmten Gruppen verstärkt ausbreiten könnten. Es gibt schließlich Indizien im empirischen Material wie auch darüber hinaus (z.b. die erstaunliche Konjunktur von Zeitplanhilfen) dafür, daß bei einem großen Teil der Bevölkerung erst jetzt verstärkt Elemente einer strategisch effizienzorientierten, z.b. auf Zeitökonomie beruhenden, Lebensführung Verbreitung finden.

Die Verwendung der Typen als Heuristik für die Frage nach der möglichen historischen Entwicklung von Formen der Lebensführung darf also nicht zu einem pauschalisierenden historischen Schema führen. Wenn in den Typen modernisierungstheoretische Anklänge zu finden sind und damit z.b. der Gedanke nahegelegt wird, die strategische Lebensführung als klassisch modern und entsprechend die traditionale und die situative Form als vormodern bzw. postmodern zu qualifizieren, dann ist dies nur formal zu verstehen: Die Typen folgen jeweils einer Rationalität, die Entsprechungen in formalen Stufen einer idealtypischen modernisierungstheoretischen Entwicklungslogik hat.

Dies heißt nicht, daß sie konkreten geschichtlichen Phasen zugeordnet werden können oder gar in solchen Phasen die dominante Form von Lebensführung gewesen sind. Es kann aber durchaus die *These* vertreten werden, daß im Zuge gesellschaftlicher Modernisierungsprozesse tendenziell traditionale Formen von Lebensführung (oder genauer: traditionale Elemente in empirischen Formen von Lebensführung) an Bedeutung verlieren und im Gegenzug verstärkt zweckrationale Momente in Lebensführungen auftreten werden. Langfristig könnten schließlich bei entsprechenden gesellschaftlichen Entwicklungen – v.a. bei fortschreitender Komplizierung der Arbeits- und Lebensverhältnisse – zunehmend situative Elemente und Formen der Lebensgestaltung (je nach Situation sowohl in privilegierter wie auch deprivierter Ausprägung) Bedeutung bekommen.

3. Alltägliche Lebensführung im Umbruch. Thesen zu Veränderungstendenzen der Formen von Lebensführung und deren Bedeutung für die Betriebe

In den Sozialwissenschaften ist man sich weithin einig, daß sich unsere Gesellschaft in einer Phase beschleunigten sozialen Wandels befindet.[12] Kennzeichnend ist dabei u.a., daß sich nicht nur Wirtschaft oder Arbeitswelt, sondern auch das alltägliche Leben in einer verstärkten Veränderung befindet. Dies hat vielfältige Ursachen. In der Literatur wird vor allem auf folgende Punkte verwiesen, die hier nur kurz angedeutet werden können:

- Der gewachsene materielle *Wohlstand* schafft erweiterte Möglichkeiten, aber auch neue Probleme für die Lebensgestaltung.[13]
- Das gestiegene *Bildungsniveau* erzeugt neue und erweiterte Erwartungen an das individuelle Leben.[14]
- Die *Verkürzung von Arbeitszeiten* bietet wachsende Entfaltungsmöglichkeiten außerhalb des Berufs, verlangt aber auch verstärkt eine aktive Gestaltung.[15]

---

12 Vgl. z.B. Bolte (1987), Kommission Zukunftsperspektiven (1983) oder Schäfers (1990). Auch die Studien von Lutz (1984) und Beck (1986) skizzieren einen verstärkten sozialen Wandel, der sowohl den Arbeits- und Wirtschaftsbereich als auch das Privatleben umfaßt.

13 Zapf u.a. (1987: 26 f.) zeigen z.B., daß der Anteil der lebensnotwendigen Ausgaben (Nahrungsmittel, Bekleidung, Wohnung usw.) am verfügbaren Haushaltseinkommen von 1907 mit 84,4% über 1962/63 57,7% auf 1987 mit 41,8% gesunken ist.

14 Zapf u.a. (1987: 20) verweisen z.B. auf eine Zunahme der Ausbildungsabsolventen mit Hochschulabschluß von 9% im Jahre 1962 auf 26,1% 1984 und einer Abnahme derjenigen mit nur Pflichtschulzeit von 1962 77,6% auf 1984 36,7%. Sehr aufschlußreich ist auch, daß in der BRD im letzten Jahr erstmalig mehr Studenten (ca.1,6 Mio.) als Auszubildende in Lehrberufen (1,5 Mio.) zu finden waren (vgl. SZ v. 1.1.1991). Daß das gestiegene Bildungsniveau eine der wichtigsten Ursachen für den „Wertewandel" ist, wird gemeinhin unterstellt (vgl. z.B. Klages 1984).

15 Die Zahlen hierzu sind hinlänglich bekannt: die durchschnittliche Wochenarbeitszeit betrug z.B. 1871 in Deutschland 72 Stunden, 1950 (BRD) 48 Stunden und ist jetzt bei offiziell 38,5 Stunden angelangt, wobei neuere Tarifabschlüsse dies schon wieder unterlaufen (vgl. auch die Untersuchungen von Opaschowski (z.B. 1985, 1988).

- Die zunehmende Differenzierung von Arbeitszeit- und Beschäftigungsformen durch *Flexibilisierung und Deregulierung*[16] führt zu erhöhten Anforderungen an die Alltagsorganisation.
- Die wachsende Vielfalt der *Formen privaten Zusammenlebens* (Zunahme nichtehelicher Lebensgemeinschaften, Alleinerziehender und Alleinlebender oder die Abnahme der Kinderzahl in den Haushalten)[17] erfordert immer stärker, das individuelle Leben aktiv in Abstimmung mit anderen zu organisieren und auch häufiger wieder zu ändern; Folge ist eine erhöhte Varianz und Kontingenz des Alltags.
- Eine verstärkte *Differenzierung von Lebens- und Konsumstilen*[18] schafft erhöhte individuelle Freiräume, verlangt aber auch verstärkte materielle und gestalterische Aufwendungen.

Diese und andere Entwicklungen schaffen also *erweiterte Lebenschancen*, stellen aber auch höhere Anforderungen an die Gestaltung des Alltags. Langfristig werden sich in Folge dessen die Formen der Alltagsgestaltung verändern und vielfältiger werden, und damit wird sich auch das berufliche Verhalten ändern, z.B. dann, wenn der Beruf eine veränderte praktische Stellung im Gefüge der Lebensführung erhält. Die Betriebe müssen daher in Folge solcher Entwicklungen verstärkt damit rechnen, faktisch *andere Arbeitskräfte* zu bekommen. Das wird Probleme mit sich bringen, aber auch neue Chancen für die Personalführung beinhalten. – Aus der Sicht des Projekts könnten es vor allem vier Entwicklungen sein, auf die man zunehmend wird achten müssen.

---

16 Die Studie von Groß u.a. (1989) zeigt z.B., daß 1989 nur noch 24% der Arbeitnehmer „normale" Arbeitszeiten hatten (keine Wochenend-, Schicht- oder Nachtarbeit, nicht teilzeit-beschäftigt, keine umfangreicheren Gleitzeitregelungen und Überstunden). Genaue Zahlen zur Deregulierung von Beschäftigungsverhältnissen sind selten. Franke/Buttler (1991) nennen einen Anteil von den Gesamtverträgen von 5,5% im Jahr 1989, verweisen aber auf Studien, die von 8% ausgehen, wobei generell eine Steigerung erwartet wird. Das Landesarbeitsamt Nordbayern berichtete (SZ vom 15.10. 1991), daß 1991 im Schnitt 31% aller vermittelten Arbeitsverhältnisse befristet sind, gegenüber 26% im Jahr davor. Vgl. insgesamt dazu Büchtemann (1990).

17 Siehe dazu ausführlich Zapf u.a. (1987) und Rerrich (1989), die z.B. für 1989 von 34% Einpersonenhaushalten ausgeht (1900: 7%) und auf ca. 2,5 Mio. nichteheliche Lebensgemeinschaften verweist, bei einer Steigerung von 277% zwischen 1972 und 1982.

18 Vgl. hierzu die seit einigen Jahren in der Soziologie sehr erfolgreiche Lebensstilforschung. Einen ausführlichen Überblick vermitteln Müller/Weihrich (1991); vgl. auch Hradil (1991) oder Berger/Hradil (1990).

3.1 Zunahme der Komplexität von Lebensführung

Die fortschreitende Differenzierung und damit die Komplizierung von Arbeits- und Lebensverhältnissen, in Verbindung mit wachsenden Möglichkeiten zur individuellen Lebensgestaltung, wird vermutlich auch eine verstärkte Komplizierung der Formen von Lebensführung nach sich ziehen. Man wird immer größere Aufwendungen erbringen müssen, um ein funktionierendes und den gewachsenen Ansprüchen entsprechendes lebenswertes Leben führen zu können. Immer mehr und immer unterschiedlichere Tätigkeiten werden tendenziell in die Lebensführungen integriert.

Immer häufiger werden z.b. Menschen neben dem Beruf weitere anspruchsvolle und aufwendige Lebensschwerpunkte haben (vgl. Opaschowski 1985). Lebensführungen werden verstärkt um mehrere Gravitationspole kreisen und nicht mehr auf einen alles dominierenden Lebensbereich hin ausgerichtet sein. Bei Männern handelt es sich dabei zum einen um oft sehr intensiv betriebene Sportarten, Hobbys oder Bildungsaktivitäten, für die in erheblichem Maße Ressourcen (Zeit, Geld, Kompetenzen, Technik, Wohnraum, soziale Kontakte, Reisen usw.) eingesetzt werden, und zum anderen aber auch um ein gewachsenes Familienengagement, das gleichfalls erhebliche Ressourcen (vor allem Zeit) bindet. Bei Frauen gibt es umgekehrt die Tendenz, eine Fixierung auf Familienfunktionen zu überwinden und einen beruflichen Lebensschwerpunkt hinzuzugewinnen.

Für die Betriebe bedeutet das, daß sie vermutlich immer mehr damit rechnen müssen, daß ihre Mitarbeiter auch außerbetrieblich viel zu tun haben und dadurch stark belastet sind. Immer häufiger werden Beschäftigte, und zwar gerade auch die qualifizierten und motivierten, neben dem Beruf aufwendigen Betätigungen nachgehen, die in starker Konkurrenz zum betrieblichen Engagement stehen. Doppelbelastungen (bisher fast nur für berufstätige Mütter typisch), vielleicht sogar Mehrfachbelastungen, könnten damit charakteristisch für nennenswerte Gruppen von Beschäftigten werden. Folge werden nicht nur neue und verstärkte Interessenkonflikte, sondern auch ganz massive praktische Organisationsprobleme sein – für beide Seiten, für den Betrieb wie für die Mitarbeiter.

3.2 Verstärkte Effizienzorientierung der Lebensführung

Traditionale Steuerungslogiken für Lebensführung werden vermutlich tendenziell an Bedeutung verlieren, auch wenn sie nicht ganz verschwinden werden. Immer weniger wird damit die Alltagsgestaltung eine unreflektierte Fortsetzung langjährig praktizierter Formen von Lebensführung oder eine Kopie des Lebens der Eltern oder des sozialen Umfeldes sein. Immer stärker wird dagegen versucht werden, den Alltag aktiv und nach Effizienzgesichtspunkten auf selbst gesetzte Ziele hin optimal zu gestalten und damit die Form des alltäglichen Lebens verstärkt in die eigene Hand zu nehmen. Was seit der Industrialisierung im Bereich formaler Organisationen, vor allem in der Wirtschaft, geschah, nämlich eine fortschreitende Rationalisierung und Ökonomisierung, greift damit auch verstärkt im Privatleben um sich.[19] In Ansätzen gab es das auch schon früher, aber für viele Menschen fängt eine solche Entwicklung offensichtlich erst richtig an. Die Konstruktion und Erhaltung der alltäglichen Lebensführung wird damit immer mehr zum Gegenstand einer eigenen Form von „Arbeit", indem nämlich die Gestaltung der Alltagsform und der praktizierten Tätigkeiten zunehmend zweckrational auf die Erreichung definierter Ergebnisse hin betrieben wird (vgl. ausführlich Voß 1991a). Für diese Arbeit werden zunehmend Rechte gegenüber der Arbeit im Betrieb eingeklagt werden.

Betriebe müssen daher verstärkt mit Mitarbeitern rechnen, die noch konsequenter als bisher den Zusammenhang ihrer tagtäglichen Betätigungen rational gestalten, dabei geschickt und vielleicht auch trickreich ihr berufliches Engagement organisieren und sich letztlich als Aufwand und Ertrag kalkulierende „Unternehmer" ihres Arbeitsvermögens verhalten. Das wird nicht nur erfreulich sein, denn die rationale Organisation des Betriebes wird dabei in wachsendem Maße mit der nicht minder rationalen Organisation der Lebensführung in Konflikt geraten. Interessenbewußtsein und instrumentelle Einstellungen könnten zunehmen, immer häufiger dürften Beschäftigte offensiv um ihre Arbeitsbedingungen verhandeln und auf ihre Bedürfnisse zugeschnittene Regelungen durchzusetzen versuchen usw. Gelingt ihnen dies nicht, können innere Kündigungen, Absentismus, Fluktuation usw. noch weiter zunehmen oder auch verstärkt subversive Verhaltensweisen die Folge sein. Gelingt es Betrieben jedoch, dies geschickt zu berücksichtigen, können sie hoch motivierte und loyale Arbeitskräfte bekommen; denn für die Mitarbeiter sind dies Betriebe, mit denen sie gut leben können.

3.3 Zunehmende Entkopplung des Lebens von der Logik der Erwerbsarbeit

Die beschriebenen Entwicklungen können vermutlich weiterhin zur Folge haben, daß die Formen alltäglicher Lebensführung nicht nur in den quantitativen Anteilen der Tätigkeiten, sondern auch in ihrer inneren Funktionslogik immer weniger auf die Arbeitswelt ausgerichtet oder durch diese geprägt sein werden. Es war noch nie so, daß die Menschen nur für den Beruf gelebt haben und aus-

---

19 Hierauf verweist auch, am Beispiel der Zeit, Rinderspacher (1991, zuerst 1985), ähnlich Müller/Wichmann (z.B. 1984).

schließlich durch die Rationalität von Arbeit und Betrieb geprägt wurden. Sie haben sozusagen immer schon zuerst einmal versucht, ihr eigenes Leben zu leben, d.h. so weit wie jeweils möglich ihren Alltag so anzulegen, daß er nicht vollständig der Logik des Gelderwerbs und der Logik betrieblicher (d.h. technisch-organisatorischer oder ökonomischer) Sacherfordernisse folgt, sondern auch einer Logik des persönlichen Glücks.

Mit einer zunehmenden Komplizierung und Rationalisierung von Lebensführung könnten jedoch die Formen der Alltagsorganisation gegenüber dem Beruf noch verstärkt an innerer Eigenständigkeit gewinnen. Die Erwerbsarbeit würde dann immer weniger ein Bereich des Lebens sein, der unangefochten dem Alltag seine Eigenqualität aufzwingt und dadurch unterwirft. Die Menschen könnten stärker als bisher zu eigenständig, d.h. nach eigenen Kriterien, Zielen, Methoden usw. agierenden Gestaltern ihres Lebens werden und stärker als bisher versuchen, den für unseren Kulturkreis zentralen Ideen eines autonomen Lebens und einer individualisierten Persönlichkeit zu entsprechen. Die Logik des Lebens würde dabei nicht vom Beruf diktiert werden, aber sich auch nicht allein an einer rekreativen Freizeit, den Zwängen von Haushalt und Familie oder auch den Prinzipien anderer Lebensbereiche orientieren, sondern tendenziell Prämissen und Verfahren folgen, die versuchen, all dies auf eigenständige Weise (sozusagen von höherer Warte aus) zu verbinden – möglicherweise mit dem Ziel eines sehr persönlich definierten guten Lebens oder eines hoch individuellen Lebensstils.

Für die Betriebe hieße dies, daß sie verstärkt mit Mitarbeitern rechnen müßten, die sehr selbstbewußt auf optimierte Arbeits- und Lebensbedingungen im Sinne ihres individuellen Lebensideals drängen werden. Verstärkt würden die Beschäftigten offensiv komplexe Lebensziele verfolgen, die sich nur wenig mit den Zielen des Unternehmens decken, und eine Logik der Alltagsorganisation praktizieren, die mit der Betriebsorganisation an vielen Punkten kollidiert. Das muß keineswegs eine Abwendung von der Arbeit oder vom Beruf bedeuten – im Gegenteil: die Erwartungen an den Beruf, die konkrete Arbeit und den Betrieb dürften sogar weiter steigen, genauso wie die Erwartungen an das Leben insgesamt. Man will ein „gutes Leben" führen und dabei auch „gut arbeiten".

Dies bedeutet für die Personalführung, daß man die Mitarbeiter immer weniger allein als spezialisierte Arbeitskräfte und betriebliche Funktionsträger sehen darf und immer mehr als komplexe Personen mit vielfältigen Interessen, Kompetenzen und Aktivitäten, will man deren Verhalten im Beruf verstehen und beeinflussen. Immer mehr werden damit außerbetriebliche Logiken (die der Familie, des Sports, der Reise, des sozialen Engagements, des Kulturbetriebes, der Hobbys usw.) auch im betrieblichen Verhalten wirksam werden und damit auch die Betriebe insgesamt prägen. Immer weniger wird es damit möglich sein, Betriebe mit ausschließlichem Blick auf eine enge betriebliche und arbeitsspezifische Rationalität zu führen.

3.4 Zunahme der sozialen Unterschiede und Vielfalt von Lebensführung

Noch nie hat das Klischee vom „normalen" Berufstätigen gestimmt, der von 8 bis 5 Uhr seiner Arbeit nachgeht und dann noch in begrenztem Umfang Familienleben und Freizeit zur Erholung hat. Immer schon gab es sehr unterschiedliche Formen der Lebensführung von Berufstätigen; z.B. weil man in unterschiedlichen Lebensphasen auch sehr verschieden lebt, weil Frauen und Männer andere Biographien haben und natürlich aufgrund der Unterschiede in den Arbeits- und Berufsbedingungen. Aber: die Unterschiede zwischen den Personen und ihren Lebensführungen werden vermutlich weiter zunehmen. Wenn die Lebensstilforschung eine immer weitere Ausdifferenzierung von Konsum- und Lebensstilen registriert, heißt dies auf Ebene der alltäglichen Lebensführung, daß auch die Formen der praktischen Alltagsorganisation vielfältiger werden.

Für die Betriebe hieße das, daß es (auch auf gleichen Hierarchieebenen und in gleichen Funktionsbereichen) immer weniger „normale" Mitarbeiter mit normalen Lebensführungen gibt. Immer weniger wird man per se wissen, wie die einzelnen Mitarbeiter ihr spezifisches Leben organisieren, und immer weniger kalkulieren können, wie sie sich betrieblich verhalten werden. Weniger denn je kann daher das Personal mit Einheitsstrategien angemessen geführt werden. Pauschale Personalmaßnahmen z.B. können dann völlig mißlingen und unerwartete Effekte haben, weil die Betroffenen aufgrund ihrer höchst unterschiedlichen Lebensführungen eben höchst unterschiedlich darauf reagieren werden. Denkt man schließlich an die zu erwartende kulturelle Vielfalt im Zuge der Öffnung des EG-Binnenmarktes und der zu erwartenden Zuwanderungen aus Osteuropa, wird das Bild vollends komplex: die Formen der Lebensführung werden unaufhaltsam immer differenzierter. Eine Personalführung, die mit Arbeitskräften unterschiedlichster Herkunft und Orientierung und daher unterschiedlicher Lebensführung rechnet und umzugehen weiß, wird aber nicht erst dann notwendig, wenn die Mitarbeiter verschiedener Nationalität sind, sondern schon dann, wenn, wie angedeutet, im eigenen Kulturkreis die Formen des Alltagslebens immer vielfältiger werden. Eine multikulturelle Personalführung ist damit keine Aufgabe nur für international operierende Manager, sondern sie betrifft zunehmend jeden Vorgesetzten.

4. Veränderungen der alltäglichen Lebensführung Berufstätiger als Herausforderung für die betriebliche Personalführung – ein Resümee

Ziel des Beitrages war es, deutlich zu machen, daß Betriebe zukünftig immer weniger ignorieren können, wie die Mitarbeiter ihre alltägliche Lebensführung, d.h. den Zusammenhang ihrer gesamten Tätigkeiten in den verschiedenen Lebensbereichen, praktisch gestalten. Das heißt nicht, daß die Betriebe darauf Einfluß nehmen sollen, sondern daß sie zunehmend das praktische Alltagsleben ihrer Arbeitskräfte verstehen und darauf aktiv Rücksicht nehmen müssen, wollen sie weiterhin gut kooperierende Mitarbeiter haben.

Dies ist weniger, so wurde ausgeführt, die Folge eines Wandels abstrakter „Werte" in der Gesellschaft als die Folge von konkreten Veränderungen in den Formen der praktischen Alltagsorganisation. Die Konstruktion und Erhaltung einer funktionierenden alltäglichen Lebensführung ist generell in der modernen Gesellschaft eine komplizierte und für die Betreffenden sehr ernste Aufgabe – durch die verstärkte Komplizierung der Arbeits- und Lebensverhältnisse wird diese Aufgabe aber immer anspruchsvoller. Nicht nur die Arbeit im Beruf stellt immer höhere Anforderungen an den einzelnen, sondern auch die Arbeit, die es macht, sein Leben zu führen: Man hat zukünftig vermutlich immer noch mehr zu tun, wobei der Beruf nach wie vor ein zentraler Punkt sein wird – aber zunehmend nur einer von vielen anderen Dingen des Lebens, die auch erledigt werden müssen und tendenziell sogar immer wichtiger werden (verstärkte *Komplizierung* der Formen von Lebensführung). Man muß seine Lebensführung wahrscheinlich noch stärker als bisher unter Effizienzgesichtspunkten organisieren (zunehmende *Rationalisierung* in der Lebensführung). Man wird vermutlich zunehmend die Lebensführung noch mehr nach eigenen Kriterien gestalten und versuchen, unabhängiger von den Vorgaben der einzelnen Lebensbereiche, insbesondere des Berufs, zu werden (wachsende *Autonomisierung* der Lebensführung). Und schließlich wird man sich dabei um immer individuellere Lösungen bemühen müssen, mit der Folge, daß die Erscheinungsformen von Lebensführung vielfältiger werden (soziale *Ausdifferenzierung* der Formen von Lebensführung). – Solche Entwicklungen werden vielfältige Konsequenzen für die betriebliche Personalführung haben, zum Beispiel:

Für die Personalführung kann dies zum einen bedeuten, daß man sich immer stärker auf einen Typ von Beschäftigten einstellen muß, der versucht, sehr eigenständig und selbstbewußt sein Leben zu leben und entsprechend betrieblich agiert – nicht nur weil höhere Ansprüche an das Leben bestehen, sondern weil veränderte Lebensbedingungen verstärkt dazu zwingen. Die komplizierter werdende soziale Welt hat notwendigerweise auch kompliziertere Mitarbeiter zur Folge. Weiß die Personalführung sich darauf einzustellen, können die Betriebe nach wie vor motivierte und leistungsfähige Beschäftigte bekommen; aber sicherlich nur noch begrenzt den sich fraglos einfügenden Untergebenen, sondern in wachsendem Maße fachlich qualifizierte und gut allgemeingebildete, modern denkende und damit auch anspruchsvolle Mitarbeiter, die respektierte Kooperationspartner und nicht nur Arbeitskräfte sein wollen.

Für die Personalführung wird es dabei zum anderen nützlich sein, zu berücksichtigen, daß Betriebsführung und Lebensführung in vielen Aspekten ähnlich sind, nicht zuletzt darin, daß beides eine komplexe Organisationsleistung ist. Und die Anforderungen an diese Leistung wachsen in beiden Bereichen: nicht nur die Betriebsführung, sondern auch die Lebensführung der Mitarbeiter wird komplexer, muß immer geschickter organisiert und dazu unabhängiger von der jeweiligen Umwelt werden und wird damit auch immer unterschiedlicher ausfallen. Den Führungskräften werden immer mehr Personen als Beschäftigte begegnen, die – wie sie – effizienzorientierte Gestalter einer komplexen Organisation sind.

Für die Personalführung wird es außerdem immer wichtiger, zu verstehen, daß betriebliche Strukturen und Maßnahmen in ihrer Wirkung auf die Mitarbeiter immer schwieriger zu kalkulieren sein werden. Dadurch, daß die Menschen neben ihrer Arbeit zunehmend vielfältige Dinge in anderen Bereichen zu erledigen haben, die Arrangements mit diesen Bereichen und dann die Koordination dieser Arrangements (die alltägliche Lebensführung) immer komplizierter, organisierter, eigenständiger und vielfältiger werden, können sich betriebliche Maßnahmen bei den Beschäftigten ganz anders auswirken, als man aus der Perspektive der betrieblichen Logik unmittelbar erkennen kann.

Und schließlich wird es für die Personalführung hilfreich sein, sich deutlich zu machen, daß sie in diesem Prozeß nicht nur Betroffene sind. Es sind nicht zuletzt Veränderungen betrieblicher Strategien (von den steigenden quantitativen und qualitativen Erwartungen an die Arbeitsleistung der Mitarbeiter bis zu neuen deregulierten Beschäftigungsformen und flexibilisierten Arbeitszeiten), die direkt oder indirekt die Lebensführungen ihrer Mitarbeiter unter Veränderungsdruck setzen. Man darf sich nicht wundern, wenn betriebliche Rationalisierungen auch auf Seiten der Betroffenen Rationalisierungen auslösen: werden durch betriebliche Maßnahmen die Arbeits- und damit die Lebensbedingungen der Mitarbeiter komplizierter und schwieriger, muß ihre Lebensführung in Komplexität, Rationalität, Eigenständigkeit und sozialer Spezifik angepaßt werden. Auf diese Weise erzeugen betriebliche Problemlösungsversuche tendenziell wieder neue Probleme für die Betriebe – Probleme, die nur vorausgesehen, verstanden und damit ihrerseits bewältigt werden können, wenn ein differenziertes Verständnis der von den Maßnahmen betroffenen Mitarbeiter und ihrer alltäglichen Lebensführung entwickelt wird.

Literatur

Beck, U. (1986): Risikogesellschaft. Auf dem Weg in eine andere Moderne. Frankfurt a.m.

Behringer, L./Bolte, K.M./Dunkel, W./Jurczyk, K./Kudera, W./Rerrich, M.S./Voß, G.G. (1989): Auf dem Weg zu einer neuen Art der Lebensführung? In: Mitteilungen 1 des SFB 333. München

Behringer, L./Dunkel, W. (1991): Wenn nichts mehr sicher ist – Formen der Lebensführung unter instabilen Arbeits- und Lebensbedingungen. In: Mitteilungen 3 des Sonderforschungsbereiches 333. München

Berger, P./Hradil, S. (Hg.), (1990): Lebenslagen, Lebensläufe, Lebensstile (Sonderband 7 der Sozialen Welt). Göttingen

Böckler, M./Herbert, W./Hippler, H. J./Kluck, M. (1991): Wertewandel und Werteforschung in den 80er Jahren. Forschungs- und Literaturdokumentation 1980 – 1990. Bonn

Bolte, K.M. (1987): Anmerkungen zum Stand sozialwissenschaftlicher Wertewandeldiskussion. Was wandelt sich im Bereich unserer Kultur tatsächlich? In: v.d. Ohe, W. (Hg.): Kulturanthropologie, Beiträge zum Neubeginn einer Disziplin. Berlin

Bolte, K.M. (1989): Gesellschaft im Umbruch? In: Bleek, W./Maul, H. (Hg.): Ein ganz normaler Staat. Perspektiven nach 40 Jahren Bundesrepublik. München

Bolte, K.M. (1991): Werteorientierung der Unternehmensführung. In: Matheis, R. (Hg.): Erfolgsmanagement 2000. Frankfurt a.M.

Bolte,K.M./Voß, G.G. (1988): Veränderungen im Verhältnis von Arbeit und Leben. Anmerkungen zur Diskussion um den Wandel von Arbeitswerten. In: Reyher, L./Kühl, J. (Hg.): Resonanzen. Arbeitsmarkt und Beruf – Forschung und Politik. (Beitr. AB 111). Nürnberg

Büchtemann, Ch. (1990): Kündigungsschutz als Beschäftigungshemmnis. In: Mitteilungen aus der Arbeitsmarkt und Berufsforschung 23 (3), S. 394 ff.

Franke, H./Buttler, F. (1991): Arbeitswelt 2000. Strukturwandel in Wirtschaft und Beruf. Frankfurt a.M.

Groß, H/Thoben, C./Bauer, F. (1989): Arbeitszeit '89. Ergebnisse einer aktuellen Repräsentativbefragung zu den Arbeitszeitstrukturen und Arbeitszeitwünschen der abhängig Beschäftigten in der Bundesrepublik Deutschland (hrsg. vom Minister für Arbeit, Gesundheit und Soziales des Landes NRW). Köln

Hennis, W. (1987): Max Webers Fragestellung. Studien zur Biographie des Werkes. Tübingen

Hradil, S. (1991): Milieu, Subkulturen, Lebensstile – Alte Begriffe und neue Strukturen. In: Vaskovics, L. (Hg.): Subkulturen und Subkulturkonzepte. Opladen

Jurczyk, K. (1991): Flexibilisierung der Erwerbsarbeit – Flexibilisierung der Lebensführung? In: Voß, G.G. (Hg.): Die Zeiten ändern sich – alltägliche Lebensführung im Umbruch. Sonderheit II der Mitteilungen des SFB 333. München

Jurczyk, K./Kudera, W. (1991): Verfügung über Zeit? Die ganz unterschiedlichen Auswirkungen flexibler Arbeitszeiten auf die Lebensführung. In: Flecker, J./Schienstock, G. (Hg.): Flexibilisierung, Deregulierung und Globalisierung. Interne und externe Rekonstruierung betrieblicher Organisation. München/Mering

Jurczyk, K./Treutner, E./Voß, G.G./Zettel, O. (1985): Die Zeiten ändern sich – Arbeitszeitpolitische Strategien und die Arbeitsteilung der Personen. In: Hradil, S. (Hg.): Sozialstruktur im Umbruch. Opladen (Abdruck in diesem Band)
Klages, H. (1984): Wertorientierungen im Wandel. Rückblick, Gegenwartsanalysen, Prognosen. Frankfurt a.M.
Klages, H./Hippler, H.J./Herbert, W. (Hg.), (1991): Werte und Wandel – Ergebnisse und Methoden einer Forschungstradition. Frankfurt a.M./New York
Kommission „Zukunftsperspektiven gesellschaftlicher Entwicklungen" (1983): Bericht der Kommission „Zukunftsperspektiven gesellschaftlicher Entwicklungen" (erstellt im Auftrag der Landesregierung von Baden-Württemberg). Stuttgart
Kudera, W./Voß, G.G. (1988): Veränderungen der Arbeitsteilung von Personen. Neue Muster der individuellen Verteilung von Arbeit auf verschiedene Lebensbereiche. Ein Forschungsprogramm. In: Schmiede, R. (Hg.): Arbeit und Subjektivität. Bonn
Kudera, W./Voß, G.G. (1990): Aushandlung und Routine. In: Hoff, E. (Hg.): Die doppelte Sozialisation Erwachsener. München
Luhmann, N. (1964): Struktur und Folgen formaler Organisation. Opladen
Luhmann, N. (1984): Soziale Systeme. Frankfurt a.M.
Lutz, B. (1984): Der kurze Traum immerwährender Prosperität. Eine Neuinterpretation der industriell-kapitalistischen Entwicklung im Europa des 20. Jahrhunderts. Frankfurt a.M./New York
Müller, H.P./Weihrich, M. (1990): Lebensweise – Lebensführung – Lebensstile. Eine kommentierte Bibliographie (Forschungsberichte der Universität der Bundeswehr, Fakultät für Pädagogik). Neubiberg
Müller-Wichmann, Ch. (1984): Zeitnot. Untersuchungen zum „Freizeitproblem" und seiner pädagogischen Unzugänglichkeit. Weinheim/Basel
Münch, R. (1991): Dialektik der Kommunikationsgesellschaft. Frankfurt a.M.
Opaschowski, H.W. (1985): Die neue Freizeitethik. Entwicklungstendenzen im Freizeitbereich und soziale Folgen. In: Altvater E. et. al. (Hg.): Arbeit 2000. Hamburg
Opaschowski, H.W. (1988): Psychologie und Soziologie der Freizeit. Opladen
Rerrich, M. S./Voß, G.G. (1992): Vexierbild soziale Ungleichheit. Die Bedeutung alltäglicher Lebensführung für die Sozialstrukturanalyse. In: Hradil, S. (Hg.): Zwischen Bewußtsein und Sein. Opladen (Abdruck in diesem Band)
Rinderspacher, J. (1991): Die Kultur der knappen Zeit – Über Chancen und Grenzen individueller Zeitgestaltung. In: Voß, G.G. (Hg.): Die Zeiten ändern sich – Alltägliche Lebensführung im Umbruch. Sonderheft II der Mitteilungen des SFB 333. München
Rinderspacher, J. (1985): Gesellschaft ohne Zeit. Frankfurt a.M./New York
Rosenstiel, L./Einsiedler/H.E./Streich, R.K. (Hg.), (1987): Wertewandel als Herausforderung für die Unternehmenspolitik. Stuttgart
Rosenstiel, L. et.al. (1989): Führungsnachwuchs im Unternehmen. München
Rosenstiel, L./Stengel, M. (1987): Identifikationskrise. Zum Engagement in beruflichen Führungspositionen. Bern u.a.
Schäfers, B. (1990): Gesellschaftlicher Wandel. Ein Studienbuch zur Sozialstruktur und Sozialgeschichte der Bundesrepublik. Stuttgart
Schluchter, W. (1988): Religion und Lebensführung (2 Bde.). Frankfurt a.M.

Scott, W.R. (1987): Organizations. Rational, Natural and Open Systems. Englewood Cliffs (2 ed.)
Voß, G.G. (1990): Wertewandel. Eine Modernisierung der protestantischen Ethik? In: Zeitschrift für Personalforschung, 5. Jg., Heft 3
Voß, G. G. (1991a): Lebensführung als Arbeit. Über die Autonomie der Person im Alltag der Gesellschaft. Stuttgart
Voß, G.G. (1991b): „Lebensführung" als integratives Konzept für die Soziologie. In: Voß, G.G. (Hg.): Die Zeiten ändern sich – Alltägliche Lebensführung im Umbruch. Sonderheft II der Mitteilungen des SFB 333. München
Voß, G.G. (Hg.) (1991c): Die Zeiten ändern sich – Alltägliche Lebensführung im Umbruch. Sonderheft II der Mitteilungen des SFB 333. München
Weber, M. (1968): Methodologische Schriften. Frankfurt a.M.
Weber, M. (1986): Gesammelte Aufsätze zur Religionssoziologie I. Tübingen
Wollert, A. (1986): Wertorientierte Personalpolitik. In: Gehrmann, F. (Hg.): Arbeitsmoral und Technikfeindlichkeit. Über demoskopische Fehlschlüsse. Frankfurt a.M./New York
Wollert, A./Bihl, G. (1983): Werteorientierte Personalpolitik. In: Zeitschrift für Personalführung, 8/9/10
Zapf, W. et. al. (1987): Individualisierung und Sicherheit. Untersuchungen zur Lebensqualität in der Bundesrepublik Deutschland. München

Werner Kudera

Grenzen der Flexibilisierung – Zum Verhältnis von individueller und betrieblicher Zeitökonomie

Zusammenfassung

Ausgangspunkt des folgenden Beitrags ist der immer mehr sich verstärkende Trend einer Flexibilisierung der Arbeitszeit, die auch als Deregulierung einer bislang relativ homogen organisierten Arbeitszeitstruktur sowie als Differenzierung von kollektiv verbindlichen Arbeitszeitmustern diskutiert wird (vgl. Flecker/Schienstock 1991). Diese Diskussion dreht sich um die Tatsache, daß vor allem Teil- und Gleitzeitsysteme, aber auch andere flexible Arbeitszeitformen bis hin zu Konti-Schicht und Kapovaz (kapazitätsorientierte variable Arbeitszeitregelung) in wachsendem Umfang nicht nur die tatsächlichen Grenzen der täglichen Arbeit, sondern auch den Umfang und die Struktur der Lebensarbeitszeit und damit die Kontinuität beruflicher Biographien regulieren. Mehr noch, inzwischen kann davon ausgegangen werden, daß die Ausnahme zur Regel geworden ist und überhaupt nur noch etwa ein Viertel aller Arbeitnehmerinnen und Arbeitnehmer im Rahmen „normaler" Arbeitszeiten tätig sind (Jurczyk/Kudera 1991, Jurczyk 1991). Dabei ist als besonderes Faktum im Auge zu behalten, daß sich die Ausbreitung der Teilzeitarbeit bislang als nahezu ausschließlich frauenspezifisches Phänomen erwiesen hat und daß auch von kapazitätsorientierten variablen Arbeitszeitsystemen weibliche Beschäftigte in weitaus höherem Maße betroffen sind als Männer, die in der Regel immer noch diejenigen sind, die über kontinuierliche Vollarbeitszeitplätze verfügen (vgl. Bispinck-Hellmich 1988).

Arbeitszeitflexibilisierung ist ein Sammelbegriff, hinter dem sich eine Vielzahl von unterschiedlichen Arbeitszeitmodellen verbirgt. Ihnen allen ist gemeinsam, daß sie eine zur relativ starren tariflichen Regelarbeitszeit, wie sie mit dem Stichwort „Normalarbeitstag" gekennzeichnet ist, alternative elastischere und variablere Ordnung sowohl der Arbeitszeiten der Arbeitskräfte als auch der Betriebszeiten der Arbeitsplätze beinhalten, und dies gilt sowohl hinsichtlich der Dauer (chronometrische Dimension) als auch der Aufteilung (chronologische Dimension). Aus der breiten Palette solcher Modelle möchte ich hier nur einige benennen. So gibt es neben den bereits seit längerem praktizierten Teilzeit- und Schichtarbeitssystemen Systeme komprimierter und alternierender Arbeitszeiten, Job-sharing und group-job, Tandemarbeitszeit, variable Arbeitszeit mit und ohne feste Kernzeit, Bandbreitenmodelle, Langzeiturlaub oder Sabbath-Jahre, Werk- und Jahresarbeitsverträge, schließlich gleitenden Einstieg und Ausstieg in und aus dem Erwerbsleben sowie eine Reihe von Lebensarbeitskonzepten. Wie zahlreich auch immer solche Modelle sein mögen, Flexibilisierung von Arbeitszeit wird insgesamt als wünschenswerte und notwendige Option propagiert, um neuen und veränderten ökonomischen Bedingungen angemessen begegnen zu können – und dies gilt sowohl für die Seite der Betriebe als auch für die Seite der Beschäftigten. Für die Betriebe heißt Flexibilisierung, rationelle Zeitallokation systematischer durchzusetzen, um Kapazitäten optimal nutzen und elastisch auf variable Marktbedingungen reagieren zu können. Für die Beschäftigten heißt Flexibilisierung, sich auf neue variable Arbeitszeitregelungen einzustellen – mit Folgen für ihre Alltagsgewohnheiten, ihren Lebensrhythmus und ihre Lebensplanung. Am unmittelbarsten wirken sich diese Folgen in der zeitlichen Organisation der alltäglichen Lebensführung aus.

Wie aber sieht die zeitliche Organisation alltäglicher Lebensführung überhaupt aus, welche elementaren Probleme sind dabei zu lösen und auf welcher moralischen Grundlage gestaltet sich das Verhältnis von Arbeit und Leben?

1. Die Rhythmisierung des Alltags

Welche Ordnungsprinzipien in der zeitlichen Strukturierung alltäglicher Lebensführung wirksam sind, läßt sich anhand des Materials von Interviews beschreiben, die im Rahmen des Teilprojekts A 1 des SFB 333 zu Problemen und Mustern alltäglicher Lebensführung durchgeführt wurde. Hier zeigen sich in einer Population von abhängig und selbständig Erwerbstätigen mit Familie im wesentlichen drei alltagszeitliche Grundrhythmen und eine ganz bestimmte lebenszeitliche Sequenzierung, nämlich die Rhythmen Arbeitstag – Feierabend, Arbeitswoche – arbeitsfreies Wochenende, Arbeitsjahr – Jahresurlaub sowie eine biographische Phasierung, die insbesondere um Erwerbsarbeit und Familie zentriert ist.

In Erzählungen über den Ablauf des alltäglichen Geschehens dominieren eindeutig die Rhythmen von Arbeitstag und Feierabend, von Arbeitswoche und freiem Wochenende als zeitliche Ordnungsprinzipien bei solchen Befragten, die abhängig und unter Bedingungen „normaler" Vollzeitbeschäftigung einer Erwerbstätigkeit nachgehen. Dies ist zunächst nicht weiter überraschend, da sich in dieser Rhythmik lediglich die institutionalisierten Normalarbeitszeit-Regelungen zu spiegeln scheinen. Anders ist es bei Personen, die freiberuflich tätig oder gar nicht berufstätig sind und deshalb keiner externen Regulierung ihrer Arbeitszeit unterworfen sind. Sie müssen sich eine eigene zeitliche Ordnung konstruieren, die entweder durch Planung und Schematisierung oder durch jeweils situative Nutzung charakterisiert sein kann. Für solche Personen stellt sich die Rhythmisierung von Arbeit und Nichtarbeit als ein permanentes, durch eigene Leistung zu strukturierendes und zu lösendes Problem. Dabei ist bei bestimmten Berufen – mit produktiv-geistiger Arbeit zumal – von der Sache her die Trennung von Arbeit und Nichtarbeit ohnehin schwierig oder sinnlos, weil der Übergang zwischen beruflicher Arbeit und Freizeitaktivitäten fließend ist. Ist der Besuch einer Kinovorstellung für den Kritiker, die Lektüre eines Buches für einen Germanisten, die Jubiläumsfeier eines Vereines für einen Politiker berufliche Arbeit? Ist das aufwendig-rituelle Kochen am Wochenende, das erzieherische Spielen mit den Kindern häusliche Arbeit? Dies ist nicht nur eine Frage der Definition der jeweiligen Tätigkeit und ihrer sachlichen Zuordnung, sondern auch eine Frage der zeitlichen Zuordnung. Was während der formellen Arbeitszeit getan wird, gilt cum grano salis als berufliche Arbeit. Wo es keine formelle Arbeitszeit gibt, fehlt die Eindeutigkeit des Zusammenhanges von Arbeitszeit und beruflicher Arbeit. Gerade in diesem Zusammenhang jedoch wird ein spezifisches kulturelles Muster und sachliches Verhältnis unserer Gesellschaft sichtbar, nämlich der enge Nexus von Herrschaft in Form der Verfügung über Zeit und der Definition von Arbeit. Hierin spiegelt sich nichts anderes als die Vorstellung, daß Arbeit im wesentlichen ein Bereich von Fremdbestimmung ist und Nichtarbeit ein Bereich von individueller Autonomie.

Gleichwohl, auch der immer noch dominante Rhythmus von Arbeitstag und Feierabend, von Arbeitswoche und freiem Wochenende ist bei näherem Hinsehen nicht die bloße Ratifizierung vorgegebener Zeitregelungen, sondern schließt eine subjektive Leistung ein, die unterschiedliche Lebenswelten mit je eigener Logik und Dynamik integriert. So spiegelt der Rhythmus von Arbeitstag und Feierabend zugleich einen Wechsel zwischen zwei Welten mit jeweils eigenen Strukturen und Anforderungen, zwischen der Welt der Erwerbsarbeit und der privaten Welt zuhause, wie er historisch durch die Trennung von Arbeitsplatz und privatem Lebensbereich etabliert worden ist. Daß dieser Wechsel je nach Art und Ausmaß der beruflichen Inanspruchnahme und Identifikation mit der jeweiligen beruflichen Tätigkeit Schwierigkeiten bereiten kann, wird in solchen Fällen deutlich, wo er durch Übergangsrituale erleichtert werden muß. Solche Rituale sind z.B., sich nach getaner Arbeit im Betrieb bewußt Zeit zu lassen und herumzutrödeln oder mit Kollegen und Kolleginnen zu tratschen, nicht nur, um Informationen auszutauschen, sondern um Kopf und Körper von Inhalt und Eigenrhythmus der Erwerbsarbeit freizumachen – wie überhaupt Trödeln und Tratschen eine Form repräsentiert, dem Imperativ des „Zeit ist Geld" Widerstand entgegen zu setzen. Aber auch die Fahrt nach Hause im eigenen Auto oder öffentlichen Verkehrsmittel wird als Gelegenheit genutzt, abzuschalten und den Nachhall der Welt der Berufsarbeit ausklingen zu lassen. Solche Übergangsrituale fehlen bei den Workaholics, die selbst das Fahrzeug auf dem Weg zum und vom Betrieb noch als Arbeitsstätte nutzen. Freilich brauchen selbst sie, zuhause angekommen, eine Weile der abgeschirmten Entspannung beim Zeitunglesen, die Tasse Kaffee oder das Nickerchen auf der Couch, die es ermöglichen, Abstand von der Welt der Erwerbsarbeit zu gewinnen und sich allmählich auf die Ansprüche familialen Lebens umstellen zu können.

Im wesentlichen scheint dieser Wechsel jedoch zunächst einmal – und das macht die pauschale These der Trennung des Lebens in Arbeit und Freizeit hinfällig – ein Wechsel zwischen zwei Reichen der Notwendigkeit zu sein. Auf die Erwerbsarbeit als Quelle notwendigen Einkommens folgen in der Regel – symbolisch getrennt durch Übergangsrituale – im häuslichen Bereich solche Tätigkeiten, die zur ordentlichen Haushaltsführung und – falls Kinder vorhanden sind – zur Betreuung und Erziehung notwendig sind. Die Normalität besteht darin, daß zunächst einmal getan werden muß, was anliegt. Erst dann ist daran zu denken, sich individuellen Bedürfnissen hinzugeben. Und genau diese um Erwerbsarbeit, Haushalt und Familie zentrierten notwendigen Verrichtungen in Form alltäglicher Routinen machen das aus, was immer wieder als Alltagstrott umschrieben wird. Gerade deshalb scheint der Alltag so diffus zu sein und keiner anderen Norm zu gehorchen als der der unterschiedslosen Wiederholung. Ein solcher Alltagsrahmen bietet nur begrenzt Gelegenheiten, spontanen Regungen nachzugeben: der lange Arm der Erwerbsarbeit und die Umarmung durch Familie und Haushalt fixieren ein Programm notwendiger täglicher Arbeiten, in das Spielräume für autonome Bedürfnisse methodisch eingebaut werden müssen. Symptomatisch dafür sind wiederum Übergangsrituale; hier finden sich nämlich die notorischen kleinen Fluchten, mit deren Hilfe den Notwendigkeiten des Alltags ein Raum ungestörter Privatheit abgetrotzt wird.

Im Kontrast dazu ist der Rhythmus von Arbeitswoche und arbeitsfreiem Wochenende ein wenig wie der Wechsel von Arbeit und wirklichem Leben, wie der von Notwendigkeit und Freiheit. Gegenüber dem von Routinen beherrschten Alltag ist das freie Wochenende so etwas wie ein Aufatmen; es dient – soweit nicht während der Woche liegen gebliebene Sachen zu erledigen sind – vor allem dazu, individuell den durch externe Bedingungen aufgenötigten Zeitdiktaten für eine Weile zu entkommen und ihnen eigene Zeitsouveränität entgegenzusetzen: gegenüber dem frühen Aufstehen und dem hastigen Frühstück das Ausschlafen und das geruhsame, gemeinsame Frühstück; gegenüber der eingeschränkten räumlichen Mobilität während der Woche die Ausflüge in die Warenwelt oder die Natur, gegenüber den notwendigen Haushaltsroutinen schließlich die Gelegenheit für ausgiebigere gemeinsame Unternehmungen oder aber für ganz private Interessen. Insofern ist der Rhythmus von Arbeitswoche und arbeitsfreiem Wochenende keineswegs nur eine gesellschaftliche Regulierung von Zeit, sondern auch ein zentrales Element der Alltagskonstruktion und der individuellen Gestaltung des Verhältnisses von Arbeit und Leben. Diese Rhythmik gilt freilich primär für die städtisch-industrielle Zeitkultur. Deshalb ist zumindest darauf hinzuweisen, daß sich das Verhältnis von Arbeit und Nicht-Arbeit, von Arbeit und arbeitsfreier Zeit im ländlichen Milieu, zumal in der Landwirtschaft mit ihrer Bindung an natürliche Rhythmen, erheblich anders darstellt.

Beide elementaren Rhythmen, der von Arbeitstag und Feierabend und der von Arbeitswoche und arbeitsfreiem Wochenende, werden durch bestimmte Formen flexibilisierter Arbeitszeit außer Kraft gesetzt. Dies gilt insbesondere für Schichtarbeitszeitsysteme, für Konti-Schichtsysteme zumal. Schichtarbeit bedeutet die Abkoppelung von individueller Arbeitszeit und Betriebszeit und damit die Suspendierung des gesellschaftlich eingeschliffenen Rhythmus von Arbeitstag und Feierabend. Konti-Schicht bedeutet demgegenüber nicht nur die Suspendierung des Rhythmus Arbeitstag – Feierabend, sondern zusätzlich die des Rhythmus Arbeitswoche – arbeitsfreies Wochenende und damit die totale Abkoppelung der individuellen Arbeitszeit von gesellschaftlich etablierten Normalzeit-Strukturen. In der Konsequenz heißt das für diejenigen, die einem solchen, von den normalen gesellschaftlichen „Betriebszeiten" abgelösten Zeitregime unterworfen sind, daß sie einen ihnen aufgeherrschten, mitunter sehr komplizierten Gegenrhythmus zu den gesellschaftlichen Normalzeiten mit diesen in Einklang bringen müssen. Auf irgendeine Weise müssen sie eine eigene, individuelle Zeitstruktur – für den Betrieb, für sich selbst und gegen die Gesellschaft – etablieren und gleichzeitig mit den sozialen Zeitstrukturen synchronisieren. Diese Notwendigkeit verlangt nicht nur in besonderem Maße Gestaltungs- und Anpassungsleistungen eigener Art, sie ist auch nur bedingt mit bestimmten Aktivitäten, Lebensplänen und Lebensformen zu vereinbaren. Und genau hier liegt eine erste Grenze für die Flexibilisierung von Arbeitszeit, die im folgenden für die Form der Schichtarbeit skizziert wird.

Jenseits der Frage, ob und mit welche Folgen die Betroffenen psycho--physiologische Probleme der Umstellung auf die Binnenrhythmen der jeweiligen Schicht haben, die nach Lage und Dauer variieren und mit dem biologischen Wach-Schlaf-Rhythmus konfligieren, reduziert Schichtarbeit die sozial nutzbare Zeit und erhöht den Abstimmungsbedarf mit Personen und Institutionen, da Ladenschlußzeiten, Verkehrszeiten und Vereinstermine z.B. immer noch am Modell des Normal-Arbeitstages ausgerichtet sind. Eine familiale Lebensführung mit Kindern wiederum ist unter den Bedingungen von Schichtarbeit nur unter der Voraussetzung möglich, daß der jeweilige Partner – und das ist in der Regel die Ehefrau – entweder gar nicht oder nur eingeschränkt erwerbstätig ist, wenn das Familienleben nicht darunter leiden soll. Damit wird die Verläßlichkeit der Ehefrau als Hausfrau und Mutter sowie als Organisatorin und Koordinatorin des Alltags zur wesentliche Funktions- und Stabilitätsbedingung einer solchen Art von Lebensführung.

Als weiterer Rhythmus ist schließlich auch jener Zyklus von Bedeutung, der sich, aufs Jahr bezogen, aus dem Wechsel von Jahresarbeitszeit und Urlaub ergibt. Er spielt zwar in der Alltagskonstruktion nur eine geringe Rolle und ist zu langfristig angelegt, um sich unmittelbar in der zeitlichen Organisation der alltäglichen Lebensführung niederzuschlagen, hat aber sehr wohl perspektivisches Gewicht. Urlaub erschließt eine gegenüber dem routinisierten Alltag andere Welt, die als Aussicht und Versprechen das Grau des Alltags zeitweilig farbig überstrahlen kann. Zugleich fungiert Urlaub als Möglichkeit, sich temporär räumlich, zeitlich und sachlich von den Bedingungen des Arbeits- und Familienalltags abzukoppeln: möglichst weit weg vom Arbeitsplatz und möglichst weit weg von der Wohnung, soweit sie die monotonen Ablaufprogramme der Haushaltsführung verkörpert. Dies schließt freilich weder aus, daß der Urlaub der Form nach genau so routinisiert wird wie der normale Alltag – der gleiche Ort, der gleiche Ablauf – oder die Hektik des gewöhnlichen Alltags reproduziert, noch, daß er zuhause, auf dem eigenen Balkon, im eigenen Schrebergarten oder der eigenen Werkstatt verbracht wird. Aber selbst da ist die symbolische Segregation noch ein entscheidender Gesichtspunkt, um der von einer Logik der Notwendigkeit durchherrschten Welt zu entgehen und in einer anderen sich aufzuhalten, die mehr Selbstbestimmung und Selbstentfaltung gestattet.

Gegenüber diesen wesentlich in unterschiedlichen alltagszeitlichen Zyklen organisierten Zeithorizonten ist ein anderer, lebenszeitlicher Horizont von Bedeutung, der sich biographisch in der Reflexion der Dimensionen Vergangenheit, Gegenwart und Zukunft aktualisiert. Er spielt eine Rolle bei der Verortung des aktuellen Alltags im Rahmen einer meist sequentiell organisierten Biographie mit aufeinander folgenden Lebensphasen (vgl. Kohli 1978). Mit der Benennung solcher Phasen werden in der Regel in einem Prozeß der Bilanzierung veränderte Rahmenbedingungen thematisiert, die von Phase zu Phase unterschiedliche Arrangements der Lebensführung notwendig machen und in spezifischer Weise den jeweiligen Alltag bestimmen. Hier spielen berufliche Veränderungen eine wichtige Rolle, aber auch der jeweilige Übergang in die familiale Phase, die empty-nest Phase, das Rentner- oder Pensionärsdasein, die Unterbringung im Alten- oder Pflegeheim. Die oft beschriebenen Schocks, die mit dem Ausscheiden aus dem Erwerbsleben oder der Preisgabe selbständigen Lebens in der eigenen Wohnung verbunden sind, hängen nicht zuletzt damit zusammen, daß die bisherige private Welt in Form gewohnter und selbstverständlich gewordener Arrangements alltäglicher Lebensführung deshalb zusammenbricht, weil wichtige Stützpfeiler der Alltagskonstruktion von einem Tag auf den anderen wegfallen und neue Arrangements unter erheblich veränderten Bedingungen erst mühsam wieder aufgebaut werden müssen.

Als besonders folgenreicher Einschnitt wird von Personen, die verheiratet sind oder in Partnerschaft leben, fast immer der Übergang vom Single-Status zu

Grenzen der Flexibilisierung

einer gemeinsamen Lebensführung genannt, insbesondere der Moment, ab dem Kinder zu versorgen sind. Das ist kein Wunder, da der Übergang von einer individuellen zu einer mit anderen Personen aufs engste verflochtenen Lebensführung nicht nur zusätzliche Verantwortung und Loyalität aufbürdet, sondern auch zusätzliche Aufgaben und entsprechende organisatorische Vorkehrungen und gemeinschaftliche Gestaltungsleistungen erforderlich macht.

In solchen Statuspassagen werden auf der Ebene alltäglicher Lebensführung je nach Lebenskonzept und gewählter Lebensform erhebliche geschlechtsspezifische Differenzen sichtbar. So bilanzieren Männer in der Regel in der Weise, daß sie die Freiheit und Ungebundenheit der früheren Junggesellenexistenz, die eher durch Peer-Beziehungen und Kontakte mit Berufskollegen vorstrukturiert war, mit den Restriktionen, aber auch den Vorzügen der gegenwärtigen familialen Lebensführung kontrastieren. Die Vorzüge überwiegen um so mehr, wenn das neue familiale Arrangement auf Basis einer funktionierenden und befriedigenden Alltagsorganisation hinreichend Freiräume für private Bedürfnisse offenläßt. Für solche Freiräume schaffen im Rahmen familialer Arbeitsteilung in der Regel die Frauen, zumal dann, wenn sie selber nicht berufstätig sind, die erforderlichen Voraussetzungen.

Bei Frauen scheint hingegen eher entscheidend zu sein, ob sie die familiale Phase als Zentrum ihrer Biographie betrachten oder als befristetes Arrangement, eingebettet in eine langfristige Perspektive von Berufstätigkeit. Bei berufstätigen Frauen und bei solchen, die berufstätig waren und nach der familialen Phase auch wieder in das Erwerbsleben zurückkehren möchten, repräsentiert der Beruf neben ökonomischer Notwendigkeit eine Form von Autonomie, die es ihnen möglich macht, sich real oder zeitweilig zumindest symbolisch einer ausschließlichen Absorption durch Haushalt und Familie zu entziehen. In solchen Fällen verhilft eine berufsbiographische Perspektive dazu, über eine relativ klar konturierte Vorstellung von Zukunft zugleich die aktuelle Gegenwart zu stabilisieren.

Anders bei Frauen, die sich dazu entschlossen haben, ihr Leben ausschließlich auf die Hausfrauen- und Mutterrolle auszurichten. Bei ihnen herrscht eine Gegenwartszentrierung vor, verbunden mit einer Tendenz, das einmal bewährte Arrangement soweit wie möglich zu perpetuieren und die Familie solange wie möglich zusammenzuhalten. Solche Versuche können soweit gehen, auch die bereits volljährigen Kinder im Rahmen enger verwandtschaftlicher Beziehungen weiterhin an sich zu binden. In solchen Fällen bietet die perspektivisch verlängerte Gegenwart die Möglichkeit, keine genuinen Zukunftsperspektiven entwickeln zu müssen im Vertrauen darauf, daß alles immer schon so seinen Gang nehmen wird. Bemerkenswerterweise findet sich unter Frauen dieses Typus trotz ausgefülltem Alltag selten das Phänomen von Zeitknappheit, das bei Frauen mit einer ausgeprägten berufsbiographischen Perspektivität virulent ist, sondern eher das diffuse Gefühl, daß die Zeit dahinfließt.

2. Einige strukturelle Probleme der Organisation des Alltags

Die Schilderungen des Alltags erfolgen in der Regel in terms von mehr oder weniger kohärenten und zyklisch sich reproduzierenden Ablaufprogrammen, die in einem sachlich und zeitlich organisierten Rahmen anfallende Tätigkeiten regulieren. Der sachliche Rahmen ist markiert durch Lebensbereiche, in denen bestimmte Typen von Tätigkeiten gebündelt werden. Solche Bereiche sind: Erwerbsarbeit, Hausarbeit, Kindererziehung, öffentliche und soziale Verpflichtungen, Beziehungen und Freizeit. Der zeitliche Rahmen ist abgesteckt durch öffentliche, kontraktuelle und individuell institutionalisierte Zeitregelungen, durch den Eigenrhythmus von Kindern und das eigene physiologisch verankerte, unhintergehbare Schlafbedürfnis.

Nicht von ungefähr beginnen Erzählungen über den Alltag mit dem Aufstehen und enden mit dem Schlafengehen. Alltag ist, was dazwischen liegt. Zeitlicher Beginn und Ende des Alltags hängen jedoch weitgehend von externen Temporalstrukturen ab. Bei Vollerwerbstätigen mit Normalarbeitszeit ist der Tagesanfang unmittelbar vorgegeben durch den Arbeitsbeginn und den dafür erforderlichen Vorlauf, bei Hausfrauen mittelbar durch den Arbeitsbeginn des Partners, die Öffnungszeiten von Kindergärten oder den Schulbeginn bei schulpflichtigen Kindern. Suspendiert ist dieses feste Schema bei Erwerbstätigen mit flexiblen Arbeitszeiten, insbesondere mit Schichtarbeit, bei Personen, die ihre Arbeitszeit selbst organisieren können oder müssen, und bei Müttern mit Kleinkindern, deren Bedürfnissen rund um die Uhr Rechnung getragen werden muß; bei ihnen ist der Tagesablauf tendenziell eine unendliche Geschichte rund um die Uhr ohne Anfang und ohne Ende.

Hauptproblem der Organisation des Alltags ist es, die sachlichen, zeitlichen, sinnhaften und emotionalen Erfordernisse der Lebensführung und die entsprechenden Aktivitäten in einem integrierenden Rahmen unterzubringen, zu ordnen und abzugleichen. Dieser Rahmen repräsentiert das individuelle Muster der Alltagskonstruktion als Basis alltäglicher Lebensführung. Er umfaßt die gesellschaftlich ausdifferenzierten Lebens- und Handlungsbereiche von Erwerbsarbeit und Einkommenssicherung, von Wohnen und Haushaltsführung, von Freizeit und Beziehungspflege, bei familialer Lebensform zusätzlich den Bereich der Betreuung und Erziehung von Kindern. Die in diesen Bereichen anfallenden Aufgaben und Tätigkeiten bedürfen einer Regulierung, was wann wie von wem gemacht wird, soll eine gewisse Stabilität und Kontinuität und damit ein Mindestmaß an Berechenbarkeit im Alltagsleben zustandekommen.

Aufgaben und Tätigkeiten werden nicht nur nach Maßgabe von Ansprüchen und Möglichkeiten begrenzt, was sich im individuellen Tätigkeitsrepertoire und Zeitbudget niederschlägt. Sie werden auch innerhalb solcher Grenzen nach Prioritäten geordnet, in denen sich die individuelle Relevanzstruktur spiegelt. Bei partnerschaftlichen und familialen Lebensformen geschieht diese Regulierung im Rahmen einer entsprechenden Arbeitsteilung auf Basis einer Geschäftsgrundlage, die entweder auf einem vorgängigen oder sich diskursiv bzw. experimentell herausbildenden Grundconsensus beruht oder aber auf einer mit Hilfe von Macht, Überzeugungskraft und Durchsetzungsfähigkeit gemeinsam elaborierten Definition. Diese Geschäftsgrundlage hat selten die Gestalt eines expliziten Vertrages, sondern gilt in der Regel stillschweigend und erstreckt sich auf Regeln, die zu beachten sind, auf Rollen und Zuständigkeiten, die wahrzunehmen sind, auf Rechte, die in Anspruch genommen werden können und auf Pflichten, die zu erfüllen sind, schließlich auf Eigenheiten, Reviere und Domänen, die zu respektieren sind. Die entsprechenden Handlungsabläufe finden ihre Institutionalisierung und Habitualisierung in Routinen, die das reibungslose Funktionieren gewährleisten sowie in Ritualen, die Gemeinsamkeit symbolisch sichern.

Medium der Durchsetzung und Einhaltung der Geschäftsgrundlage sind Formen entweder von Herrschaft oder von Aushandlung. Der Grenzfall wird dabei markiert durch Friktionen und Konflikte, die sich auf die Geschäftsgrundlage selber oder aber auf bestimmte Details beziehen können und die ihrerseits – friedlich oder mit Gewalt – durch Lösung, Vertagung oder Verdrängung reguliert werden. Besonders wichtig ist in diesem Zusammenhang die Verfügung über eigene und fremde Zeit. Wichtig nicht nur deshalb, weil die Verfügung über fremde Zeit die unauffälligste Art darstellt, Herrschaft auszuüben, sondern wichtig auch deshalb, weil Zeit eine Ressource ist, die durch die natürliche Endlichkeit individuellen Lebens begrenzt und tendenziell unersetzlich ist: Verausgabtes oder entgangenes Geld ist im Prinzip wiederbeschaffbar, verstrichene Zeit ist auf immer verloren.

Die einmal enstandenen individuellen Systeme alltäglicher Lebensführung, mit deren Hilfe sowohl die Stabilität und Funktionsfähigkeit des Rahmens alltäglichen Lebens als auch die einzelnen Prozesse und Handlungen innerhalb dieses Rahmens reguliert werden, nehmen empirisch die Gestalt von mehr oder weniger komplexen und konsistenten Arrangements an, in denen individuelle Bedürfnisse, Ansprüche und Möglichkeiten, gegebene Arbeits- und Lebensbedingungen und verfügbare Ressourcen über die Regelmäßigkeit von mehr oder weniger habitualisierte Handlungen relativ dauerhaft ausbalanciert werden. Unter diesem Aspekt ist Lebensführung im wesentlichen ein System von Gewohnheiten.

Die Etablierung, Reproduktion und Transformation solcher Arrangements von Lebensführung orientiert sich an persönlichen Vorbildern und kulturellen Mustern und kann diese imitativ reproduzieren oder aufgreifen und zu eigenen Konstruktionen umbilden. Unter diesem Aspekt ist die Etablierung einer bestimmten Art der Lebensführung als System individueller Handlungen selbst eine individuelle Hervorbringung. Ein ostentativer Aspekt solcher Konstruktionen ist das, was man Lebensstil nennt, nämlich die eigenwillige und auf soziale Unterscheidung bedachte Stilisierung der Lebensführung.

Die Gestaltung und Ausrichtung von Arrangements alltäglicher Lebensführung geschieht, auch wenn sie oft als nicht bewußte Konstruktion erscheint, nicht von selbst, sondern verlangt – wennleich je nach Art und Bedingungen der Lebensführung in unterschiedlichem Ausmaß – erhebliche individuelle Leistungen. Solche Leistungen werden um so mehr erforderlich, je offener, komplexer und unberechenbarer die Lebensumstände der jeweiligen Personen sind. Sie bestehen im wesentlichen darin, sich selbst, seine Handlungen und seine Lebensumstände in irgendeiner Weise zu organisieren. Erst dadurch, daß das alltägliche Leben methodisch gestaltet und betrieben wird und sich diese Methodik zu einem System eigener Art verfestigt, wird aus dem Fluß alltäglichen Leben alltägliche Lebensführung. Damit es dazu kommt, ist eine Reihe von Voraussetzungen erforderlich. Auf der Seite der Person ist biographische Perspektivität und Reflexion, Selbstdisziplin und Kompetenz notwendig. Auf der Seite der Handlungen bedarf es *sachlich* methodischer oder improvisativer Planung, Steuerung und Kontrolle, *zeitlich* Synchronisation und Koordination, *interaktiv* Empathie und Kommunikation. Die entsprechenden subjektiven Leistungen produzieren und reproduzieren insgesamt eine operative Basis, die der Funktionssicherung, eine moralische Basis, die der Consensus- und Loyalitätssicherung sowie eine soziale Basis, die der interaktiven Anschlußfähigkeit von individueller Lebensführung dient.

Dabei spielen die Verfügbarkeit von Ressourcen und ihre Verwendung eine wichtige Rolle: Ressourcen öffnen oder schließen Optionen. Charakter, Qualifikation und Kompetenzen, Konzepte, Orientierungen und Moralen als personale Ressourcen umreißen den Horizont von Möglichkeiten. Verfügbare Zeit setzt eine Rahmen für das Ausmaß an Möglichkeiten. Verfügbares Geld und nutzbare kulturelle, soziale und infrastrukturelle Ressourcen schließlich bestimmen die Art, den Umfang und die Qualität von Möglichkeiten. Dabei wird gewöhnlich unterstellt, daß die Ressourcen Zeit und Geld in einem gewissen Maße wechselseitig substituierbar sind. Dies gilt für den Bereich des Wirtschaftslebens ebenso wie für den Bereich privaten Lebens. Empirisch sieht es freilich eher so aus, als sei frei verfügbare Zeit, nicht frei verfügbares Geld das kardinale Problem heutiger Lebensführung. Hierin drückt sich gewiß nicht zuletzt der wohlfahrtsstaatlich unterfütterte allgemeine Wohlstand aus. Vor allem aber wird hierin nur allzu deutlich, wo die Schranken des Zugriffs auf die individuelle Zeit zu verorten sind. Mehr Geld allein ist kein Anreiz mehr, individuell verfügbare Zeit abzutreten. Genau hier liegt eine weitere Grenze der Flexibilisierung von Arbeitszeit.

Ein aussagekräftiger Indikator für die Art des Umgangs mit dem Kalkül: „Zeit gegen Geld" sind die Antworten auf die Fragen, was man jeweils tun würde, wenn man über mehr oder weniger Zeit oder aber über mehr oder weniger Geld verfügen könnte. Diese Fragen sind hypothetisch, aber sie lassen nicht nur Denkstrukturen, sondern auch den Grad an Habitualisierung der Konstruktion alltäglicher Lebensführung insgesamt hervortreten. So zeigt sich, daß die Vorstellung von mehr Geld am Rahmen der Alltagskonstruktion im Prinzip kaum etwas ändern, sondern lediglich die gewohnten konsumptiven Möglichkeiten und das Ausmaß an ökonomischer Sicherheit und Unabhängigkeit erweitern würde. Gleichermaßen ist die Erwerbsarbeit von so großer Bedeutung, daß kaum jemand sie aufgeben, sondern lediglich versuchen würde, die sachlichen und zeitlichen Bedingungen der Arbeit zu verbessern. Auch scheint sich das Kalkül, mit mehr Geld durch Delegation bestimmter Routinetätigkeiten das individuelle Zeitbudget mehren zu können, nicht generell durchgesetzt zu haben. Zumindest scheiden sich in dieser Frage die Geister. Einer instrumentell orientierten Haltung, für die es kein Problem ist, ungeliebte Tätigkeiten zu delegieren, steht eine Moral der Selbstverantwortlichkeit gegenüber, für die es nicht in Frage kommt, von anderen etwas erledigen zu lassen, wozu man selbst in der Lage ist. Beide Haltungen ließen sich als Ausdruck protestantischer Ethik interpretieren. Zu überlegen wäre, wieweit sich in diesen unterschiedlichen Orientierungen an Effektivität und an Autonomie ein inhärentes Dilemma protestantischer Ethik selber ausdrückt.

Die Vorstellung von weniger verfügbarem Geld ist für die meisten Befragten ohne Schrecken, während der Gedanke an weniger Zeit bei vielen die Vorstellung einer Katastrophe heraufbeschwört. Weniger Geld würde konsumptive Einschränkungen bedeuten, für viele einen Rückfall in frühere Lebensabschnitte, wo man mit weniger Geld auskommen mußte und das Leben trotzdem gemeistert hat. Weniger Zeit hingegen würde das eingespielte System alltäglicher Lebensführung und dessen Zeitökonomie, wo alles seine Zeit und seinen Platz hat, über den Haufen werfen. Auch hier werden aus einem anderen Blickwinkel die Grenzen fremden Zugriffs auf die individuelle Zeit sichtbar. Die private Geldökonomie scheint flexibler als die private Zeitökonomie. Eine einmal im Rahmen der Lebensführung etablierte Zeitökonomie als ausbalanciertes System von Prioritäten sowie von Berechenbarkeit und Stabilität ist widerständig gegenüber Versuchen ihrer Deregulierung von außen her, wie sie mit einer Flexibilisierung der Arbeitszeiten einhergeht. Gewohnheiten sind nicht leicht aufzubrechen, erst recht nicht ein gut eingespieltes, austariertes System alltäglicher Lebensführung. Nichts ist stabiler und konservativer als Alltagsgewohnheiten: die Wiederholung von Handlungsabläufen dient nicht nur der Sicherung von Kontinuität, sondern repräsentiert zugleich ein Grundmuster der Berechenbarkeit und sozialen Anschlußfähigkeit individueller Handlungen. Und genau im Strukturkonservativismus alltäglicher Lebensführung und dessen stabilitäts- und kontinuitätssichernder Funktion liegt eine dritte Grenze für die Flexibilisierung von Arbeitszeit.

Mehr sinnvoll verfügbare Zeit würde es gleichwohl erlauben – und hierin liegt eine Chance für Flexibilisierung – mit weniger Streß die Routinen des Alltags zu erledigen und zusätzliche Zeit für ganz private, sonst aufgeschobene oder unterdrückte Bedürfnisse zu gewinnen. Auch dies gilt freilich nicht generell, sondern läßt subkulturelle Unterschiede hervortreten. Nicht nur findet sich beispielsweise bei Arbeitern des öfteren das Kalkül, mehr verfügbare Zeit würde im Endeffekt wiederum mehr Geld kosten und sei deshalb gar nicht wünschenswert – ein Indikator für die stabile Balance von Zeit- und Haushaltsökonomie – bei manchen Befragten erzeugt die Vorstellung von mehr verfügbarer Zeit sogar einen horror vacui. Dies ist nicht allein ein Hinweis darauf, daß die Nutzung von Zeit eine besondere, individuelle Leistung und Anstrengung darstellt. Zeitleere ist vielmehr zugleich das Reversbild des protestantischen Zeitkalküls „Nutze die Zeit". Zeitleere ist nicht genutzte Zeit und damit ein Angriff auf die Geltung der allgemeinen Zeitmoral. Insbesondere aber macht dieser Zusammenhang deutlich, daß die einmal etablierte und bewährte Zeitstruktur des Alltags ein solches Eigengewicht entwickelt und in solchem Maße zur Selbstverständlichkeit wird, daß allein der Gedanke an ihre Veränderung schon kritisch wäre. Auch das ist ein weiterer Beleg dafür, daß die subjektiv entscheidenden Probleme der Lebensführung nicht mehr die sind, das materielle Überleben zu sichern, sondern mit der Zeit sinnvoll zurechtzukommen.[1] Die eingespielte Ordnung der Alltagszeit repräsentiert eine grundlegenden Garantie für eine geordnete Lebensführung. Jenseits dessen scheint das weithin spürbare Bewußtsein von Zeit als einem knappen und sorgfältig zu bewirtschaftenden Gut ein Indikator dafür zu sein, daß methodische Lebensführung im Sinne von Max Weber als normatives Regulativ sich breithin durch-

---

1 Das galt zumindest bis vor kurzem. Mit der Vereinigung und der rapide steigenden Arbeitslosigkeit gerade in den neuen Bundesländern hat sich das geändert. Zu fragen ist an dieser Stelle, wieweit die sich abzeichnende „Zwei-Drittel-Gesellschaft" eine Polarisierung in der ökonomischen Basis alltäglicher Lebensführung mit sich bringen wird: zu einer Lebensführung unter Bedingungen von Sicherheit und relativem Wohlstand sowie zu einer Lebensführung unter den Bedingungen von Unsicherheit und Armut.

gesetzt hat. Gerade über die individuelle, methodische Organisation der Zeit hat die Modernisierung in die private Lebensführung Einzug gehalten.

Daß gleichwohl beides, der richtige Umgang mit Zeit und der richtige Umgang mit Geld, nicht nur normative Selbstverständlichkeiten, sondern höchst relevante Größen der alltäglichen Lebensführung sind, zeigt sich im Scheitern. Wer nicht mit seinem Geld umgehen kann, wem die Schulden über dem Kopf zusammenschlagen, hat seine Lebensführung nicht im Griff. Wer nicht mit seiner Zeit umgehen kann, gerät in Streß und Zeitnot, dessen Lebensführung nimmt chaotische Züge an. Gerade im Scheitern einer Alltagskonstruktion wird e contrario überaus deutlich, daß eine geordnete Lebensführung eine elementare und nicht zu überschätzende subjektive Leistung sui generis darstellt.

3. Folgen der Flexibilisierung für die alltägliche Lebensführung

Wenn neben einer geordneten Haushaltsökonomie eine stabil austarierte Zeitökonomie des Alltags für eine funktionierende Lebensführung so wichtig ist, was bedeutet für Arbeitnehmer Arbeitszeitflexibilisierung und die damit verbundene Notwendigkeit, das einmal eingespielte Arrangement ihrer alltäglichen Lebensführung über den Haufen zu werfen und nach Maßgabe veränderter und schwerer berechenbarer Bedingungen umzugestalten und auf welche motivationale und normative Grundlage ist ein solcher Gestaltungsprozeß angewiesen?

Vermutungen über die Richtung solcher Prozesse gibt es in großer Zahl, sie unterscheiden sich im wesentlichen darin, ob sie für die betroffenen Arbeitskräfte eher Chancen oder eher Probleme antizipieren. Chancen werden – und ich zitiere hier nur eine Reihe von Schlagworten – in einer Erhöhung der individuellen Zeitsouveränität gesehen, aber auch in mehr Raum für individuelle Wünsche und Optionen, in mehr Möglichkeiten eines Ausgleichs von Ansprüchen aus Erwerbsarbeit und Privatleben, in einer Egalisierung der geschlechtsspezifischen Arbeitsteilung, also der gesellschaftlichen Verteilung von Arbeit zwischen Mann und Frau, schließlich aber auch in der Abkoppelung von Prozessen der Identitätsbildung vom System der gesellschaftlich organisierten Arbeit und dessen beruflichen Karrieremustern. Auf der anderen Seite werden die gleichen Argumente in terms von Problemen formuliert. Danach produzieren flexibilisierte Arbeitszeiten gerade eine Reduktion der individuellen Zeitsouveränität durch die Entkoppelung von Betriebszeit und Arbeitszeit, steigern die Last und die Tragweite individueller beruflicher Entscheidungen und erschweren einen Ausgleich von Ansprüchen aus Erwerbsarbeit und Privatleben durch vermehrt erforderliche Abstimmungs- und Synchronisationsleistungen. Wie auch immer, auf der Hand liegt, daß betroffene Personen auf variable Formen der Arbeitszeitregulierung in ihrer Lebensführung selber individuell flexibel bzw. elastisch reagieren müssen.

Wie kann dies aussehen und was bedeutet es konkret für die Betroffenen? Nun, auch wenn es eine breite Vielfalt unterschiedlicher Formen von Flexibilisierung im Bereich der Erwerbsarbeit gibt, so läßt sich doch feststellen, daß sich alle in eine ganz bestimmte Richtung auswirken, soweit es die Lebensführung der davon erfaßten Personen anlangt, indem sie nämlich Flexibilität und Mobilität in der Organisation des alltäglichen Lebens entweder in Form einer reaktiven Anpassung erzwingen oder aber in Form erweiterter Dispositionschancen ermöglichen. Beides aber, gleichgültig ob Notwendigkeit zur Anpassung oder Chance individueller zeitlicher Disposition, erzeugt gleichermaßen Anforderungen an die Gestaltung der Lebensführung in der Weise, daß festgelegte, stabile und routinisierte sowie variable Elemente neu arrangiert und ausbalanciert werden müssen. Starre, festgelegte Arbeitszeiten und kontinuierliche Arbeitsverhältnisse bedeuten Stabilität und leichtere Planbarkeit des alltäglichen Lebens, variable Arbeitszeiten und diskontinuierliche Arbeitsverhältnisse können mehr Freiheit zur individuellen Disposition bedeuten, aber auch die Notwendigkeit, die eigene zur Verfügung stehende Zeit in viel höherem Ausmaß selbst zu organisieren und zu bewirtschaften.

Was die möglichen *Folgen* von Flexibilisierung anlangt, läßt sich also als generelle Tendenz formulieren, daß mit der Flexibilisierung im Bereich der Erwerbsarbeit die Anforderungen an die Planung und Organisation des alltäglichen Lebens steigen. Überspitzt könnte man sogar sagen, daß das Leben selber mehr zur Arbeit wird (vgl. Voß 1991; Jurczyk/Rerrich 1993), denn:

– Es steigen die Anforderungen an die *zeitliche* Organisation des Alltags, die Lebensführung erfordert ein erhöhtes Maß an Synchronisations-, Koordinations- und Planungsleistungen bezogen auf das gesamte Spektrum von Tätigkeiten und Aktivitäten sowie ihre zeitliche Allokation,
– Es steigen die Anforderungen an die *sachlich-arbeitsteilige* Organisation des Alltags, die Lebensführung erfordert ein erhöhtes Maß an Abstimmungs- und Aushandlungsleistungen bezogen auf individuelle Bedürfnisse und Optionen sowie die Verteilung von Aufgaben und Ressourcen,
– Es steigen schließlich die Anforderungen an die *soziale* Organisation des Alltags, die Lebensführung erfordert ein erhöhtes Maß an Aushandlungs- und Abstimmungsleistungen auf der Ebene von personalen Beziehungen und sozialen Kontakten.

Wie aber werden die Betroffenen mit einem so anwachsenden Problemdruck fertig, wie bewältigen sie die Anforderungen an eine Lebensführung, die mit weniger Berechenbarkeit und Stabilität zurechtkommen muß? Meine These ist, daß *eine* Form individuell flexibler Lebensführung durch verstärkte und eigenständigere Rationalisierung ermöglicht wird, die externe Regulierung durch eigene Regulierung und entsprechende Selbstkontrolle ersetzt. Das wäre die moderne Variante. Denkbar ist freilich auch, daß die Lebensführung die gegenteilige Form einer jeweils bloß situativen Anpassung an wechselnde äußere Bedingungen annimmt. Empirische Muster einer solch situativen Lebensführung sind uns aus der Frühzeit der Industrialisierung bekannt, wie ein kleiner Exkurs in die Geschichte belegen soll (vgl. Thompson 1973, Deutschmann 1985).

4. Moralische Grundlagen heutiger Lebensführung

Kennzeichen der zeitlichen Organisation von Arbeit zu Beginn der Industrialisierung war ein mehr oder weniger chaotisches Nebeneinander von Betriebszeit und einem durch vorindustrielle Traditionen geprägten Lebens- und Arbeitsrhythmus der Arbeitskräfte. Der Lebensrhythmus der frühindustriellen Arbeitskräfte folgte weitgehend externen Ereignissequenzen wie dem Wechsel von Wetter und Jahreszeiten und war diktiert von sozialen Zwängen und aktuellen ökonomischen Notlagen. Die Lebensführung war auf Probleme des täglichen Überlebens ausgerichtet, der Zeithorizont des Handelns war dementsprechend eng, und Fabrikarbeit, obwohl für viele letztlich unentrinnbares Schicksal, wurde als Lebensperspektive nicht akzeptiert. Im Gegenteil, der größte Teil der frühindustriellen Arbeiter wechselte nicht nur häufig den Betrieb, er pendelte auch zwischen industrieller und landwirtschaftlicher Arbeit hin und her und selbst in größeren Werkstätten war eine gewisse Freiheit im Kommen und Gehen die Regel. Soweit ein bestimmtes Arbeitspensum in Perioden von jeweils ein oder zwei Wochen erfüllt wurde, lag die Länge des Arbeitstages weitgehend im Belieben des einzelnen Arbeiters. Auf den ersten Blick haben wir hier auf der Seite der Arbeitskräfte genau jenes hohe Maß an Flexibilität und Mobilität vor Augen, wie es auch heute von den Beschäftigten gefordert wird; freilich war es damals weniger Ausdruck individueller Dispositionsgewalt, sondern vielmehr Reflex von Zwängen und Belastungen einer hochgradig ungesicherten und instabilen Lebenslage. Im alltäglichen Arbeitsverhalten fand die Inkompatibilität von Betriebszeit und Lebensrhythmus ihren Niederschlag im zähen Festhalten am gewohnheitsmäßigen Schlendrian, in der allgegenwärtigen Problematik des Absentismus, in Unpünktlichkeit, mangelhafter Sorgfalt und Disziplin bei der Arbeit, in geringer Arbeitsintensität und in hoher Fluktuation.

Haben wir in diesen Arbeitsgewohnheiten ein künftig relevantes Modell von Lebensführung vor uns, das als Konsequenz der neuerlich erhobenen Forderungen nach individueller Flexibilität und Mobilität und der damit verbundenen Unberechenbarkeit zu erwarten ist? Deutet der im Rahmen der Wertewandeldiskussion von einigen neo-konservativen Autoren beklagte Verfall der Arbeitsmoral in diese Richtung? Müssen wir längerfristig mit einem Rückfall auf frühindustrielle Formen einer situativen Lebensführung rechnen? Nicht unbedingt. Denn dagegen spricht, daß eine moderne Lebensführung, welcher Art auch immer, sich in Abhängigkeit von aktuellen Arbeitszeitregulierungen zumindest auf einem historisch veränderten neuen Niveau einspielen dürfte, nämlich auf dem historischen Sockel einer spezifischen Arbeits- und Zeitmoral, die sich parallel zum Prozeß der Industrialisierung ausgebildet hat.

Ein wesentliches Element der fortschreitenden technischen und organisatorischen Rationalisierung industrieller Arbeit bestand ja in deren Taylorisierung und der gleichzeitigen Institutionalisierung strikter Arbeitszeitregelungen. Dieses erforderte nicht allein die Unterwerfung des je individuellen Lebensrhythmus der Arbeitskräfte unter starre Betriebszeiten und hatte die räumliche und zeitliche Trennung von Erwerbsarbeit und privatem Lebensbereich zur Folge, sondern war auch jenseits aller vertraglichen Verpflichtungen auf eine gewandelte Arbeits- und Zeitmoral angewiesen. Der Unterwerfungsprozeß unter die Erfordernisse der neuen Produktionsweise vollzog sich – wie wir wissen – nicht reibungslos, sondern war begleitet von rigorosen Disziplinierungsmaßnahmen, für deren Erfolg nicht nur die Betriebe selber, sondern auch Arbeitshaus, Schule und Armee sorgten. Diese Entwicklung war jedoch nicht ein bloßer Anpassungsprozeß, sondern zugleich ein kollektiver Lernprozeß, in dessen Verlauf auch die Arbeitskräfte lernten, nicht gegen die Arbeit, sondern um die Zeit zu kämpfen und ein Gefühl für den Unterschied zwischen Arbeitszeit und freier Zeit, zwischen Arbeit und Leben zu entwickeln. Dieses gewandelte Zeitbewußtsein mit seiner Trennung von freier Zeit und Arbeitszeit und die Übernahme der Verantwortung für die eigene Lebensgeschichte sind die Grundlage einer Arbeitsmoral, einer Zeitdisziplin und einer auf Kontinuitätserwartungen an Erwerbsarbeit aufgebauten Identität, die ihre institutionelle Absicherung in Normalarbeitstag und Normalarbeitsverhältnis fanden. Sobald nun betriebliche, gruppenspezifische oder individuelle Differenzierungen der Arbeitszeit und der Lebensarbeit die Regel werden, verlieren – so läßt sich vermuten – der Normalarbeitstag und das Normalarbeitsverhältnis ihre stabilisierende und standardisierende Wirkung auf den eingeschliffenen Rhythmus von Arbeitszeit und freier Zeit sowie auf die Lebensführung. Wenn aber die traditionelle und gut verankerte industrielle Arbeits- und Zeitmoral an die Institutionalisierung von Normalarbeitstag und Normalarbeitsverhältnis gebunden war, ist dann nicht zu erwarten, daß Flexibilisierungsstrategien, in denen sich eine Erosion dieser Institutionen vorbereitet, langfristig eine wesentliche Voraussetzung ihrer *eigenen* Durchsetzung zerstören?

Anders gewendet: sind nicht gerade flexibilisierte Arbeitsverhältnisse in besonderem Maße auf jene fundamentale Bereitschaft des „commited worker" angewiesen, die in arbeitsinhaltlichen Orientierungen ihren Ausdruck findet und von einer spezifischen Leistungsmoral nicht zu trennen ist? Und könnte Flexibilisierung nicht gerade das Gegenteil erzeugen, nämlich einen Instrumentalismus, der sich von jedem arbeitsinhaltlichen Interesse löst und zu einer noch strikteren Trennung von Arbeitszeit und freier Zeit, von Arbeit und Leben führt?

5. Schlußfolgerung

Arbeitsmoral und Zeitdisziplin, wie sie uns heute als selbstverständlicher Bestandteil des wirtschaftlichen und gesellschaftlichen Lebens erscheinen, sind nichts Selbstverständliches: Sie sind historisch gewachsen und damit im Prinzip auch wieder vergänglich. Flexibilisierung, so möchte ich zusammenfassen, ist zu ihrer erfolgreichen Einführung und Durchsetzung nicht nur in besonderem Maße auf diese traditionelle Arbeitsmoral, Zeitdisziplin und Leistungsbereitschaft angewiesen, sondern auf eine Moral, die in höherem Maße als bisher auf individueller Motivation und Selbstverantwortung, auf Loyalität und Engagement aufbaut und sich sowohl in einem biographischen Programm der Selbstverwirklichung als auch in einem alltagszeitlichen Rahmen individuell verfügbarer Zeit vor allem ausbildet. Zu fragen ist deshalb, worauf in Zukunft eine solche Moral sich eigentlich gründen soll!

Literatur

Bispinck-Hellmich, R. (1988). Daten und Fakten zur Arbeitszeit. WSI-Arbeitsmaterialien Nr. 18
Deutschmann, Ch. (1985): Der Weg zum Normalarbeitstag. Frankfurt a.M./New York
Flecker, J./Schienstock G. (Hg.) (1991): Flexibilisierung, Deregulierung und Globalisierung. Interne und externe Rekstrukturierung betrieblicher Organisation. München/Mering
Jurczyk, K. (1991): Flexibilisierung der Erwerbsarbeit – Flexibilisierung der Lebensführung? In: Voß, G.G. (Hg.): Die Zeiten ändern sich – Alltägliche Lebensführung im Umbruch. Sonderheft II der Mitteilungen des SFB 333. München
Jurczyk, K./Kudera W. (1991): Verfügung über Zeit? Die ganz unterschiedlichen Auswirkungen flexibler Arbeitszeiten auf die Lebensführung. In: Flecker, J./Schienstock G. a.a.O.
Jurczyk, K./Rerrich M.S. (Hg.) (1993): Die Arbeit des Alltags. Beiträge zu einer Soziologie alltäglicher Lebensführung. Freiburg
Kohli, M. (Hg.) (1978): Soziologie des Lebenslaufs. Darmstadt

Smentek, M. (1991): Arbeitszeit-Flexibilisierung. Zwischen „kapitalistischer Zeitökonomie" und „sozialer Zeitstruktur". Hamburg
Thompson, E. (1973): Zeit, Arbeitsdisziplin und Industriekapitalismus. In: v. Braun, R. u.a. (Hg.): Gesellschaft in der industriellen Revolution. Köln
Voß, G.G. (1991): Lebensführung als Arbeit. Über die Autonomie der Person im Alltag der Gesellschaft. Stuttgart

G. Günter Voß

Das Ende der Teilung von „Arbeit und Leben"?
An der Schwelle zu einem neuen gesellschaftlichen Verhältnis von Betriebs- und Lebensführung

Zusammenfassung

Der Beitrag argumentiert, daß mit post-tayloristischen Rationalisierungsstrategien eine neue Qualität des betrieblichen Zugriffs auf die Subjektivität der Arbeitenden entsteht. These ist, daß Arbeitskräfte auf neue Produktionskonzepte mit „neuen Reproduktionskonzepten" antworten, die auf einer verstärkten Rationalisierung des Alltags beruhen. Dabei wird das alltagspraktische Verhältnis zur Arbeitssphäre zunehmend aktiv selber gestaltet, was nicht ohne Auswirkungen auf Betrieb und Arbeit, insbesondere aber auf die strukturelle Beziehung von „Arbeit und Leben" überhaupt bleibt.

Die folgenden Überlegungen gehen davon aus, daß der als „Post-Taylorismus" gekennzeichnete Strukturwandel betrieblicher Rationalisierungsstrategien eine *neue Qualität des betrieblichen Zugriffs auf die Subjektivität der Arbeitenden* impliziert. Es wird die These vertreten, daß die betroffenen Arbeitskräften auf die „neuen Produktionskonzepte" tendenziell mit *neuen Reproduktionskonzepten* antworten werden. Folge kann eine veränderte strukturelle Beziehung von betrieblicher Tätigkeit und Alltagsorganisation oder mit anderen Worten von (wie es in einer traditionsreichen Formulierung heißt) „Arbeit und Leben" sein. Als Analyseperspektive wird auf das Konzept der *Alltäglichen Lebensführung* zurückgegriffen, mit dem das Verhältnis von „Arbeit und Leben" in neuer Weise begriffen werden kann.

In einem ersten Schritt wird ausgeführt, inwieweit post-tayloristische Formen der Arbeitsorganisation eine veränderte Nutzung von Arbeitskraft implizieren (1). Danach wird das theoretische Konzept der Alltäglichen Lebensführung vorgestellt (2) und vor diesem Hintergrund nach möglichen Auswirkungen des sich verändernden betrieblichen Zugriffs auf die Person, auf deren Alltagsorganisation und auf die strukturelle Relation von „Arbeit und Leben" gefragt (3).

Annahme ist, daß die Betroffenen auf neue betriebliche Anforderungen mit einer verstärkten Rationalisierung ihrer Lebensführung reagieren. Das bedeutet, daß sie ihr alltagspraktisches Verhältnis zur Arbeitssphäre zunehmend aktiv selber gestalten, was nicht ohne Auswirkungen auf Betrieb und Arbeit, insbesondere aber auf die gesellschaftliche Beziehung von „Arbeit und Leben" überhaupt bleibt.

Der Beitrag präsentiert keine Forschungsbefunde, obwohl er von empirischer Arbeiten inspiriert ist.[1] Anliegen ist vielmehr, für die Frage nach dem Verhältnis von „Arbeit und Leben" mit dem Konzept der Alltäglichen Lebensführung eine neue Perspektive zu öffnen und diese für thesenhafte Überlegungen zu einem möglichen Wandel dieses Verhältnisses zu nutzen.

1. Neue Formen betrieblicher Arbeitsorganisation und eine veränderte Bedeutung der Subjektivität der Arbeitenden

Obwohl der mainstream der deutschen Industriesoziologie sich seit jeher schwer tut mit dem sogenannten „Subjekt", also den in Arbeitszusammenhängen agierenden konkreten Personen, gab es doch immer wieder Phasen, in denen auch in der eher objektivistisch ausgerichteten Diskussion der Industriesoziologie verstärkt subjektnahe Themen und Ansätze erörtert wurden.[2] Gründe für diese Bemühungen, auch auf die Subjektivität der Arbeitenden zu achten, lagen zum Teil in innerdisziplinären Entwicklungen (etwa die Unzufriedenheit mit einem sich objektivistisch lähmenden Marxismus), nicht zuletzt aber auch in Entwicklungen des industriesoziologischen Gegenstandes selbst. Immer dann, wenn man sich der Reaktionen der arbeitenden Menschen auf veränderte Bedingungen in

---

1 Für eine Auswahl erster empirischer Einsichten siehe u.a. Kudera/Voß (1990), Voß (1991b, 1992), Jurczyk/Kudera (1991), Rerrich/Voß (1992), Bolte (1993) und Jurczyk/Rerrich (1993).

2 Als Phasen, in denen sich die Industriesoziologie verstärkt auch um Subjektaspekte kümmert, kann man z.B. den in den 50er Jahren entwickelten Versuch ansehen, mit phänomenologischem Blick auch Sinn- und Bedeutungsaspekte in industriesoziologischen Untersuchungen zu berücksichtigen (vgl. Popitz u.a. 1957a, b), die Ende der 60er Jahre einsetzende Konjunktur des Bewußtseinsthemas (Voß 1984), die Mitte der 70er Jahre entwickelten Bestrebungen, eine „subjektorientierte" Perspektive für die Arbeits- und Berufssoziologie zu etablieren (z.B. Bolte/Treutner 1983), die etwa zeitgleich entstehenden Bemühungen zur Begründung einer feministisch inspirierten Industriesoziologie, die den Lebenszusammenhang weiblicher Arbeitskräfte berücksichtigt (z.B. Becker-Schmidt u.a. 1984) oder auch die Anfang der 80er Jahre einsetzende Diskussion berufsbiographischer Fragen (z.B. Brose 1986).

ihrer Arbeit nicht sicher war, neue betriebliche Anforderungen an die lebendigen Arbeitsvermögen entstanden oder wenn in der Arbeit systematisch ein Stück Subjektivität verloren zu gehen drohte, stellte sich auch industriesoziologisch erneut die Frage nach dem „Subjekt".

Auch im Zuge der in diesem Band thematisierten „Umbrüche" industrieller Arbeit werden an die Subjektivität der Arbeitenden zunehmend und in neuer Form Anforderungen gestellt, die industriesoziologisch explizite Aufmerksamkeit erhalten müßten. Vier in der Diskussion mit prägnanten Schlagworten über das „Ende" bisheriger Formen der Verfassung von Arbeit gekennzeichnete Entwicklungen sind hierbei besonders markant:

Die zunehmende Durchsetzung entstandardisierter Arbeitszeiten (*Ende des Normalarbeitstages*) führt beispielsweise dazu, daß Arbeitskräfte die zeitliche Organisation ihrer Arbeit und damit ihres Alltags in wachsendem Maße selber gestalten müssen. Die Zunahme von Beschäftigungsverhältnissen mit verringertem rechtlichem Schutz (*Ende des Normalarbeitsverhältnisses*) impliziert unter anderem, daß Lebensverläufe fragiler werden und erhöhte Identitätsanforderung entstehen. Der Einsatz hochentwickelter Datentechniken auch im Bereich industrieller Fach- und Anlernarbeit erfordert eine neue Qualität der subjektiven Steuerung von Arbeitsverläufen in der Produktion (*Ende der konventionellen Maschinenarbeit*). Und schließlich sind es neue Formen der organisatorisch-technischen Rationalisierung von Arbeit (*Ende des Taylorismus*), die, so im folgenden die These, eine strukturell veränderte betriebliche Einbindung und Nutzung der Subjektivität der Arbeitenden bedeuten.

Während die ersten drei Entwicklungen schon teilweise unter dem Blickwinkel veränderter Anforderungen an die Subjektivität der Arbeitenden betrachtet werden,[3] steht dies für die Auswirkungen neuer Formen betrieblicher Rationalisierungsstrategien aus.

1.1 Die erweiterte Nutzung von Arbeitsvermögen im Rahmen posttayloristischer Betriebsstrategien

Daß die *tayloristische Syndromatik* (Bechtle/Lutz) betrieblicher Organisation und Rationalisierung an Grenzen stößt und in nicht wenigen Bereichen mehr oder weniger neuartige Formen der Arbeits- und Betriebsorganisation eingeführt werden, ist, trotz erheblicher Kontroversen über die potentielle Reichweite

---

3 Vgl. zur subjektiven Bedeutung und individuellen Gestaltung von flexibilisierten Arbeitszeiten z.B. Eckart (1990) oder aus dem SFB 333 Jurczyk (1991). Siehe zu neuen biographischen Anforderungen und Identitätserfordernissen bei wenig geschützten Beschäftigungsverhältnissen Brose u.a. (1991). Das Thema neue Arbeitstechniken und Subjekt bearbeitet v.a. F. Böhle (Böhle/Rose 1992).

und die politische Einschätzung der Entwicklung, weitgehend industriesoziologischer Konsens.[4]

Im wesentlichen ist wohl auch Konsens, daß die *Gründe* dafür vor allem in ökonomischen Anforderungen (gewachsener Wettbewerbsdruck, erhöhte Flexibilitätsanforderungen der Märkte) liegen, die zu massiven Produktivitätssteigerungen, einem neuen Niveau der Kostenreduktion und zu leistungsfähigeren Formen der Arbeits- und Betriebssteuerung zwingen. Genau dabei erweisen sich jedoch die auf einer rigiden technisch-organisatorischen Feinsteuerung von Arbeit und auf einer harten Trennung von Kontrolle und Ausführung beruhenden konventionellen tayloristisch-fordistischen Rationalisierungsstrategien offensichtlich zunehmend als suboptimal. Gestützt wird diese „Krise des Taylorismus" durch neue technische Möglichkeiten (bes. der Informationstechnik), mit denen sich erweiterte Potentiale komplexer Arbeits- und Betriebssteuerung jenseits konventioneller Kontrollformen öffnen.

Neue Formen der Organisation von Arbeit und Betrieb bedeuten jedoch immer auch *neue Formen der Steuerung des konkreten Arbeitshandelns* und damit der *betrieblichen Einbindung und Nutzung der Subjektivität der eingesetzten Arbeitskräfte* – und für post-tayloristische Formen der Arbeits- und Betriebsorganisation gilt dies in besonderer Weise. Am Beispiel von vier Diskussionssträngen, die sich auf neue Formen der Betriebs- und Arbeitssteuerung beziehen, soll dies kurz näher ausgeführt werden:

(a) Folgt man der Kern/Schumannschen These von den sich in Kernbereichen der Industrie sukzessive durchsetzenden *neuen Produktionskonzepten*, dann implizieren diese systematisch eine „umfassendere" Nutzung der Arbeitsvermögen.[5]

Gemeint ist damit (zumindest implizit), daß nicht nur zunehmend wieder im engeren Sinne fachliche Qualifikationen von den „reprofessionalisiert" eingesetzten Beschäftigten gefordert werden, sondern stärker als bisher extra-funktionale, prozeßübergreifende und soziale Leistungen und Fähigkeiten nachgefragt werden. Dahinter steht, daß die neuen Formen der Arbeitsorganisation und damit des Personaleinsatzes verstärkt auf eine Eigensteuerung der Arbeitenden angewiesen sind. Eigenschaften und Leistungen wie vorausschauendes und folgenorientiertes Denken, Flexibilität, Lernbereitschaft und Lernfähigkeit, Bereitschaft und Fähigkeit zum selbständigen Arbeiten, Verantwortungsbereitschaft, Kooperations- und Teamfähigkeit, soziale Belastbarkeit und Konfliktfä-

---

4 Vgl. etwa Kern/Schumann (1984), Bechtle/Lutz (1989), Manske (1991), Pries u.a. (1990)

5 Vgl. v.a. Kern/Schumann (1984), Schumann u.a. (1990) sowie die Kritiken in Malsch/Seltz (1987).

higkeit, Innovativität, Kreativität und Phantasie werden damit zunehmend zu entscheidenden Bedingungen für den Erfolg der neuen Konzepte.

(b) Die sog. *Kontrolldebatte*[6] stellt im Prinzip ähnliche Aspekte heraus, wenn sie auf die in Arbeitszusammenhängen unvermeidbare und zunehmend wichtiger werdende partielle Eigensteuerung der Arbeitenden verweist. Die Debatte entzündete sich unter anderem an der Einsicht, daß Arbeitsprozesse nie vollständig betriebsseitig zu determinieren sind, sondern in Folge des im Lohnarbeitsverhältnis strukturell angelegten betriebsorganisatorischen Problems, die gekaufte Arbeitskraft in konkrete Arbeit zu überführen („Transformationsproblem"), systematische „Unbestimmtheiten" aufweisen, die von den Arbeitenden zur partiellen Selbstgestaltung der Arbeit genutzt werden können. Damit ist jedoch zugleich festgestellt, daß die Betriebe unaufhebbar auf solche gestaltenden Leistungen der Arbeitenden angewiesen sind. Betriebe versuchen zwar immer wieder, diese ihrer Kontrolle zu unterwerfen, geraten damit aber in das Problem, die notwendigen Beiträge der Beschäftigen zu paralysieren („Kontrolldilemma"). Die Debatte begann nicht ohne Grund zu einem Zeitpunkt, als Betriebe zunehmend dazu übergingen, die eigensinnigen Leistungen der Beschäftigten nicht mehr allein als durch Kontrolle zu vernichtende Momente zu sehen, sondern sie auch als bisher unzureichend genutztes Potential zu erkennen, das sich z.B. mit Strategien „verantwortlicher Autonomie" (Friedman 1977) für rationellere Formen der Arbeitssteuerung verwerten läßt.[7]

(c) Die in der Industriesoziologie nur begrenzt geführte, in der betrieblichen Praxis und betriebswirtschaftlichen Organisationsforschung dafür aber um so

---

6 Die Kontrolldebatte und die darauf zurückgehende Diskussion um „Arbeitspolitik" oder auch die sich damit überlappende Diskussion um die betriebliche „Mikro-Politik" ist hinlänglich dokumentiert: vgl. z.B. zur labour-process-debate Brown (1992: 165ff), Lappe (1986) oder Hildebrandt/Seltz (1987), zur „Arbeitspolitik" z.B. Naschold und zur „Mikro-Politik" Küpper/Ortmann (1992); s. zusammenfassend Türk (1989: 120ff).

7 Es ist daher kein Zufall, wenn nun verstärkt systemische Steuerungsformen entstehen, die zwar unübersehbar den betrieblichen Kontrollanspruch transportieren, aber oft gleichzeitig darauf beruhen, Gestaltungsräume für zentrale Beschäftigtengruppen zu erhalten oder auch neu zu schaffen, in denen diese verstärkt Leistungen und Fähigkeiten, wie sie unter (a) angesprochen wurden, einbringen sollen. Die betriebliche Kontrolle verzichtet dabei partiell auf detaillierte Durchsteuerung und verlagert sich stattdessen auf die Steuerung strategischer Rahmenbedingungen und übergreifender (auch betriebsübergreifender) Zusammenhänge (vgl. z.B. Altmann u.a. 1986, Altmann/Sauer 1989, Baethge/ Oberbeck 1986, Manske 1991 oder Bergstermann/Brandherm-Böhmker 1990).

einflußreichere Diskussion um *Unternehmenskultur*,[8] *Unternehmensethik*[9] und den Paradigmenwechsel in der *Personalführung*[10] thematisiert gleichfalls einen Formwandel der betrieblichen Einbindung und Nutzung von Eigenschaften und Leistungen der Beschäftigten.

Auch bei corporate-culture- und corporate-ethics-Strategien geht es darum, klassische Formen der unmittelbar direktiven Personalsteuerung und der auf rein fachliche Momente bezogenen Personalentwicklung zwar nicht zu ersetzen, aber durch „weichere", d.h. subjektsensitivere Verfahren zu ergänzen. Nicht allein direkte Kontrolle und technisch-organisatorische Anbindung soll ein betrieblich optimales Arbeitshandeln garantieren, sondern z.B. auch eine sinnhafte und affektive betriebliche Integration der Beschäftigten. Erklärtermaßen wird zugleich versucht, in einem umfassenderen Sinne als es bisher möglich und angestrebt war, nicht nur funktional spezifische Arbeitsleistungen und Fähigkeiten, sondern wesentlich weitergehende Eigenschaften der Beschäftigten anzusprechen und betrieblich verfügbar zu machen. Fachliche Kompetenzen und die klassischen Arbeitstugenden (Fleiß, Gehorsam, Sauberkeit, Zuverlässigkeit) reichen zwar schon seit längerem nicht mehr – aber jetzt geht es darum, noch stärker und vor allem explizit und systematischer Begeisterung und Hingabe, Visionen, Motivationen und Emotionen, eine sinnhafte, symbolische und ästhetische Bindung an den Betrieb usw. nutzbar zu machen. Die Frage der betrieblichen „Ethik" ist dabei nicht nur ideologisch zu verstehen: sollen Arbeitskräfte wesentlich umfassender als bisher eingebunden und neuartige Potentiale erschlossen werden, dann ist es entscheidend, ihr Vertrauen zu gewinnen – und dies wird dadurch erleichtert, daß man sich um eine Art „fairness", d.h. um eine Begrenzung der in den Arbeitsbeziehungen strukturell angelegten wechselseitigen Instrumentalität und Gleichgültigkeit bemüht. Daß neue Führungsstile (vom „autoritären" zum „kooperativen" Stil; von der „low-trust-" zur „high-trust-Führung"; vom „Vorgesetzten" zum „coach", „Spielmacher", „Inspirator", „Motivator" usw.) bei solchen Strategien eine entscheidende Funktion haben, liegt auf der Hand.

(d) Nicht zuletzt ist es auch die in ihrem aktuellen betriebspraktischen Einfluß höchst erstaunliche Idee einer *lean-production* und eines *lean-management*,[11] mit der systematisch eine veränderte Form der betrieblichen Integration der

---

8 Vgl. Allaire/Firsirotu (1984), Dülfer (1988) sowie Neuberger/Kompa (1987). Dezidiert kritische Interpretationen aus industriesoziologischer Sicht finden sich z.B. bei Müller-Jentsch/Stahlmann (1988) oder Deutschmann (1989). Siehe auch die Zusammenfassungen bei Türk (1984: 108ff) oder Staehle (1991).

9 Vgl. z.B. Tuleja (1987) oder Wächter (1987); aktuelle Texte enthält Wieland (1993).

10 Vgl. z.B. Staehle/Sydow (1987) und die einschlägigen Kapitel in Staehle (1991); explizit von einem „Paradigmenwandel" spricht z.B. Ferris (1988).

11 Siehe zu beidem Womack u.a. (1991). Zur aktuellen Diskussion des Konzepts und seiner praktischen Umsetzung vgl. aus der großen Zahlen von Veröffentlichungen z.B. Bösenberger/Metzner (1992), Hans-Böckler-Stiftung/IGM (1992), Moldaschl (1992, 1993), Schmidt (1992) oder Wiso-Führungsakademie (1992).

(verbleibenden) Beschäftigten und eine erweiterte Nutzung ihrer Fähigkeiten angestrebt wird.

Gerade bei diesem Ansatz einer gezielten Reduktion der nicht unmittelbar an der Wertschöpfung beteiligten indirekten Betriebsbereiche geht es darum, mit einem grundsätzlich gegenüber tayloristischen Strategien erweiterten Zugriff auf die Arbeitssubjekte sowohl auf bisher ungenutzte Leistungsreserven der Arbeitenden in der direkten Produktion zuzugreifen (etwa bei Gruppenarbeitsmodellen) als auch bisher vernachlässigte Fähigkeitspotentiale der Beschäftigten für eine produktionsnahe Optimierung indirekter Funktionen zu verwerten (z.B. beim Einsatz von Qualitätszirkeln im Rahmen eines total-quality-management).

Bei aller Unterschiedlichkeit der Ansatzpunkte und der Details dieser Konzepte und der dahinter mehr oder weniger klar erkennbaren realen Veränderungen betrieblicher Strategien zeigt sich doch deutlich ein gemeinsamer Fluchtpunkt: die ökonomisch notwendige Produktivitätsmaximierung bei gleichzeitiger Kostenreduktion wird nicht mehr vorwiegend durch *Verringerung* des Kostenfaktors Arbeit, sondern systematischer als bisher durch eine intensivierte *Nutzung* der vorhandenen Leistungspotentiale der Beschäftigten angestrebt. Dabei geht es zwar zum einen nach wie vor darum, in konventioneller Manier eine *quantitative* Erhöhung von Leistungsumfang bzw. -dichte zu erreichen, wobei jedoch verstärkt psychologisch-motivationale, sozial-integrative und auch ideologische Techniken angewendet werden, wie sie spätestens seit der human-relations-Bewegung phasenweise immer wieder propagiert wurden. Darüber hinaus geht es aber zunehmend auch darum, die Potentiale der Beschäftigten *qualitativ* intensiver zu nutzen, d.h. bisher eher vernachlässigte Fähigkeiten der Arbeitskräfte für die gewachsenen Anforderungen an Flexibilität, Innovativität und Qualität der Arbeitsprozesse auszuschöpfen.[12]

Gemeinsam ist zudem allen genannten Diskussionssträngen, daß sie die diagnostizierten Entwicklungen im wesentlichen nur für bestimmte Gruppierungen von Arbeitskräften behaupten können, die jedoch nicht von vorne herein auf einzelne (etwa obere) Hierarchieebenen oder spezifische (etwa akademische) Qualifikationsgruppen beschränkt sind, sondern je nach betrieblicher Situation und Strategie variieren können. Trotzdem darf die offensichtliche Begrenztheit dieses Prozesses nicht als Indiz für eine gesellschaftliche Irrelevanz interpretiert werden, denn zum einen handelt es sich durchweg um betrieblich (und damit schließlich auch gesellschaftlich) wichtige Gruppen und zum anderen betrifft es (trotz aller Begrenztheit) keineswegs „kleine" Gruppierungen.

---

12 Auf beide Aspekte macht auch Müller-Jentsch mehrfach aufmerksam (vgl. z.B. Müller-Jentsch/Stahlmann 1988); s. auch mit ähnlicher Argumentation Deutschmann (1989).

1.2 Eine neue Qualität des Zugriffs auf die Arbeitskraft? Post-tayloristische Strategien erfassen die „ganze Person" der Arbeitenden

Der für die folgende Argumentation zentrale Aspekt dieser Entwicklung ist die sukzessive Umwertung der Bedeutung betrieblicher *Leistungs-* und *Qualifikationsanforderungen.*

War lange Zeit die für Taylorismus und Fordismus konstitutive Tendenz zur Dequalifizierung von Arbeit eine (zumindest für Industriesoziologen) kritikable Erscheinung, zeigen sich in dem Moment, wo diese Tendenz an Grenzen stößt und sich teilweise sogar umkehrt, unerwartete Ambivalenzen: Die verstärkte Nutzung von Leistungen und Fähigkeitspotentialen der Arbeitenden ist einerseits nach wie vor als Bereicherung der Arbeit und als Chance zur Ausweitung von Handlungsspielräumen zu sehen, durch die Entfremdungsmomente und bestimmte (v.a. durch Unterforderung oder vereinseitigte Anforderungen bedingte) Belastungen reduziert werden. Andererseits wird aber immer deutlicher, daß dabei keineswegs nur Belastungen abgebaut, sondern zugleich *neuartige Formen von Belastungen* geschaffen werden (steigende Verantwortung und wachsendes Fehlerrisiko, Überkomplexität von Funktionen, Leistungsverdichtung, erhöhte Konflikthaftigkeit von Kooperationszusammenhängen usw.), und statt des klassischen Problems der Unterforderung entsteht für große Gruppen immer mehr die Gefahr der *Über-Forderungen.*[13]

Darüber hinaus wird erkennbar, daß die neuen Formen der Arbeits- und Betriebsorganisation nicht nur eine begrenzte Ausweitung des Belastungs- und Leistungsspektrums mit sich bringen, sondern eine *neuartige Qualität des betrieblichen Zugriffs auf die Arbeitskraft überhaupt* bedeuten. Auf zwei Ebenen kann dies verortet werden, im Bereich von jetzt zunehmend erwarteten neuen *Leistungselementen* und auf Ebene dabei verstärkt verwerteter *Eigenschaften* von Arbeitskräften:

(a) Die neuen Formen der Personalsteuerung bedeuten zum einen die partielle Umkehrung der bisherigen Tendenz, Arbeit immer feiner durchzusteuern. Es geht jetzt darum, die Kontrolle von Arbeit und Arbeitsergebnis verstärkt den Arbeitenden selber zu übertragen. Die Betriebe lagern damit bisher immer mehr von den unmittelbar produktiven Arbeitsprozessen abgekoppelte Steuerungsfunktionen wieder in die unmittelbar wertbildende Arbeit *zurück.* Motiv hierfür ist nicht nur die Hoffnung Kosten zu sparen, sondern auch, leistungsfähigere und flexiblere Steuerungsformen für die immer komplexeren Anlagen und Arbeitsprozesse zu bekommen. Dies bedeutet für die Beschäftigten nicht nur eine Anreicherung ihrer Arbeit, sondern es wird ihnen neben einem steigenden Lei-

---

13 Kern/Schumann betonen, daß die mit den neuen Konzepten gesteuerten Formen von Arbeit zugleich „qualifiziert und belastend/autonom und verdichtet" (1984: 99) sind. Vgl. auch die pointierte Prognose von Volkholz (1992).

stungsumfang vor allem auch ein *qualitativ* ausgeweitetes *Leistungsspektrum* abverlangt: die *Übernahme substantiell erweiterter Funktionen bei der Regulierung der eigenen Arbeit.*[14]

(b) Zum zweiten bedeuten die neuen Strategien eine grundlegend *erweiterte Form der betrieblichen Einbindung und Verwertung von menschlichen Fähigkeiten.* Der von Kern/Schumann verwendete Begriff der „ganzheitlichen" Nutzung von Arbeitsvermögen deutet an, was passiert: in wachsendem Maße sind nicht mehr nur einzelne fachliche Qualifikationen das Ziel betrieblicher Arbeitskräftestrategien, sondern tendenziell *alle* potentiell verwertbaren Eigenschaften der arbeitenden Menschen.[15] Man sieht die Arbeitskraft zunehmend nicht mehr als nur partiell auszubeutenden Produktionsfaktor, sondern als Quelle noch weitgehend brachliegender, vielfältiger Ressourcen. Man geht nicht nur in wachsendem Maße „pfleglich" (Kern/Schumann), sondern sogar zunehmend äußerst ökonomisch (man könnte fast sagen „ökologisch") mit der Ressource Arbeitskraft um: Man will sie tendenziell vollständig, sozusagen „rückstandsfrei", verwerten. Viele bisher meist als dysfunktional empfundene und, so wie Arbeitskräfte eingesetzt wurden, faktisch im Betrieb auch „störende" Momente der Subjektivität von Arbeitenden werden jetzt als verwertbar erkannt.

Das gilt beispielsweise für die *Emotionalität,* die nicht mehr allein als lästige Begleiterscheinung des Produktionsfaktors „Arbeit", sondern z.B. als Fähigkeit zur leistungssteigernden und Innovativität freisetzenden Begeisterung für Tätigkeiten erkannt und einer gezielten Vernutzung zugänglich gemacht wird. Das gilt für das Bedürfnis und die Fähigkeit von Menschen zur *Selbststeuerung* und *Kreativität* in ihren Tätigkeiten, die nun die Möglichkeit öffnen, die immer prekäre Fremdkontrolle von Arbeit in Formen dynamischer und innovativer Selbst-Kontrolle zu überführen, oder zumindest durch solche zu ergänzen. Dies gilt für die Fähigkeit und die Bereitschaft von Menschen, sich *moralische oder ethische Standards* für den Umgang mit anderen zu setzen bzw. sich solchen zu unterwerfen und damit eine Begrenzung hedonistischer oder instrumentell-egoistischer Bestrebungen zuzulassen; wurde solches bisher oft als Potential für lästige moralische Forderungen nach sozialer „Gerechtigkeit" im Betrieb gesehen, erscheint dies nun als wichtige Ressource, um die Versuche einer verstärkten Rückverlagerung der Arbeitssteuerung in die Arbeit „ethisch" zu flankieren. Dies gilt auch für das Bedürfnis und die Fähigkeiten *soziale Beziehungen einzugehen* (bisher oft als eher hinderlich für die Arbeit eingeschätzt), die nun als Potential für die Konstituierung leistungsfähiger und sich partiell selbststeu-

---

14 S. auch Deutschmann (1989), der ähnlich auf eine zunehmende „indirekte Kontrolle" durch „Selbstverpflichtung" der Arbeitskraft verweist, wobei sein Anliegen besonders den betrieblichen Sozialisationsprozessen als Steuerungsmechanismus gilt.

15 Sowohl Müller-Jentsch (Müller-Jentsch/Stahlmann 1988) als auch Deutschmann (1998) sprechen ähnlich von einer zunehmenden „Rundumnutzung" der Arbeitskraft, wobei sie aber m.E. doch eher an Arbeitsfähigkeiten i.e.S. denken.

ernder Arbeitskollektive (Qualitätszirkel, teilautonome Arbeitsgruppen) erkennbar werden. Dies gilt schließlich auch für die Fähigkeit von Arbeitenden, sich nicht nur objektivierend analytisch, sondern auch *subjektivierend intuitiv* (Böhle) auf ihre Arbeit zu beziehen; bisher kaum beachtet oder als dysfunktional oder irrational bekämpft und jetzt durch neue Technikformen in ihrer Bedeutung verändert, ist abzusehen, daß diese Fähigkeit zunehmend als wichtige Ressource für Arbeitsprozesse erkannt und dann auch gezielt genutzt wird usw.

Aus ehemaligen Störgrößen werden also neuartige Ressourcen und man könnte fast meinen, daß in den Betrieben zunehmend die Marxsche Lehre von der Zauberkraft des lebendigen Arbeitsvermögens verstanden und gezielt praktisch umgesetzt wird: nicht mehr länger nur die Reduktion des Faktors Arbeit auf selektiv genutzte, billige Minimalqualitäten als ultima ratio der Rationalisierung, sondern in wachsendem Maße eine qualitativ möglichst *umfassende* Verwertung dieser ungewöhnlichen, weil aktiv wertbildenden Potenz.

Entscheidend an dieser Entwicklung ist, daß der betriebliche Zugriff auf die Eigenschaften von Arbeitenden tatsächlich der Tendenz nach „*ganzheitlich*" ist, d.h. immer mehr die *ganze Person* erfaßt. War die Tatsache, daß die „Ware Arbeitskraft" an eine lebendige Person gebunden ist, bisher eine lästige bis explizit hinderliche Eigenschaft dieser besonderen Ware, so könnte sich dies zunehmend zu einer betrieblich positiv nutzbaren Eigenschaft wenden. Offensichtlich wird zunehmend erkannt, daß die Fähigkeiten von Menschen als isolierte nur suboptimal zur Wirkung kommen (was Taylors Vorstellungen natürlich diametral entgegenläuft) und in den sich synergetisch verstärkenden und jeweils sehr spezifischen *Kombinationen* von menschlichen Fähigkeiten in einer individuellen „*Person*" ein besonderes und bisher zu wenig genutztes Potential liegt. Um dieses zu nutzen, muß man in einer Form auf die Fähigkeiten zugreifen, die diese erhält und nicht zerstört. Das heißt aber schließlich, daß eine Abgrenzung der auf die Arbeit bezogenen Sphären und Ebenen der Person von anderen Personenanteilen nicht mehr möglich ist: der betriebliche Zugriff auf die Person der Arbeitskraft wird tendenziell „*total*", so daß ohne Übertreibung von einem systematisch zunehmenden betrieblichen Griff bis in die *Seele*[16] der Arbeitenden gesprochen werden muß.

---

16 Dies ist eine Formulierung von Edwards (1981: 165), mit der er schon vor einigen Jahren einen derartigen umfassenden Zugriff auf Arbeitskräfte treffend charakterisierte.

1.3 Der neue betriebliche Zugriff auf die Arbeitenden tangiert ihr ganzes alltägliches „Leben"

Mit einem solchen qualitativ erweiterten betrieblichen Zugriff auf die Arbeitskraft wird diese jedoch nicht nur als *Person*, als psycho-physische Wesenheit, in wachsendem Maße von der Arbeit ergriffen, sondern schließlich ihre *ganze tätige Existenz*. Wenn die ganze Person zum betrieblichen Verwertungsobjekt und damit zum Arbeitswesen wird, dann gilt das nicht nur für ihre Persönlichkeit, sozusagen für ihre „Innenseite", sondern auch für ihre „Außenseite", d.h. ihr *ganzes praktisches Leben wird verstärkt von der Arbeit affiziert.*

Ein großer Teil der jetzt vermehrt betrieblich interessierenden Potentiale von Arbeitskräften (Emotionen und Visionen, Phantasie und Kreativität, Soziabilität und Verantwortungsbereitschaft, systemisches Denken und intellektuelle Flexibilität, Lernbereitschaft und Lernfähigkeit, Ästhetik und Stil, Ethik und Moral u.v.a.m.) sind besonders tiefliegende, situationsübergreifende, allgemeine und diffuse Persönlichkeitseigenschaften. Werden diese verstärkt in der Arbeit ausgebeutet, wirkt sich das zum einen wesentlich stärker als bei eng fachlichen Eigenschaften auch in den anderen Tätigkeitsbereichen und Lebenssphären der Person aus. Zum anderen haben gerade diese Eigenschaften in außerbetrieblichen Tätigkeiten und Erlebenssphären eine grundlegende Quelle und Stütze, so daß diese immer mehr für die Erfordernisse der betrieblichen Arbeit instrumentalisiert werden müssen. Die Auswirkungen des erweiterten betrieblichen Zugriffs lassen sich infolgedessen nicht isolieren oder eingrenzen, weder auf Ebene der Person noch in ihrem praktischen Alltag. Die anderen, also die außer-beruflichen Tätigkeitsfelder und Lebensbereiche der Arbeitenden werden damit zu einem immer wichtigeren „Hinterland" der Tätigkeiten im Betrieb.

Für den Betrieb heißt das, daß er immer weniger vernachlässigen kann, wie die Mitarbeiter außerbetrieblich „leben", was sie neben der Arbeit sonst noch tun und lassen. Die für die Beziehung von „Arbeit und Leben" durch das Lohnarbeitsverhältnis konstitutive und, wie man bisher dachte, im Prinzip unveränderbare strukturelle „Gleichgültigkeit" des Betriebs gegenüber dem außerbetrieblichen „Leben"[17] wird systematisch aufgeweicht und von einer zunehmenden und neuartigen „*Interessiertheit*" durchdrungen. Das gesamte Leben der Arbeitenden wird verstärkt zum expliziten Objekt betrieblicher Strategien. Das soll nicht heißen, daß eine neue Art feudalistischer Leibeigenschaft entsteht,

---

17 Eine „Gleichgültigkeit" die nach Marx nur strukturell gegeben ist und in der konkreten Praxis natürlich nie so konsequent praktiziert werden konnte und wurde, wie es in den Theorien der Industriesoziologie nicht selten den Anschein hatte; in etlichen Bereichen und Branchen wurde diese „Gleichgültigkeit" schon seit Jahren durch psychologisch sensible oder psychotechnisch instrumentelle Methoden der Personalführung erheblich relativiert – aber nicht aufgehoben.

aber sehr wohl ist denkbar, daß sich in neuer Form ein erheblich verstärkter betrieblicher Zugriff auf das gesamte alltagspraktische Leben entwickelt.

Ein Blick nach *Japan*, wo bekanntlich nicht wenige der diskutierten neuen Formen der Arbeitsorganisation und Personalführung ihre Vorbilder haben (vgl. Jürgens 1992, s. auch Altmann 1992), kann die Phantasie anregen, was dies bedeutet: dort ist es offensichtlich völlig selbstverständlich, daß Firmen einen nahezu vollständigen Zugriff auf die Person und schließlich das ganze Leben ihrer Mitarbeiter haben, indem sie den weitaus größten Teil ihrer wachen Alltagszeit okkupieren, weitgehend ihr Privatleben und den Lebensweg mitbestimmen, sie ideologisch massiven Beeinflussungen aussetzen, die persönliche Identität hochgradig der Betriebs- und Gruppenidentität unterwerfen usw. Damit soll nicht behauptet werden, daß sich bei uns eine weitgehende Japanisierung des Personaleinsatzes ergeben wird;[18] trotzdem ist nicht unwahrscheinlich, daß mit den sich verändernden Rationalisierungsstrategien auch bei uns vergleichbare Auswirkungen auf das Verhältnis von Arbeit und Alltagsleben entstehen werden.

1.4 Die neue Qualität der Folgen sich ändernder Betriebsstrategien für die Arbeitskräfte erfordert eine erweiterte Analyseperspektive

Will man den Folgen einer sich grundlegend verändernden betrieblichen Nutzung der Subjektivität von Arbeitskräften soziologisch nachgehen, wird schnell deutlich, daß damit der Rahmen der üblichen industriesoziologischen Fragestellungen und der dominierenden konzeptionellen Ansätze verlassen wird. Natürlich wird es z.B. weiterhin wichtig sein zu fragen, was eine solche Entwicklung für das konkrete Arbeitshandeln, für die fachlichen Qualifikationsanforderungen und die Belastungen am Arbeitsplatz, für berufliche Interessenlagen und das interessenbezogene Handeln, für die Arbeitsorientierungen usw. bedeutet. Das neue und gravierendere Moment ist jedoch der umfassendere Zugriff auf die gesamte *Person* und das gesamte alltägliche *Leben* der Arbeitskräfte. Dies führt einerseits zu der Frage, was eine „totale" Verwertung menschlicher Eigenschaften *psychologisch* bedeuten kann (ein wichtiger Aspekt, der hier nicht weiter verfolgt werden kann), und andererseits zu der für industriesoziologische Interessen vermutlich entscheidenderen Frage nach den praktischen Auswirkungen auf den *gesamten alltäglichen Lebenszusammenhang* der Arbeitskräfte und deren Rückwirkung wiederum auf die Arbeitssphäre. Diese Frage impliziert jedoch systematische Weiterungen gegenüber gängigen indu-

---

18 Selbst in Japan ist bekanntlich inzwischen eine Diskussion um Grenzen des totalen betrieblichen Zugriffs auf die Beschäftigten entstanden, und zunehmend wird erkannt, daß unter den traditional anders gearteten kulturellen Verhältnissen in Europa eine schlichte Übertragung japanischer Methoden nicht funktioniert (vgl. z.B. Moldaschl 1992, 1993).

striesoziologischen Themenstellungen, die mit vorliegenden Ansätzen letztlich nur unzureichend zu fassen sind.

Zwei Aspekte sind dabei von besonderer Bedeutung: Zum einen wird damit der Blick nicht mehr primär auf die Arbeitssphäre gerichtet, sondern systematisch darauf, ob und wie Personen auf Ebene ihres *gesamten Alltagsarrangements* von sich verändernden betrieblichen Anforderungen berührt werden. Zum anderen muß gefragt werden, inwieweit die Betroffenen auf die neuen Anforderungen nicht nur passiv reagieren, sondern ob und wie sie diese auch *aktiv verarbeiten,* indem sie selbständig praktische Anpassungen ihrer Alltagsorganisation vornehmen; Anpassungsleistungen, die nicht direkt aus der Arbeit abzuleiten sind, aber erhebliche Rückwirkungen auf ihr Handeln im Betrieb haben können.

Im folgenden soll daher das in München entwickelte Konzept der *Alltäglichen Lebensführung* vorgestellt werden, das solche Aspekte systematisch berücksichtigt.

2. Alltägliche Lebensführung – Ein theoretischer Exkurs

Das Konzept der Alltäglichen Lebensführung bietet einen theoretischen Ansatz, der den Zusammenhang von Erwerbstätigkeit und den anderen Lebensbereichen Berufstätiger fassen kann, ohne der verengten arbeitssoziologischen Perspektive zu erliegen, mit der die außerbetrieblichen Tätigkeiten allein als der Arbeit funktional zu- und nachgeordnete „Reproduktion" des Arbeitsvermögens oder negativ als von Arbeit „freie" Zeit oder „Nicht-Arbeit" bestimmt wurden. Das Konzept thematisiert dabei nicht nur das außerbetriebliche Leben als eigenständige Sphäre, sondern faßt das *alltägliche Leben insgesamt als eigensinnigen Zusammenhang,* um darin dann die verschiedenen Sphären des Lebens in ihrer jeweiligen (vor allem praktischen) Bedeutung für die Person und ihre Lebenspraxis zu begreifen.

2.1 Alltägliche Lebensführung als Tätigkeitssystem eigener Art – die Eckpunkte des Konzepts in Stichworten[19]

Als Alltägliche Lebensführung wird der Zusammenhang dessen definiert, was Personen regelmäßig in ihren verschiedenen Lebensbereichen tun, und vor allem *wie* sie es tun: Wie sie praktisch vereinbaren, was alltäglich in den unterschiedlich verfaßten sozialen Sphären, an denen eine Person mit Tätigkeiten partizipiert, zu erledigen ist:

(a) *Basis* dessen sind die verschiedenartigen *praktischen Tätigkeiten des Alltags*. Lebensführung wird von daher nicht primär als Sinnzusammenhang definiert, sondern als alltägliche *Praxis*. (b) Das Interesse des Konzepts gilt nicht der Diachronie, sondern der *Synchronie* des Lebens, also dem, was zu einem bestimmten Zeitpunkt zum alltäglichen Leben dazu gehört. (c) Auch wenn das Tätigkeitsspektrum von Personen thematisiert wird, interessiert nicht die summarische Vielfalt der Aktivitäten, sondern die *Struktur des Zusammenhangs der Tätigkeiten des Alltags*. (d) Träger der Lebensführung ist das Individuum, das sie aktiv herstellen und erhalten muß. Lebensführung ist eine praktische *individuelle Konstruktionsleistung*, und in diesem Sinne interessieren neben der Form des Zusammenhangs der Tätigkeiten vor allem auch die *Methoden,* wie dieser Zusammenhang hergestellt und stabilisiert wird. (e) Lebensführung kann als das individuelle *System der Tätigkeiten des Alltags* verstanden werden. Funktion dieses Tätigkeitssystems ist die Verbindung und Koordination der Alltagsaktivitäten; Struktur des Systems ist die Art der Verteilung von Tätigkeiten auf die sozialen Lebensbereiche einer Person. Lebensführung ist die Art und Weise, wie man sich im Alltag mit Sozialsphären arrangiert und dies zu einem funktionierenden Ganzen verbindet: sie ist das *Arrangement der sozialen Arrangements* einer Person. (f) Obwohl Lebensführung ein Produkt der Person ist, ist sie nur bedingt von ihrem Willen abhängig. Als ihr Produkt bekommt sie vielmehr eine *partielle systemische Eigenständigkeit* mit eigener funktionaler und struktureller Logik. (g) Obwohl ein personales System ist Lebensführung immer auch und von vorneherein *vergesellschaftet*: Objektive Gegebenheiten in den sozialen Bezugsbereichen stellen harte Bedingungen für den Alltag. Diese prägen die Lebensführung, determinieren sie aber nicht. Sie sind vielmehr Randbedingungen

---

19 Dieser Abschnitt ist gegenüber dem Original stark gekürzt. Eine ausführliche Darstellung des am SFB 333 in Weiterführung von Arbeiten des SFB 101 (vgl. Bolte, 1988) und unter losem Rückgriff auf Webersche Kategorien und Thesen entwickelten theoretischen Konzepts der Alltäglichen Lebensführung findet sich in Voß (1991a, stichwortartig auch in 1991c; s. auch Bolte (1993). Auch an anderer Stelle wird derzeit die Kategorie „Lebensführung" reaktiviert (z.B. bei Brock 1991, Vetter 1991 oder Müller 1992), aber in anderer Bedeutung verwendet, als es hier geschieht.

des Lebens, die in und mittels der Lebensführung aktiv verarbeitet werden. (h) Lebensführung ist weder mit der Person identisch noch ein System der Gesellschaft; sie ist vielmehr ein *System sui generis*, das zwischen Gesellschaft und Individuum vermittelt.

2.2 Alltägliche Lebensführung und strategische Betriebsführung – interessante Analogien und entscheidende Differenzen

Dieses Konzept der Alltäglichen Lebensführung kann für arbeits- und industriesoziologische Analysen eine Thematisierung der Subjektivität und des nicht nur in der Erwerbsarbeit verbrachten Lebens von Arbeitenden ermöglichen, die gegenüber bisherigen Perspektiven Vorteile aufweist: Das Leben der arbeitenden Person wird zum einen nicht darauf reduziert, eine abhängige Variable des Arbeitsprozesses zu sein oder gar eine Größe, die ihrem Wesen nach durch die Arbeit bestimmt ist, sondern vielmehr als ein Zusammenhang von *Tätigkeiten* gesehen, der zwar von der Arbeit hochgradig beeinflußt wird, aber zugleich relativ autonom auf den Arbeitsprozeß einwirkt und ihn mitbestimmt. Die Person und ihr Leben werden dabei zum anderen aber auch nicht darauf reduziert, Quelle des einen oder anderen Einflußfaktors für den Arbeitsprozeß zu sein, der für diesen eine mehr oder minder wichtige Ressource oder auch nur eine lästige Störgröße darstellt. Mit dem Konzept der Alltäglichen Lebensführung wird die arbeitende Person und ihr alltägliches Leben vielmehr als ein komplexer, relativ eigenständiger und *eigenlogischer Tätigkeitszusammenhang* bestimmbar, der dem Betrieb gegenübersteht und so dann in der Arbeit wirksam wird.

Die Person stellt in dieser Perspektive dem System des Betriebs und des Arbeitszusammenhangs mit ihrer Lebensführung eine *eigene Systembildung* entgegen, über die vermittelt sie sich auf jene bezieht. So wie die einzelnen Momente eines Produktionszusammenhangs über eine – mehr oder weniger explizite – *Strategie* (Bechtle 1980) vermittelt und gegenüber einer Umwelt stabilisiert und autonomisiert sind und so dann den „Betrieb" bilden, so sind die einzelnen Tätigkeiten der arbeitenden Personen (ebenso mehr oder weniger explizit) über eine *personale Strategie ihres alltäglichen Lebens* vermittelt und gegenüber ihrer Umwelt abgegrenzt und bilden so (in bewußter Überzeichnung der Analogie) eine Art *Betrieb Lebensführung*.

Das heißt, daß *im Arbeitsprozeß zwei systemische Zusammenhänge in relativer Autonomie aufeinandertreffen*: der Unternehmer (bzw. seine Vertreter) mit dem kapitalistisch verfaßten Betrieb und die lohnabhängige Person mit ihrer alltagspraktisch angelegten Lebensführung. Der Unternehmer wendet die Strategie der an der Kapitalverwertung orientierten, organisatorisch-technischen *Betriebsführung* an, um effizienter die für die Produktion erforderlichen Ressourcen (darunter das Arbeitsvermögen der Arbeitskraft) zu gewinnen und zu nutzen sowie sich gegenüber Störgrößen (darunter die Subjektivität des Arbeitenden) zu autonomisieren und diese effizient bewältigen zu können. Die Person des Arbeitenden arbeitet analog mit der Strategie der alltagspragmatischen *Lebensführung,* um effizienter die für ihr Leben entscheidenden Ressourcen (darunter die out-comes der Erwerbstätigkeit) gewinnen und nutzen zu können sowie sich ihrerseits gegenüber Störgrößen (darunter die Zwänge und Belastungen aus ihrer Erwerbsarbeit) zu autonomisieren und diese effizient bewältigen zu können. Wie der Betrieb weist auch das System der alltäglichen Lebensführung eine *funktional differenzierte Struktur* der zu erbringenden Tätigkeiten auf, die sich (legt man einen weiten Arbeitsbegriff zur Bestimmung von Tätigkeiten an; vgl. ausführlich Voß 1992a) als eine Form von *„Arbeitsteilung"* begreifen läßt.

Betriebsführung und Lebensführung ähneln sich zwar in *formaler* Hinsicht (was daraus resultiert, daß sie beide systemische Formen der Organisation von Tätigkeiten sind), aber *material* weisen sie *entscheidende Differenzen* auf: praktische *Zielsetzung* und operative *Logik* (hier der mit kapitalistischer Logik zu erzeugende „Profit", dort so etwas wie ein mit existentieller, alltagspragmatischer Logik dem Leben abzutrotzendes „Glück"), erforderliche *Ressourcen,* konkrete *Tätigkeits-* und *Organisationsformen,* normative *Standards* und sinnhafte *Integrationsformen* usw. können zwar verglichen werden, sind aber weitestgehend unterschiedlich.

3. Das gesellschaftliche Verhältnis von Betriebsführung und Lebensführung im Umbruch?

Post-tayloristische Formen der Arbeits- und Betriebsorganisation bedeuten, so wurde bisher argumentiert, eine neue Form des Zugriffs auf Leistungen und Potentiale von Arbeitskräften: die Arbeitskraft als ganzes wird verstärkt Objekt betrieblicher Strategien. Diese erfassen nicht nur die ganze Person, sondern tendenziell auch ihr ganzes alltagspraktisches Leben. Betriebliche Strategien, die sich nicht mehr mit Teilen der Arbeitsperson zufrieden geben, sondern sie „total" nutzen, bleiben also, so die These, nicht ohne *Folgen für die alltägliche Lebensführung* der Arbeitenden. Im Sinne des Konzepts heißt diese Frage nach den „Folgen" jedoch weniger, wie die Arbeitenden hierauf im Alltag passiv *reagieren.* Gefragt wird vielmehr, ob und wie sie mittels ihrer Lebensführung die veränderten betrieblichen Strategien aktiv zu *verarbeiten* versuchen, indem sie ihnen Veränderungen ihrer alltagspraktischen „Strategie" *entgegensetzen.*

3.1 Die Verarbeitung eines veränderten betrieblichen Zugriffs auf die Arbeitskraft in der alltäglichen Lebensführung

Was kann die Arbeitskraft mit ihrer Lebensführung überhaupt einem umfassenderen betrieblichen Zugriff auf ihre Person entgegensetzen? Bewirkt dieser nicht eine immer weitergehende Unterwerfung unter zunehmend „ausbeuterische" Arbeitsanforderungen, die kaum mehr Spielräume für eine Verarbeitung in der Alltagsorganisation bietet, wie es etwa für die meisten frühindustriellen Arbeits- und Lebensverhältnisse charakteristisch war? Wenn heute möglicherweise erneut eine Art „totaler" betrieblicher Zugriff auf die Person der Arbeitenden und ihr alltägliches Leben entsteht, dann geschieht dies jedoch zum einen unter *völlig veränderten gesellschaftlichen Rahmenbedingungen* und ist zum anderen (und vor allem) auch eine *völlig andere Form der betrieblichen Nutzung von Arbeitskraft*:

Vor allem die drastisch kürzeren Arbeitszeiten, die erheblich gestiegenen Einkommen und Konsumchancen, das deutlich höhere Niveau der Ausstattung mit Wohnraum und langlebigen Gebrauchsgütern sowie die substantielle Verbesserung der sozialen Absicherung und der Bildungsmöglichkeiten bedeuten grundlegend *erweiterte Möglichkeiten für die Gestaltung der alltäglichen Lebensführung* und damit für die alltagspraktische Verarbeitung eines sich verändernden betrieblichen Zugriffs auf die Arbeitsperson.

Die oben skizzierten neuen Formen einer umfassenderen und tendenziell „totalen" Nutzung der Potentiale von Arbeitskräften bedeuten heute keine totalitäre Leibeigenschaft oder Lohnsklaverei mehr mit gleichgültiger physischer „Ausbeutung" und letztlich Vernichtung eines beliebigen abstrakten Arbeitsvermögens, sondern die *„sorgsame" Nutzung eines als wertvoll erkannten und tendenziell gerade in seiner individuellen Eigenart bedeutsamen Kapitals*.

3.1.1 Verstärkte Rationalisierung der alltäglichen Lebensführung?

Mit diesen veränderten Bedingungen ist die Ausgangssituation für eine alltagspraktische Verarbeitung eines sich verändernden Verhältnisses von Betrieb und Arbeitskraft eine völlig neue: alltägliche Lebensführung einer umfassender betrieblich vereinnahmten Arbeitskraft bedeutet heute nicht mehr die aus der Not minimaler Ressourcenspielräume und maximaler Auspowerung durch die Arbeit erzwungene unausweichliche Einheitsform einer reduzierten Lohnarbeiterexistenz. Alltägliche Lebensführung bedeutet für eine post-tayloristisch in ganzheitlichem Zugriff eingesetzte Arbeitskraft, systematisch und in immer stärkerem Maße *eine für ihre jeweiligen Arbeits- und Lebensbedingungen optimierte Form der Alltagsgestaltung aktiv zu entwickeln, geschickt zu praktizieren und kontinuierlich anzupassen*. Lebensführung heißt hier, relativ autonom eine individuelle Form der Alltagsorganisation zu finden, die eine effiziente Nutzung aller Lebensressourcen, eine möglichst reibungslose Koordination aller Lebensbereiche und vor allem die Schaffung einer optimalen Form der Verbindung von Arbeit und Privatheit ermöglicht: individuelle Zeitökonomie wird zunehmend bedeutsam, Alltagstechnik muß selbstverständlich und kompetent zur Unterstützung eingesetzt werden, die individuellen Fähigkeiten müssen sorgsam gepflegt und systematisch weiterentwickelt werden, soziale Beziehungen müssen geschickt gestaltet werden, Konsum ist aktive Rekreation wie auch bewußte Investition, Motivierung, Ablenkung und Belohnung, räumliche und berufliche Mobilität ist unausweichlich und muß geschickt arrangiert werden u.v.a.m. Eine solche zunehmend erforderliche Methodik der Alltagspraxis bedeutet aber nichts anderes, als eine immer stärker reflexive und schließlich sogar bewußt *zweckrationale Gestaltung der Lebensführung* – eine in wachsendem Maße bewußt und aktiv effizienzorientierte *Alltagsorganisation,* die sich immer mehr von traditionalen, auf selbstverständlicher Eingelebtheit und Gewohnheit beruhenden Formen des Alltags abhebt.

Diese Annahme konvergiert mit Max Webers These einer forcierten *Rationalisierung von Lebensführung* im sich entwickelnden Kapitalismus (vgl. Weber 1986: insb. 17ff; ausführlich dazu Schluchter z.B. 1988). Was Weber jedoch genau genommen nur für eine Elite, das calvinistische Unternehmer- und Großbürgertum, diagnostizierte, wird hier als These verallgemeinert und (neben anderen Faktoren) als eine Folge sich erweiternder Formen des betrieblichen Zugriffs auf die Subjektivität von Arbeitskräften und deren Leben gesehen. Was Weber um die Jahrhundertwende prognostizierte, tritt möglicherweise erst jetzt, unter veränderten betrieblichen Bedingungen und in einer veränderten sozio-kulturellen Situation, für einen wachsenden Teil der Arbeitenden ein.

3.1.2 Zunehmende Betriebsförmigkeit der Alltagsorganisation?

Dieser sich tendenziell verstärkende Einsatz zweck-rationaler Elemente und Verfahren der Gestaltung alltäglicher Lebensführung stellt die oben angedeutete (und dort noch überzeichnete) *Analogie von Lebensführung und Betriebsführung* in ein neues Licht. Die systemische Ähnlichkeit beider Zusammenhänge bekommt mit einer forcierten Rationalisierung von Lebensführung eine erweiterte Relevanz. Man könnte sagen, daß die neue Stufe betriebsorganisatorischer Rationalisierung mit ihren erweiterten Formen des Zugriffs auf Arbeitskräfte verstärkt analoge *alltagsorganisatorische Rationalisierungsbemühungen in den Lebensführungen* auslöst; auf die Anforderungen der „Neuen Produktionskonzepte" müssen die Betroffenen mit „Neuen Re-Produktionskonzepten" antworten. In besonderem Maße wäre dabei der (bisher eher latente) Strategie-Charakter von Lebensführung gefragt; d.h., daß die Arbeitskräfte verstärkt ihre Lebensführung betriebsförmig organisieren und sozusagen zunehmend tatsächlich zu einem *Betriebsführer in eigener Sache* werden.[20]

Für die kapitalistischen Betriebe bliebe eine solche Entwicklung nicht ohne Folgen: sie müßten zunehmend mit Beschäftigten rechnen, die sich nicht als gleichgültige, traditional agierende Lohnabhängige, sondern eher als selbstbewußte und geschickt ihre Ziele und Möglichkeiten kalkulierende „Sub-Unternehmer" gebärden und damit auch als „strategisch" handelnde *Unternehmer der eigenen Arbeitskraft auftreten*. Damit stünden sich in gewisser Weise zunehmend *Betrieb* und *Betrieb* gegenüber – was jedoch erst einmal nichts an der objektiv unterschiedlichen ökonomischen Funktion und Stellung von kapitalistischem Unternehmer und lohnabhängiger Arbeitskraft und damit am strukturellen Machtgefälle zwischen beiden ändert. Anderseits kommt diese Entwicklung dem Wandel betrieblicher Strategien auch entgegen, denn nicht selten suchen Betriebe Beschäftigte, die sich als eigenverantwortliche „Partner" des Betriebs fühlen und verhalten und entsprechend verstärkt in die Pflicht genommen sowie flexibler als klassisch instrumentell agierende Arbeitskräfte eingesetzt werden können.[21]

Auch Weber meinte, daß mit einer Rationalisierung des täglichen Lebens, durch die dieses der „Plan- und Systemlosigkeit entkleidet und zu einer konsequenten Methode der ganzen Lebensführung ausgestaltet" (1986: 115), d.h. „zu einem Lebenssystem rationalisiert (.)" (ebd.: 113) wird, das Alltagsleben zunehmend einen formal *betriebsförmigen* Charakter bekommen würde. Wenn er dabei jedoch die Assoziation nahelegt, daß eine zu einem quasi-betriebsförmigen System rationalisierte methodische Lebensführung „fast den Charakter eines *Geschäftsbetriebs*" (ebd. 124, Hervh.

---

20 Und spätestens dann, wenn Lebensführung eine solche Stufe der nicht nur punktuellen sondern relativ dauerhaften und weitgehend reflexiven oder gar zweckrationalen Organisation erreicht, läßt sich die Übertragung des Betriebsbegiffs auf die Lebensführung auch durch Max Weber rechtfertigen, der den „Betrieb" sehr allgemein als „... ein kontinuierliches Zweckhandeln bestimmter Art" (1972: 28, Hervh. i.O.) definiert.

21 Vgl. Voß (1992). Siehe auch die pointierte Diagnose von Herriot (1992), der als „key human ressource task of the 90s" die aktive Balance der wachsenden Anforderungen an die Beschäftigten mit den ebenfalls steigenden sowie immer unterschiedlicher werdenden Ansprüche der Arbeitenden an die Betriebe nennt: „Organizations have to find ways of adequately responding to the needs of those from whom they expect so much" (68).

G. V.) bekäme,[22] also schließlich zu einer Art *wirtschaftlichem* Betrieb werden könne, so soll einer solchen endgültigen Überziehung der Metapher und damit der Rationalisierungsthese aus systematischen Gründen energisch widersprochen werden: auch wenn alltägliche Lebensführung und wirtschaftliche Betriebsführung in zunehmendem Maße formale Ähnlichkeiten aufweisen, hebt das die fundamentalen *materialen* Differenzen zwischen ihnen nicht auf. Im Gegenteil: Es dürfte sich zunehmend erweisen, daß sich Lebensführungen stärker denn je von der materialen (also nicht der formalen) Logik wirtschaftlicher Betriebe abheben und „Eigensinn" entwickeln müssen – Eigensinn in Form einer relativ autonomen, an komplexen persönlichen Lebenszielen und sehr individuellen Kriterien von „Lebensglück" ausgerichteten Logik von Lebensführung, die nicht primär auf ökonomische Effekte (etwa monetäre Gewinne oder anders geartete Einzelvorteile im Sinne eines ökonomischen Nutzenkalküls) zielt. Erst ein solcher individueller und komplexer Eigensinn gibt der Lebensführung die nötige Autonomie, um den veränderten beruflichen Anforderungen an die Person eine leistungsfähige Form der Alltagsgestaltung entgegenzusetzen, die nicht kurzfristig reagiert, sondern mit Langfristperspektive eigenständig („strategisch") operiert. Erst so können die Anforderungen flexibel und differenziert abgefangen und ihnen vielleicht sogar Gewinne an Lebensqualität abgetrotzt werden.

3.2 Auf dem Wege zu einem neuen gesellschaftlichen Verhältnis von „Arbeit und Leben"?

Veränderungen von Lebensführung in der geschilderten Art werden, wenn sie in größerem sozialem Maßstab oder bei gesellschaftlich bedeutsamen Gruppen (und dazu gehören die von neuen Rationalisierungsstrategien substantiell betroffenen Arbeitskräftegruppen) auftreten, nicht nur Auswirkungen auf die je individuelle Beziehung von Beruf und Privatheit haben – tendenziell wird dadurch auch das etablierte *gesellschaftliche* Verhältnis der sich mit der Industrialisierung systematisch ausdifferenzierenden Sozialsphären von *Arbeit* und *Leben* verändert. In drei Schritten soll im folgenden angedeutet werden, wie ein solcher Strukturwandel der für eine Bestimmung der Lebenslage von Erwerbstätigen nach wie vor grundlegenden gesellschaftlichen Relation aussehen könnte.

---

22 Weber benutzt die Metapher des „Geschäftsbetriebs" an dieser Stelle, um die übersteigerte „Heiligung des Lebens" in einer puritanisch rationalisierten Lebensführung zu ironisien, die zu einer „penetranten Christianisierung" führe; und konsequent verweist er auf Baxter, der den „seligen Handel" der Puritaner mit ihrem Gott dem weltlichen Handel gleichstellt. Trotzdem steht Webers Verwendung auch dieser zugespitzten Metapher in konsequenter Linie seiner den methodisch-rationalen Charakter der Lebensführung herausarbeitenden Argumentation: Seine (idealtypische) Vorstellung von einer voll entwickelten methodischen Lebensführung unterscheidet sich letztlich nur wenig von der des wirtschaftlichen „Geschäftsbetriebs".

3.2.1 Formwandel der Reproduktionsfunktion des „Lebens"?

Wird die alltägliche Lebensführung in gesellschaftlich bedeutsamen Maße verstärkt aktiv und reflexiv bei den von neuen Betriebsstrategien Betroffenen konstruiert oder sogar in wachsendem Maße zweck-rational organisiert und wird sie dabei vielleicht auch zunehmend durch eigenlogische Kriterien inspiriert, dann gewinnt dadurch die Sphäre des „Lebens" systematisch erweiterte Freiheitsgrade gegenüber der „Arbeit". Arbeitsbedingte Abhängigkeiten werden im Alltag nicht verschwinden, aber sie könnten nun effektiver durch Verfahren der Lebensführung verarbeitet werden, wodurch verbesserte Chancen für die Gestaltung der individuellen Lebens- und schließlich auch der Arbeitsverhältnisse entstehen. Auch die für die Erwerbsarbeitsgesellschaft konstitutive und das „Leben" fundamental prägende soziale Funktion der „Nicht-Arbeit", das individuelle Arbeitsvermögen wiederherzustellen, würde durch erweiterte Freiheitsgrade des „Lebens" gegenüber der „Arbeit" nicht obsolet werden, aber es könnte ein *Formwandel dieser Reproduktionsfunktion* eintreten:

(a) Bei einer zunehmend bewußten, effizienzorientierten und eigenlogisch gesteuerten Organisation von Lebensführung in Folge eines umfassenderen betrieblichen Zugriffs auf die Arbeitssubjekte wird das „Leben" die Funktion einer Re-Produktion der Arbeitsvermögen wesentlich konsequenter und umfassender wahrnehmen müssen als bislang. Auf einer solchen Stufe der Gestaltung des Alltags umfaßt die „Reproduktion von Arbeitskraft" immer weniger nur die kurzfristige Erholung im Sinne einer mehr oder minder gelungenen passiven Wiederherstellung verbrauchter Arbeitsenergien. „Reproduktion" bedeutet dann vielmehr zunehmend die *kontinuierliche qualitative Sicherung und insbesondere die substantielle Entwicklung der gesamten Potentiale* einer Person (und nicht nur der „Arbeitskraft" im engeren Sinne), wie sie nun in wachsendem Maße in die betriebliche Arbeit eingebracht werden müssen. Erst damit wird das „Leben" verstärkt tatsächlich im Sinne der Wortbedeutung von „Re-Produktion" zu einer gesellschaftlich bedeutsamen Instanz der *Produktion* der Eigenschaften von Menschen – zu einer zunehmend explizit mit Organisations- und Produktionsmitteln individuell betriebenen *Produktionsanstalt* eigener Qualität mit einer systematisch wachsenden gesellschaftlichen Bedeutung gegenüber der Sphäre der „Produktion" in formal-ökonomischem Sinne.

(b) Auch die Funktion der Herstellung und Erhaltung einer Form von Lebensführung, in der diese immer anspruchsvoller werdende Reproduktionsleistung effizient erbracht werden kann, erhielte mit der beschriebenen Entwicklung eine neue Qualität: eine den jeweiligen Bedingungen und Bedürfnissen optimal angepaßte Lebensführung würde zunehmend zu einer individuellen und gesellschaftlichen Anforderung und Leistung eigener Art und schließlich zu einem autochthonen Wohlfahrtsgut. Die Art der Gestaltung des alltäglichen „Lebens" würde dabei immer mehr zu einem expliziten Objekt aktiv produktiver Bemühungen der agierenden Subjekte und damit schließlich zu einer eigenen Form persönlich und gesellschaftlich höchst relevanter *Arbeit*. Aus dem mehr oder weniger in einmal festgelegten Bahnen und nicht selten eher „gemächlich" dahintreibenden „Leben" würde zunehmend eine aktiv betriebene *Arbeit des Lebens* (vgl. ausführlich Voß 1991a, kurz auch 1993).

Ein solcher Wandel der Reproduktionsfunktion des „Lebens" zu einer Produktions- und Arbeitssphäre eigener individueller wie gesellschaftlicher Dignität und Bedeutung hätte erhebliche Folgen für die Sphäre der betriebs- und erwerbsförmig organisierten „Arbeit". Sie geriete insbesondere in eine verstärkte ideologische und praktische Konkurrenz zu dieser nun immer selbständiger und leistungsfähiger agierenden und sozial aufgewerteten Sphäre.

3.2.2 Das Ende der Teilung von „Arbeit und Leben" oder eine neue Qualität ihrer Beziehung?

Sollte sich ein solcher Formwandel der Reproduktionsfunktion des „Lebens" in gesellschaftlich bedeutsamer Form durchsetzen, könnte sich damit die bisher für entwickelte Industriegesellschaften charakteristische sozialstrukturell verfestigte Relation von „Arbeit und Leben" langfristig entscheidend verändern. Insbesondere an zwei eng miteinander verbundenen Punkten könnte das bisherige Verhältnis der Bereiche aufgebrochen und neu formiert werden: im Grad und in der Form der sozialen *Differenzierung* der beiden Sphären sowie im Ausmaß und im Modus der damit verbundenen sozialen *Dominanz* der einen Sozialsphäre über die andere:

(a) Wird die Lebensführung zunehmend zu einer nicht nur individuell, sondern auch gesellschaftlich bedeutsamen Form von „Arbeit" und „Produktion", könnte dies zu einer partiellen *Aufweichung* der bisherigen strukturell eher scharfen Trennung von „Arbeit und Leben" führen.

Das „Leben" bekäme etwa, wie angedeutet, auf der einen Seite eine verstärkte Arbeits- und Organisationsförmigkeit sowie eine zunehmende individuelle und gesellschaftliche Produktionsfunktion, würde also der Arbeitssphäre ähnlicher. Diese Konkurrenz brächte der Sphäre der klassischen „Arbeit" zwar potentiell Probleme, aber z.B. auch den Vorteil, daß die von ihr genutzte Arbeitskraft auf höherem Niveau reproduziert wird und damit mehr ausbeutbaren Wert erhielte. Die „Arbeit" im Betrieb bekäme im Gegenzug möglicherweise eine verstärkte „Lebensförmigkeit", da sie sich nicht mehr so weitgehend wie bisher gegen Einflüsse und Anforderungen des außerbetrieblichen „Lebens" sperren kann und will. Dies bereitet dann wiederum dem „Leben" Probleme, etwa dann, wenn es dadurch immer mehr in die Arbeit hineingezogen wird und sich nicht mehr gegen sie abschotten kann; dies bringt ihm tendenziell aber auch Vorteile für eine individuell angepaßtere Gestaltung der Beziehung zur Arbeit.

Eine solche Aufweichung der Trennung der Sphären wird mit großer Wahrscheinlichkeit nicht dazu führen, daß wieder ein ungeschiedenes „Arbeiten und Leben" entsteht, wie es etwa für viele vorindustrielle Arbeits- bzw. Lebensverhältnisse charakteristisch war, aber ihre Beziehung beruhte nicht mehr auf einem scharfen funktionalen Gegensatz, sondern erhielte eine „weichere" Qualität. Die beiden Sphären könnten zunehmend ein *komplizierteres und vor allem ein wesentlich stärker wechselseitig durchdrungenes Verhältnis* zueinander bekommen. Auch im sozialen Verhältnis von „Arbeit und Leben" würde damit, wie es scheint, die tendenzielle *Rücknahme eines bisher strukturell in bestimmten Formen verfestigten und als historisch irreversibel angesehenen sozialen Differenzierungsmusters eingeleitet*. Auch hier geriete also mit anderen Worten ein Moment sozialer „Arbeitsteilung" (in einem weiten Durkheimschen Sinne) unter Druck und in Bewegung, so daß sich die Frage nach deren möglichen *Ende* stellt. Aber wie auch bei der rhetorischen Frage von Kern/Schumann nach einem „Ende der Arbeitsteilung" kann die Antwort keine naive Zustimmung sein. Die gesellschaftliche Differenzierung von „Arbeit" und „Leben" könnte sich zwar zunehmend verwischen und verkomplizieren, aber sie wird sich keinesfalls auflösen. Die Sphären wären im Grundansatz nach wie vor funktional verschiedenartig ausgerichtet (formale ökonomische Produktion von öffentlichen Gütern oder privatwirtschaftlichen Waren vs. informelle Produktion der Eigenschaften von Menschen und der persönlichen Wohlfahrt). Was aber möglicherweise verstärkt entstehen könnte, wäre eine höhere Komplexität der *Differenzierungslogik*, die sich insbesondere in einem zentralen Moment der Differenzierung zeigen könnte: wird das Verhältnis von „Arbeit und Leben" verstärkt von den Betroffenen aktiv selber gestaltet, wäre zunehmend nicht mehr fest und sozial standardisiert vorgegeben, wie dieses Verhältnis in seinen einzelnen Dimensionen (zeitlich, räumlich, sachlich, sozial und sinnhaft)[23] angelegt ist.

So wird etwa ein umfassenderer betrieblicher Zugriff auf die Person der Beschäftigten (unterstützt durch neue technische Möglichkeiten und Arbeitszeitformen) dazu führen, daß viele Beschäftigte wieder mehr zu Hause arbeiten, von regelmäßiger Mehrarbeit über häusliche Weiterbildungsaktivitäten bis hin zur regelrechten Heimarbeit. Anders herum werden Betriebe z.B. zunehmend versuchen, private Dinge in die Arbeit hineinzuziehen oder gezielt die außerbetriebliche Sphäre zu instrumentalisieren, um die Beschäftigten motivational zu binden. Die *räumliche* und *soziale* sowie die *zeitliche*, *sachliche* und *sinnhafte* Differenzierung von „Arbeit und Leben" könnte damit zunehmend *auseinanderfallen*. Räumlich, sozial und vermutlich meist

---

23 So die zentralen Dimensionen alltäglicher Lebensführung (vgl. Voß 1991a).

auch zeitlich ist man z.B. bei samstäglicher Arbeit zuhause außerhalb, sachlich und sinnhaft jedoch zweifellos *im Betrieb*. Sozial und sinnhaft vielleicht auch noch zeitlich ist man bei einer gemeinsamen Incentive-Reise der Abteilung oder bei einem festlichen Essen mit Kollegen, Kunden und den jeweiligen Ehepartnern hochgradig bei der „Arbeit", sachlich und vor allem räumlich ist man aber in der Freizeit.

Dies hieße, daß das Verhältnis von „Arbeit und Leben" je nach Konstruktion der Lebensführung *zunehmend dimensional verschiedenartig* angelegt sein kann, mit der Folge, daß dies *in wachsendem Maße auch sozial verschiedenartig* würde. Eine solche Entwicklung wäre nichts anderes, als eine *Differenzierung der Differenzierung* von „Arbeit und Leben", durch die das funktionale Verhältnis der Bereiche flexibler und damit anpassungsfähiger wird. Was auf den ersten Blick wie eine ansatzweise Auflösung der sozialen Verschiedenartigkeit und Trennung der Bereiche aussehen kann, erwiese sich damit vielmehr als ein Prozeß, der die strukturelle Eigenständigkeit und funktionale Leistungsfähigkeit der Sphären sogar auf höherem (systemischen) Niveau stärken würde.

(b) Die Frage nach dem „Ende der Arbeitsteilung" ist eng verbunden mit der Frage nach dem „Ende der Arbeitsgesellschaft", was nichts anderes thematisiert, als die aus der Differenzierung von „Arbeit" und „Leben" resultierende *Dominanz der einen Sphäre über die andere* und deren mögliche historische Relativierung. Auch diese Frage muß vor dem Hintergrund der bisherigen Überlegungen ähnlich komplex beantwortet werden wie die erste – auch hier muß eine schlichte Zustimmung zurückgewiesen und von einer zunehmenden *Komplizierung der Abhängigkeitsbeziehung* ausgegangen werden: die „Arbeit" könnte in Folge der beschriebenen Prozesse für die Person und ihr „Leben" und damit schließlich auch gesellschaftlich sowohl zunehmend *unwichtiger* als auch zugleich und in unerwarteter Form immer *wichtiger* werden.

Bezogen z.B. auf den rein zeitlichen Umfang wird die Arbeit (unterstützt durch flexiblere Arbeitszeitformen) auf der einen Seite vermutlich auch zukünftig noch weiter an individueller wie schließlich auch gesellschaftlicher Bedeutung *verlieren*. Und auch das für große Gruppen wohl langfristig trotz der aktuellen Stagnation weiter steigende Niveau der Einkommen wird dazu führen, daß die unmittelbare materielle Abhängigkeit von der Arbeit weiter *gelockert* wird. In die gleiche Richtung wirken die Einstellungsveränderungen in der Bevölkerung („Wertewandel") mit ihrer Aufwertung der *außerberuflichen* Lebensanteile, wie auch die sich verändernden Formen der betrieblichen Personalführung, die wichtigen Gruppen von Arbeitskräften mehr Freiräume und Anerkennung gewähren, so daß für sie die Arbeit ein Stück Entfremdungs- und Zwangscharakter und dadurch an Herrschaft über die Person verliert. – Gleichzeitig führen auf der anderen Seite z.B. die beschriebenen systematisch qualitativ wachsenden Arbeitsanforderungen und insbesondere die neue „totale" Qualität des Zugriffs auf die Arbeitssubjekte dazu, daß die Arbeitssphäre trotzdem faktisch immer mehr in den alltäglichen Lebenszusammenhang eindringt und ihn wesentlich intensiver beeinflußt, weil die Personen auf die gestiegenen Anforderungen mit reflexiv gesteuerten, aktiven Anpassungen ihrer Lebensführung antworten. Hinzu kommt, daß der Wandel von Einstellungen eben nicht nur die außerbetrieblichen Bereiche aufwertet, sondern die Personen ihre „Selbstentfaltung" gerade auch immer mehr aktiv im *Beruf* suchen, was natürlich für sie eine wachsende Bedeutung der Arbeit impliziert. Beides sind jedoch „Wirkungen" der Arbeitssphäre, die nicht mehr direkt auf die Person und ihr „Leben" durchschlagen, sondern, wie geschildert, zunehmend von ihr selber „hergestellt" oder zumindest „vermittelt" werden.

Die gesellschaftliche Sphäre der „Arbeit" wird damit keinesfalls grundlegend an gesellschaftlicher Bedeutung verlieren, wie in den Diskussionen der letzten Jahre oft zu hören war, und trotzdem wird ihre bisherige gesellschaftliche Prädominanz an entscheidenden Stellen relativiert. Was sich abzeichnet ist auch hier eine Veränderung der *Qualität* der Beziehung: auf der einen Seite wird mit solchen Verschiebungen zwar die *direkte* (z.B. am Zeitumfang, an der materiellen oder auch der unmittelbaren sinnhaften Relevanz festzumachende) Bedeutung der Arbeitssphäre für das „Leben" weiter *zurückgehen*. Auf der anderen Seite wird das „Leben" aber zugleich *indirekt*, d.h. in einer durch die Person und ihre Lebensführung aktiv vermittelten Form, noch *tiefergehend und umfassender* als bisher und in einer bis dahin nur für wenige Kategorien von Berufstätigen (Selbständige, autonom eingesetzte Fach- und Führungskräfte usw.) typischen Intensität und Subtilität von Momenten des Erwerbsbereichs durchdrungen und geprägt werden. Die gesellschaftliche Dominanz der „Arbeit" würde damit also nicht verschwinden, sondern auf neuer Ebene und in erweiterter Form restrukturiert, wodurch ihre sozialen Wirkung unerwartet gestützt, ja sogar schließlich verstärkt werden könnte. Und die „Arbeitsgesellschaft" erwiese sich dabei, wie der mit ihr verschwägerte Kapitalismus, als erstaunlich vital und entwicklungsfähig, und ihr zu früh besungenes (oder beweintes) „Ende" erwiese sich letztendlich als Durchgang zu einer neuen, reiferen Jugend.

3.2.3 Eine qualitativ neue Stufe der Vermittlungslogik in der Beziehung von „Arbeit und Leben"?

Eine solche Veränderung des gesellschaftlichen Verhältnisses von „Arbeit und Leben" bedeutet schließlich nichts anderes als eine Veränderung in der basalen *Logik* dessen, wie Person und Erwerbstätigkeit individuell und schließlich die Sozialsphären „Arbeit und Leben" gesellschaftlich aufeinander bezogen sind. War das „Leben" in der bisherigen Konstellation weitgehend und vor allem im wesentlichen *unmittelbar* (also ohne – von sozialpolitischen Regulierungen einmal abgesehen – maßgebliche Wirkungen weiterer intervenierender Momente) durch die Bedingungen der erwerbsförmigen „Arbeit" kontrolliert und funktional eng an die Erfordernisse betrieblicher Tätigkeit gebunden, so würde es nun in wachsendem Maße auch systematisch dadurch geprägt, wie die Bedingungen der „Arbeit" in und mit der Lebensführung der Einzelnen aktiv *verarbeitet* werden. Damit wären die nach wie vor erheblichen Zwänge und Anforderungen der formellen „Arbeit" zwar nicht paralysiert, aber sie wären nun immer mehr in einer durch die Personen und ihre Lebensführung aktiv *vermittelten* Form wirksam.

Was dabei auf den ersten Blick noch wie eine ansatzweise Verkehrung des bisherigen Verhältnisses erscheinen mag, mit der die „Arbeit" nun zunehmend in eine Abhängigkeit von den Personen und ihrer Lebensführung geriete, ist genau besehen jedoch eine *qualitativ neue Stufe der strukturellen Beziehung der beiden Sphären,* für die die Frage nach der abhängigen und der unabhängigen Größe nicht mehr so einfach beantwortet werden kann: wenn die Personen unter den sich verändernden betrieblichen Bedingungen zunehmend gezwungen sind (aber auch verstärkt die Möglichkeit erhalten) mittels der Lebensführung ihr alltagspraktisches Verhältnis zur Arbeit in wesentlichen Punkten *selber zu gestalten*, bedeutet dies, daß sie die nach wie vor erhebliche Abhängigkeit von der Arbeit tendenziell *selber bestimmen*. Die unmittelbare Fremdkontrolle der Person und ihres Lebens durch Bedingungen der Arbeit geht damit über in eine durch eigene Gestaltung vermittelte, also faktisch *selbst-kontrollierte Fremdkontrolle*, und die direkte Entfremdung in der und durch die formelle gesellschaftliche Arbeit wandelt sich dabei zur partiellen *Selbstentfremdung*. Beides bleibt aber dem Wesen nach immer noch Kontrolle und Entfremdung und zwar eine Kontrolle und Entfremdung höherer „Logik" mit substantiell gestiegener sozialer Wirksamkeit, Hermetik und damit auch Perfidie. Und das wäre schließlich s ein weiteres Moment oder auch eine weitere Stufe des langwierigen, vielfältige Paradoxien und Ambivalenzen erzeugenden, historischen Übergangs vom expliziten sozialen Fremdzwang zum impliziten *individuellen Selbstzwang* als basalem *sozialem Integrationsmodus*, wie ihn gesellschaftstheoretisch insbesondere Norbert Elias (1980) für den fortschreitenden „Prozeß der Zivilisation" postuliert hat.[24]

---

24 Mit einem anderen theoretischen Blick gesehen, ist dies die Ablösung einer primär umweltkontrollierten Steuerungslogik von Funktionszusammenhängen durch eine binnengesteuerte Systemlogik, was neuere systemtheoretische Modelle (v.a. konstruktivistischer Provenienz, vgl. z.B. Schmidt, 1987, 1992) durchweg als charakteristisch für fortgeschrittene Zustände komplexer Systeme annehmen. – Siehe auch die Prognosen von Hage/Powers (1992) zu den Veränderungen des über Rollen gesteuerten Alltags bei „post-industrial lives" und die Thesen von Baethge (1991) zur „zunehmenden normativen Subjektivierung der Arbeit".

4. Betriebliche Arbeit und alltägliche Lebensführung – an der Schwelle zu einem neuen Verhältnis? Ein Resümee und drei Interpretationen

Folgendes sollte gezeigt werden: post-tayloristische Rationalisierungsstrategien enthalten eine neue Qualität des Zugriffs auf die Beschäftigten; deren Potentiale werden in wesentlich stärkerem Maße als bisher betrieblich eingebunden und genutzt. Ziel ist dabei einerseits, Funktionen der *Steuerung von Arbeit* wieder verstärkt in die Zuständigkeit der Arbeitenden *zurückzuverlagern*. Andererseits geht es darum, umfassender und tendenziell vollständig („ganzheitlich") *Persönlichkeitseigenschaften* der Beschäftigten zu *verwerten*, was einen potentiell „totalen" Zugriff nicht nur auf die *ganze Person*, sondern schließlich auf das *ganze Leben* der Arbeitenden bedeutet. Das wird tendenziell dazu führen, daß die Betreffenden versuchen, den neuen Zugriff der Arbeit mit Hilfe einer *aktiven, reflexiven und schließlich verstärkt zweck-rationalen Organisation ihrer alltäglichen Lebensführung* zu verarbeiten. Es wird ihnen dabei zunehmend die Funktion einer umfassenden produktiven Entwicklung ihrer Potentiale zufallen und ihr alltägliches Leben insgesamt immer mehr den Charakter einer produktiven *Arbeit* bekommen. Folge dessen könnte eine *neue sozialstrukturelle Beziehung von Arbeit und Leben* sein: Das Verhältnis der beiden Sphären würde zunehmend aktiv von den Personen gestaltet, wodurch für sie zwar erweiterte Freiheitsgrade entstehen, sie aber keineswegs von der Arbeitssphäre unabhängig werden, sondern sogar in eine erweiterte, nun tendenziell selbstkontrollierte Abhängigkeit von der formellen gesellschaftlichen Arbeit geraten. Die soziale Differenzierung der beiden Sphären würde komplizierter und vielfältiger, würde sich stärker verwischen und dynamischer werden, was aber kein „Ende" der gesellschaftlichen „Teilung von Arbeit und Leben", sondern eine neue (systemisch „höhere") Qualität der Beziehung der Bereiche bedeutet.

Mit drei Interpretationen soll abschließend noch einmal die intendierte Stoßrichtung dieser Argumentation erläutert werden:

(a) Die skizzierte mögliche Entwicklung läßt sich zum einen in Rückbezug auf das in den 60er Jahren debattierte *Verbürgerlichungstheorem* (vgl. insb. Goldthorpe et al. 1970/71) *historisch* interpretieren und damit an einen wichtigen Strang industriesoziologischer Forschung ankoppeln, mit dem das strukturelle Verhältnis von „Arbeit und Leben" und seine historischen Veränderungen bei für die weitere Entwicklung von Industriegesellschaften bedeutsamen Gruppen von Arbeitenden bestimmt wurde.

Im Lichte dieses Theorems könnte der beschriebene Prozeß als *forcierte Fortsetzung einer Verbürgerlichung* der Gesellschaft begriffen werden, in der wichtige Kategorien von abhängig Beschäftigten sich dem von Weber skizzierten Ideal eines für sich selber verantwortlichen „Bürgers" annähern – ein Sozialtypus, der seine wesentlich über den „Beruf" definierte gesellschaftliche Integration weitreichend eigenverantwortlich betreibt und betreiben muß, ohne damit jedoch jemals von der Gesellschaft, konkret: von der Sphäre der „Arbeit", wirklich unabhängig zu werden, sondern vielmehr (als „paradoxe Folge") auf höherem Niveau in erweiterte soziale Abhängigkeit zu geraten (vgl. auch Lutz/Voß 1992, Voß 1990). Das deckte sich jedoch nicht mehr mit dem in der Diskussion der 60er Jahre verwendeten Verständnis von „Verbürgerlichung" im Sinne eines konsumorientierten Rückzuges auf die Privatsphäre.

Dieser müßte vor dem Hintergrund der sich jetzt möglicherweise abzeichnenden Entwicklungen vielmehr nachträglich als „Verkleinbürgerlichung" verstanden werden, die bestenfalls eine – für große Gruppen Lohnabhängiger ohne Zweifel auch nach wie vor typische – reduzierte Variante oder eine Vorstufe von „Verbürgerlichung" im beschriebenen Sinne darstellte. – Analog verhielte es sich mit der für das Verbürgerlichungstheorem zentralen Frage nach dem wachsenden Instrumentalismus der Arbeitenden (vgl. Knapp 1981). Mit der Vorstellung von „Instrumentalismus", als einer Orientierung, mit der die Personen ihre Arbeit dominant als inhaltlich „gleichgültige" Möglichkeit zum Gelderwerb für eine primär konsumtiv und familienzentriert ausgerichtete Privatsphäre begreifen und betreiben, ließe sich die skizzierte Entwicklung nicht mehr sinnvoll interpretieren. Das Verhältnis zur Erwerbssphäre hätte dort zwar immer noch instrumentalistische Züge, müßte aber als ein *Instrumentalismus neuer Stufe* gesehen werden: die Arbeit ist weder inhaltlich vorwiegend „gleichgültig" (auch nicht in „gebrochener" Form; vgl. Kudera u.a. 1979) noch dem Wesen nach dominant auf den Erwerbsaspekt bezogen, sondern zugleich und sogar zunehmend eine für die Person essentielle Sphäre der Selbstentfaltung sowie der gesellschaftlichen Partizipation und damit ein in wachsendem Maße wichtiger Kernbereich der jetzt verstärkt von den Betroffenen selbstbewußt und eigensinnig betriebenen Lebensführung (vgl. auch Baethge 1991). Trotzdem wäre dies immer noch eine Art „Instrumentalismus", da die Sphäre der Arbeit genau hierfür, nämlich für eine verstärkt „bürgerliche" Lebensführung, eine funktional dienende und damit schließlich kontingente Rolle einnähme.

(b) Zum zweiten soll hier noch einmal an den methodischen Status der Überlegungen und ihre *potentielle Reichweite* erinnert werden, um Mißverständnissen vorzubeugen. Es ging darum, unvermeidlich holzschnittartige Thesen zu einem sich möglicherweise langfristig verändernden gesellschaftlichen Verhältnis von „Arbeit und Leben" zu skizzieren.

Dabei ist auf der einen Seite festzuhalten, daß die angedeutete mögliche Entwicklung in absehbarer Zeit erst einmal nur jene betreffen wird, die von posttayloristischen Strategien substantiell und als potentielle *Gewinner* berührt sind – und das sind nur die von den Betrieben als Stammbelegschaften „gepflegten" *Kerngruppen* der Beschäftigten. Und festzuhalten ist auch, daß andere soziale Entwicklungen (etwa in Folge ökonomischer Krisentendenzen oder eines politischen Umbaus der gesellschaftlichen Regulierung von Arbeit) hierbei erheblich retardierende Wirkungen haben können. Dies sollte jedoch nicht dazu verleiten, die beschriebene Entwicklung zu unterschätzen oder vorschnell als vorübergehende Erscheinung zu werten:

So wie bei Kern/Schuhmann soll auch hier zum einen unterstellt werden, daß sich neue Reproduktionskonzepte und damit ein möglicherweise sich herausbildendes, qualitativ neues strukturelles Verhältnis von „Arbeit und Leben" zwar *nicht bei allen Gruppen von Arbeitskräften* durchsetzen werden, aber sehr wohl bei quantitativ und qualitativ für eine sich fortentwickelnde kapitalistische Arbeitswelt zunehmend bedeutsamer werdenden Kategorien von Beschäftigten. Von der bisherigen sozialen Selektivität der Entwicklung darf damit nicht auf eine langfristige gesamtgesellschaftliche Marginalität geschlossen werden. Zum zweiten ist keineswegs sicher, daß *Konjunktureinbrüche*, selbst wenn sie sich z.B. in Zusammenhang mit den einigungsbedingten Schwierigkeiten zu einer nachhaltigeren Strukturkrise verfestigen sollten, diese Entwicklung langfristig umkehren. Natürlich wird bei verschärftem ökonomischem Druck der in vielen Betrieben eine Zeitlang gepflegte personalstrategische „Schmusekurs" einer härteren Gangart weichen. Genau dabei aber wird vermutlich der beschriebene zunehmend „totale" Zugriff auf Leistungen und Potentiale der Arbeitssubjekte noch weiter zunehmen – denn eine effizientere Ausbeutung sämtlicher Potentiale der in den Betrieben als (dann ohne Zweifel reduzierte) Kerngruppen verbleibenden Beschäftigten aller Ebenen wird zu einem entscheidenden komparativen Wettbewerbsvorteil. Die dazu adäquate Form der Personalführung wird den Schwenk in subjektsensible Verfahren nicht zurücknehmen, sondern psychologisch effiziente, „kooperative" Stile und die gezielte Gewährung substantieller Autonomien mit massivem Leistungsdruck und forcierter, aber eher indirekter, Leistungskontrolle verbinden. Und hinzu kommt schließlich drittens, daß die aktuellen gesamtwirtschaftlichen Krisenerscheinungen in Verbindung mit den politisch-ökonomischen Turbulenzen der Vereinigung zwar eine Verstärkung der politischen Versuche mit sich bringen, bisher etablierte *Standards der sozial- und rechtsstaatlichen Regulierung von Arbeit und Beschäftigung systematisch durch „Flexibilisierung" aufzubrechen* und dadurch einen Ab- und Umbau sozialstaatlicher Errungenschaften zu betreiben. All dies wird aber die skizzierte neue Qualität des betrieblichen Zugriffs auf die Arbeitssubjekte und deren potentielle Konsequenzen für das individuelle und schließlich das gesellschaftliche Verhältnis von „Arbeit und Leben" bei den davon betroffenen Gruppen von Arbeitskräften nicht nur nicht bremsen, sondern sogar verstärken: die mit den betriebenen „Flexibilisierungen" explizit angestrebte „Individualisierung" der Regulierung von Arbeit und Beschäftigung wird ganz im Sinne der hier entwickelten Argumentation viele Betroffene noch mehr zu entsprechenden aktiv individualisierten Reaktionen auf Ebene ihrer Lebensführung zwingen.

Auf der anderen Seite bedeutet jedoch all dies ganz offensichtlich auch, daß große Arbeitskräftegruppen von den beschriebenen Veränderungen des Verhältnisses von „Arbeit und Leben" (zumindest von ihren positiven Implikationen) systematisch, nachhaltig und häufig dauerhaft ausgeschlossen sein werden. Gruppen, die als Folge einer sich weiter forcierenden *Segmentierung der Arbeits- und Lebensverhältnisse* nicht nur betrieblich, sondern auch in ihrer Alltäglichen Lebensführung weitgehend andersartigen als den beschriebenen und dabei letztlich erheblich benachteiligten Bedingungen unterliegen werden. Auch hier könnte sich das Verhältnis von „Arbeit und Leben" verändern, aber sicherlich nicht in der angedeuteten entwickelt „bürgerlichen" Form einer selbstbewußt und tendenziell selbstbestimmten Form der Verbindung der Sphären.

Hier dürfte eher das Gegenteil eintreten: eine zunehmende als Schutz des „Lebens" notwendige Abschottung der Bereiche, ein verstärkter privatistischer Rückzug auf prekärem konsumtiven Niveau, ein forcierter konventioneller Instrumentalismus mit wachsendem Verfall von „Arbeitsfreude" und „Arbeitsmoral". Der mehr oder weniger hilflos als „Post-Modernisierung" bezeichnete Prozeß einer fortschreitenden Individualisierung der Gesellschaft, in den auch die hier beschriebene Veränderung des Verhältnisses von „Arbeit und Leben" einzuordnen ist und den man einige Zeit mit einer sukzessiven Auflösung sozialer Schichtungen verbunden hat, könnte damit (was voreiligen Euphorikern postmoderner Zustände nicht genügend entgegnet werden kann) überraschende neue Phänomene sich verhärtender und fatal verschärfender sozialer Ungleichheit hervorbringen.

(c) Und schließlich soll noch einmal betont werden, daß ein angemessenes Verständnis der angedeuteten Entwicklung mit den etablierten Konzepten der Industriesoziologie nicht mehr zureichend möglich ist. Insbesondere wird es zunehmend wichtig, für die Untersuchung der gesellschaftlichen Arbeit und ihrer Umbrüche nicht mehr allein auf die „Arbeit" im engeren Sinne zu achten und die dort tätigen Personen allein in ihrer Eigenschaft als lohnabhängige Arbeitswesen zu sehen. Gerade die mögliche neue Qualität des Verhältnisses der beiden Sphären „Arbeit" und „Leben" erfordert, den Blick grundlegend zu weiten und systematisch über die Grenzen der erwerbsförmigen Arbeit (und den Tellerrand der sich darauf beziehenden Arbeits- oder Industriesoziologie) hinaus auf den vermeintlichen „Rest" des Lebens der Menschen und der Gesellschaft überhaupt zu richten. Dies erfordert eine schon im Ansatz *grenzüberschreitende und integrative Analyseperspektive*, die jene der Arbeitssoziologie (genauso wie die der „Arbeit" selber) bisher eher „fremde" andere Seite der individuellen und sozialen Welt nicht perspektivisch marginalisiert und funktionalisiert, sondern in ihrer personalen und gesellschaftlichen Eigenart begreifen kann: Das Konzept der *Alltäglichen Lebensführung* ist dazu ein Angebot.

Literatur

Allaire, J./Firsirotu, M. (1984): Theories of Organizational Culture. In: Organization Studies, (5/4), S. 193-226

Altmann, N. (1992): Japanische Arbeitspolitik – eine Herausforderung? In: Hans Böckler Stiftung/IG Metall (Hg.): Lean Production (Schriften der HBS, Bd. 13). Baden-Baden

Altmann, N./Deiß, M./Döhl, V./Sauer, D. (1986): Ein „Neuer Rationalisierungstyp". Neue Anforderungen an die Industriesoziologie. In: Soziale Welt, 37(2/3), S. 189-207

Altmann, N./Sauer, D. (Hrsg.) (1989): Systemische Rationalisierung und Zulieferindustrie. Frankfurt a.M./New York

Baethge, M. (1991): Arbeit, Vergesellschaftung, Identität – Zur zunehmenden normativen Subjektivierung der Arbeit. In: Soziale Welt, 42 (1), S. 6-20

Baethge, M./Oberbeck, H. (1986): Zukunft der Angestellten. Neue Technologie und berufliche Perspektiven in Büro und Verwaltung. Frankfurt a.M./New York

Bechtle, G. (1980): Betrieb als Strategie – Theoretische Vorarbeiten zu einem industriesoziologischen Konzept. Frankfurt a.M./München

Bechtle, G./Lutz, B. (1989): Die Unbestimmtheit post-tayloristischer Rationalisierungsstrategie und die ungewisse Zukunft industrieller Arbeit – Überlegungen zur Begründung eines Forschungsprogramms. In: Düll, K./Lutz, B. (Hg.): Technikentwicklung und Arbeitsteilung im internationalen Vergleich. Fünf Aufsätze zur Zukunft industrieller Arbeit. Frankfurt a.M./New York

Becker-Schmidt, R., u.a. (1984): Arbeitsleben-Lebensarbeit. Konflikte und Erfahrungen von Fabrikarbeiterinnen. Bonn

Bergstermann, J./Brandherm-Böhmker, R. (Hg.) (1990): Systemische Rationalisierung als sozialer Prozeß. Zu Rahmenbedingungen und Verlauf eines neuen betriebsübergreifenden Rationalisierungstyps. Bonn

Böhle, F./Rose, H. (1992): Technik und Erfahrung. Arbeit in hochautomatisierten Systemen. Frankfurt a.M./New York

Bösenberg, D./Melzer, H. (1992): Lean Management. Vorsprung durch schlanke Konzepte. Landsberg

Bolte, K.M. (Hg.) (1988): Mensch, Arbeit und Betrieb. Beiträge zur Berufs- und Arbeitskräfteforschung. Weinheim

Bolte, K.M. (1993): Lebensführung und Arbeitswelt. Bericht über ein Forschungsprojekt. In: ders. (Hg.): Wertewandel – Lebensführung – Arbeitswelt (Otto von Freising - Vorlesungen Bd. 8). München

Bolte, K.M./Treutner, E. (Hg.) (1983): Subjektorientierte Arbeits- und Berufssoziologie. Frankfurt a.M./New York

Brock, D. (1991): Der schwierige Weg in die Moderne. Umwälzungen in der Lebensführung der deutschen Arbeiter zwischen 1850 und 1980. Frankfurt a.M./New York

Brose, H.G. (Hg.) (1986): Berufsbiographien im Wandel. Opladen

Brose, H.G./Schulze-Böing, M./Meyer, W. (1990): Arbeit auf Zeit. Zur Karriere eines 'neuen' Beschäftigungsverhältnisses. Opladen

Brown, R.K. (1992): Understanding Industrial Organisations. Theoretical Perspectives in Industrial Sociology. London/New York

Deutschmann, Ch. (1989): Reflexive Verwissenschaftlichung und kultureller „Imperialismus" des Managements. In: Soziale Welt, 40 (3), 374-396.
Dülfer, E. (Hg.) (1988): Organisationskultur. Stuttgart
Eckart, Ch. (1990): Der Preis der Zeit. Eine Untersuchung der Interessen von Frauen an Teilzeitarbeit. Frankfurt a.M./New York
Edwards, R. (1981): Herrschaft im modernen Produktionsprozeß. Frankfurt a.M./ New York
Elias, N. (1980): Über den Prozeß der Zivilisation. Soziogenetische und psychogenetische Untersuchungen (2 Bände). Frankfurt a.M.
Ferris, R. (1988): How Organizational Love Can Improve Leadership. In: Organizational Dynamics, Spring 1988, S. 40-51
Friedman, A.L. (1977): Industry and Labour. Class Struggle at Work and Monopoly Capitalism. London
Goldthorpe, J.H./Lockwood, D./Bechhofer, F./Platt, J. (1970/71): Der „wohlhabende" Arbeiter in England (3 Bde.). München
Hage, J./Powers, Ch. H. (1992): Postindustrial Lives. Roles and Relationships in the 21st Century. London
Hans-Böckler-Stiftung/Industriegewerkschaft Metall (Hg.) (1992): Lean Production. Kern einer neuen Unternehmenskultur und einer innovativen und sozialen Arbeitsorganisation? Gewerkschaftliche Auseinandersetzung mit einem Managementkonzept. Baden-Baden
Herriot, P. (1992): The Career Management Challenge. Balancing Individual and Organizational Needs. London/Bev. Hills
Hildebrandt, E./Seltz, R. (Hg.) (1987): Managementstrategien und Kontrolle. Eine Einführung in die Labour Process Debate. Berlin
Jürgens, U. (1992): Die japanische Produktionsweise und Arbeitsorganisation als Leitbild der Produktionsmodernisierung in der Weltautomobilindustrie. In: Matthes, J. (Hg.): Zwischen den Kulturen? (Sonderband 8 der Sozialen Welt). Göttingen
Jurczyk, K. (1991): Flexibilisierung der Erwerbsarbeit - Flexibilisierung der Lebensführung? In: Voß, G.G. (Hg.): Die Zeiten ändern sich - Alltägliche Lebensführung im Umbruch. Sonderheft II der Mitteilungen des SFB 333. München
Jurczyk, K./Kudera, W. (1991): Verfügung über Zeit? Die ganz unterschiedlichen Auswirkungen flexibler Arbeitszeiten auf die Lebensführung. In: Flecker, J./ Schienstock, G. (Hg.): Flexibilisierung, Deregulierung und Globalisierung. Interne und externe Rekonstruierung betrieblicher Organisation. München/Mering
Jurczyk, K./Rerrich, M.S. (Hg.) (1993): Die Arbeit des Alltags. Über wachsende Anforderungen der alltäglichen Lebensführung. Freiburg
Kern, H./Schumann, M. (1984): Das Ende der Arbeitsteilung? Rationalisierung in der industriellen Produktion. München
Knapp, G.A. (1981): Industriearbeit und Instrumentalismus. Zur Geschichte eines Vorurteils. Bonn
Kudera, W./Mangold, W./Ruff, K./Schmidt, R./Wentzke, Th.(1979): Gesellschaftliches und politisches Bewußtsein von Arbeitern. Eine empirische Untersuchung. Frankfurt a.M.
Kudera, W./Voß, G.G. (1990): Aushandlung und Routine. In: Hoff, E. (Hg.): Die doppelte Sozialisation Erwachsener. München

Küpper, W./Ortmann, G. (Hg.) (1992): Mikropolitik. Rationalität, Macht und Spiele in Organisationen (2. Aufl.). Opladen

Lappe, L. (1986): Technologie, Qualifikation und Kontrolle. Die Labour-Process-Debatte aus der Sicht der deutschen Industriesoziologie. In: Soziale Welt, 37 (2/3), S. 310ff.

Lutz, B./Voß, G.G. (1992): Subjekt und Struktur – Versuch der Neubestimmung einer soziologischen Schlüsselbeziehung am Beispiel des Facharbeiters. In: Heinz, W.R./Lutz, B. (Hg.): Modernisierungsprozesse von Arbeit und Leben. Sonderheft I der Mitteilungen des SFB 333. München

Malsch, Th./Seltz, R. (Hg.) (1987): Die neuen Produktionskonzepte auf dem Prüfstand. Beiträge zur Entwicklung der Industriearbeit. Berlin

Manske, F. (1991): Kontrolle, Rationalisierung und Arbeit. Kontinuität durch Wandel: Die Ersetzbarkeit des Taylorismus durch moderne Kontrolltechniken. Berlin

Moldaschl, M. (1992): Japanisierung der deutschen Industrie? In: Wiso-Führungskräfte-Akademie Nürnberg (Hg.): Lean-Management. Ideen für die Praxis. Dokumentation einer Informations- und Diskussionsreihe. Erlangen

Moldaschl M. (1992): Lean Production im Maschinenbau? Ein Plädoyer für einen eigenen Weg. In: Mitteilungen 5 des SFB 333, München

Müller, H.P. (1992): Sozialstuktur und Lebensstile. Der neuere theoretische Diskurs über soziale Ungleichheit. Frankfurt a.M.

Müller-Jentsch, W./Stahlmann, M. (1988): Management und Arbeitspolitik im Prozeß fortschreitender Industrialisierung. In: Österreichische Zeitschrift für Soziologie, 13 (2), S. 5-31

Naschold, F. (Hg.) (1985): Arbeit und Politik. Gesellschaftliche Regulierung der Arbeit und der sozialen Sicherung. Frankfurt a.M./New York

Neuberger, O./Kompa, A. (1987): Wir, die Firma. Der Kult um die Unternehmenskultur. Weinheim

Popitz, H./Bahrdt, H.P./Jüres, E.A./Kesting, H. (1957): Das Gesellschaftsbild des Arbeiters. Tübingen

Popitz, H. /Bahrdt, H.P./Jüres, E.A./Kesting, H. (1957): Technik und Industriearbeit. Tübingen

Pries, L./Schmidt, R./Trinczek, R. (Hg.) (1990): Entwicklungspfade von Industriearbeit. Chancen und Risiken betrieblicher Produktionsmodernisierung. Opladen

Rerrich, M.S./Voß G.G. (1992): Vexierbild soziale Ungleichheit. Die Bedeutung alltäglicher Lebensführung für die Sozialstrukturanalyse. In: Hradil, S. (Hg.): Zwischen Bewußtsein und Sein. Die Vermittlung objektiver" Lebensbedingungen und „subjektiver" Lebensweisen. Opladen (Abdruck in diesem Band)

Schluchter, W. (1988): Religion und Lebensführung (2 Bde.). Frankfurt a.M.

Schmidt, K. (Hg.) (1992): Lean production. Japanische Grundlagen und europäische Erfahrungen mit der „schlanken" Produktion. Landsberg

Schmidt, S.J. (Hg.) (1987): Der Diskurs des Radikalen Konstruktivismus. Frankfurt a.M.

Schmidt, S.J. (Hg.) (1992): Kognition und Gesellschaft. Der Dikurs des Radikalen Konstruktivismus 2. Frankfurt a.M.

Schumann, M./Baethge-Kinsky, V./Neumann, U./Springer, R. (1990): Breite Diffusion der Neuen Produktionskonzepte – zögerlicher Wandel der Arbeitsstrukturen. In: Soziale Welt, 41 (1), S. 47-69

Staehle, W.H. (1991): Management. Eine verhaltenswissenschaftliche Perspektive (6. Aufl.). München
Staehle, W.H./Sydow, J. (1987): Führungsstiltheorien. In: Kieser, A./Reber, G./Wunderer, R. (Hg.): Handwörterbuch der Führung. Stuttgart
Türk, K. (1989): Neuere Entwicklungen in der Organisationsforschung. Ein Trendreport. Stuttgart
Tuleja, Th. (1987): Ethik und Unternehmensführung. Landsberg
Vetter, H.R. (Hg.) (1991): Muster moderner Lebensführung. Ansätze und Perspektiven. München
Volkholz, V. (1992): Erwerbsarbeit der Zukunft. Vorschlag für eine Diskussion nicht nur in den Sozialwissenschaften. Arbeit. In: Zeitschrift für Arbeitsforschung, Arbeitsgestaltung und Arbeitspolitik, 1 (1), S. 5-24 .
Voß, G.G. (1984): Bewußtsein ohne Subjekt? Zur Kritik des industriesoziologischen Bewußtseinsbegriffs. München/Mering
Voß, G.G. (1990): Wertewandel: Eine Modernisierung der protestantischen Ethik? In: Zeitschrift für Personalforschung, 3/1990.
Voß, G.G. (1991a): Lebensführung als Arbeit. Über die Autonomie der Person im Alltag der Gesellschaft. Stuttgart
Voß, G.G. (Hg.) (1991b): Die Zeiten ändern sich – Alltägliche Lebensführung im Umbruch. Sonderheft II der Mitteilungen des Sonderforschungsbereichs 333. München
Voß, G.G. (1991c): „Lebensführung" als integratives Konzept für die Soziologie. In: Voß, G.G. (Hg.): Die Zeiten ändern sich – Alltägliche Lebensführung im Umbruch. Sonderheft II der Mitteilungen des SFB 333. München
Voß, G.G. (1992): Alltägliche Lebensführung im Umbruch – Eine Herausforderung für die betriebliche Personalführung. In: Hamburger Jahrbuch für Wirtschafts- und Gesellschaftspolitik, 37. Jg.
Voß, G.G. (1993): Zur sozialen Differenzierung von „Arbeit und Leben". Überlegungen aus der Perspektive des Konzepts Alltägliche Lebensführung. In: Mitteilungen 5 des SFB 333, S. 105-122
Wächter, H. (1987): Soziale Verantwortung der Unternehmen. Eine Literaturanalyse. In: Dierkes, M./Wenkebach, H.H. (Hg.): Macht und Verantwortung. Stuttgart
Weber, M. (1972): Wirtschaft und Gesellschaft. Grundriß der verstehenden Soziologie (5. rev. Auflage). Tübingen
Weber, M. (1986): Gesammelte Aufsätze zur Religionssoziologie I. Tübingen
Wieland, J. (Hg.) (1993): Wirtschaftsethik und Theorie der Gesellschaft. Frankfurt a.M.
Wiso-Führungskräfte-Akademie Nürnberg (Hg.) (1992): Lean-Management. Ideen für die Praxis. Erlangen

Quellennachweise

(in der Reihenfolge des Abdrucks)

Treutner, Erhard/Voß, G. Günter: Arbeitsmuster. Ein theoretisches Konzept zum Zusammenhang von gesellschaftlicher Arbeitsteilung und der Vermittlung von Arbeiten auf Ebene der Subjekte. Überarbeitete Textfassung eines Vortrages im SFB 101/Institut für Soziologie der Universität München 1982.

Jurczyk, Karin/Treutner, Erhard/Voß, G. Günter/Zettel, Ortrud: Die Zeiten ändern sich. Arbeitszeitpolitische Strategien und die Arbeitsteilung der Personen. Zuerst in S. Hradil (Hg.): Sozialstruktur im Umbruch. Opladen: Leske + Budrich 1985.

Voß, G. Günter: Zur sozialen Differenzierung von Arbeit und Leben. Überlegungen aus der Perspektive des Konzepts Alltägliche Lebensführung. Gekürzte Fassung eines Beitrages in Mitteilungen 5 des SFB 333, München 1992.

Kudera, Werner: Lebensführung als individuelle Aufgabe. Zuerst in Gegenwartskunde 2, 1995

Kudera, Werner. Biographie, Lebenslauf und Lebensführung. Zuerst in P. Berger/P. Sopp (Hg.): Sozialstruktur und Lebenslauf, Opladen 1995: Leske + Budrich

Voß, G. Günter: Beruf und alltägliche Lebensführung – zwei subjektnahe Instanzen der Vermittlung von Individuum und Gesellschaft. Zuerst in G.G. Voß/H.J. Pongratz (Hg.): Subjektorientierte Soziologie, Opladen 1997: Leske + Budrich

Bolte, Karl Martin: Typen alltäglicher Lebensführung. Stark überarbeitete Fassung eines Beitrags in K.M. Bolte: Wertewandel. Lebensführung. Arbeitswelt. Otto-von-Freising-Vorlesungen der Katholischen Universität Eichstätt, Bd. 8, München 1993.

Rerrich, Maria S./Voß, G. Günter: Vexierbild soziale Ungleichheit. Die Bedeutung alltäglicher Lebensführung für die Sozialstrukturanalyse. Gekürzte Fassung eines Beitrages in S. Hradil (Hg.): Zwischen Bewußtsein und Sein. Die Vermittlung „objektiver" Lebensbedingungen und „subjektiver" Lebensweisen, Opladen 1992: Leske + Budrich.

Kudera, Werner: Wie Geschichte in den Alltag eindringt. Zuerst in Berliner Journal für Soziologie 1, 1994.

Weihrich, Margit: Wenn der Betrieb schließt. Über alltägliche Lebensführung von Industriearbeitern im ostdeutschen Transformationsprozeß. Zuerst in BIOS, Zeitschrift für Biographieforschung und Oral History 6, 1993.

Jurczyk, Karin: Zwischen Selbstbestimmung und Bedrängnis. Zeit im Alltag von Frauen. Zuerst in M. Brückner/B. Meyer (Hg.): Die sichtbare Frau. Die Eroberung der gesellschaftlichen Räume. Freiburg 1994: Kore

Rerrich, Maria S.: Zusammenfügen, was auseinanderstrebt: zur familialen Lebensführung von Berufstätigen. Zuerst in U. Beck/E. Beck-Gernsheim (Hg.), Riskante Freiheiten – zur Individualisierung von Lebensformen in der Moderne, Frankfurt a.M. 1994: Suhrkamp.

Voß, G. Günter: Alltägliche Lebensführung im Umbruch – Eine Herausforderung für die Personalführung. Gekürzte Fassung eines Beitrages in E. Katzenbach/B. Molitor/O.G. Mayer (Hg.): Hamburger Jahrbuch für Wirtschafts- und Gesellschaftspolitik, Tübingen 1992: C.H. Mohr.

Kudera, Werner: Grenzen der Flexibilisierung. Zum Verhältnis von individueller und betrieblicher Zeitökonomie. Zuerst in Mitteilungen 7 des SFB 333, 1993

Voß, G. Günter: Das Ende der Teilung von „Arbeit und Leben"? An der Schwelle zu einem neuen gesellschaftlichen Verhältnis von Berufs- und Lebensführung. Gekürzte Fassung eines Beitrages in N. Beckenbach/W. von Treek (Hg.): Umbrüche gesellschaftlicher Arbeit, Sonderband 9 der sozialen Welt, Göttingen: O. Schwartz, 1994

Autorinnen und Autoren

Karl Marin Bolte, geb. 1925. Emeritierter Professor für Soziologie der Ludwig-Maximilians-Universität München. Dipl. Volkswirt, Dr. rer. pol, Dr. phil h.c. mult. 1972–1986 Sprecher des Sonderforschungsbereichs 101 „Theoretische Grundlagen sozialwissenschaftlicher Berufs- und Arbeitskräfteforschung" und 1986–1996 Vorstandsmitglied des SFB 333 „Entwicklungsperspektiven von Arbeit" in München. Mitbegründer und Vorstandsmitglied von ISIFO e.V. (Institut für sozialwissenschaftliche Information und Forschung). Arbeitsschwerpunkte: Sozialstruktur, Soziale Ungleichheit, Bevölkerung, Arbeit und Beruf.

Karin Jurczyk, geb. 1952. Studium der Soziologie in München, Dr. phil. an der Universität Bremen. Wissenschaftliche Mitarbeiterin an den Sonderforschungsbereichen 101 und 333 der Universität München. Mitbegründerin der Frauenakademie München e.V. Derzeit Lehrbeauftragte an der Universität Gießen und Arbeit an einer Habilitation zum Thema Zeithandeln, Geschlecht, Lebensführung in der Moderne. Arbeitsschwerpunkte: Familienpolitik, Lebensführung, Modernisierung, Geschlechterbeziehungen, Zeit.

Werner Kudera, geb. 1941. Studium der Soziologie und Philosophie in Frankfurt a.M. Promotion zum Dr. phil. an der Universität Erlangen. Arbeitsschwerpunkt zunächst Hochschulforschung an den Pädagogischen Hochschulen des Landes Niedersachsen, dann industriesoziologische Forschungsprojekte an der Universität Erlangen. 1987–1996 wissenschaftlicher Mitarbeiter am SFB 333 der Universität München. Mitbegründer von ISIFO e.V. (Institut für sozialwissenschaftliche Information und Forschung). Gegenwärtig in diesem Rahmen tätig.

Maria S. Rerrich, geb. 1952. Studierte Soziologie, Psychologie und Pädagogik an der Universität München und promovierte an der Universität Bamberg zum Dr. rer. pol. Vor ihrer Tätigkeit am SFB 333 arbeitete sie an verschiedenen Forschungsprojekten an den Universitäten München und Bamberg, vorwiegend zum Themenkreis 'Familie' und war Mitbegründerin der Frauenakademie München e.V. Von 1988–1993 wissenschaftliche Mitarbeiterin am SFB 333. Seit 1993 Professorin für Soziologie an der Fachhochschule München. Aktuelle Arbeitsschwerpunkt: Alltägliche Lebensführung, Soziale Ungleichheit zwischen Frauen.

Erhard Treutner, geb. 1944, ist Soziologe und Jurist. Er studierte an den Universitäten München und Köln, Promotion zum Dr. rer. pol. an der Universität Bremen und Habilitation an der Universität der Bundeswehr München. In den Sonderforschungsbereichen 101 und 333 arbeitet er in Projekten zur Verwaltungsarbeit und zur Regulierung von Arbeit. Seit 1987 Professor für Soziologie an der Fachhochschule für öffentliche Verwaltung in Düsseldorf. Arbeitsschwerpunkte: Verwaltung, Organisation, Sozialpolitik.

G. Günter Voß, geb. 1950. Tätigkeit als Berufsoffizier, danach Studium der Soziologie, Psychologie und Politikwissenschaft in München. Mitarbeiter an den Sonderforschungsbereichen 101 und 333 sowie Assistent am Institut für Soziologie der Universität München. Mitbegründer und Vorstandsmitglied von ISIFO e.V. (Institut für sozialwissenschaftliche Information und Forschung). Seit 1994 Professor für Industrie- und Techniksoziologie an der TU Chemnitz. Arbeitsschwerpunkte: Arbeit, Beruf, Arbeitskraft, Organisation, Alltag, Lebensführung.

Ortrud Zettel, geb. 1946. Dipl. Soz., Dipl. Volkswirt. Mitarbeiterin an den Sonderforschungsbereichen 101 und 333 in München. Jetzt außerhalb der Wissenschaft tätig.

Familienformen im sozialen Wandel

Rüdiger Peuckert
Familienformen im sozialen Wandel
UTB 1607
3., völlig überarbeitete
und erweiterte Auflage 1999
376 Seiten. Kart.
26,80 DM/25,– SFr/196 ÖS
UTB-ISBN 3-8252-1607-1
ISBN 3-8100-2577-1

Seit Mitte der 60er Jahre sinkt in der Bundesrepublik die Geburtenrate, die Heiratsneigung geht zurück, und immer mehr Ehen werden geschieden. All dies schlägt sich in einer Pluralisierung der Lebensformen, einer verstärkten Individualisierung der Lebensverläufe nieder. Das Buch zeigt für West- und Ostdeutschland und für die Länder der Europäischen Union vergleichend auf, daß der Anteil der Bevölkerung, der nach konventionellen Mustern lebt, stark rückläufig ist und im Zuge eines allgemeinen gesellschaftlichen Modernisierungsprozesses die Zahl derer ansteigt, die nicht-traditionale Lebens- und Beziehungsformen praktizieren. Informationen der amtlichen Statistik werden ergänzt durch Ergebnisse empirischer Untersuchungen, die die Selbstwahrnehmung der Befragten in den Mittelpunkt stellen und differenzierte Einblicke in die komplexen Beziehungskonstellationen erlauben.

Aus dem Inhalt:
Rahmenbedingungen für die Entwicklung von Ehe und Familie in der Bundesrepublik Deutschland und in der ehemaligen DDR – Ehe und Familie im Umbruch – Moderne Alternativen zur Eheschließung – Der soziale Strukturwandel der Familie – Modernisierungstendenzen im Alltag von Kindern und Jugendlichen – Instabilität der modernen Ehe – Entkoppelung von biologischer und sozialer Elternschaft – Der soziale Wandel der Rolle der Frau – Partnerschaft und Sexualität – Rückgang der Mehrgenerationenhaushalte

■ **Leske + Budrich**
Postfach 300 551 . 51334 Leverkusen
E-Mail: lesbudpubl@aol.com . www.leske-budrich.de

Die deutsche Gesellschaft in sozialwissenschaftlicher Sicht

Bernhard Schäfers
Wolfgang Zapf (Hrsg.)
Handwörterbuch zur Gesellschaft Deutschlands

1998. 776 Seiten.
Geb. 98,- DM.
ISBN 3-8100-1758-2

Das Handwörterbuch stellt in 65 Artikeln Grundlagen und Grundstrukturen des gesellschaftlichen Systems Deutschlands dar.
Es ist ein umfassendes, zuverlässiges Grundlagenwerk für alle, die sich in Studium oder Beruf mit der Gesellschaft Deutschlands auseinandersetzen.

Jedem Beitrag liegt folgende Gliederung zugrunde: Definition und Abgrenzung; sozialgeschichtlicher Hintergrund; gegenwärtige sozialstrukturelle Ausprägung; sozialpolitische Relevanz.
Das Gewicht liegt auf der gegenwärtigen sozialstrukturellen Ausprägung des betrachteten Gegenstandes – z.B. Alltag; Arbeitslosigkeit; Armut; Eigentum; Familie und Verwandtschaft; Öffentlichkeit; Verkehr; Wohnen.

Leske + Budrich
Postfach 300551 51334 Leverkusen
E-Mail: lesbudpubl@aol.com
www.leske-budrich.de